大国的命运

从政治危机
到国家现代化

包刚升 —— 著

浙江人民出版社

图书在版编目（CIP）数据

大国的命运：从政治危机到国家现代化 / 包刚升
著 . — 杭州：浙江人民出版社，2024.6（2024.11重印）
ISBN 978-7-213-11404-5

Ⅰ . ①大… Ⅱ . ①包… Ⅲ . ①英国-历史-研究
Ⅳ . ①K561.07

中国国家版本馆CIP数据核字（2024）第058823号

大国的命运：从政治危机到国家现代化

包刚升　著

出版发行：浙江人民出版社(杭州市环城北路177号　邮编　310006)
　　　　　市场部电话：(0571)85061682　85176516

图书策划：王利波	营销编辑：陈雯怡　张紫懿
责任编辑：诸舒鹏	责任校对：陈　春
责任印务：程　琳	封面设计：尚燕平

电脑制版：杭州天一图文制作有限公司
印　　刷：杭州富春印务有限公司

开　　本：680毫米×980毫米　1/16	印　　张：26.5
字　　数：305千字	插　　页：2
版　　次：2024年6月第1版	印　　次：2024年11月第3次印刷
书　　号：ISBN 978-7-213-11404-5	
定　　价：98.00元	

献给我的两位老同学

目　录

导　论

理解大国政治的变迁

从根本上说，（苏丹）塞利姆失败的根源是这样一个无情的事实:他要完成的是一个不可能完成的任务。在奥斯曼帝国的这一历史阶段，他根本没有能力毕其功于一役，改变这个历经了几个世纪、虽然弊病丛生但依然完整坚韧的旧体系。

——帕特里克·贝尔福

（满清）自北方满洲鞑靼人最后征服以来，至少在这过去的150年，没有发展和进步，甚至在后退；而在我们科技日益前进时，他们和今天的欧洲民族相比较，实际变成了半野蛮人。正是因此他们保持了半罐子水通常有的自大、自负和自傲，而且，尽管在他们和使团交际期间感觉到我们在许多方面比他们强，他们仍显得惊奇而不自愧，有时假装对所见无动于衷。在跟外国人交谈中他们毫无羞惭和自卑，反显得满不在乎，好像他们自己是优胜者，言行中找不到缺点和失误。

——乔治·马戛尔尼

　　本书关注的核心问题，是英国作为第一个现代化国家兴起之后，许多主要大国——特别是非西方传统大国——所经历的政治变迁及其背后的逻辑。换言之，这些大国自英国兴起之后普遍面临着一系列政治危机，而后又普遍经历了一个复杂的政治重生或国家再造过程。解释这些重要的政治现象并讨论我们可以从中获得何种政治启示，正是本书的主旨所在。

　　历史地看，从18世纪到19世纪，正是人类政治经济演化进程中的大转型时期。①这种大转型始于英国作为第一个现代化国家的一系列政治经济革命，而后位于西欧与北美的许多西方国家陆续跟进，进而改变人类社会的基本面貌。此后，整个世界——当然也包括非西方传统大国——无可避免地受到了西方世界这一系列政治经济革

---

　　① 大转型是目前学术界的一个流行说法，不同学者对大转型的定义和理解不同。以英国历史经济社会学家卡尔·波兰尼为例，他所著的《大转型：我们时代的政治与经济起源》（*The Great Transformation: The Political and Economic Origins of Our Times*），讨论的就是"欧洲文明从前工业世界到工业化社会的大转变，以及伴随这个过程而发生的观念、意识形态、社会和经济政策上的转换"。参见：卡尔·波兰尼，《大转型：我们时代的政治与经济起源》，冯钢、刘阳译，杭州：浙江人民出版社，2007年，前言第1页。

命的影响。就时间而言，18 世纪末至 19 世纪初，大致是这一大转型逐渐显现的时刻。所以，本书对这些问题的讨论就从 1800 年这一世界历史的关键时刻开始。

1800 年：世界历史的关键时刻

1800 年，新世纪的帷幕已经拉开。但对英国来说，这一年似乎并没有多少事情值得庆祝。此时的英国国王是乔治三世，这是他统治英国的第 40 个年头。首相是小威廉·皮特，皮特刚过不惑之年，但已经做了 17 年英国首相。就在 17 年前，英国输掉了北美独立战争，永久性地失去了对北美 13 个殖民地的统治，这使得英国的声望遭受了沉重打击。1800 年，英国又卷入了一场许多欧洲国家参与的、跟法国之间的时断时续的战争。这场战争的起因与 1789 年法国大革命及其随后的激进政治变革有关。当时法国的剧变让欧洲的保守势力感到非常不安。1799 年，英国跟神圣罗马帝国、俄罗斯帝国与奥斯曼帝国组成了第二次反法同盟。但就在第二年，也就是 1800 年，军事天才拿破仑就击败了该联盟。第二次反法同盟的挫败，也给 1800 年的英国政治蒙上了一层阴影。

然而，即便如此，富有洞察力的历史学家开始注意到，此时的英国已经在经历一场史无前例的政治经济变革。这场变革不仅会再造英国，而且即将创造一个全新的现代世界。政治上，到 1800 年为止，经历了一个多世纪前发生的光荣革命，英国早已确立议会主权与王在法下的原则。此时的英国议会，其历史可以追溯至 1295 年的英格兰模范议会。尽管 1760 年即位的国王乔治三世仍然拥有相当的政治实权，但他既不同于许多欧陆国家绝对王权制度下的君主，更不同于同时期奥斯曼帝国、大清帝国的独裁君主，乔治三世是一位地道的立宪君主。理论上，他依然拥有首相和内阁的任命权，但实际上，如果不跟议会中的托利党和辉格党——特别是议会多数派磋商，他所任命的首相与内阁就无法开展工作。长期来看，英国国王在立宪君主制下最终去行政化，成为一位高高在上、统而不治的虚位元首，已然是较为确定的趋势。

所以，此时的英国政制既不同于绝大部分欧陆邻国，又不同于欧亚大陆的许多传统大国，立宪政体（君主立宪）、议会主权、法治（王在法下）、代议制度、责任内阁、政党政治已经成为英国政治模式的基本特征。尽管此时的英国仅有少数富人阶层的男性拥有投票权，但32年之后，一场波澜壮阔的选举改革的大幕即将拉开。在此后的一个世纪中，英国的所有成年男女公民都将陆续获得作为基本公民权之一的民主投票权利。①

经济上，1800年的英国已经启动工业革命。当然，当时的英国人并不必然认为他们已经处在一场伟大的经济与技术革命之中。实际上，许多领域的变化或变革是缓慢的，而不像后世命名的"革命"这个词所标识的那样快速和激烈，但这些缓慢而持续的变革累积起来，就促成了人类历史上最重要的第二次经济革命——工业革命。人类历史上上一场同等重要的经济革命，还是10000—14000年前发生的农业革命。就技术发明而言，1769年詹姆斯·瓦特对于蒸汽机的重要改良以及随后蒸汽机的广泛应用，成了工业革命的标志。几乎同时，纺织领域出现了珍妮纺纱机（1764年）等一系列重要发明。由于蒸汽机的改良，1787年英国开始出现第一艘以蒸汽机作为动力

---

① 关于英国该时期的历史政治演化，参见：克莱顿·罗伯茨、戴维·罗伯茨、道格拉斯·R.比松，《英国史（下册）：1688年—现在》，潘兴明等译，北京：商务印书馆，2013年，第1—160页。

驱动的轮船。就金融制度而言，到1800年，英格兰银行（成立于1694年）已经成立了一个世纪以上的时间，伦敦皇家交易所（成立于1571年）则已经拥有200年以上的历史。30年以后，即1830年，第一条铁路线即将在利物浦和曼彻斯特之间开通。这也是后来人类铁路革命的起点。如果还是从1800年开始算，英国此后大概在三分之一个世纪的时间里就完成了人类历史上的首次工业革命。[①]

身为现代人，我们往往有一种经济增长的幻觉，即认为人类经济总是不断向前，技术总是不断进步，创新总是不断涌现。但实际上，基于对人类经济史的统计和估算，从公元元年到18世纪，人类经济的增速是极其有限的。根据英国经济史学者安格斯·麦迪森的研究，人类经济增速的转折发生在1800至1820年前后，此前人类经济的增速总体上是极低的，此后人类经济的增速才逐渐进入了快车道。具体而言，公元元年至1000年的世界人均GDP年均增长率大约仅为0.01%，公元1000年至1820年的增长率也仅为0.22%，几乎没有增长；1820—1998年的增长率才上升至2.21%。[②]导致这种经济增速重大差异的原因，不是别的，正是英国首先启动的工业革命。

观念上，此时的英国已经历了启蒙运动与科学革命的双重洗礼。当然，英国的观念革命，既无法独立于欧洲的古典传统、文艺复兴、宗教改革等思想资源，又不能跟欧洲其他国家前后时期的启蒙运动与科学革命截然分开。但即便如此，英国的启蒙运动与科学革命仍然是别具一格的。到1800年，埃德蒙·柏克的《法国革命论》（1790

---

① 关于英国工业革命，参见：保尔·芒图，《十八世纪产业革命：英国近代大工业初期的概况》，杨人楩等译，北京：商务印书馆，1983年；卡洛·M.奇拉波主编，《欧洲经济史 第三卷：工业革命》，吴良健等译，北京：商务印书馆，1989年。

② 安格斯·麦迪森，《世界经济千年史》，伍小鹰等译，北京：北京大学出版社，2003年，第16页。

年）已发表10年，亚当·斯密的《国富论》（1776年）已发表24年，大卫·休谟的《人性论》（1740年）已发表60年，约翰·洛克的《政府论》（下篇）（1689年）已发表111年，托马斯·霍布斯的《利维坦》（1651年）已发表149年。通过这些作品，我们大体上可以勾勒出从17世纪中叶到18世纪末英国人在政治、经济、法律与哲学领域的基本观念特征。[①]

同样重要的是，早在17世纪，弗朗西斯·培根于1620年出版了阐述新科学方法原则的《新工具论》，英国医生威廉·哈维从17世纪20年代至50年代陆续提出并验证了血液循环理论，艾萨克·牛顿则于1687年出版了人类科学史上的里程碑著作——《自然哲学的数学原理》。当然，英国的科学成就也离不开欧陆早期科学革命的成果。1543年波兰人尼古拉斯·哥白尼出版《天体运行论》，从而引发了倡导日心说、质疑地心说的"哥白尼革命"。同一年，比利时人安德雷亚斯·维萨里出版了《人体的构造》，系统论述了人体解剖问题。这也成为滋养英国人科学思维和素质的重要养分。从1800年算起，再过59年，英国人查尔斯·达尔文的伟大科学著作——《物种起源》将会正式发表。[②]

综合来看，对1800年的英国来说，一个新世界已经呼之欲出。事实上，这场正在英国发生的政治经济变革，不仅正在彻底再造英国，使英国成为第一个现代国家，而且即将改变整个世界的发展趋势、基本规则与政治格局，进而创造出一个全新意义上的现代世界。

1800年的奥斯曼帝国则完全是另一副样子。如果从1299年创立

---

① 关于英国启蒙运动，参见：罗伊·波特，《创造现代世界：英国启蒙运动钩沉》，李源等译，北京：商务印书馆，2022年。

② 关于科学革命，参见：赫伯特·巴特菲尔德，《现代科学的起源》，张卜天译，上海：上海交通大学出版社，2017年。

开始算，国祚绵长的奥斯曼帝国此时已经迎来它的第六个世纪。这一年是帝国第28位苏丹塞利姆三世执政的第11个年头。1800年协助塞利姆三世处理朝政的大维齐尔（即宰相）是寇尔·优素福·札亚丁帕夏——这里所称的帕夏，是奥斯曼帝国对总督、将军与帝国高官的统一敬称。塞利姆三世常常被视为一位才华横溢、思想解放、锐意进取的君主，他渴望学习和模仿欧洲更加近代化的制度与技术，希望以此来改造奥斯曼这个老牌大帝国。但是，随着时间的推移，塞利姆三世感到有些力不从心，奥斯曼帝国的各种制度惯例、思想观念与政治势力都构成了他推行实质性改革的掣肘因素。

此时的奥斯曼帝国依然地理疆域广大，以直接或间接统治方式控制着横跨埃及与北非地区、阿拉伯半岛、安纳托利亚、巴尔干半岛在内数百万平方公里的领土，是整个欧亚大陆少数几个最重要的帝国之一。尽管如此，自从1683年跟哈布斯堡王朝与波兰—立陶宛联邦之间的维也纳之战遭遇挫败之后，奥斯曼帝国就停止了其原本不断扩张的步伐，并在事实上逐渐走向停滞与衰落。

1789年，塞利姆三世即位苏丹，整个欧洲因为法国大革命而处在急剧动荡之中。奥斯曼帝国表面上仍然是欧亚大陆最主要的强权之一，实则已经面临国内外危机重重的局面。首先，危机来自于国际层面。奥斯曼帝国是一个横跨欧亚非三洲的大帝国，与其接壤的欧洲强国林立。过去，哈布斯堡王朝可算是奥斯曼帝国的宿敌，它跟奥斯曼帝国的领土争端与势力争夺主要发生在巴尔干半岛。而在当时，在雄心勃勃的叶卡捷琳娜大帝（1762—1796年在位）掌权之后，俄罗斯已经成了奥斯曼帝国的主要威胁。早在塞利姆三世即位前，在第五次俄土战争（1768—1774年）中，奥斯曼帝国就失去了对南乌克兰、北高加索地区和克里米亚的控制权。塞利姆三世即位时，奥斯曼帝国正在跟俄罗斯进行又一场战争，最终仍然以奥斯曼帝国战败告终。其间，奥斯曼帝国还经历了拿破仑入侵埃及——当时埃及尚在奥斯曼帝国的版图之内——的危机（1798—1801年）。实际上，相对于当时的欧洲强权，奥斯曼帝国在军事上已经处于全面的下风。每一次军事冲突对奥斯曼帝国来说都可能是一场巨大的灾难。

其次，危机来自于帝国内部的地方势力。在前现代社会，帝国中央能否长期维系对各地的有效统治始终是一个严峻的挑战。整个18世纪，奥斯曼帝国中央对行省和地方的政治权威日趋衰落。这既是因为帝国中央权力本身的软弱，也是地方势力——包括总督、将军以及地方权贵家族——膨胀所致，还跟帝国在地理、宗教、族群、文化上的多样性有关。一个显著的例子是，在塞利姆三世任内的后期，起初由于抗击外敌的需要，穆罕默德·阿里帕夏成为埃及总督，随后他逐渐领导埃及走向了半独立状态，甚至还在19世纪20年代挑起了埃及与奥斯曼帝国之间的战争。

再次，危机还来自于帝国高层政治。尽管奥斯曼帝国是典型的前现代君主制官僚帝国，名义上苏丹拥有至高无上的、不受法律约束的政治权力，但实际上，苏丹的实际权力往往受到自身政治权威与领导能力的影响。很多时候，以大维齐尔为代表的官僚权贵集团、以禁卫军为主的武装力量、以穆夫提和乌理玛为代表的宗教势力，都是帝国高层政治中苏丹权威的约束条件。[1]当塞利姆三世试图创建一支"新秩序军"，并以欧式方法训练新军时，来自禁卫军和宗教势

---

① 一般而言，乌理玛（Ulama或Ulema）在阿拉伯语中的原意为学者，是伊斯兰教学者的总称。任何一个了解古兰经注学、圣训学、教义学、教法学并有系统的宗教知识的学者，都可被称为乌理玛。它被用来泛指伊斯兰教中所有的知识分子，包括阿訇、毛拉、伊玛目等。穆夫提（Mufti）是有资格发布教令的高级伊斯兰教法学者和高级宗教法官，他们也是乌理玛，只是地位更为尊崇。在有些伊斯兰国家，大穆夫提是国家的最高宗教法律权威和官员。

力的抵抗就开始了。1807年，禁卫军发动政变，试图以欧洲方式推进帝国改革的塞利姆三世被废黜和囚禁。这样，奥斯曼帝国由苏丹发动的首次面向西方的政治军事改革就宣告失败了。[1]

一部流行的奥斯曼帝国史著作这样评价塞利姆三世的改革：

> 从根本上说，塞利姆失败的根源是这样一个无情的事实：他要完成的是一个不可能完成的任务。在奥斯曼帝国的这一历史阶段，他根本没有能力毕其功于一役，改变这个历经了几个世纪、虽然弊病丛生但依然完整坚韧的旧体系。如果激进的苏丹塞利姆想要在他的帝国里成功地推行改革，他就必须重建这个国家现行体制的基础结构，实际上相当于建造一个拥有全新的执行机制和执行动力的新国家。要完成这一目标，最重要的是苏丹必须受人景仰，拥有至高无上的权力，可以独断专行地制约谢赫伊斯兰和他的乌理玛的权力，压制伊斯兰宗教势力。而塞利姆并非这样一位君主，他要完成的任务在他的时代也无法完成。作为一个超前于他的时代的统治者，他所能做的只是尝试在传统的框架之内推行创新，但他并没有能够做到这一点。[2]

实际上，奥斯曼帝国不仅在政治上如此，而且在经济与观念上也缺乏走出其深厚历史传统的驱动力量。一个代表性的例子就是，

---

[1] 帕特里克·贝尔福，《奥斯曼帝国六百年：土耳其帝国的兴衰》，栾力夫译，北京：中信出版社，2018年；卡罗琳·芬克尔，《奥斯曼帝国：1299—1923》，邓伯宸等译，北京：民主与建设出版社，2019年。

[2] 帕特里克·贝尔福，《奥斯曼帝国六百年：土耳其帝国的兴衰》，栾力夫译，北京：中信出版社，2018年，第522—523页。

15世纪的古登堡印刷革命使得欧洲出现了书籍与报刊的快速普及，推动了识字率的快速提高。有研究说，在英国，"截至1760年，35种地方报纸每周能卖出20万份，到1800年增加了一倍"[①]。但是，古登堡印刷术传到奥斯曼帝国之后，就受到统治集团与保守宗教力量的抵制，甚至使得这种先进的印刷技术差不多晚了400年才被普遍接受。[②]奥斯曼帝国对先进印刷术的抵制，不过是这个停滞帝国的一个侧面。

　　1800年，对大清帝国来说，是嘉庆五年。就在上一年即1799年正月，因执政时间过长而卸任皇帝职位的太上皇乾隆去世了（值得一提的是，美国首任总统乔治·华盛顿也是在同一年去世的）。首次完全执掌大权的嘉庆皇帝在几天之内，就以迅雷不及掩耳之势，下令抓捕乾隆皇帝时期的宠臣与权臣和珅，并将其赐死。根据流行的说法，和珅被清查和没收的家产折合8亿两白银之多，几乎相当于清廷10多年的财政收入。这就是民谣"和珅跌倒，嘉庆吃饱"的由来。[③]

　　1799年开始的嘉庆亲政，以扳倒权臣、清理贪腐开场，似乎给人以极大的期待。一位励精图治、立意改革的新君能否横扫清朝"康乾盛世"以来的诸种积弊呢？嘉庆的实际做法主要包括：逐步撤换支持和珅的高级官员并换上原先反对他的人，大规模地压缩宫廷开支和倡导政府厉行节约，广开言路号召官员上书言事，以及在省

---

　　① 罗伊·波特，《创造现代世界：英国启蒙运动钩沉》，李源等译，北京：商务印书馆，2022年，第93页。

　　② 这是一个经常被提到的案例，一个基于统治者及其合法性视角的专门研究，参见：Metin M. Coşgel, Thomas J. Miceli, and Jared Rubin, "The Political Economy of Mass Printing: Legitimacy and Technological Change in the Ottoman Empire," *Journal of Comparative Economics*, Vol. 40, No. 3（Aug. 2012），pp. 357-371.

　　③ 郑天挺、南炳文主编，《清史》（上编），上海：上海人民出版社，2020年，第502—503页。

级官员中更大规模地起用汉族士人，等等。不能说这些改革或新政措施毫无作用，但按照一项权威研究的说法，"上层行政的改革不能医治19世纪官僚制度中根深蒂固的弊病"。①

实际上，到了乾嘉时期，清朝从中央到地方的贪腐现象已经无孔不入，几乎支配了整个官僚体制。和珅现象不过是其中最为严重的个案。同一时期较为严重的贪腐大案包括直隶藩司的虚收税银案、工部的假印大案、江苏的冒赈大案、治河衙门的河工贪污案，等等。②对于官僚系统的普遍贪腐，大清皇帝的主要做法无非是加强惩戒，除此以外似乎别无他法。而同时代的西方思想家对此已经有了完全不同的认知。比如，活跃于18世纪上半叶的法国思想家孟德斯鸠（1689—1755年）说："任何有权力的人，都易滥用权力，这是万古不易的一条经验。有权力的人们使用权力一直到遇有边界的地方为止。"③孟德斯鸠开出的政治药方，则是分权制衡。这是完全不同于君主制中央集权官僚国家的政治模式。

当然，无论是嘉庆皇帝还是当时的清朝统治阶层，都不太可能有这样的政治认知。他们在当时甚至对具体政治问题之外的帝国危机都还没有什么感知。就内部来说，到1800年为止，清朝统治确立已经超过了一个半世纪。按中国传统史观，这一个半世纪的统治大体可以用"卓有成效"来形容。爱新觉罗皇室既完成了入关与统一中国的大业，又克服高层政治的危机，还成功平定了三藩之乱（1681年），征服了西北的准噶尔汗国（1759年）。在此期间，由于政

① 费正清编，《剑桥中国晚清史：1800—1911年》（上卷），中国社会科学院历史研究所编译室译，北京：中国社会科学出版社，1985年，第123页。
② 郑天挺、南炳文主编，《清史》（上编），上海：上海人民出版社，2020年，第505—507页。
③ 孟德斯鸠，《论法的精神》（上），张雁深译，北京：商务印书馆，1961年，第154页。

治相对稳定、耕地不断开拓以及国外农作物的引入，中国人口总量出现了剧增，竟然从清初的1.2亿增长到了1850年的4.3亿。[①]从1661年康熙继位到1799年乾隆去世，这一时期还是清朝历史上长达130余年的所谓"康乾盛世"。这一切似乎意味着大清帝国逐渐进入了一个太平无事、岁月静好的时期。

然而，各种根本性的危机正在累积之中。除了上文提到的官僚系统的普遍贪腐，清朝人口剧增也带来了巨大压力，漕运系统则日益衰败，货币和税收系统趋于紊乱。从1796年开始，川、楚、陕、豫等地又陆续爆发了规模较大的白莲教起义。[②]在观念上，明清之际以黄宗羲、顾炎武为代表的思想家曾对君主制和中央集权进行过深刻的批判与反思。但是，到了雍正与乾隆时期，文字狱已经变得非常普遍，士人和学界开始回避现实政治与经世致用，转而埋头于古籍和考据。这使得中国的观念更新或革命变得更难发生。

更重要的是，我们对时局的判断不唯独取决于时局本身，还取决于选择何种参照系。如果以明朝作为参照系，此时的清朝似乎并无大碍。但是，如果以同时期的英国作为参照系，那么清朝已经沦为一个停滞不前且不思变革的帝国。清朝依然是一个农业经济支配的国家，权力不受约束的君主制与官僚制依然是整个社会的重负和发展的约束条件。如果不是外力的冲击，除了统治的衰朽趋势，很难想象清朝的未来会出现根本性的改革或进步。

就对外政策来说，1800年的清朝基本上实行的是闭关锁国政策，即限制跨国贸易的发展，具体包括对进出口船只、贸易物品实行管

---

① 葛剑雄，《中国人口发展史》，成都：四川人民出版社，2020年，第277—281页。

② 费正清编，《剑桥中国晚清史：1800—1911年》（上卷），中国社会科学院历史研究所编译室译，北京：中国社会科学出版社，1985年，第100—154页。

制，实行公行制度，并制定了许多限制外商行动的规定。乾隆后期的一个重大事件，就是1793年以乔治·马戛尔尼为首的英国使团访华。[1]派出这一使团的，恰恰是开篇提到的英国国王乔治三世。乔治三世在致乾隆的信件中讲到，国际贸易对英、中两国均有好处。马戛尔尼则代表英国向乾隆和清廷提出了几项通商要求。其间的一个重要事件，是英国特使马戛尔尼觐见乾隆是否该行磕头礼，双方一度发生严重争执。这一事件的背后，是自由平等的近代英国观念与君权至上、尊卑有序的大清观念之间的巨大差异。

对于当时的乾隆与清廷来说，他们不仅无法理解自由贸易与通商的重要性，而且仍然以"天朝上国"的心态对待英国使团。乾隆给英国国王乔治三世的外交文书中说：

> 天朝抚有四海，惟励精图治，办理政务，奇珍异宝，并不贵重。尔国王此次赍进各物，念其诚心远献，特谕该管衙门收纳。其实天朝德威远被，万国来王，种种贵重之物，梯航毕集，无所不有。尔之正使等所亲见。然从不贵奇巧，并无更需尔国制办物件。是尔国王所请派人留京一事，于天朝体制既属不合，而于尔国亦殊觉无益。特此详晰开示，遣令贡使等安程回国。[2]

但实际上，在中国考察五个多月的马戛尔尼早已看出大清帝国的落后，包括知识浅陋、吏治腐败、人民困苦、军力衰微。马戛尔尼在私人日记中这样说：

---

[1] 关于这一重大事件的研究，参见：阿兰·佩雷菲特，《停滞的帝国：两个世界的撞击》，王国卿等译，北京：生活·读书·新知三联书店，1993年。

[2] 转引自：阿兰·佩雷菲特，《停滞的帝国：两个世界的撞击》，王国卿等译，北京：生活·读书·新知三联书店，1993年，第249—250页。

　　（满清）自北方满洲鞑靼人最后征服以来，至少在这过去的
150年，没有发展和进步，甚至在后退；而在我们科技日益前进
时，他们和今天的欧洲民族相比较，实际变成了半野蛮人。正
是因此他们保持了半罐子水通常有的自大、自负和自傲，而且，
尽管在他们和使团交际期间感觉到我们在许多方面比他们强，
他们仍显得惊奇而不自愧，有时假装对所见无动于衷。在跟外
国人交谈中他们毫无羞惭和自卑，反显得满不在乎，好像他们
自己是优胜者，言行中找不到缺点和失误。①

　　实际上，在马戛尔尼使团访问之后不到半个世纪，中英之间就
爆发了鸦片战争。结果，大清这一天朝上国在跟西方的首次军事较
量中一败涂地。对1800年的大清帝国来说，世界历史的行进很快就
将使其首次遭遇它过去从未见过的对手。对帝国的君主、高级官员
与士人来说，此时此刻外部世界的变化已经完全超出了他们的想象。

大分流与全球政治格局的变迁

　　本书将1800年视为世界历史的关键时刻，不同的主要国家正是
在这一时刻的前后发生了"大分流"。②英国在18世纪下半叶到19世

---

①乔治·马戛尔尼、约翰·巴罗，《马戛尔尼使团使华观感》，何高济、何毓宁译，北京：商务印书馆，2013年，第6页。
②美国经济史学家彭慕兰（Kenneth Pomeranz）用"大分流"（the Great Divergence）的概念来比喻欧洲与中国在近代经济发展上的巨大分化，参见：彭慕兰，《大分流：欧洲、中国及现代世界经济的发展》，史建云译，南京：江苏人民出版社，2003年。当然，这并不意味着本书作者同意彭慕兰这项研究的基本观点。

纪上半叶率先完成了工业革命，成了人类历史上第一个现代化国家，随后在日益全球化的世界格局中成了全球领导者，并逐渐创造了现代世界的基本规则。而包括奥斯曼帝国、大清帝国在内的许多主要国家跟英国在发展问题上出现了实质性的分化。它们其实已经被英国远远地甩在了后面。1800年前后，在欧亚大陆上，处在类似地位的主要国家名单还包括印度的莫卧儿帝国、伊朗的恺加王朝（Qajar Dynasty，又译卡扎尔王朝）、埃及的穆罕默德·阿里王朝、俄罗斯帝国，等等。这份国家名单甚至还可以加上有时不被视为主要大国的日本，以及跟英国在地理上更接近的法国、普鲁士、西班牙等国。因为所有这些国家都能感知到率先完成工业革命的第一个现代化国家——英国——所带来的国内与国际政治压力。接下来，这些国家不仅将面临如何实现现代化的基本任务，而且还将面临在日益复杂的国际政治格局中如何跟英国或其他领先国家竞争的问题。

本书关注的主要问题是，英国率先启动工业革命、成了全球领导者并逐渐塑造现代世界的基本规则之后，世界上的其他主要国家——特别是非西方传统大国——是如何对这一史无前例的大转型与大分流做出回应的？它们随后经历了怎样的政治经济变革过程？它们最终能否实现政治与经济现代化的愿景，甚至能否重新成为全球主要的领先国家？无论它们能否进行顺利的政治经济变革，或是能否完成现代化及重返大国地位，背后的逻辑又是什么？简而言之，本书试图解释全球主要大国——特别是非西方传统大国——在工业革命与现代化的冲击之下所经历的政治经济变迁，理解这些变迁的相似性与差异性及其背后的逻辑。

具体而言，本书主要关注五个基本问题：

第一，在英国兴起和成为第一个现代化国家之后，西方许多大国都面临着英国崛起所带来的压力。随后，法国、普鲁士、美国等纷纷开始仿效英国，开启了各自的工业革命与现代化道路。随着英国与西方世界的兴起，当它们与非西方世界发生碰撞之后，全球范围内的非西方传统大国开始面临重大的危机。问题是，这种重大危机的性质到底是什么？这一危机又如何深刻地影响着这些非西方传统大国随后的政治经济变迁？

第二，非西方传统大国面临重大危机之后，往往都会开启寻求现代化的政治经济改革过程。然而，19世纪以来的历史经验显示，许多传统大国在寻求现代化或现代转型的道路上常常面临着某种困境。换言之，这些国家往往很难在较短时间内完成现代转型，而是容易遭遇现代转型的困境。像土耳其、伊朗、埃及、印度、俄罗斯等国，其实都面临着类似问题。那么，为什么许多非西方传统大国都会面临现代转型的困境呢？到底是何种原因、基于何种机制导致了此种困境呢？

第三，在英国完成工业革命、成为第一个现代化国家之后，尽管许多主要国家都面临着现代转型的挑战，但总有一些国家在寻求政治现代化的道路上获得了成功。从经验来看，各个主要国家寻求政治现代化的路径是不同的，其绩效与成就也有显著的差异。那么，政治现代化到底意味着什么？为什么有的国家在政治现代化方面更为成功，而有的国家则表现平平或遭遇挫败？不同国家在政治现代化方面的这种差异，又可以给尚未完成政治现代化的非西方传统大国提供何种经验与启示？

第四，经过一系列面向现代化的政治经济变革，总有少数国家不仅相对比较成功，而且还实现了崛起，成了世界体系中的主要大国或强国。随之而来的问题是，有些新兴大国实现了和平崛起，而有些新兴大国则更容易跟原先的主导性大国发生冲突乃至战争，那么，为什么会产生这种崛起路径的分化？这种分化是何种原因造成的？背后的因果机制又是什么？19世纪以来，新兴大国崛起的历史经验又能给非西方传统大国提供怎样的借鉴？

第五，许多主要大国都期待能通过一系列政治经济变革，有机会成为国际体系中的领先国家，甚至成为全球领导者。但实际上，自19世纪以来，国际体系中真正的全球领导者主要就是两个国家，即19世纪的英国和20世纪上半叶以来的美国。那么，以英美为代表的全球领导型国家究竟遵循的是何种逻辑？英美两国能够成为全球领导者的决定因素是什么？从目前的全球格局来看，哪个国家更有可能成为下一个全球领导者？所有这些历史经验又能为非西方传统大国提供怎样的政治启示？

上述所有问题综合起来，就是试图回答主要大国——特别是非西方传统大国——在工业革命与现代化的冲击之下所经历的政治经济变迁及其背后的逻辑。这项研究既是描述性的，又是解释性的。前者的重点在于描述自英国兴起、成为第一个现代化国家之后，许多主要大国——特别是非西方传统大国——接下来到底发生了什么。后者的重点在于从理论上解释这些重大的政治经济现象，以及论述不同国家政治经济变迁的差异及其背后的原因。通过对上述五个问题的论述，本书希望为读者提供一个理解主要大国——特别是非西方传统大国——最近两个多世纪政治经济变迁的新框架，进而增进对这一重大问题的理解与认知。

不同理论之间的思想交锋

本书关注的不是单个的理论问题，而是一系列相关的理论问题，既涉及经济又涉及政治，既涉及国内因素又涉及国际环境。所以，本书需要对话的学术文献是相当丰富且庞杂的。由于后续章节还需要讨论许多重要文献，这个导言仅仅对跟本书主题相关的最具代表性的文献做一个学术综述和讨论。大体而言，这些学术文献主要包括以下三个方面。

首先，是跟经济发展有关的研究。按照经济学家小罗伯特·卢卡斯的说法，自从工业革命发生之后，解释经济增长与发展以及理解各国在这一方面的差异就成了最重要的理论问题。关于经济发展的研究，主要有三个理论路径。一是纯要素的、技术的路径，这一路径把一个国家的经济发展视为资本不断累积、人力资本不断改善、要素在部门间不断转移、技术不断进步与创新不断涌现的过程。①这些理论往往更重视纯经济的因素，特别是跟经济增长直接相关的诸种要素。

二是政治经济学的路径，这一路径更强调国家、权力与制度因素对于经济发展或积极或消极的影响。这些理论往往认为，当政治的、权力的与制度的因素有利于塑造改善生产性、鼓励创新、避免掠夺性行为的激励结构时，持续的经济发展更有可能发生；反之，持续的经济发展则更难发生。②

三是结合后发展国家历史情境的路径，这一路径的最大特点是强调后发展国家所面临的政治、经济与国际情境不同于少数先发展

① 关于经济增长的一般理论，参见：戴维·N.韦尔，《经济增长》（第二版），王劲峰译，北京：中国人民大学出版社，2011年；罗伯特·J.巴罗、夏威尔·萨拉-伊-马丁，《经济增长》（第二版），夏俊译，上海：格致出版社、上海三联出版社、上海人民出版社，2010年。

② 相关研究，参见：道格拉斯·C.诺思，《经济史上的结构和变革》，厉以平译，北京：商务印书馆，1992年；曼瑟·奥尔森，《权力与繁荣》，苏长和、嵇飞译，上海：上海人民出版社，2018年；达龙·阿塞莫格鲁、詹姆士·A.罗宾逊，《政治发展的经济分析：专制和民主的经济起源》，马春文译，上海：上海财经大学出版社，2008年。

国家或原发性现代化的国家。①正是由于这种发展所面对的内外情境的不同，这些后发展国家不可避免地会有不同的发展路径，需要不同的发展策略。比如，经济学家亚历山大·格申克龙强调后发展对组织力的更高要求。②再比如，历史社会学家伊曼纽尔·沃勒斯坦提出了世界体系论，将世界根据发展程度和国际分工体系中的位置区分为核心国家与边缘国家。③有人又根据他的理论，进一步发展了依附理论，认为后发展国家在国际分工体系中普遍处于依附地位，摆脱依附是实现经济增长与长期发展的前提。④

这些理论对于从不同视角来理解经济发展当然都很重要，但就本书的研究视角而言，这些理论仍然存在着诸多缺憾。许多经济增长理论常常以要素论或制度主义理论来理解英国与西方的工业革命与早期经济发展，但这种理解往往有些偏颇。因为原发性的工业革命与经济发展，其实更是一个整体主义的概念或系统工程，很难靠简单的要素论或单一制度论来解释。许多理论即便从政治经济学角度来思考经济发展问题，最后的结论也往往偏向于政策视角，即何种制度安排与公共政策更有利于经济发展。但实际上，所有的制度和政策均衡都是一个政治博弈的过程。理解经济发展背后的政治博弈问题，才是理解经济发展的关键。进一步说，现有经济增长理论主要关注的是国内因素，但实际上，任何国家——特别是主要大国——的经济发展很容易受到国内与国际双重因素的影响。脱离了

① 朱天飚，《比较政治经济学》，北京：北京大学出版社，2006年。

② 亚历山大·格申克龙，《经济落后的历史透视》，张凤林译，北京：商务印书馆，2012年。

③ 伊曼纽尔·沃勒斯坦，《现代世界体系》（四卷本），郭方等译，北京：社会科学文献出版社，2013年。

④ 特奥托尼奥·多斯桑托斯，《帝国主义与依附》，杨衍永等译，北京：社会科学文献出版社，2017年。

对国际因素和国际格局的考察，我们就无法理解主要大国经济发展的完整逻辑。此外，拿曾经影响重大的依附理论来说，凡信奉和采用这种理论及其政策的国家，几乎都无法实现较为成功的经济发展。这意味着依附理论就逻辑和经验来说都是一种误导后发展国家的理论主张。[①]但是，这种理论一度非常流行，而且直到今天也不能说已经销声匿迹。原因可能在于，有政治力量仍然认为，信奉和采用依附理论在政治上是较为有利的。

其次，是跟政治现代化有关的研究。现代化问题或政治现代化问题，是20世纪60—70年代国际学术界的一个热点。当时的现代化理论往往基于目的论的发展观和线性论的路径观，但后来，绝大部分后发展国家的发展或现代化模式完全不同于当时的现代化理论所指引的方向，因此就导致了现代化理论的相对衰落。然而，对后发展国家来说，无论是现代化，还是政治现代化，都是一个绕不过去的真问题。[②]

从20世纪80年代至今，学术界对于政治现代化的研究常常并不冠名以"现代化"，而主要聚焦于跟政治现代化有关的两大理论议题或路径。一是国家理论的议题或路径，这一路径将政治现代化主要视为一个现代国家构建的过程，以及包括在此过程中的国家能力塑造与政府效能提升。在这一理论路径中，许多后发展社会的首要问题是缺少一个有效国家，冲突与内战不受控制的主因也是缺少一个

---

① 关于依附理论，学术界有许多批评，参见：B.N. Ghosh, *Dependency Theory Revisited*, London: Routledge, 2019, pp. 11–13。

② Nils Gilman, "Modernization Theory Never Dies," *History of Political Economy*, Vol. 50, No. S1 （Dec. 2018）, pp.133–151.

有效国家。①基于这一视角，1787年的美国制宪，也被理解为一个完成国家构建的政治事件。

二是政体与政体转型的理论议题或路径，这一路径常常将政治现代化视为一个民主发展的过程，或是一个民主转型与巩固的过程。在这一理论框架中，民主政体常常被视为优越于其他诸种政体的政体类型。至于民主能否成为现实，既取决于许多结构性条件，包括经济发展水平、阶级关系、政治文化、族群结构、国际格局等，又取决于能动性因素，主要是政治家和政治精英的信念、选择与博弈。②

对于政治现代化，学术界还有许多更注重综合研究的理论路径。比如，福山认为，政治现代化是一张包括三要素的"政治菜单"，即有效国家、法治与民主问责制。③

对于如何理解政治现代化，上述理论路径各有千秋，但都提供了许多有价值的洞见。尽管如此，这些理论仍然存在着不少问题。许多政治现代化理论的首要问题是误解了政治现代化本身。到底什么是政治现代化？对这个问题需要进行正本清源式的理论探究。许

① 关于国家理论，参见：彼得·埃文斯、迪特里希·鲁施迈耶、西达·斯考克波编著，《找回国家》，方力维等译，北京：生活·读书·新知三联书店，2009年；查尔斯·蒂利，《强制、资本和欧洲国家（公元990—1992年）》，魏洪钟译，上海：上海人民出版社，2021年；乔尔·S.米格代尔，《强社会与弱国家：第三世界的国家社会关系及国家能力》，张长东等译，南京：江苏人民出版社，2012年；弗朗西斯·福山，《国家构建：21世纪的国家治理与世界秩序》，郭华译，上海：上海三联书店，2020年。

② 关于政体与民主转型理论，参见：包刚升，《民主的逻辑》，北京：社会科学文献出版社，2018年；塞缪尔·P.亨廷顿，《第三波：20世纪后期的民主化浪潮》，欧阳景根译，北京：中国人民大学出版社，2013年；Christian W. Haerpfer, Patrick Bernhagen, Ronald F. Inglehart, and Christian Welzel, *Democratization*, Oxford: Oxford University Press, 2009。

③ 弗朗西斯·福山，《政治秩序的起源：从前人类时代到法国大革命》，毛俊杰译，桂林：广西师范大学出版社，2014年；弗朗西斯·福山，《政治秩序与政治衰败：从工业革命到民主全球化》，毛俊杰译，桂林：广西师范大学出版社，2015年。

多政治现代化理论主要关注的是内政视角，而忽视政治现代化的国际关系视角。正如上文提到的，理解经济发展需要国际关系视角，国际因素与国际格局对本国政治发展的影响也不容忽视。进一步说，政治现代化并非单纯的政治问题，而是涉及复杂的政治与经济互动。所以，政治现代化是一个跟经济发展互相影响的过程。就此而言，跟政治现代化有关的理论研究尚有许多发展空间。

再次是跟国际体系中的权力竞争有关的研究。这方面的议题非常之广，主要包括三方面的研究。一是国际政治与国际关系中较为一般的与和平或战争有关的研究。这是历史上国际政治研究的主要议题。国与国之间为什么能够实现和平，以及为何会走向冲突与战争，这是国际政治这个学科最早的关切。古希腊历史学家希罗多德与修昔底德的早期历史著作，就是以国际政治中的战争为主题的。前者著有以希腊城邦—波斯帝国战争为主题的《历史》，后者著有以古希腊诸城邦之间的战争为主题的《伯罗奔尼撒战争史》。[1]20世纪后半叶，许多学者试图从基本人性、政体差异、权力转移、安全困境、错误知觉等视角解释和平、冲突与战争的理论问题。[2]

二是跟殖民主义与反殖民主义有关的研究。自地理大发现之后，欧洲就开始了长达数百年的全球殖民过程，对象既包括美洲、大洋洲这样的未开化地区，又包括南亚、北非这样的古老文明地区。西方的殖民主义给殖民地既带来相当程度的强制、欺辱与压迫，又带

---

[1] 希罗多德，《历史：详注修订本》（上下册），徐松岩译注，上海：上海人民出版社，2018年；修昔底德，《伯罗奔尼撒战争史：详注修订本》（上下册），上海：上海人民出版社，2017年。

[2] 斯蒂芬·范·埃弗拉，《战争的原因：权力与冲突的根源》，何曜译，上海：上海人民出版社，2014年；理查德·内德·勒博，《国家为何而战？过去与未来的战争动机》，陈定定等译，上海：上海人民出版社，2014年；杰弗里·布莱内，《战争的原因》，时殷弘译，北京：商务印书馆，2011年。

来更现代的技术、制度与观念。①殖民主义既影响了许多殖民地国家与后发展国家的国内政治，又影响了它们与西方国家之间的国际关系。当这些国家通过政治斗争，最终实现政治独立之后，它们的后续政治发展或现代化进程也是在殖民主义遗产之上重新开始的。这种遗产既包括了许多沉重的负担，又带有某些积极的有利因素。②

三是跟大国与大国之间权力竞争有关的研究。国际体系中的权力竞争理论，常常将国与国的权力角逐视为一场此消彼长的零和博弈游戏。在保罗·肯尼迪看来，能否平衡好国内经济发展与耗费巨大的军事力量之间的关系，是决定大国兴起与衰落的关键原因。③约翰·米尔斯海默则基于现实主义理论视角认为，大国与大国之间在无政府的国际体系下很难避免彼此之间的冲突与战争。所以，他的著作甚至命名为《大国政治的悲剧》。④戴尔·科普兰与格雷厄姆·埃利森则关注新兴大国崛起与传统主导大国之间可能的冲突，以及何种条件下更有可能发生冲突。⑤当然，关于大国与大国政治关系的研究文献还有很多。

上述这些研究对理解国际关系与国际政治都有重要价值。借助

---

① 拉姆齐·缪尔，《帝国之道：欧洲扩张400年（第六版）》，许磊等译，上海：上海人民出版社，2021年。

② 关于殖民主义的理论研究，参见：Frederick Cooper, *Colonialism in Question: Theory, Knowledge, History*, Oakland: University of California Press, 2005; Gyan Prakash, *After Colonialism: Imperial Histories and Postcolonial Displacements*, Princeton: Princeton University Press, 1995。

③ 保罗·肯尼迪，《大国的兴衰：1500—2000年的经济变革与军事冲突》（上下册），王保存等译，北京：中信出版社，2013年。

④ John J. Mearsheimer, *The Tragedy of Great Power Politics*, Updated edition, New York: W. W. Norton & Company, 2014.

⑤ 戴尔·科普兰，《大战的起源》，黄福武、张立改译，北京：社会科学文献出版社，2017年；格雷厄姆·艾利森，《注定一战：中美能避免修昔底德陷阱吗?》，陈定定、傅强译，上海：上海人民出版社，2019年。

这些已有的研究，我们可以更全面、系统、深入地理解全球政治格局中的重大现象与重要议题。但是，这些理论的解释仍然存在着许多不足。这些理论的一个主要特点是关注国与国的关系及其博弈，却较少关注不同国家之间的国内政治秩序及其对国际关系的影响。比如，如果不是魏玛共和政体的失败和阿道夫·希特勒在德国的上台，第二次世界大战或许就不会发生。就一个国家而言——亦包括本书主要关注的大国，其国内秩序与国际秩序往往是互相塑造的。此外，这些理论的另一个主要特点或不足，是比较重视短时段的各种变量，而不太重视长时段的各种变量。比如，美国跟伊朗的关系不只是1970年代以来的诸种纷争与冲突，更可以追溯至19世纪以来伊朗跟西方之间的复杂历史，特别是伊斯兰教主导的伊朗长期以来被基督教西方入侵与欺辱的历史。所以，理解今天伊朗与美国乃至西方的关系，更需要一种关注长期的理论视角。

从新视角理解大国政治经济变迁

上文讨论的相关研究与学术文献是这项研究得以进行的基础，但所有这些先行研究还存在许多不足，难以全面、系统地解释本书关注的主要问题。本书的主要任务是在这些先行文献的基础上，为理解主要大国——特别是非西方传统大国——在英国兴起之后所经历的政治经济变迁及其背后的逻辑提供一个解释框架。

本项研究的首要特点是，重点关注19世纪以来国际体系中的主要大国，特别是非西方传统大国。大国的重要性，是毋庸置疑的。研究大国的首要原因在于大国之"大"。理解人类社会的政治演化，首先要理解大国的政治演化。理解全球政治格局与国际关系，首先要理解大国政治以及大国之间的关系。大国由于其地理疆域、人口规模与经济总量，在全球体系中占据着显著的重要位置。在研究的时间、精力与资源有限的条件下，理解少数主要大国的政治，可以为理解整个人类政治提供一种便捷而高效的路径。

研究大国的另一重要原因在于，大国的决策以及大国与大国之间的政治博弈更容易对世界格局产生重要而直接的影响。显而易见，小国容易受到主要大国政治与政策的影响，但小国通常很难反过来影响主要大国与世界格局。大国则不然，一个大国与其他主要大国之间的影响是互相的或双向的。一个大国的兴衰，往往会直接影响世界格局中的权力结构。用经济学概念来说，小国更像是全球格局中的价格接受者（price-taker），大国则相当于价格制定者（price-maker）。正是因为这种不同的特点，大国特别是非西方传统大国在寻求现代化的过程中，往往会面临跟小国很不一样的情境和约束条件，因而呈现出不同的政治逻辑。

当然，不同大国之间又存在着较为显著的差异。在这项研究中，这种差异主要存在于西方世界的主要大国与非西方的传统大国之间。由于英国是第一个现代化国家，西方世界的其他主要大国，比如法国、普鲁士（德国）、美国等，一方面跟英国同属欧洲的基督教文明，彼此在宗教、文化、语言、科技、制度上的异质性程度相对较低，另一方面跟英国的空间距离较近——比如巴黎跟伦敦的直线距离不到500公里，柏林跟伦敦的直线距离也仅1100公里，美国尽管跟英国隔着辽阔的大西洋，但一般被视为英国的衍生国。所以，这些国家更容易受到英国工业革命和现代化的影响，也更容易学习、模仿与吸收英国的现代化成果。相反，非西方传统大国跟英国之间的文明异质性程度更高，空间距离也更为遥远。比如，1800年的印度是以印度教和伊斯兰教为主的社会，印度与英国之间绕道好望角的航海距离超过16000公里；当时的中国是典型的儒家社会，北京与伦敦之间的航海距离更是超过20000公里。这种较高的文明异质性程度加上无比遥远的空间距离，都使得非西方传统大国更难学习、模仿与吸收英国的现代化成果。这就使得这些传统大国在现代化进程中可能会遭遇更多的困难。

研究大国还因为中国也是一个大国，而且是本书所称的非西方传统大国。考虑到种种原因，本书没有把中国作为一个主要案例来研究，但中国自19世纪以来所经历的政治经济变迁，就其主要逻辑而言，跟本书所要研究的其他几个非西方传统大国是具有可比性的。尽管不同国家寻求现代化或政治现代化的道路存在差异，但往往又有着某种相似的逻辑。本书关注的是主要大国——特别是非西方传统大国——的政治经济变迁及其背后的逻辑，目的之一是为理解19世纪以来的中国问题提供一种新的认知框架。

本项研究的另一个重要特点是在理论基础上立足于现代化理论。[①]什么是现代化？尽管学术界对于现代化和现代化理论理解各异，众说纷纭，但这一理论大体上都把18世纪中叶始于英国、迅速扩散到西欧与北美国家的这场以工业革命为基本特征，包括一系列经济、政治与观念变革的大转型称为"现代化"。现代化不仅在英国和西方世界内部创造了新的发展形态，而且由于西方优势的确立和全球化的展开，一个全新的现代世界被创造出来了。就人类历史演

[①] 关于现代化理论的相关研究，参见：罗荣渠，《现代化新论：世界与中国的现代化进程（增订本）》，北京：商务印书馆，2009年；西里尔·E.布莱克编，《比较现代化》，杨豫、陈祖洲译，上海：上海译文出版社，1996年；塞缪尔·亨廷顿等著，罗荣渠主编，《现代化：理论与历史经验的再探讨》，上海：上海译文出版社，1993年；Prateek Goorha, "Modernization Theory,"（March 01, 2010）, published in *the Oxford Research Encyclopedia, International Relations*, 2010, DOI: 10.1093/acrefore/9780190846626.013.266, Available at SSRN: https://ssrn.com/abstract=3412147; Robert M. Marsh, "Modernization Theory, Then and Now," *Comparative Sociology*, Vol. 13, No. 3（Jul. 2014）, pp. 261–283。

化而论，这场以工业革命为基本特征的现代化是史无前例的，也从根本上改变了人类社会的基本面貌。

具体而言，现代化主要包括三个维度上的重大变革：一是经济维度的，即蒸汽机等机械发明的大规模出现，煤炭等化石能源的广泛应用，劳动生产率的大幅提高，以及大型工厂与生产组织的兴起；二是政治维度的，即现代国家的兴起与国家构建的推进、韦伯式官僚制的逐渐普及，以及以立宪政体、议会政治、精英和大众参与为特征的现代政体的兴起；三是观念维度的，即强调理性、求真以及以实验方法探究事物规律的科学革命的兴起，强调个人自由与权利以及主张有限政府与共同体自治的启蒙运动的出现。简而言之，现代化大体上是三者的结合，即经济上的工业革命与技术革命，政治上的国家革命与立宪革命，以及观念上的科学革命与启蒙运动。所以，现代化其实是一个整体性的社会进步，是一个全方位变革的系统工程。

自从英国开启了这场原发性现代化的大转型，西方世界的主要国家与非西方的传统大国如果想跟上英国的发展步伐，就只能推进面向进步的现代化运动。而其他主要大国寻求现代化道路的过程应该离不开两个基本特征：一是它们的现代化都具有某种共性，因为现代化是一种普遍性的发展演化过程，包括它们会经历具有现代特征的经济革命、政治革命与观念革命；二是它们的现代化一定还有着某种特性，因为现代化也必然是一种不同国家各具特色的发展演化过程——由于每个国家历史、传统与其他诸种条件的差异，不同国家必定会呈现不同模式的现代化道路，这也应该是一种常态。正如中国式现代化不同于英国式现代化，正在进行中的印度式现代化也不同于日本式现代化，各主要国家的现代化道路与路径一定会存在显著的差异。早在 1966 年，美国政治社会学家巴林顿·摩尔就指出，不同国家的政治现代化道路存在着多样性，到20世纪中叶为止，英美民主模式、德日法西斯模式与俄中共产主义模式有着显著的发展路径差异。①当然，摩尔对于政治现代化的定义标准，跟本书存在较大差异。不管怎样，综合来看，自从英国兴起之后，各主要国家都要实现现代化，但各国的现代化道路大体是一个融合了共性与个性、普遍性与特殊性的过程。

本项研究还有一个重要特点，即始终关注国内政治与国际政治的互动。对研究大国来说，这一点尤为重要。尽管过去许多理论也强调一个国家现代化背后的国际因素，但这项研究把这种国内政治与国际政治的互动本身视为许多大国寻求现代化的主要特征。具体而言，这一始终关注国内政治与国际政治互动的分析框架，较重视两个因素。一个因素是，现代化问题的出现对于许多主要大国——特别是非西方传统大国——起初是一个外部冲击事件。相对于西方其他国家而言，英国是第一个原发性现代化国家；相对于非西方国家而言，西方是原发性现代化地区。实际上，对非西方传统大国而言，现代化是由英国与西方定义的，现代世界及其规则是由英国与西方创造的。当非西方传统大国准备寻求现代化时，它们还面临着来自英国与西方国家的国际竞争。

另一个因素是，这些国家时刻处在国内政治与国际关系互相影响的环境中。对许多主要大国来说，其国内政治与国际政治甚至很难截然分开，两者之间甚至不只是发生物理作用，还会产生"化学反应"。比如，拿印度来说，英国殖民者刚进入印度之时，印度还处在莫卧儿帝国时期。此后，英国作为一个重要的国际政治变量成了

---

① 巴林顿·摩尔，《专制与民主的社会起源：现代世界形成过程中的地主和农民》，王苗、顾洁译，上海：上海译文出版社，2013年。

印度国内政治发展与演化的约束条件。离开了英国的殖民统治，我们就很难完整理解印度后来的政治演化过程。再比如，1979年伊朗的霍梅尼革命实质性上是一场源自伊斯兰教复兴、主张反美民族主义的政治革命。这一宗教政治革命的源头在很大程度上又可以追溯至19世纪以来伊朗跟英国和其他西方国家之间复杂的政治关系。

本项研究的最后一个重要特点，是采用比较研究方法。对英国兴起之后其他主要大国的政治经济变迁进行跨国比较研究，既可以识别它们的共性或相似性，又可以识别它们的个性或差异性。作为一项社会科学研究，本书要通过对许多主要大国政治经济变迁的相似性与差异性的比较，发掘其背后的关键变量与因果机制。实际上，比较研究方法是最常见的社会科学研究方法之一。按照约翰·斯图亚特·密尔等人的论述，主流的比较研究方法包括求同法、求异法、共变法等。此外，亚当·普沃斯基等当代学者还总结出了在最大相似案例中寻找最大相异，或在最大相异案例中寻求最大相似等比较研究方法。[①]

比如，就本项研究而言，在英国兴起、成为第一个现代化国家之后，许多主要大国——特别是非西方传统大国——都面临着类似的政治危机。接下来，这些非西方传统大国还面临着类似的现代转型困境。这就是许多主要大国在政治上的相似性或共性。通过对这些相似性或共性的研究，本书试图形成一套解释非西方传统大国为什么会面临政治危机以及为什么会遭遇现代转型困境的理论。再比如，一些主要大国在政治现代化方面做得更为成功，而另一些主要

---

① John Stuart Mill, *A System of Logic, Ratiocinative and Inductive: Being a Connected View of the Principles of Evidence and the Methods of Scientific Investigation*, 8th ed., London: Longmans, Green, 1904; Adam Przeworski and Henry Teune, *The Logic of Comparative Social Inquiry*, New York: Wiley-Interscience, 1970, pp. 31–46.

| 危机 | ⇒ | 困境 | ⇒ | 转型 | ⇒ | 崛起 | ⇒ | 领先 |

图0.1　主要大国可能会面临的五个基本问题

大国不太成功；一些新兴大国实现了和平崛起，而另一些新兴大国在崛起过程中引发了战争。这就是主要大国在政治上的差异性或个性。通过对这些差异性或个性的研究，本书试图提出一套解释政治现代化和大国崛起差异性的政治理论。此外，本书还试图用跨国比较研究方法来解释全球领导者这一政治现象背后的复杂理论问题。

总之，本书试图基于现代化理论、国内政治与国际政治的互动、跨国比较研究来解释主要大国的政治经济变迁，进而希望形成一系列重要的理论发现与学术成果。从效力上说，笔者当然希望这些理论发现与学术成果既能解释过去主要大国的政治经济变迁，又能启迪未来，给后来的主要大国提供有价值的启示。

尽管各个主要国家差异很大，但正如上文已经讨论的，本书倾向于认为，这些主要国家——特别是非西方传统大国——在英国兴起之后，经历了具有类似逻辑的政治演化过程。尽管每个主要国家的政治发展道路各不相同，但它们的政治发展道路在基本特征上还是有许多重要的相似性。这项研究认为，这些主要国家可能面临五个基本问题，亦即危机、困境、转型、崛起以及领先，参见图0.1。

图0.1并不意味着每个主要大国或非西方传统大国迄今为止都已经历了这样五个政治发展阶段，但如果主要大国有机会完整经历从危机到重生的过程，那么它们就会经历这样的五个完整政治发展阶段。从实际经验来看，有的主要大国可能会跨越或超越某一发展阶段，有的则尚无机会实现崛起，遑论成为全球领先者。表0.1是对主

表0.1　主要大国的五个政治发展阶段及其基本问题

五个阶段	基本问题界定
危机	在英国兴起之后,许多主要大国——特别是非西方传统大国——开始面临重大的政治危机。这种重大危机的性质到底是什么? 危机又如何深刻地影响许多主要大国后来的政治经济变迁?
困境	历史经验显示,许多传统大国常常会面临现代转型困境。为什么这些传统大国更容易遭遇现代转型困境? 到底是何种原因、基于何种机制引发了传统大国的现代转型困境?
转型	在英国兴起之后,各主要国家的政治现代化出现了分化,有的更成功,而有的则不太成功。政治现代化到底意味着什么? 为什么有的国家更成功,而有的国家表现平平、甚至遭遇挫败?
崛起	经过一系列的政治经济变革,有些主要国家能够实现崛起,成为世界政治舞台上区域性或全球性的大国。但有些新兴大国实现了和平崛起,有些则走向了战争。新兴崛起大国的政治命运为什么会发生分化? 背后的原因与机制是什么?
领先	少数主要大国通过一系列的政治经济变革,甚至有机会成为全球领导者。19世纪的英国和20世纪上半叶以来的美国是如何成为全球领导者的? 它们遵循的是何种逻辑? 英国与美国的历史经验为后来者提供了何种政治启示?

要大国的危机、困境、转型、崛起以及领先这样五个阶段及其基本问题界定的概览。本书的重点，就是论述主要大国在这五个主要阶段或这五个基本问题上的政治逻辑。

研究设计与内容体系

本书的主要任务是描述和解释主要大国——特别是非西方传统大国——在英国工业革命与现代化的冲击之下所经历的政治经济变迁及其背后的逻辑。正如上文讨论的，本书将主要大国已经或可能经历的政治经济变迁，拆分为五个主要阶段或五个基本问题，即危机、困境、转型、崛起、领先。本书的研究目标就是描述主要大国在这五个基本问题上的不同表现并解释背后的原因，希望能为主要大国在英国兴起之后的政治现代化过程及其主要问题提供一个既有原创性、又较为全面而系统的理论解释。

需要说明的是，本书尽管涉及许多主要大国的样本与案例，但这项研究的主要目标并不是为了分析一个个的国家案例，也不是为了通过深描的方式讲故事，而是为了理解这一个个国家案例与故事背后的政治逻辑。总的来说，本书是理论导向的，国家案例的选择服务于理论建构的需要。所以，这项研究在整体上并不是以案例为中心，而是以理论为中心。全书的框架由危机、困境、转型、崛起、领先这样五个基本的理论问题构成，笔者会在每个议题下选择恰当的国家案例进行研究。通过这样的研究，本书希望得到的主要不是关于这个或那个国家的个别结论，而是在这五个基本理论问题上的一般发现与普遍解释。这也是本书试图提供的理论贡献。

在国家样本上，本项研究关注的是主要大国，特别是非西方传统大国。一般而言，有两种不同类型的主要大国：一种是规模意义上的大国，另一种是实力或权力意义上的大国。前者是指地理疆域、人口规模和经济总量较大的国家，后者是指由于其实力与竞争力而在国际体系中拥有重要影响力的国家。本书倾向于兼顾上述两个关于大国的定义，以此作为选择大国样本的标准。

如果以英国工业革命或1800年作为这项研究的时间起点，那么，1800年至今全球范围内都有哪些大国呢？在本书中，英国是一个特殊案例，也是一个特殊的大国，因为英国是第一个启动工业革命的现代化国家。英国也是唯一一个原发性现代化国家，其他主要大国的现代化则或多或少是对英国的学习与模仿。在西方或西欧北美范围内，英国之外的主要大国大致上还包括美国、法国、普鲁士（德国）、奥匈帝国（奥地利）、意大利与西班牙等。在西方世界之外，18—19世纪的非西方传统大国或具有长期文明传统的主要大国包括奥斯曼帝国（土耳其）、伊朗、埃及、莫卧儿帝国（印度）和大清帝国（中国）等国。此外，比较难归类的国家是俄罗斯。俄罗斯常常被视为一个东西方之间的国家。鉴于俄罗斯在地理、历史、宗教与文化传统上的特点，这项研究将俄罗斯视为非西方的传统大国。[①]在非西方世界，1800年的日本其实也是一个人口较多的大国。所以，日本在本书的部分章节中被视为一个讨论政治现代化与大国崛起的重要案例。[②]

至于其他在今天看来面积或人口规模较大的国家，比如加拿大、澳大利亚、印度尼西亚、巴基斯坦、尼日利亚、巴西、孟加拉国、墨西哥、阿根廷、哈萨克斯坦等，并未列入这项研究的大国样本与案例。主要原因在于，这些国家在本项研究覆盖的大部分时间范围内，要么还不是一个独立国家，要么还不是一个显而易见的重要国家。比如，加拿大1867年才独立，而其人口规模在相当长时间里都比较有限。再比如，印度尼西亚长期以来都是荷兰的殖民地，二战时期被日本短暂占领，二战后才获得独立。又比如，今天非洲人口最多的国家尼日利亚在1800年时还不存在，1914年才出现在非洲版

---

① 实际上，俄罗斯思想家尼·别尔嘉耶夫就主张这样的观点，即"俄罗斯民族不是纯粹的欧洲民族，也不是纯粹的亚洲民族"。参见：尼·别尔嘉耶夫，《俄罗斯思想》，雷永生、邱守娟译，北京：生活·读书·新知三联书店，1995年，第1—2页。

② 由于中国庞大的人口与疆域规模，我们有可能低估日本在世界范围内作为一个国家的"规模"。实际上，日本是一个名副其实的大国。就人口来说，1820年日本人口已经达到3100万，与同年法国人口相当，而此时德国、英国的人口都不到2500万。参见：安格斯·麦迪森：《世界经济千年史》，伍晓鹰等译，北京：北京大学出版社，2003年，第238页，表B-10。

图上，但当时是英国殖民地，直到1960年才赢得独立。

　　需要说明的是，无论从哪个角度看，中国都是全球范围内理所当然的主要国家，也是一个主要的非西方传统大国。本书尽管会不时提及中国，但并没有把中国作为一个主要案例来进行研究。原因在于，国内关于中国问题与中国现代化的研究已非常多，这里既包括官方叙事版本的中国问题研究，又包括学术界更独立的中国问题研究。为了避免陷入不必要的争论，这项研究暂且不把中国作为一个主要案例。马克斯·韦伯把价值中立视为严肃社会科学研究的重要准则。笔者相信，为了让这项研究在学术上更加客观中立，这样的做法具有必要性和现实性。

　　就全书结构而言，开篇是导论部分，主要讨论本项研究关注的主要问题，对已有学术文献进行回顾和评论，论述本项研究的基本思路，并对研究设计和国家案例等做介绍。在导论之后，接下来的五章是全书的核心内容，分别讨论五个基本问题，即主要大国的危机、困境、转型、崛起、领先。第一章关注的是英国兴起之后，主要的非西方传统大国开始面临何种政治危机。第二章试图解释为什么许多非西方传统大国都会遭遇现代化转型困境。第三章将重点讨论政治现代化的逻辑及其相关的跨国比较研究，以便为主要传统大国提供相关经验。第四章主要讨论新兴崛起大国的政治命运——和平还是战争——及其背后的因果机制与政治启示。第五章则重点关注如何成为全球领导者，以及主要传统大国能从英国和美国这两个全球领导者身上学到什么。所有上述这些问题综合起来，就是对主要大国——特别是非西方传统大国——19世纪以来的政治经济变迁及其基本逻辑的系统论述。笔者期待，本项研究能够对今日世界的非西方传统大国如何正确理解自身的历史与未来提供有价值的认知框架。

第一章

危机：西方兴起与大国变局

现在此地（奥斯曼帝国）情况已达到人人为所欲为的程度，其有权有势者尤甚，从这一点便可窥见该国的状况。现在已不是一根柱子折断或削弱的问题，而是国家的四根支柱，即宗教、法律、政治、财政全都崩溃……每个人不妨扪心自问，长此以往，是否还能维持下去。

——驻阿勒颇（今叙利亚）荷兰副领事给东印度公司的报告

所有这些战争——不论在田纳西河谷发生，还是在波希米亚平原、克里米亚半岛或洛林的原野展开——都说明了一个总的结论：战败国是那些没有进行19世纪中期的"军事革命"，没有取得新武器，没有动员和装备庞大的军队，没有使用铁路、轮船和电报提供的先进的交通和通信，没有供养武装部队的生产性工业基础的国家。在这些冲突中，胜方的将领和军队不时在战场上犯下严重的错误，但这些错误不足以抵消那个交战国在受训的人力、供应、组织和经济基础等方面的优势。

——保罗·肯尼迪

　　遭遇史无前例的重大危机，是非西方传统大国近代以来的历史起点。这些重大危机的直接原因是西方世界与非西方世界的碰撞。在英国启动工业革命之前，欧亚大陆上的大部分疆域都处在少数重要帝国的直接统治或间接影响之下。到1800年为止，这些帝国有着或长或短的统治历史，但它们大体上都是某种古老文明的传承者。如果不是因为工业革命的发生以及随之而来的英国与西方世界的兴起，这些传统帝国或许还是自信满满，并且会在已经左右欧亚大陆千年以上的政治逻辑影响下继续过去那种循环往复的周期性演化。

　　然而，西方的兴起与西方人的到来改变了这一切。这些帝国不仅与西方世界相遇了，而且发生了碰撞。一场场规模不等的战争的结果，往往是西方世界的胜利和传统帝国的挫败。这些帝国对外战争的挫败，还引发或加剧了它们内部的政治危机。试图挑战帝国中央权威的地方势力做好了发动叛乱的准备，原本在帝国高压之下充满怨恨的底层不满力量也开始跃跃欲试，所有这些都使得原本貌似强大的传统帝国处于严重的内忧外患之中。一句话，由于西方的兴起及其带来的冲击，许多非西方传统帝国普遍陷入了严重的政治危机。这一章的主要任务，就是要剖析非西方传统大国所面临的政治危机的性质及其成因。

传统大国的政治危机

本书会不同程度地涉及许多主要大国，但主要关心的是非西方传统大国的政治经济变迁。所以，这里首先要界定哪些国家是非西方传统大国。首先需要说明的是，这里的"大国"并不等同于国际关系意义上的大国（great powers）——这一概念通常是指少数基于自身实力而在国际体系中拥有重要权力与影响力的国家。比如，保罗·肯尼迪所著的《大国的兴衰》（*The Rise and Fall of Great Powers*），研究的就是1500年以来国际体系中少数重要国家的兴衰及其背后的政治、经济、军事逻辑。①本书关注的"大国"或"传统大国"是指传承了某种主要的古老文明传统并且在今天仍然具有较大地理疆域和人口规模的国家。这些国家有几个主要特点：（1）这些国家不仅具有某种主要古老文明的传统，而且是该文明的主体性传承者；（2）由于历史的、宗教的、文字的、文化的、政治的原因，这些国家与其古老的文明传统之间并未发生完全的断裂，依然在相当程度上维持着对其古老文明的认知与认同；（3）这些国家今天仍然具有较大的地理疆域与人口规模，至少具有数十万平方公里的领土和数千万规模的人口。这种较大的国家规模使其仍有机会成为一个区域性的重要国家。就这项研究的主题而言，这里主要考虑的是西欧及其衍生文明之外的传统大国，本书称其为"非西方传统大国"。

---

① 保罗·肯尼迪，《大国的兴衰：1500—2000年的经济变革与军事冲突》（上下册），王保存等译，北京：中信出版社，2013年。

按照目前一种流行的说法，本文界定的"传统大国"或"大国"一般属于"文明体国家"或"文明型国家"（civilization state），而不是一般意义上的"民族国家"（nation state）。白鲁恂在讨论中国时曾经指出："中国是一个文明，却假装是一个国家。"（China is a civilization pretending to be a state.）[1]按照马丁·雅克的看法，"中国并不是一个普通的民族国家，而是一个文明国家，而且是大陆文明。事实上，中国成为一个民族国家只是近现代历史的事，……在成为一个民族国家之前，中国很早就以一种明确的国家体形态屹立于世界了"[2]。吉迪恩·拉赫曼在《金融时报》撰文认为："文明型国家是一个声称不仅代表一个历史疆域或特定语言或族群集团，而且代表着一种独特文明"的国家。在他看来，中国、印度、俄罗斯、土耳其甚至美国，都是文明型国家，而不是民族国家。[3]

总体上，文明型国家可以被理解为具有相当历史延续性与文化一致性并控制着较大地理疆域的国家，这些国家往往也是某个主要古老文明的主体性传承者。基于这些讨论，本书界定的西方世界之外的传统大国，主要是指中国、俄罗斯、土耳其、伊朗、埃及、印度等六个国家，这些国家的概况请见表1.1。其中，至少中国、土耳其、伊朗、埃及与印度是无可争议的非西方传统大国。至于俄罗斯是否算得上是一个非西方的传统大国，这一点或许存有争议。

---

[1] Lucian W. Pye, "China: Erratic State, Frustrated Society," *Foreign Affairs*, Vol. 69, No. 4 (1990 Fall), pp. 56–74.

[2] 马丁·雅克，《当中国统治世界：中国的崛起和西方世界的衰落》，张莉、刘曲译，北京：中信出版社，2010年，第161页。

[3] Gideon Rachman, "China, India and the rise of the 'civilisation state'," https://www.ft.com/content/b6bc9ac2-3e5b-11e9-9bee-efab61506f44.

表1.1　六个主要传统大国及其概况

国家	古老文明	传统帝国	主要语言	主要宗教	疆域面积(万平方千米)	人口规模(百万)
中国	中华文明	中华帝国	中文	儒家文化	960.0	1443.5
俄罗斯	俄罗斯文明	俄罗斯帝国	俄语	东正教	1709.8	144.2
土耳其	伊斯兰文明	奥斯曼帝国	土耳其语	伊斯兰教	78.5	85.0
伊朗	伊斯兰文明	波斯帝国	波斯语	伊斯兰教	174.5	88.6
埃及	伊斯兰文明	阿拉伯帝国	阿拉伯语	伊斯兰教	100.1	111.0
印度	印度文明	孔雀王朝	印地语	印度教	297.5	1417.2

资料来源：作者自制。但需要说明的是，此表中的一些表述可能会存有争议，主要是传统帝国一栏，究竟今天这些非西方传统大国最看重的是哪一个传统帝国，可能存在争议。数据来自世界银行网站"世界发展指标"，其中，疆域面积数据(2021)参见 https://data.worldbank.org.cn/indicator/AG.SRF.TOTL.K2，人口数据(2022)参见 https://data.worldbank.org.cn/indicator/SP.POP.TOTL。个别数据根据其他资料略有调整。

俄罗斯思想家尼·别尔嘉耶夫认为：

俄罗斯民族是最两极化的民族，它是对立面的融合。它可能使人神魂颠倒，也可能使人大失所望，从它那里永远可以期待意外事件的发生，它最能激起对其的热烈的爱，也最能激起对其的强烈的恨。这是一个以其挑衅性而激起西方其他民族不安的民族。……俄罗斯精神所具有的矛盾性和复杂性可能与下列情况有关，即东方与西方两股世界历史之流在俄罗斯发生碰撞，俄罗斯处在二者的相互作用之中。俄罗斯民族不是纯粹的欧洲民族，也不是纯粹的亚洲民族。俄罗斯是世界的完整部分，巨大的东方—西方，它将两个世界结合在一起。在俄罗斯精神中，东方与西方两种因素永远在相互角力。①

　　显而易见，在别尔嘉耶夫看来，俄罗斯民族算不上是一个欧洲民族或西方国家，原因是俄罗斯处在西方世界与东方世界之间。就民族而言，俄罗斯人是不同于西欧的斯拉夫人；就宗教而言，俄罗斯信奉的是不同于新教与天主教的东正教；就历史而言，俄罗斯人经历了长达两个多世纪的蒙古人统治。所以，对于近代俄罗斯人来说，他们有着明显不同于西欧的发展路径与身份认同。别尔嘉耶夫认为：

　　　　俄罗斯的历史哲学首先要解决把俄国历史划分为两个部分的彼得改革的意义和影响问题。冲突首先在这里产生。西欧的道路，即人类进步和人类文明的普遍道路，是否也是俄罗斯的历史道路，抑或俄罗斯有其特殊的道路，俄罗斯文明属于另一种类型？西方主义者完全肯定彼得的改革，认为未来的俄国将要走西方的道路。斯拉夫主义者则相信俄罗斯具有建立在东正教精神基础上的特殊文化形式。②

　　这段话意味着，俄罗斯历史哲学首先要解决的问题是俄罗斯应当走西欧的普遍道路，还是走自身的特殊道路。这恰恰是俄罗斯内部西方主义者和斯拉夫主义者之间的论争与分裂所在。实际上，彼得一世所倡导的改革，本身就意味着"黑暗"与"落后"的俄罗斯人需要向进步、启蒙、科学与理性的西方学习。即便彼得一世的改

　　①尼·别尔嘉耶夫，《俄罗斯思想》，雷永生、邱守娟译，北京：生活·读书·新知三联书店，1995年，第1—2页。
　　②同上，第38—39页。

革使得俄罗斯上层精英在西化的方向上迈出了一大步，但俄罗斯仍然不可能变成一个西方国家。[①]所以，这项研究将俄罗斯视为一个非西方传统大国。

在表 1.1 中，这些非西方传统大国在 18—19 世纪无一例外都受到了英国与西方世界兴起的影响和冲击。对这些非西方传统大国来说，英国与西方世界的兴起及其给它们带来的史无前例的冲击，是它们不得不面对的"千年未有之大变局"。这一冲击的直接影响是，许多传统大国开始陷入不同程度的政治危机。就国际层面来说，它们突然遭遇了在军事技术上比自己强大得多的对手，然后纷纷面临军事困境或战争挫败。本项研究粗略统计了非西方传统大国 1800—1900 年之间经历的主要的对外战争及其结果，参见表 1.2。

表 1.2 提供了许多关键信息：第一，非西方传统大国在 1800—1900 年间普遍面临跟英国、西方国家或其他主要强国之间的多次战争。由此也可以推断，对这些非西方传统大国来说，这种战争的压力是持续的。第二，非西方传统大国通常较难赢得跟英国、西方国家或其他主要强国的战争，亦即它们的对外战争常常面临挫败。俄罗斯赢得跟法国之间的战争，是因为加入了包括英国、普鲁士与奥匈帝国在内的反法同盟。这并非俄罗斯单独赢得的战争，而是欧洲反法同盟赢得的战争。第三，基于上述信息，有充分理由推断，至少在国际层面或军事竞争层面，这些非西方传统大国到 19 世纪已经处于显著的下风，甚至时刻都会面临战争失败的风险与危机。

就国内层面来说，在英国与西方兴起的过程中，非西方传统大国主要处于两种状态：一种是相对稳定的帝国——这并不意味着这

---

① 奥兰多·菲吉斯，《娜塔莎之舞：俄罗斯文化史》，郭丹杰、曾小楚译，成都：四川人民出版社，2018年，第 11—86 页。

表1.2　非西方传统大国与主要强国之间的主要战争：1800—1900年

传统大国	战争及其时间	主要对手	战争结果
中国	第一次鸦片战争(1840—1842)	英国	中国战败
	第二次鸦片战争(1856—1860)	英国、法国	中国战败
	中法战争(1883—1885)	法国	中国"不败而败"
	中日甲午战争(1894—1895)	日本	中国战败
	八国联军侵华战争(1900—1901)	英国、法国、德国、美国、俄罗斯、日本等	中国战败
俄罗斯	法国大革命战争与拿破仑战争(1792—1815)	法国	反法联盟(包括俄罗斯)获胜
	克里米亚战争(1853—1856)	英国、法国等	俄国战败
奥斯曼帝国	第七次俄土战争(1806—1812)	俄罗斯	奥斯曼帝国战败
	英土战争(1807—1809)	英国	英国重创奥斯曼海军但没有最终获胜*
	希腊独立战争(1821—1832)	希腊、英国、法国、俄国等	奥斯曼帝国战败
	第八次俄土战争(1828—1829)	俄罗斯	奥斯曼帝国战败
	克里米亚战争(1853—1856)	俄罗斯	英、法、奥斯曼等国联盟获胜
	第十次俄土战争(1877—1878)	俄罗斯等	奥斯曼帝国战败
伊朗	俄罗斯—波斯战争(1804—1813)	俄罗斯	伊朗战败
	俄罗斯—波斯战争(1826—1828)	俄罗斯	伊朗战败
	英国—波斯战争(1856—1857)	英国、东印度公司、阿富汗	伊朗战败
埃及	第二次埃土战争(1839—1841)	奥斯曼帝国、英国、奥匈帝国	埃及战败
	英埃战争(1882)	英国	埃及战败

续表

传统大国	战争及其时间	主要对手	战争结果
印度	第二次盎格鲁—马拉塔战争（1803—1805）	东印度公司（英国）	印度战败
	第三次盎格鲁—马拉塔战争（1817—1818）	东印度公司（英国）	印度战败
	印度民族大起义（1857—1858）	英国、东印度公司	印度战败

　　资料来源：笔者根据各国历史研究文献自制。对于每个主要传统大国来说，本表仅列出该国与当时其他主要强国之间的主要战争。比如，对俄罗斯来说，俄罗斯跟当时其他较弱国家（奥斯曼帝国、伊朗、中国等）之间的战争，并未列入其中。对奥斯曼帝国来说，奥斯曼帝国跟埃及之间的战争，仅在埃及的战争中列出，因为当时奥斯曼帝国仍然把埃及视为自己的一个省。埃及作为一个省加入奥斯曼帝国一方的战争，也不单独列入埃及的对外战争。其中，英土战争（1807—1809）的结果，本表标识为英国"没有最终获胜"（*）。基本情况是，英国1807年炮击伊斯坦布尔并摧毁奥斯曼帝国海军，但奥斯曼帝国加强防御之后，英国并没有获得决定性的胜利。再加上由于欧洲拿破仑战争的影响，英国和奥斯曼帝国于1809年签署《达达尼尔条约》。根据该条约，奥斯曼帝国广泛恢复了英国的商业及法律特权，而英国则承诺会以自己的舰队及供应武器来保护奥斯曼帝国，以应对来自法国的威胁。

些帝国没有统治危机，但总体上维持着对既有疆域较为稳定的统治；一种是新旧王朝交替的时期，或者政治上分崩离析的时期。但无论是相对稳定的帝国，还是更为分崩离析的状态，当遭遇国际政治压力，特别是遭遇对外战争的失败时，其国内统治秩序就变得更难维系了，也更容易引发国内地方势力或底层民众的反叛。①所有这些都会加剧非西方传统大国的国内政治危机。对传统大国来说，国内政治危机最为典型的表现，就是内部叛乱与内战。本书粗略统计了非西方传统大国1800—1900年之间经历的主要内部叛乱与内战，参见表1.3。

――――――――

　　① 西达·斯考切波，《国家与社会革命：对法国、俄国和中国的比较分析》，何俊志、王学东译，上海：上海人民出版社，2015年。

表1.3 19世纪以来非西方传统帝国主要的内部叛乱与内战

国家	主要内部叛乱与内战及其时间	结果
中国	白莲教起义（1796—1805）	清政府平定叛乱
	太平天国战争（1851—1864）	清政府平定叛乱
	捻军起义（1853—1868）	清政府平定叛乱
	19世纪中叶至末期云南、新疆与陕甘的少数族裔叛乱（云南1856—1873、新疆1862—1877、陕甘1862—1873、陕甘1895—1896）	清政府平定叛乱
	义和团运动（1898—1901）	清政府与外国军队联合平定叛乱
	辛亥革命（1911）	清王朝最终被颠覆
俄罗斯	1801—1861年间共发生农民起义与暴乱约1467次*	俄政府平定叛乱
	十二月党人起义（1825—1826）	俄政府平定叛乱
	俄罗斯帝国波兰十一月起义（1830—1831）	俄政府平定叛乱
	俄罗斯帝国波兰一月起义（1863—1864）	俄政府平定叛乱
	1905年俄国革命（1905）	俄政府决定实施政治改革
	十月革命（1917）	俄罗斯帝国政权最终被颠覆
奥斯曼帝国	第一次塞尔维亚起义（1804—1813）	奥斯曼帝国政府平定叛乱
	炮台驻兵雅马克与近卫军兵变（1807）	苏丹塞利姆三世被废黜
	近卫军兵变（1808）	支持改革的大维齐尔在兵变中被杀
	奥斯曼—沙特战争（1811—1818）	奥斯曼帝国埃及总督阿里平定叛乱
	第二次塞尔维亚起义（1815—1817）	塞尔维亚获得自治权
	希腊独立战争（1821—1832）	希腊在多国干涉下获得独立
	近卫军兵变（1826）	奥斯曼帝国平定叛乱

国家	主要内部叛乱与内战及其时间	结果
奥斯曼帝国	第一次埃土战争(1832—1833)	奥斯曼帝国承认阿里为埃及总督
	第二次埃土战争(1839—1841)	在西方干预下埃及继续承认奥斯曼帝国的宗主权
	亚美尼亚独立运动与战争(1895—1920)	亚美尼亚寻求自治与独立,奥斯曼帝国进行种族清洗和镇压,最终亚美尼亚实现独立
	20世纪初巴尔干地区独立运动(截至1913年)	奥斯曼帝国失去欧洲大部分领土
	安纳托利亚地区民众叛乱(1905—1907)	奥斯曼帝国平定叛乱
	青年土耳其党人革命(1908)	奥斯曼帝国进入二次立宪时期
	"三·三一"事变(1909)	奥斯曼帝国重新行宪
	土耳其国民运动(1918—1923)	奥斯曼帝国覆灭、土耳其共和国成立
伊朗恺加王朝	库尔德部落萨德可汗·沙卡齐(Sadeq Khan Shaqaqi)叛乱(1797—1800)	恺加王朝平定叛乱
	巴布教起义(1848—1852)	恺加王朝平定叛乱
	烟草叛乱(1891—1892)	恺加王朝平定叛乱
	波斯立宪革命(1906)	恺加王朝妥协,启动政治改革
	礼萨汗上校占领首都、发动政变(1921)	恺加王朝被颠覆
埃及阿里王朝	苏丹地区马赫迪起义(1881—1899)*	英国与阿里王朝联合平定叛乱
	七月革命(1952)	穆罕默德·阿里王朝被自由军官运动组织颠覆

资料来源:笔者根据各国历史研究文献自制。由于当时埃及在法理上还是奥斯曼帝国的一个省,所以,埃及挑战奥斯曼帝国的战争,即第一次和第二次土埃战争,对奥斯曼帝国而言就属于帝国内部的叛乱或内战。巴尔干地区的状况也是如此,它们挑战奥斯曼帝国的起义与战争,被视为奥斯曼帝国的内部叛乱与内战。关于"1801—1861年间共发生农民起义与暴乱约1467次"(*)的说法,来自苏联历史学家伊格纳托维奇的研究。按照他的研究,农民起义的数量和强度在1801—1861年农奴制改革前有日益增加的趋势。参见:尼古拉斯·梁赞诺夫斯基、马克·斯坦伯格,《俄罗斯

史》（第八版），杨烨等译，上海：上海人民出版社，2013年，第350页。另外，关于"苏丹地区马赫迪起义（1881—1899）"（*），当时的苏丹属于埃及穆罕默德·阿里王朝的领土，所以，这项研究将其视为阿里王朝内部的主要叛乱与内战。需要说明的是，本表没有列出印度传统帝国的主要叛乱与内战情况，原因是莫卧儿帝国早在18世纪初就已经衰落，其本身就是一个王中之王、国中之国的政治系统，在政治上早已是四分五裂的格局，所以已难以评估主要内部叛乱与内战的情况。其间，马拉塔帝国（Maratha Empire）曾经在印度中部崛起，但又很快衰落。印度莫卧儿帝国时期的历史研究，参见：约翰·F.理查兹，《新编剑桥印度史：莫卧儿帝国》，王立新译，昆明：云南人民出版社，2014年。本表涉及的其他国别史、专题史文献不再单独列出，请参考本书前后各章提及的相关文献。

　　该表显示的关键信息是：第一，主要的非西方传统大国1800—1900年间普遍地经历了许多内部叛乱、内战与政变。第二，由于不同的历史与地理条件，不同传统大国在内政上面临的政治压力与危机的类型是不同的，比如，大清帝国主要是大规模的农民起义和边疆少数族裔的反叛，俄罗斯帝国主要是小规模的农民暴动和边疆地区的民族独立运动，奥斯曼帝国主要是高层近卫军兵变、边疆地区的民族独立运动和地方势力的反叛，伊朗主要是不同政治势力对于高层权力的争夺、地方势力的叛乱和底层因内外原因而爆发的起义，埃及主要是内部权贵势力的竞争和边疆地区的民族独立运动，印度主要是帝国权威垮塌之后地方势力的兴起与四分五裂的竞争格局。第三，结合上述讨论，这些传统大国其实面临着国际政治危机与国内政治危机互相交织和联动的局面。一方面，国际政治危机容易加重这些传统大国国内政治秩序的压力；另一方面，国内政治危机又设定了这些传统大国在处理国际政治危机时的内部约束条件。

　　所以，综合来看，在英国和西方于19世纪开始工业革命、实现兴起并开始进行全球扩张的时刻，这些非西方传统大国已经普遍地面临着整体性的政治危机。这种政治危机不仅是国际政治意义上的，而且是国内政治意义上的。只熟悉中国近现代历史的学者与读者可能会认为，这种政治危机是特殊的，但其实，非西方传统大国的政治危机是普遍的。按照李鸿章的说法，对非西方传统大国来说，西方的兴起及其在全球的扩张是"三千余年一大变局"或"数千年未有之变局"。晚清重臣李鸿章于同治十一年（1872年）五月在《筹议制造轮船未可裁撤折》中这样说：

> 臣窃维欧洲诸国百十年来，由印度而南洋由南洋而东北，闯入中国边界腹地，凡前史之所未载，亘古之所未通，无不款关而求互市，我皇上如天之度，概与立约通商以牢笼之，合地球东西南朔九万里之遥，胥聚于中国，此三千余年一大变局也。西人专恃其枪炮轮船之精利，故能横行于中土。中国向用之弓、矛、小枪、土炮，不敌彼后门进子来福枪炮，向用之帆篷舟楫、艇船炮划，不敌彼轮机兵船，是以受制于西人。①

正是这种大变局，使得非西方传统国家遭遇了一种史无前例的政治危机。在讨论奥斯曼帝国的危机时，历史学家斯塔夫里阿诺斯转引了一份荷兰外交官的文件：

> 现在此地（奥斯曼帝国）情况已达到人人为所欲为的程度，其有权有势者尤甚，从这一点便可窥见该国的状况。现在已不是一根柱子折断或削弱的问题，而是国家的四根支柱，即宗教、

---

① 李鸿章著，国家清史编纂委员会编，《李鸿章全集》（第5卷 奏议），合肥：安徽教育出版社，2008年，第107页。李鸿章这一著名奏折有不同版本流传，此处以《李鸿章全集》收录版本为准。

法律、政治、财政全都崩溃……每个人不妨扪心自问，长此以往，是否还能维持下去。[①]

尽管造成这些政治危机的许多原因都是内部的，即奥斯曼帝国本身在政治、经济与观念上的诸种弱点，但从根本上说，"奥斯曼帝国面临西方的压力之所以如此脆弱"，是因为"奥斯曼帝国的衰微是同西欧的新潜力与新技术相关联的"。因此，"根本问题不在内部，而在外部"。跟其他非西方传统大国相比，奥斯曼帝国更早感受到危机，原因不过是它在地理上跟欧洲更近而已。实际上，随着西方的兴起及其在全球的扩张，最终遭受危机并陷入困顿的，是"所有的非西方文明，包括伟大而古老的亚洲文明，概莫能外，只不过是时间上或迟或早而已"。[②]

即便是被视为半欧洲国家的俄罗斯，也无法逃脱这种规律。由于工业革命首先发生在英国和西欧，"在1815—1880年，俄国在经济和技术方面正在惊人地衰弱下去，至少在与其他强国相比时是如此"，原因当然是"欧洲的其余部分发展得更快"。[③]克里米亚战争的失败，则无可置疑地证实了俄国相对于西欧的落后。因此，对非西方传统大国来说，它们此刻所面临的政治危机不仅是灾难深重的，而且是普遍的。

---

① 转引自：斯塔夫里阿诺斯，《全球分裂：第三世界的历史进程》（上册），王红生等译，北京：北京大学出版社，2017年，第106页。

② 同上，第106—108页。

③ 保罗·肯尼迪，《大国的兴衰：1500—2000年的经济变革与军事冲突》（上册），王保存等译，北京：中信出版社，2013年，第176页。

如何理解政治危机：理论与反思

以今天的眼光来看，非西方传统大国在18—19世纪所遭遇的政治危机似乎是显而易见的。然而，这是一个典型的"当局者迷、旁观者清"的问题——特别是，我们作为旁观者实际上还加上了时间这一重要的维度。21世纪的学者和读者容易认识到的危机，在18—19世纪非西方传统大国的政治家、高级官员和思想家眼中，可能并非同样的危机。实际上，对1800年生活在非西方传统大国的人们来说，他们固然对自身的国家、制度与文明都有着相当程度的了解，但是他们对英国与西方国家的了解非常有限。正是由于这一点，他们其实并不真正理解自己的国家在全球文明和世界格局中所处的位置。

上文已经讨论，如果从国别史出发，就容易认为每个传统帝国的危机都是特殊的，但如果着眼于全球视野或跨国比较视角，就会发现许多非西方传统大国遭遇的其实是普遍性的政治危机。问题是，究竟如何理解这种政治危机呢？为什么所有非西方传统大国无一例外地陷入了某种重大危机呢？目前，学术界已有的研究主要着眼于两个视角：一是国别研究的路径，二是理论研究的路径。前者常常把不同国家遭遇的政治危机作为一个特殊的国别问题来处理，后者则更倾向于把不同国家遭遇的政治危机作为一个普遍的理论问题来研究。

这里先讨论国别研究的路径。国内学者与读者比较熟悉19世纪的中国遭遇西方之后为何会面临全面政治危机的理论解释。按照目前的主流研究，中国之所以会落后于西方，大清帝国之所以会遭遇全面的政治危机，主要原因包括：清朝中央权力衰微与地方势力崛起，人口快速增长带来的压力，官僚系统中的恩惠庇护制度与普遍的腐败，清朝河工、漕运与盐政制度的危机，货币与税收制度的混乱，儒家思想的保守性与各方面的因循守旧，边疆危机带来的政治压力，君主专制的弊端与王朝政治的周期循环，等等。[①]两项较具代表性的研究指出，19世纪的中国遭遇西方的冲击及其整体性危机，是传统帝国与新兴资本主义工业文明之间较量的后果。[②]

关于奥斯曼帝国的衰落与危机，现有的主流研究认为，苏丹继承制度的缺陷及其导致的后世苏丹缺乏必要的素质和能力，军事模式的落后以及近卫军逐渐成为保守的政治力量，帝国中央权威的下降与地方分裂势力及民族独立运动的崛起，官方宗教伊斯兰教日趋保守，周围主要大国不断施加的政治压力，等等。[③]还有研究特别强调奥斯曼帝国内部的政治改革由于受到诸种约束条件的限制而很难获得成功。[④]

跟大清帝国与奥斯曼帝国相比，伊朗遭遇的危机有过之而无不及。统治伊朗整个19世纪的是从四分五裂的政治竞争格局中崛起的恺加王朝（即卡扎尔王朝）。在内忧外患之中，恺加王朝在1789—

---

① 参见：费正清、刘广京编，《剑桥中国晚清史》（上卷），中国社会科学院历史研究所编译室译，北京：中国社会科学出版社，1985年，第100—154页；卜正民主编，罗威廉著，《最后的中华帝国：大清》，李仁渊、张远译，北京：中信出版社，2016年，第133—155页。

② 参见：茅海建，《天朝的崩溃：鸦片战争再研究（修订版）》，北京：生活·读书·新知三联书店，2014年；阿兰·佩雷菲特，《停滞的帝国：两个世界的撞击》，王国卿等译，北京：生活·读书·新知三联书店，1993年。

③ 帕特里克·贝尔福，《奥斯曼帝国六百年——土耳其帝国的兴衰》，栾力夫译，北京：中信出版集团，2018年，第469—766页；卡罗琳·芬克尔，《奥斯曼帝国：1299—1923》，邓伯宸等译，北京：民主与建设出版社，2019年，第357—581页。

④ 悉纳·阿克辛，《土耳其的崛起（1789年至今）》，吴奇俊、刘春燕译，北京：社会科学文献出版社，2017年，第25—36页。

1925年这一个多世纪中，仅能勉强维系对伊朗大部分领土的政治统治，而无力将伊朗发展成为一个近代化国家。伊朗最终陷入重重危机的主要约束因素包括：伊朗时常陷入跟俄国、英国等国的冲突，中央权威常常需要应对来自地方势力的挑战，恺加王朝王权及其继承的不稳定性，伊斯兰教什叶派抵制面向西方和现代化的改革，等等。①

埃及尽管是一个具有古老文明的国家，但自从希腊化时代以来，就是一片不断被外族征服的土地。18世纪的埃及本来是奥斯曼帝国的一个省份，其首席行政官是奥斯曼苏丹任命的总督——这种法理关系后来还维持了很长时间。但由于1798年拿破仑带领法国军队的入侵，这种权力平衡被打破了。随后，阿尔巴尼亚人穆罕默德·阿里控制了埃及，成了埃及事实上的统治者，开创了穆罕默德·阿里王朝。埃及从1805年起变得相对独立，而后经历了近代化的政治努力及其挫败，再到1882年沦为英国的保护国，其原因大体包括：埃及不得不面对的复杂的国际关系格局，阿里及其继承者易卜拉欣试图大力推动埃及的西方化与近代化但又不得要领，阿里王朝政府债务管理的彻底失败，苏伊士运河既是埃及的资产又是埃及的负担，等等。②

跟奥斯曼帝国、大清帝国相比，当印度遭遇西方时，统治印度大部分疆域的莫卧儿帝国本身正在走向衰败，并很快陷入了分崩离析的局面。后来，马拉塔帝国一度在印度崛起，但同样无法建立一

---

① 霍昌·纳哈万迪、伊夫·博马提，《伊朗四千年》，安宁译，长沙：湖南文艺出版社，2021年，第247—303页；霍马·卡图赞，《新月与蔷薇：波斯五千年》，王东辉译，南京：译林出版社，2022年，第198—278页。

② M. W. Daly, ed., *The Cambridge History of Egypt, Vol. 2, Modern Egypt, from 1517 to the End of the Twentieth Century*, Cambridge: Cambridge University Press, 1998, pp. 180-251.

个稳定的中央集权国家，所以也无法抵御后来19世纪英国人的进攻。当印度次大陆诸种关键政治力量都无法抵御东印度公司和英国军队的入侵后，印度就彻底沦为了英国的殖民地。就印度这方面而言，整个次大陆在政治上的四分五裂本身就是一个问题；就英国这方面来说，东印度公司的组织有效以及后来英国在经济、技术和军事上的巨大优势，是英国能够轻易控制印度的主要原因。此后，印度民族主义逐渐觉醒，并在1857—1858年引发了印度民族大起义。但此时的英国已然完成工业革命，无论在经济还是军事上都是全球最强大的国家，所以，印度就更不是这个"日不落帝国"的对手了。[1]

跟其他非西方传统大国相比，俄罗斯的情况较为特殊。正如上文已经讨论，俄罗斯是一个介于亚洲和欧洲之间的国家。正是因为如此，欧洲对俄罗斯的影响比对其他非西方传统帝国要早得多。实际上，当17世纪晚期至18世纪早期，彼得大帝面向西欧的改革启动之后，俄罗斯跟西欧国家的差距甚至还显著地缩小了。然而，英国和西欧其他国家于18世纪晚期至19世纪早期启动工业革命之后，这种差距又拉大了。为什么19世纪的俄罗斯跟欧洲相比会成为一个落后国家呢？较为主流的研究常常归因于：沙皇制度的专断与落后，俄罗斯农奴制度的束缚与保守，俄罗斯跟西欧其他国家相比与英国的空间距离较远，规模和数量庞大的俄罗斯精英不愿意接受模仿西欧的现代化改革，俄罗斯跟东欧及其他周边国家之间的冲突，等等。[2]

上述讨论都有重大意义，对我们理解各主要大国的政治危机提

---

① 芭芭拉·戴利·梅特卡夫、托马斯·R.梅特卡夫，《剑桥现代印度史》，李亚兰等译，北京：新星出版社，2019年，第54—122页。

② 尼古拉·梁赞诺夫斯基、马克·斯坦伯格，《俄罗斯史》（第八版），杨烨等译，上海：上海人民出版社，2013年，第208—403页。

供了有益的思考，但这些分析总体上把不同传统大国的政治危机视为一个个的特殊问题。与此不同，本项研究的基本观点是，这些传统大国的政治危机实际上是普遍的，而非特殊的。

跟国别研究相比，另一个研究路径是较重视理论研究。一度非常流行的现代化理论将传统大国的政治危机视为转型过程中的阵痛。这种阵痛是不可避免的。比如，布莱克就认为现代化过程是"一个传统社会的解体过程"。这就不可避免地伴随着危机。[①]亨廷顿把现代化视为一个革命的、复杂的、系统的、全球的、长期的、有阶段的、同质化的、不可逆转的、进步的过程。[②]这无疑展示了现代化问题的巨大复杂性。由此也可以推断，作为一个落后国家或落后大国要想实现现代化，必然会遇到诸种严峻的困难或挑战。基于上述讨论，一方面，现代化的困难与挑战是普遍的而非特殊的，另一方面，非西方传统大国跟西方在空间距离、族群宗教、语言文化上都存在着较大的差异，所以，这些非西方传统大国在现代化过程中遭遇重大的政治危机，是完全可以理解的。这种政治危机，其实是现代化过程中的危机。这大体上就是现代化理论对传统大国政治危机的理论解释。

从伊曼纽尔·沃勒斯坦世界体系论的视角来看，自从英国和西方兴起并逐渐建立起全球性的资本主义经济体系以来，西方就位于这一世界体系的中心，其他国家和地区则是这一世界体系的边缘或

---

① C. E. 布莱克，《现代化的动力——一个比较史的研究》，景跃进、张静译，杭州：浙江人民出版社，1989年，第23—29页。

② 塞缪尔·亨廷顿，《导致变化的变化》，载于：西里尔·E·布莱克编，《比较现代化》，杨豫、陈祖洲译，上海：上海译文出版社，1996年，第44—47页。

半边缘地区。①按照这种观点，19世纪的非西方传统大国大体上处在这一世界体系边缘与半边缘地区。这些国家的政治危机也跟它们在世界体系中所处的位置有关。在讨论中东的奥斯曼帝国、欧亚交界地带的俄罗斯以及离西方更远的印度和中国时，斯塔夫里阿诺斯也借用了世界体系论的视角。这意味着，这些国家的政治危机，既是它们跟西方世界之间的发展差距决定的，又是它们在世界体系中的分工关系与结构所决定的。②

国际政治理论则更关注这些非西方传统大国跟西方国家之间的国际关系与军事冲突。由于经济与技术差距而导致的战争失败，是许多传统大国遭遇严重政治危机的主要原因。保罗·肯尼迪这样论述这一问题：

> 所有这些战争——不论在田纳西河谷发生，还是在波希米亚平原、克里米亚半岛或洛林的原野展开——都说明了一个总的结论：战败国是那些没有进行19世纪中期的"军事革命"，没有取得新武器，没有动员和装备庞大的军队，没有使用铁路、轮船和电报提供的先进的交通和通信，没有供养武装部队的生产性工业基础的国家。在这些冲突中，胜方的将领和军队不时在战场上犯下严重的错误，但这些错误不足以抵消那个交战国在受训的人力、供应、组织和经济基础等方面的优势。③

---

① 伊曼纽尔·沃勒斯坦，《现代世界体系（第一卷）：16世纪的资本主义农业与欧洲世界经济体的起源》，郭方等译，北京：社会科学文献出版社，2013年。

② 斯塔夫里阿诺斯，《全球分裂：第三世界的历史进程》（上下册），王红生等译，北京：北京大学出版社，2017年。

③ 保罗·肯尼迪，《大国的兴衰：1500—2000年的经济变革与军事冲突》（上册），王保存等译，北京：中信出版社，2013年，第198页。

综合上述讨论，现代化理论、世界体系论与国际政治理论都为非西方传统大国遭遇西方之后的政治危机提供了特定视角的理论解释。这些解释都包含了部分真理，也是本项研究能够得以进行的理论基础。但是，这些理论解释对这种普遍而相似的政治危机的深入剖析，尚嫌不够。

那么，这种政治危机到底是何种性质的危机呢？如何理解导致这种政治危机的结构性条件呢？从逻辑上讲，这里涉及三个根本问题：第一，英国与西方的兴起到底意味着什么？这种兴起究竟是何种性质的政治、经济与观念现象？第二，在遭遇西方之时，非西方传统大国到底是一种怎样的状况？它们究竟拥有的是一个怎样的政治、经济与观念世界？第三，非西方传统大国遭遇西方并面临政治危机之后，它们可以做出何种选择？它们又面临何种内部与外部的约束条件？

英国与西方的兴起及其性质

18世纪以后英国与西方的兴起是人类演化史上最重要的现象之一。其影响之重大，此前恐怕只有10000—14000年前的农业革命，以及5000年前首先在美索不达米亚和尼罗河三角洲发生的国家革命，才能与之匹敌。或许还可以有把握地说，近代西方兴起的意义要远远超过人类历史上许多显而易见的重大政治事件，包括亚历山大征服、秦帝国的统一、阿拉伯帝国的崛起、成吉思汗横扫欧亚大陆、奥斯曼帝国的兴起、拜占庭帝国的崩溃，等等。简而言之，英国与西方的兴起，不仅再造了英国与西方，创造了一个现代世界，而且从根本上改变了西方世界与非西方世界之间的关系。

英国与西方兴起的首要标志，是它们在武力与军事上显著地领先于非西方传统大国。在西方兴起之前，欧亚大陆的许多大型帝国都是所在地区的主要支配者——这种支配甚至已经长达几个世纪。然而，当遭遇英国与西方时，这些大型帝国普遍地成了战争的失败者。到了19世纪，英国与西方留给非西方世界的主要印象，就是"船坚炮利"，即拥有难以撼动的武力与军事优势。实际上，上文的表1.2已经佐证了这一点。同样显而易见的是，军事优势需要以领先的工业技术作为基础。英国与西方让世界感到震惊的，还有它们在经济、工业和技术上相比于非西方世界的能力与优势。

这里仅以率先启动工业革命的第一个现代化国家英国为例，来讨论其军事优势。笔者的一项先行研究曾梳理英国在1816—1913年之间跟主要传统大国之间的战争及其结果，见表1.4。该表的起始时间1816年为欧洲拿破仑战争结束的第二年，这个时间大体上跟英国完成第一次工业革命的时间相距不远，截止时间是第一次世界大战爆发的前一年，即1913年，时间跨度将近一个世纪。该表显示，在完成工业革命之后，英国在随后一个世纪左右的时间里几乎击败了欧亚非大陆上的所有传统帝国。

英国为什么能几乎赢得1816—1913年间的每一场主要战争呢？原因绝不是英国在每一场战争中都有更好的军队领导力、军事战略与作战技艺，而是因为英国由于其经济、工业和技术的原因而在战场上拥有其对手难以匹敌的军事能力与优势。一言以蔽之，工业革命的发生，才是英国获得领先军事优势的根本原因。保罗·肯尼迪这样说：

　　这场半个世纪的变革的主要受益者是英国，不论在生产力方面，还是在世界影响方面，它在19世纪60年代后期很可能

表 1.4 英国与欧洲、亚洲、非洲传统国家或帝国的主要战争：1816—1913 年

战争及其时间	英国及其盟友	交战国或对象	战争结果
第三次盎格鲁—马拉塔战争（1817—1818）	英国（东印度公司）	马拉塔帝国（Maratha Empire）（印度）	英国胜利
希腊独立战争（1821—1829）	英国与希腊	奥斯曼帝国	英国所在联盟胜利
第一次英缅战争（1824—1826）	英国（东印度公司）及当地土著	缅甸帝国（Burmese Empire）	英国所在联盟胜利
第一次鸦片战争（1840—1842）	英国	清朝（中国）	英国胜利
第二次英埃土战争（1839—1841）	英国与奥斯曼帝国	埃及（奥斯曼帝国属地）及法国、西班牙	英国所在联盟胜利
第一次英国—锡克战争（1845—1846）	英国（东印度公司）	锡克帝国（Sikh Empire）	英国所在联盟胜利
第二次英国—锡克战争（1848—1849）	英国（东印度公司）	锡克帝国	英国胜利
第二次英国—缅甸战争（1852—1853）	英国（东印度公司）	缅甸帝国	英国胜利
克里米亚战争（1853—1856）	英国与法国、奥斯曼帝国等	俄罗斯帝国与保加利亚军团	英国所在联盟胜利
第二次鸦片战争（1856—1860）	英国与法国、美国	清朝（中国）	英国所在联盟胜利
印度民族大起义（1857—1859）	英国（东印度公司）及其印度盟友与尼泊尔	莫卧儿帝国及其印度盟友	英国所在联盟胜利
不丹战争或英不战争（1864—1865）	英国与英属印度	不丹	英国所在联盟胜利
英国—埃塞俄比亚战争（1867—1868）	英国	埃塞俄比亚	英国胜利
第二次英国—阿富汗战争（1878—1880）	英国与英属印度	阿富汗	英国所在联盟胜利
英国—祖鲁战争（1879）	英国与纳塔尔（Natal）	祖鲁王国（Zulu Kingdom）	英国所在联盟胜利
第三次英国—缅甸战争（1885）	英国	缅甸帝国	英国胜利
克里特岛起义（1897—1898）	英国及其欧洲多国盟友、克里特岛革命军、希腊王国	奥斯曼帝国	英国胜利
八国联军侵华战争（1900—1901）	英国及其他七国	清朝（中国）及义和团	英国所在联盟胜利

资料来源：包刚升，《抵达：一部政治演化史》（下），上海：上海三联书店，2023年，第 532 页，表 11.1。

达到了顶峰（虽然第一个格莱斯顿内阁的政策有掩盖这个事实的倾向）。主要的失败者是欧洲以外的非工业化农业社会，它们抵挡不住工业品和西方军事的侵袭。出于这一根本原因，工业化较差的欧洲大国——俄国和奥地利哈布斯堡——开始丧失它们以前的地位，而新统一的意大利则从来没有进入一流国家的行列。[1]

相对于非西方传统大国，19世纪中叶的英国在军事技术上的直接优势，是军舰的坚固性、航速和蒸汽动力系统，加农炮的射程与攻击力，新式来复枪的射程与精准性，电报作为新式通信工具的兴起，等等。从经济角度来看，军舰、加农炮、来复枪、电报都是当时的高科技工业产品。衡量这种产品生产能力的，除了技术水平，另一个主要指标，就是钢铁与煤炭的产量。以1860—1861年的统计与估算数据来说，英国煤炭产量已经达到了年产8132万吨的能力，占欧洲产量的67.6%，而当时俄罗斯仅为30万吨，英国煤炭产能约为俄罗斯的270倍；[2]英国的生铁产量为389万吨，占欧洲产量的59.5%，而当时俄罗斯仅为32万吨，英国钢铁产能约为俄罗斯的12倍。[3]

跟军事能力密切相关的另一个指标是一国的船舶航运能力。在19世纪，船舶数量与航运能力除了关系到商业运输，还关系到军舰制造能力与远距离投送兵力的能力。关于19世纪的英国在船舶与航

---

① 保罗·肯尼迪，《大国的兴衰：1500—2000年的经济变革与军事冲突》（上册），王保存等译，北京：中信出版社，2013年，第199页。

② 斯蒂芬·布劳德伯里、凯文·H. 奥罗克编著，《剑桥欧洲经济史（第一卷）：1700—1870年》，张敏、孔尚会译，北京：中国人民大学出版社，2021年，第222页。

③ 同上，第232—233页。

表1.5　英国和世界船舶航运能力：1780—1913年

单位：千吨

年份	英国			世界		
	帆船	轮船	运载力合计 （帆船当量）	帆船	轮船	运载力合计 （帆船当量）
1780	1000	0	1000	3950	0	3950
1820	2436	3	2448	5800	20	5880
1850	3397	168	4069	11400	800	14600
1900	2096	7208	30928	6500	22400	96100
1913	843	11273	45935	4200	41700	171000

资料来源：安格斯·麦迪森：《世界经济千年史》，伍晓鹰等译，北京：北京大学出版社，2003年，第88页，表2-25a。数据有删节。

运能力方面的优势，参见表1.5。该表显示，在整个19世纪，英国大约占世界总船舶航运能力的30%左右。可见，英国是19世纪当之无愧的全球第一船舶航运能力大国。

到19世纪下半叶，工业革命的推进继续引发军事领域的重大技术变革。当然，当时的军事技术变革，主要还是发生在英国与西方国家。一部西方军事史的研究专著这样评价当时的军事技术变革：

19世纪下半叶的战争被两种相互作用的力量所改变——法国大革命及其民族主义和民主思想，以及工业发展的巨大浪潮。后者引发了一场非同寻常的技术革命，彻底改变了战争行为。1854年，英国带着一支"木墙"舰队对俄罗斯开战。1906年，它推出了无畏号（HMS Dreadnought），这是一艘17900吨的钢铁战舰，能够以21.6节的速度航行，并携带10门12英寸的火炮，射程超过 12000 米。在 1856 年，支配这种火炮运动的水力科学和使其能够瞄准的光学技术几乎不存在。1900 年，拥有 600 名士兵的英国一个营的火力要比 1815 年在滑铁卢作战的 6 万名士兵的火力还要强。内燃机——尽管还很粗糙——确保了快速与灵活的公路运输。[1]

如果说人均 GDP 是衡量经济发展水平的主要指标，那么英国经济史学家安格斯·麦迪森估算的 1500—1913 年间英国、西方国家以及世界其他主要国家与地区的人均 GDP 数据，大致可以反映英国与西方的兴起及其与非西方世界之间发展差距的扩大，见表 1.6。该表显示，到 1820 年为止，英国的人均 GDP 水平大致是俄罗斯、中国、印度的 184%、212%、238%；到了 1913 年，该数据甚至扩大为 331%、891%、731%。这足以表明，工业革命导致了英国与西方国家跟非西方国家——包括非西方传统大国——之间的发展鸿沟。

相对于许多传统帝国，英国获得巨大军事优势的根本原因在于它的经济力量、工业能力、技术水平，以及与之相关的创新能力。而工业革命的发生恰恰是一个最具标志性的事件，它使得以英国为首的西方相对于世界实现了经济、技术与军事力量的全面崛起。

既然工业革命如此重要，那么到底什么是工业革命呢？美国经济史学家戴维斯·兰德斯认为，工业革命是 18 世纪晚期到 19 世纪早期从英国首先开始的一系列发明的出现与兴起。他这样说：

　　这些发明丰富且种类繁多，无从细述，但大多属于以下三

---

[1] John France, *Perilous Glory: The Rise of Western Military Power*, New Haven: Yale University Press, 2013, p. 219.

表1.6　英国、西方以及非西方国家和地区的人均GDP估算：1500—1913年

（1990年国际元）

国家或地区	1500年	1600年	1700年	1820年	1870年	1913年
英国	714	974	1250	1707	3191	4921
法国	727	841	986	1230	1876	3485
德国	676	777	894	1058	1821	3648
西欧	774	894	1024	1232	1974	3473
东欧	462	516	566	636	871	1527
前苏联地区	500	553	611	689	943	1488
美国	400	400	527	1257	2445	5301
拉丁美洲	416	437	529	665	698	1511
日本	500	520	570	669	737	1387
中国	600	600	600	600	530	552
印度	550	550	550	533	533	673
亚洲(不包括日本)	572	575	571	575	543	640
非洲	400	400	400	418	444	585
世界	565	593	615	667	867	1510

资料来源：安格斯·麦迪森，《世界经济千年史》，伍晓鹰等译，北京：北京大学出版社，2003年，第262页，表B-21。

类：（1）迅速、常规、精确而不知疲倦的机器代替了人工技术和努力；（2）无生命的动力资源代替了有生命的动力资源，特别是发动机的发明将热转化为功，敞开了动力几乎无限制的供应；（3）新的、远为丰富的原材料，尤其是矿产资源，最终还有人造材料，代替了动植物资源。

这些替代造就了工业革命，它们促进了劳动生产率及随后

人均收入的迅速提高，而且这些增长是可以自我持续的。过去，生活水平的提高常常伴随着人口的增加，而人口的增长最终抵消了经济的增长，到此时，经济与知识的增长之快，促成了不断提高的洪流，是为人类历史之空前。马尔萨斯所说的经济增长受到抑制以及停滞论者说"科学乏力"的预测一去不返。取而代之的是，充满希望与期盼的时代到来了。[1]

在这里，兰德斯把工业革命视为机器革命、动力革命（能源革命）与材料革命的结合，并彻底突破了"马尔萨斯陷阱"对人类生活的束缚。

一部流行的欧洲经济史专著则从另一个视角来理解工业革命。它这样描述工业革命的基本特征：

> 工业革命一词一般用来指复杂的经济变革，这些变革蕴含在由生产力低下、经济增长速度停滞不前的传统的工业化前经济向人均产量和生活水平相对提高、经济保持持续增长的现代工业化经济发展的转变过程之中。这一转变的性质，可以通过一系列相互关联的变革来说明：（1）经济组织变革，（2）技术变革，（3）工业结构变革。这些变革和（既是原因又是结果的）人口、总产值及人均产量（即使不是立即但是最终将实现的）持续增长有着一定的联系。[2]

---

① 戴维·S.兰德斯，《国富国穷》，门洪华等译，北京：新华出版社，2010年，第199页。

② 卡洛·M.奇波拉主编，《欧洲经济史（第四卷上册）：工业社会的兴起》，王铁生等译，北京：商务印书馆，1989年，第131页。

上述内容强调工业革命是对前工业时代经济停滞的突破，是持续增长的经济模式的创造，是生活水平的持续提高，还是组织变革、技术变革和结构变革的结合。

学术界长期以来的一个理论关切是：为什么工业革命首先发生在西方或者说首先发生在英国，而不是发生在欧亚大陆那些原本要比西欧发达得多的国家或地区？对这个问题的理解不仅关系对英国与西方为何兴起的解释，而且还关系非西方传统大国如何才能实现现代化的思考。

这里需要说明的是，英国的兴起与西方的兴起是既相关又不同的两个概念。一方面，英国是工业革命的发源地，是第一个现代化国家，其他西方国家的工业革命与现代化在很大程度上是英国引领的结果。所以，研究工业革命的发生和西方的经济军事优势，首先要研究英国，而不是别的国家。另一方面，英国是整个西方特别是西欧的一部分，整个欧洲的古典文明、基督教传统、封建主义、文艺复兴、地理大发现、宗教改革、技术进步、科学革命、商业制度、民族国家兴起等都对英国具有重大影响。简而言之，英国跟其他西方国家有着一个共享的观念与地理空间。这也使得英国的工业革命一旦发生，就会在西方世界内部实现快速的扩散，进而带动其他西方国家都成为工业革命的早期领先者。如果说英国是第一个或第一波现代化国家，那么西方其他主要国家就是第一点五波或第二波现代化国家。

20世纪晚期之前，关于英国与西方为何首先发生工业革命，国际学术界的主流观点是"因果论"。虽然不同学者的观点不尽相同，但他们大体上都同意，在工业革命发生之前，英国与西欧社会的某些重要特质触动了最终引发工业革命的因果链条。然而，随着20世纪晚期美国加州学派的崛起，以彭慕兰、弗兰克等人为代表，一种全新的"偶然论"解释开始流行起来，即认为工业革命之前，英格兰跟中国江南地区大体上处在同一发展水平上，而后主要是地理大发现带来的美洲白银流入，以及英格兰有利的煤铁组合，促成了工业革命的发生。[①]加州学派的这种观点固然很新颖，但也引发了许多严肃的学理批评，包括其前提假设，即工业革命之前的中西发展水平，以及忽视工业革命之所以出现的政治、制度、法律与观念条件等。[②]

这项研究认为，军事优势和工业革命只是英国与西方兴起的表象。这种表象底下，是英国与西方社会的一系列基本特质。正是这些特质使得工业革命的发生成为可能，亦由此促成了英国与西方的兴起，还决定了英国与西方兴起这一重大事件的性质。当然，英国与西方的兴起，不是简单的单一因素促成的重大事件，而是复杂的多因素促成的重大事件。进一步说，这些多重因素之间不是一个简单的机械组合关系，而是一个复杂的有机系统或整体。当这些因素以一种较为有效的方式组合在一起，并且互相产生积极作用时，就有机会促成一场伟大的变革。

所以，理解工业革命在英国与西方的发生，不应该用物理学或机械论的视角来解释，而更需要用生物学或演化论的视角来解释。这种视角意味着，首先，促成工业革命的并非单一因素或变量；其次，多重因素或变量发挥作用的方式，不等于这些因素的机械加总；

---

① 参见：彭慕兰，《大分流：欧洲、中国及现代世界经济的发展》，史建云译，南京：江苏人民出版社，2003年；贡德·弗兰克，《白银资本：重视经济全球化中的东方》，刘北成译，成都：四川人民出版社，2017年。

② 对彭慕兰和加州学派有许多批评，一位较具代表性的学者是乔纳森·戴利，其研究参见：Jonathan Daly, *The Rise of Western Power: A Comparative History of Western Civilization*, London: Bloomsbury, 2014; Jonathan Daly, *How Europe Made the Modern World: Creating the Great Divergence*, London: Bloomsbury, 2019。

再次，这些因素或变量共同发挥作用的方式，目前既有明确或已知的领域，又有许多模糊或未知的领域。即便如此，英国与西方之所以首先发生工业革命，大体上可以归结为它们在三个主要领域——政治系统、经济系统与观念系统——的基本特质。到18世纪为止，它们在这三个主要领域已经与许多非西方传统大国产生了显著的差异。

首先，在工业革命之前，英国与西方在政治系统上已经产生了一系列重要的变革。当然，英国是西方世界近代政治系统变革的引领者。那么，这种政治变革与工业革命之间是什么关系呢？在《经济史上的结构和变革》一书中，道格拉斯·诺思认为，正是英国近代以来的政治变革与立宪主义政体的确立，使得私人产权得到了有效而可靠的保护，从而为工业革命创造了可能。只有有效的产权保护，才能为私人从事生产经营与创新活动提供稳定的预期和可靠的激励，这样才有可能实现持久的经济增长与繁荣。①

其实，英格兰君主立宪政体的起源，最早可以追溯到1215年中世纪封建主义时代的《大宪章》。此后，正是由于1258年《牛津条约》的签署、1295年英格兰模范会议的始创、1688年光荣革命的发生及其相伴随的一系列政治革新，君主的政治权力受到了强有力的约束与限制。1688年之后，英国才较为牢固地确立了以君主立宪、议会主权为基本特质的近代政体模式。此后，英国的近代政体模式继续演进。到1832年选举改革之前，英国政体模式的基本特征大体可以用君主立宪、议会主权、代议制度、责任内阁、政党政治等关键词来概括。就英国本身的政治演化逻辑来说，从封建主义到立宪

① 道格拉斯·C.诺思，《经济史上的结构和变革》，厉以平译，北京：商务印书馆，1992年。

政体和议会政治，似乎一切都顺理成章、水到渠成。但实际上，如果对比同一时期欧亚大陆的主要政治体，特别是本书关注的非西方传统大国，就会发现，英国的政治演化不仅是一种全新的特例，而且就此开创了人类政治演化的新范式。

与此同时，英国的现代国家构建过程也在不断地推进。其实，英国的现代国家构建大体上是近现代欧洲国家构建的一部分。按照查尔斯·蒂利的理论，军事竞争与战争在近现代欧洲国家构建过程中扮演着重要角色。实际上，这是一个国家制造战争与战争塑造国家的互动过程。[①]由此，现代国家构建在硬件上关乎垄断暴力、纵向一体化的官僚制体系与覆盖全国的税收系统，在软件上关乎合法性、政治认同，甚至是国家能力的塑造。实际上，到18世纪，英国的现代国家构建过程已大幅度地推进了。

英国从中世纪到近现代的国家构建过程，主要表现为几个方面：一是英国王室与政府财政收入的持续增加。比如，有数据表明，英国从16世纪初的亨利七世时期（1502—1505年），到17世纪晚期的詹姆士二世时期（1685—1688年），年度财政收入按不变价格计算增长了313%，达到了206.69万英镑。再比如，英国国家财政开支从1695年到1820年大致上经历了数倍的增长。按可变价格计算，包括军事开支、民政开支与债务支出为主的政府财政开支，从1695年的约620万英镑增加到了1815年和1820年的约1.13亿英镑、约5750万英镑——前者显然是受到了拿破仑战争的影响。[②]二是英国王室与政府规模的扩大，以及包括陆军、海军在内的军队规模的扩大。比如，

---

① 查尔斯·蒂利，《强制、资本和欧洲国家（公元990—1992年）》，魏洪钟译，上海：上海人民出版社，2021年。

② 迈克尔·曼，《社会权力的来源》（第一卷），刘北成、李少军译，上海：上海人民出版社，2007年，第555、596页。

英国的兵员规模在这一过程中也经历了大幅的增长。1470年代，英国政府的兵员规模仅为2.5万人，到1650年代增至7万人，1830年则为14万人。[1]一般来说，武力系统的建设与军队规模的扩张是欧洲近现代国家构建的重要部分。三是英格兰与苏格兰于1707年最终达成了合并协议，由此创造了后来大不列颠的疆域和版图。正是经由这样的历史过程，英国的现代国家构建逐渐完成了。

综合上述讨论，到18世纪为止，英国在政治系统上的基本特征是：既拥有一个有效国家，已经在现代国家构建上取得了长足进展；又能有效约束国家，即在制度与机构上拥有一系列约束政治权力的发明。正是有效国家与有效约束国家的结合，构成了18世纪英国政治制度的基本特征。实际上，1780年代的美国制宪与建国过程大体上也是两者的结合，他们既关注如何建立一个有效的国家，又关注如何有效约束国家。在《联邦党人文集》中，亚历山大·汉密尔顿与詹姆斯·麦迪逊就一起阐述了既塑造有效国家又有效约束国家的立国原则。[2]这样，到了18世纪末19世纪初，美国也逐渐构建起了一个政治权力受到分权制衡原则约束的有效国家。

当然，与英国相比，欧陆主要国家——特别是法国和普鲁士（德国）——在政治演化的方式与节奏上有着较大的差异。以法国为例，法国尽管在国家构建维度上丝毫不逊于英国，但它在17世纪到18世纪中后期塑造的是一种绝对君主制的政体模式。直到1789年大革命爆发，法国才推倒绝对君主制模式，开始跌跌撞撞地探索有效约束政治权力之路。

----

① 保罗·肯尼迪，《大国的兴衰：1500—2000年的经济变革与军事冲突》（上册），王保存等译，北京：中信出版社，2013年，第55、158页。

② 汉密尔顿、杰伊、麦迪逊，《联邦党人文集》，程逢如译，北京：商务印书馆，1980年。

　　笼统地说，到18世纪为止，英国和少数西方国家已经创造了一种完全不同于18—19世纪欧亚大陆传统帝国的政治制度模式。这一模式的基本特点是，既塑造了一个有效的民族国家，又创造了有效约束国家的一系列制度发明。总的来说，跟18—19世纪的奥斯曼帝国、莫卧儿帝国、大清帝国、俄罗斯帝国相比，此时的英国与少数西方国家经过长期的政治演化，已经创造了一个全新的政治物种。

　　其次，在工业革命之前，英国与西方国家已经拥有了一整套不同于传统帝国的经济制度。这里需要说明的是，世界上并没有单纯意义上的经济制度，因为任何经济制度都是跟国家、权力与法律这些因素紧密联系在一起的。美国政治学者戴维·伊斯顿将政治定义为"价值的权威性分配"（authoritative allocation of values）。[1]这里广义的价值，自然包括了经济资源。实际上，在人类历史上，资产和产权受到确定无疑的保护，主要是法治确立之后的事情。在此之前，政治权力的性质与意图往往是决定一个社会产权状况与经济资源分配的关键变量。比如，1066年，诺曼底公爵征服英格兰以后，没收了英格兰原先4000—5000名地主的土地，并将这些土地分配给了约170位男爵。

　　到18世纪，英国作为整个西方世界的领头羊，已经基本确立了两项关键的经济制度：一是上文提到的产权保护，即私人财产得到权力的尊重与法律的保护；二是市场机制与自由契约成为交易和资源配置的基本制度安排。前者为生产与创新提供了足够的激励，后者为生产与创新提供了充分的自由。两者的结合，就为工业革命的发生准备了有利的经济制度条件。相反，许多传统帝国在经济系统

---

[1] 戴维·伊斯顿，《政治生活的系统分析》，王浦劬主译，北京：人民出版社，2012年。

上的最大问题是，并不存在产权保护和经济自由这两项关键的制度安排。笔者的一项先行研究指出，由于政治权力不受约束，社会剩余很容易转化为统治租金，故市场部门或生产性部门就无法获得可持续的新增投资。[①]这一点，后面还会继续讨论。

除了基本的产权保护与市场机制，英国、西欧和北美从近代以来到18世纪，还出现了一系列复杂的工商业、金融业的法律与制度创新。这里择要罗列，参见表1.7。该表显示，到18世纪为止，在工业革命爆发与扩散之前，英国与西方国家已经在工商业和金融领域产生一系列的制度创新。该表所列内容，在一个现代人的眼中，似乎理所当然或者稀松平常，但试想一下，同时代的非西方传统大国根本不可能有这一系列的工商业与金融业制度创新。这些制度创新综合起来，就是以最合乎人性与效率的原则来建立投资、责任、风险、收益的不同组合。无论是近现代银行与保险业的首创，还是股份制公司与证券交易所的创设，都为经济增长和繁荣提供了更有效率的制度安排。

正是在这种经济制度下，在工业革命之前的欧洲，市场和交易活动的重要性一直在提升。从中世纪到英国工业革命的发生，商业与贸易的角色在西欧有一个渐变的、重要性不断增加的过程。总的趋势是，前期相对漫长的缓慢变迁最终促成18—19世纪的"巨变"。从这个视角来看，英国的工业革命并非一个偶然的突发事件，而是此前市场交易不断扩张、经济制度不断创新的结果。内森·罗森堡等人指出："15世纪中叶到18世纪中叶，贸易规模迅速扩大，各种适应世界贸易扩张的制度也应运而生，并逐渐发展。"这里不仅是

---

① 包刚升，《抵达：一部政治演化史》（上），上海：上海三联书店，2023年，第358—375页。

表1.7 截至18世纪英国和西方世界工商业与金融业的主要制度创新

时间	工商业与金融业的制度创新	国家
1270年代	意大利商人通过集资方式分担风险	意大利
15世纪	合伙人合作成立美第奇银行	意大利
1474年	威尼斯首先出现了《专利法》	意大利
1571年	伦敦皇家交易所开业	英国
1602年	荷兰联合东印度公司成立及股票上市交易	荷兰
1694年	英格兰银行成立	英国
17世纪后期	火灾与人寿保险开始在伦敦出现	英国
1720年代	大公司股票开始在伦敦和阿姆斯特丹交易	英国、荷兰
1792年	纽约证券交易所前身成立	美国

资料来源：Jonathan Daly, *The Rise of Western Power: A Comparative History of Western Civilization*, London: Bloomsbury, 2013, pp. 215, 273。

市场交易量的增加，还有制度的变迁。"在西方，商业和商业制度的发展，是先于现代工业制造发展的。"[1]过去，有人过分简单地把工业革命视为一批机械师发明纺织机、瓦特改良蒸汽机以及小型作坊扩建为大型工厂的过程。从这种视角看，工业革命主要是一场"技术革命"和"工厂革命"。然而，更严谨的经济史研究揭示，在英国工业革命之前，英国乃至西欧早已孕育了一场影响深远的商业革命。可以说，商业革命是工业革命的先导，市场制度是工厂制度的前提。

总之，到18世纪，特别是在英国，较为有效的产权保护制度与

---

[1] 弗里德里希·奥古斯特·冯·哈耶克：《通往奴役之路（修订版）》，王明毅等译，北京：中国社会科学出版社，2013年，第101页。

自由市场制度已然形成，各种更具体的工商业与金融业的制度创新已然出现。所有这些都为即将到来的工业革命提供了有效的经济制度条件。所以，英国与西方国家的经济系统到18世纪已经显然不同于非西方传统大国。

再次，在工业革命之前，英国和西方跟欧亚大陆传统帝国的差异不仅在政治制度、经济制度这些硬件领域，还在于观念体系这一软件领域。简而言之，人与人之间或群体与群体之间的主要差异之一，就是观念的不同。人的观念究竟因何而产生，又因何而变迁，这是一个复杂的理论问题。但不管怎样，个人或群体的观念体系一旦形成，就有着形塑未来的庞大力量。为什么人的观念如此重要呢？从个体视角来说，个人的观念决定着他的行为，而他的行为在很大程度上决定着会导向何种结果。从群体视角来说，群体的观念决定着不同个体之间的博弈方式，而不同个体之间的博弈方式在很大程度上也决定着会导向何种结果。

如果以18世纪作为时间标准来对全球主要国家、地区或文明体进行考察与比较，就会发现，它们在观念体系上存在着非常显著的差异。跟许多欧亚大陆的传统帝国相比，此时的英国已经形成了一整套完全不同的观念体系。这一崭新的观念体系基于两个立足点：一是关于人与人关系的基本认知，二是关于人与自然关系的基本认知。对18世纪的英国来说，前者可以用自由观念与人文主义来概括，后者则可以用科学精神来概括。

需要承认的是，18世纪英国观念体系的形成，是以西欧文明的长时段演化为基础的。欧洲古典文明、基督教传统、封建主义、文艺复兴、宗教改革、科学革命、启蒙运动等，都在其中扮演着重要角色。当然，英国自诺曼征服以来的一系列政治演化，也是英国观念生成的基础。倘若没有这些观念，很难想象后来的工业革命会发生，或者很难想象一个现代世界会被创造出来。就此而言，观念体系的力量，再怎么强调都不为过。

关于人与人的关系，英国从中世纪晚期到18世纪经历了复杂的观念变迁。一个非常重要的文本是1689年约翰·洛克出版的《政府论（下篇）》。洛克主张天赋人权说，认为人人生而自由平等。既然如此，统治应该基于被统治者的同意。人们之所以在他们中间建立政府，不是为了彰显君主的荣光和国家的强大，而是为了保护每一位社会成员的生命权、自由权与财产权。为了达成这一目标，政治权力就不应该被滥用，而是要受到充分的约束。即便是君主的权力，也应该在宪法和法律的约束下运行。为了确保这一点，洛克认为，这就需要实现行政权与立法权的分立，以便两者能够互相制衡，进而防止权力的滥用。[①]在洛克的观念体系中，人本身及其基本的自由权利开始居于首要地位。在近代思想史上，这被视为自由主义与个人主义观念的首次兴起。

当然，如果以当时英国社会的基本观念作为参照系，洛克的《政府论（下篇）》其实算不上一部革命性的著作，更多是反映了那个时代的政治共识。比如，该书引用的英国国王詹姆士一世1603年和1609年在英国议会的演讲内容是这样的：

> 我将永远以公众和整个国家的福利为重来制定好的法律和宪法，而不着目于我的任何特殊的和私人的目的；我始终以为国家的富足和幸福是我的最大的幸福和人世的乐趣，这就是一个合法的国王和一个暴君的根本不同之点。因为我确认，一个

---

① 洛克，《政府论（下篇）——论政府的真正起源、范围和目的》，叶启芳、瞿菊农译，北京：商务印书馆，1996年。

有道之君和一个篡夺的暴君之间突出的和最大的差别就在于：傲慢的和怀有野心的暴君认为他的王国和人民只是受命来满足他的愿望和不合理的贪欲的；有道的和正直的国王却与此相反，认为自己是受命来为人民谋取财富和财产的。……

　　国王以一种双重的誓言来约束自己遵守他的王国的根本法律：一方面是默契的，即既然作为一个国王，就必须保护他的王国的人民和法律；另一方面是在加冕时用誓言明白地表明的。因此在一个安定的王国内，每一个有道的国王都必须遵守他根据他的法律与人民所订立的契约，并在这个基础上按照上帝在洪水之后和挪亚订结的契约来组织他的政府："地还存在的时候，稼穑、寒暑、冬夏、昼夜就永不停息了。"因此，在一个安定的王国内进行统治的国王，一旦不依照他的法律来进行统治，就不再是一个国王，而堕落成为一个暴君了。……所以，一切不是暴君又不是背誓者的国王，都将欣然束身于他们的法律的范围以内。凡是诱使他们不这样做的人们都是奸佞险恶之徒，不忠于国王，亦背叛国家。①

　　由这两段演讲内容可知，早在17世纪初，洛克后来撰述的许多政治主张就已是英国社会——至少是精英阶层——的政治共识。在讨论詹姆士一世的演讲内容时，洛克说："这位通晓事理的明达的国王认为国王和暴君之间的区别只在于这一点上：国王以法律为他的权力的范围，以公众的福利为他的政府的目的，而暴君则使一切都

---

① 洛克，《政府论（下篇）——论政府的真正起源、范围和目的》，叶启芳、瞿菊农译，北京：商务印书馆，1996年，第122页。

服从于他自己的意志和欲望。"①

在《政府论（下篇）》出版数十年之后，英国法学家布莱克斯通于1765年出版了《英国法释义》（第一卷）。跟政治哲学著作不同的是，法律著作往往更着眼于实际操作。该书的第一卷第一章即以"个人的绝对权利"作为标题。布莱克斯通这样展开论述：

> 本章所讨论的人的绝对权利，指的是最基本的、最严格意义上的个人权利。例如，只要是处于自然状态下的人就享有的权利，即每个人无论其是否身处某一社会中，都有权享受的权利。……
>
> 社会的首要目标就是要在个人行使上述绝对权利时为他们提供保障，因为，虽然这种权利是永恒不变的自然法赋予每个人的，但如果没有各个友好的社会团体间的互相帮助和交往，人们不可能顺利地行使这些权利，因此人法的首要目的就是维护并规范个人的绝对权利。②

布莱克斯通又将人的绝对权利称为"人类的天赋自由权"。这种天赋自由权又"总是与（英国）政府的形式同步发展的"。这种政府形式，就是以《大宪章》《人身保护令》《权利法案》来约束的立宪主义体制。简而言之，就是国王与政府的权力应该受到明确的制约。具体而言，布莱克斯通所谓的人的绝对权利，主要包括"公民的人身安全""个人的人身自由权""公民的私有财产权"。这些权利都应

---

① 洛克，《政府论（下篇）——论政府的真正起源、范围和目的》，叶启芳、瞿菊农译，北京：商务印书馆，1996年，第123页。

② 威廉·布莱克斯通，《英国法释义（第一卷）》，游云庭、缪苗译，上海：上海人民出版社，2006年，第133—134页。

该受到英国政府与法律确定无疑的保护。比如，在讨论私有财产权时，布莱克斯通这样说："法律对私有财产权的保护是如此严密，以至于不能允许对私有财产权的哪怕是最轻微的侵犯，甚至哪怕这种侵犯是出于整个社会的共同利益考虑。"[①]只有当宪法或政府框架、法律体系的目的是维护公民的自由与权利时，公民的自由与权利才会得到充分的保护。到了18世纪，英国的政体与法律既使得人们免于无政府的自然状态的困扰，又能够充分保障人们享有最大限度的自由与权利。

正是在这样的政治法律观念体系之下，在英国18世纪后半叶的一次议会辩论中，政治家老威廉·皮特——曾于1766—1768年间就任英国首相的辉格党人——说出了如下广为流传的名言：

> 最贫穷的人可以在他的小屋里藐视王室的所有力量。它可能是脆弱的，它的屋顶可能会摇晃。风可能会吹过它，风暴可能会进入，雨可能会进入，但英国国王不能进入——他所有的力量都不敢越过这个破败的住所的门槛![②]

这段演讲后来被简化为一句著名的短语："风能进雨能进，国王不能进。"这句话强调个人自由与公民权利受到的保护是绝对的，国王权力再大都不应该侵犯任何个人的财产权与其他权利。

1776年，代表英国当时经济观念的名著《国富论》出版了。亚

---

① 威廉·布莱克斯通，《英国法释义（第一卷）》，游云庭、缪苗译，上海：上海人民出版社，2006年，第134—159页。

② 这段话出自：William Pitt's speech, March 1763, in Lord Brougham Historical Sketches of Statesmen in the Time of George III First Series （1845） vol. 1，参见：https://www.oxfordref-erence.com/view/10.1093/acref/9780191826719.001.0001/q-oro-ed4-00008331。

当·斯密的论述涉及从分工学说到君主义务在内的广泛议题,但其影响最为深远的观念性论述主要是两项:人是自利的,而且人的自利本身具有正当性;市场作为"一只看不见的手",能够实现资源的有效配置。斯密这样说:

> 我们每天所需的食料和饮料,不是出自屠户、酿酒家或烙面师的恩惠,而是出于他们自利的打算。我们不说唤起他们利他心的话,而说唤起他们利己心的话。我们不说自己有需要,而说对他们有利。……[1]
>
> 确实,他通常既不打算促进公共的利益,也不知道他自己是在什么程度上促进那种利益。……他受着一只看不见的手的指导,去尽力达到一个并非他本意要达到的目的。……他追求自己的利益,往往使他能比在真正出于本意的情况下更有效地促进社会的利益。[2]

正是基于这样的论述,斯密为自由市场经济提供了理论基础,其政策主张自然就是自由放任主义。这样的观念成为社会共识以后,既给国家与政府的政治权力设定了许多约束性条件,使其不能胡作非为,又给个人、投资者和工商阶层提供了生产经营与技术创新的最大自由空间,使其能够努力创造。

如果再结合欧洲文艺复兴以来的人文主义传统,即强调以人为本、重视人的尊严、主张彼此宽容和非暴力等,18世纪英国政治法

---

① 亚当·斯密:《国民财富的性质和原因的研究》(上册),郭大力、王亚南译,北京:商务印书馆,2005年,第14页。

② 同上,第27页。

律观念体系的要素是君主立宪、王在法下、分权学说、政教分离、个人自由、公民权利等。这种观念体系既是政治自由与经济自由观念的合流，又是强调以人为本和对个人尊严的尊重。与同时代的欧亚大陆传统帝国——比如奥斯曼帝国、莫卧儿帝国——的主流观念相比，英国这样的观念体系是革命性的。

关于人与自然的关系，英国从中世纪晚期到18世纪也经历了重大的观念革新。用一句话来说，就是科学革命在英国与欧洲的兴起以及科学精神的逐渐普及。所谓科学革命，大体是指从16世纪开始、首先发生在欧洲的在许多科学领域涌现出来的一系列突破性发现与成果。在这场科学革命中，英国也是欧洲最具代表性的国家之一。科学革命的发生，不仅从根本上改变了当时以英国人为代表的欧洲人对世界的认知，而且极大地提高了他们改造世界的能力。在科学革命之前，人类对自然环境、物质世界、地球、宇宙、人体的理解和认知还处于蒙昧状态。其实，这也是当时欧亚大陆绝大多数传统帝国对人与自然关系的认知。但欧洲发生的科学革命改变了这一切。

1543年，常常被视为近代科学革命的元年，因为这一年出版了两部重量级的科学著作：一部是波兰人尼古拉·哥白尼的《天体运行论》，主张日心说，引发了"哥白尼革命"；另一部是比利时人安德烈·维萨里的《人体构造》，引发了解剖学的革命。此后，英国人弗朗西斯·培根、意大利人伽利略·伽利雷、英国人威廉·哈维、法国人勒内·笛卡尔等人在理论构建、科学发现和工具发明上做出了一系列贡献。1687年，一部划时代的物理学著作——英国人艾萨克·牛顿的《自然哲学的数学原理》——出版了，万有引力定律和牛顿运动定律成了新的科学认知。此后，在化学元素、电、磁、光、热、地球、宇宙等领域，许多重要的科学发现还在不断涌现。到了19世纪中叶，英国人查尔斯·达尔文在《物种起源》中提出了演化论，将近现代的科学革命推上了新的高峰。从16世纪到19世纪，人类已经极大地扩展了对自身、对自然界、对宇宙的认知。

笔者曾将近现代这场科学革命的基本特征总结为"三个一"，即一种信念、一种思维和一种方法。一种信念是指，相信世界万事万物的背后皆有确定的法则；一种思维是指，人们凭借理性与逻辑可以认识这些法则；一种方法是指，观察与实验是认识万事万物的有效方法。[1]这样，科学革命不仅颠覆了人类对世界的理解与认知，还推动了人类不断发现复杂世界背后的真相，并大大提升了人类改造世界的能力。

所以，当非西方传统大国遭遇英国与西方时，西方的"船坚炮利"与军事优势仅仅是表象，西方"船坚炮利"背后的经济、工业与技术优势才是实质。在西方与非西方的大分流中，具有决定意义的事件，首先是英国在18世纪晚期到19世纪早期率先启动并完成了工业革命，然后是西欧与北美国家开始模仿和学习英国，成为英国工业革命的追随者。由此，从英国到整个西方世界就获得了相对于世界其他国家、地区与文明遥遥领先的经济、工业和技术优势。如果不是工业革命的发生，英国与西方在18世纪固然早已领先欧亚大陆的其他地区，但未必会获得相对于其他传统大国——比如中国的大清帝国、印度的莫卧儿帝国、中东的奥斯曼帝国——的决定性领先优势。正是工业革命，不仅使得英国与西方的经济总量、技术能力和生活水平出现了数十倍的增长，而且从根本上改变了当时以英国为首的西方世界跟全球其他政治体之间的力量对比与势力消长。[2]

---

[1] 包刚升，《我的科学观：寻求世界背后的确定性》，澎湃新闻，https://www.thepaper.cn/newsDetail_forward_20719152。

[2] 包刚升，《抵达：一部政治演化史》，上海：上海三联书店，2023年，第529—568页。

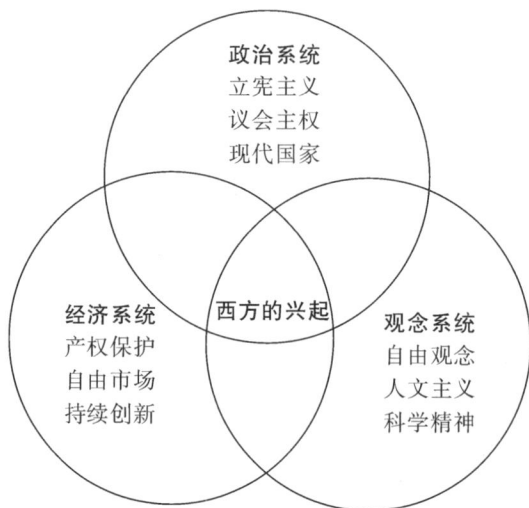

图1.1　18世纪英国与西方兴起背后的政治系统、经济系统与观念系统

　　工业革命并不是凭空发生的，亦非凭借加州学派笃定认为的偶然性或运气使然，而是英国与西方在政治、经济、观念领域一系列重大变革所引发的结果。如果不是政治领域的立宪政体、议会主权与现代国家构建，经济领域的产权保护、自由市场以及金融、工商与技术领域的持续创新，观念领域的自由观念、人文主义与科学精神，以及所有这些关键要素的组合与融汇，那么工业革命就不会首先发生于英国，或者不会于18世纪晚期首先发生于英国。关于18世纪英国与西方兴起背后的政治系统、经济系统与观念系统，参见图1.1。用流行的话语来说，从1769年詹姆斯·瓦特改良蒸汽机到1807年罗伯特·富尔顿发明蒸汽轮船，再从1814年乔治·斯蒂芬森首创蒸汽火车到1837年塞缪尔·摩儿斯发明电报机——这些不过是"冰山一角"，"冰山"在海面以下的部分则是英国到18世纪逐渐形塑的整个政治、经济与观念系统。这才是理解英国与西方工业革命及其在全球范围内兴起的关键因素。只有这样，我们才能完整而准确地

理解英国与西方兴起的性质。

传统大国的政治、经济与观念世界

当英国和西方在近代早期逐渐发生一系列重大的政治、经济与观念变革，并在18—19世纪开始启动工业革命之时，大部分的非西方传统大国还在已经延续了数百年乃至上千年的政治逻辑支配之下重复着过去的生活。在19世纪之前，对大部分非西方传统大国来说，它们要么尚不知道英国和西方正在发生的重大变革，要么对这种重大变革似懂非懂且无力做出有效的反应。在本书关注的主要非西方传统大国中，俄罗斯或许是一个主要的例外。在17世纪末18世纪早期，彼得一世就带领俄罗斯开启了首次面向西方的近代化改革，并且取得了一定的成效，甚至还显著缩小了跟西欧主要国家在经济、技术与军事上的差距。但是，彼得一世之后，俄罗斯并未延续面向西方的改革之路。自从英国18世纪晚期率先启动工业革命之后，俄罗斯跟英国和西方国家之间的差距又拉大了。[①]

正如上文分析的，18世纪的英国和西方已经处在一个较为现代的政治、经济与观念系统之中，而非西方传统大国还处在一个完全不同的、前现代的政治、经济与观念系统之中。实际上，当时这些非西方传统大国在内政与外交上的基本状况，是欧亚大陆的人类政治长期演化的结果。

首先，就政治系统而言，这些非西方传统大国大体上呈现出某种帝国的政治形态。俄罗斯帝国、大清帝国、奥斯曼帝国、莫卧儿

---

①尼古拉·梁赞诺夫斯基、马克·斯坦伯格，《俄罗斯史》（第八版），杨烨等译，上海：上海人民出版社，第2013年，第208—329页。

帝国、伊朗恺加王朝都符合一般意义上的传统帝国特征，19世纪初在埃及兴起的穆罕默德·阿里王朝在法理上仍然是奥斯曼帝国的一个省，但其实是一个具有相当独立性的王国。当它后来开始在北非、阿拉伯半岛、地中海沿岸东征西战，甚至开始挑战奥斯曼帝国的政治权威时，穆罕默德·阿里王朝俨然就是一个帝国了。

在前现代社会，国家演化出现了三种主要类型，分别是城邦国家（city-state）、一般国家（state）和帝国（empire）。[①]帝国的特征不仅在于疆域辽阔和人口众多，还在于通过一系列军事征服和战争来实现疆域扩张，控制与统治异质性较高的不同民族，采取帝国中心区域的直接统治与外围区域的间接统治相结合的统治方式等。人类历史上的第一个帝国可能是公元前9世纪到前7世纪在今伊拉克北部底格里斯河西岸兴起的亚述帝国。此后，从中东到欧亚大陆又陆续兴起了波斯帝国、罗马帝国、拜占庭帝国（即东罗马帝国）、阿拉伯帝国、蒙古帝国、奥斯曼帝国、俄罗斯帝国等主要帝国。由于规模与武力的优势，帝国一旦兴起之后就容易在其邻近地区处于支配或主导地位——直到其他新兴帝国崛起之后，将其击败。

珍·波本克与弗雷德里克·库伯这样讨论帝国在人类政治演化史上的重要性：

帝国是一种耐久性显著的国家形式。奥斯曼帝国持续了六

---

① 塞缪尔·芬纳将不同国家的领土模式区分为四种类型，分别是：城邦（city-state）、一般性国家（"generic" state）、民族国家（national state）和帝国（empire）。参见：塞缪尔·芬纳，《统治史》（第一卷），王震、马百亮译，上海：华东师范大学出版社，2014年，第6页。迈克尔·曼则经常使用城邦国家（city-state）、民族国家（nation/national state）、支配性帝国（empires of domination）和领土型帝国（territorial empire）等概念。参见：迈克尔·曼，《社会权力的来源》（第一卷），刘北成、李少军译，上海：上海人民出版社，2007年。

百年；而在长逾两千年的时间里，接连更替的中国王朝传承了帝国的衣钵。罗马帝国在西地中海地区行使权力长达六百年，而其东部分支，即拜占庭帝国则持续了千年之久。进入20世纪后甚至将来，人们仍会想起罗马是一种辉煌和秩序的典范；俄国在数世纪里对各具特色的人口保持着帝国的统治方式。相比之下，民族国家则如历史地平线上的一个光点般出现，这一国家形式新近从帝国的天空下显身，它对世界的政治想象的掌控可被充分地证明是局部的和短暂的。[1]

基于上述讨论，这里可以总结出三个要点：第一，在英国和西方兴起之前，帝国是欧亚大陆的支配性政治力量；第二，跟欧洲民族国家相比，欧亚大陆的帝国往往拥有更加悠久的历史和相当复杂的政治体系；第三，在遭遇英国和西方之前，帝国本来是一种长期延续且高度自信的政治形态。

除了身为帝国，这些非西方传统大国在政治系统上的另一个主要特征是普遍地采用君主统治模型。无论是离欧洲较近的俄罗斯帝国、奥斯曼帝国、埃及穆罕默德·阿里王朝，还是距离更远的伊朗恺加王朝、莫卧儿帝国、大清王朝，均以君主统治模型作为基本的政治模式。笔者在另一项研究中曾总结君主统治模型的四个主要特征，分别是：

第一，君主拥有至高无上的政治权力。在王国或帝国之内，君主统摄政治与军事大权，拥有行政、财政、人事、军事、司

---

[1] 简·伯班克、弗雷德里克·库珀，《世界帝国史：权力与差异政治》，柴彬译，北京：商务印书馆，2017年，第6—7页。

法等所有统治事务的最高领导权与最终决定权。……

第二，君主权力在法律上不受约束。这并不意味着君主权力是不受任何约束的，因为世界上没有任何人的权力或力量是不受任何约束的。……但在君主统治模型之下，君主权力在法律上是不受约束的。因为从法理上讲，在君主专制政体之下，君主的意志就是法律。

第三，君主一般实行家族继承制。家族继承制一般又有父死子继和兄终弟及两种主要模式，跟兄终弟及相似的模式还包括叔终侄继等。……如果比较游牧政权与农耕政权，就会发现，游牧政权往往更多是兄终弟及模式，以及较为相似的叔终侄继模式，而农耕政权往往更多是父死子继模式。……

第四，君主只是一个普通的肉身。尽管不少君主雄才伟略，在体力、智力与能力上异于常人，并且君主制的礼仪往往还有美化和神化君主的功能，但事实上，绝大部分君主也只是一个普通的肉身。……君主不仅面临着所有普通人都会面临的生老病死问题，而且他有普通人的需要、欲望与情感，甚至也很难避免普通人的诸种弱点。[①]

从历史经验来看，以君主统治模型作为基本政治制度的传统帝国，大体上都不能摆脱两个政治定律：一是扩张与收缩或统一与分裂的交替，二是王朝政治的治乱兴衰周期。当以君主为首的帝国高层统治集团有能有为时，帝国就倾向于扩张和统一，国家治理就进入"治"和"兴"的周期；反之，帝国就倾向于收缩和分裂，国家

---

① 包刚升，《抵达：一部政治演化史》（上），上海：上海三联书店，2023年，第216—219页。

治理就进入"乱"和"衰"的周期。

之所以呈现这样的特点，关键问题还在于君主统治模型作为政治模式的基本特质。一方面，君主制帝国的稳定性与有效性高度依赖于君主本身。然而，在知识、能力与德行上均能胜任君主职位的统治者并不常见。进一步说，君主权力本身并不像现代共和政体之下依赖于一整套民主流程的程序合法性，而是依赖于君主传统与继承的合法性、君主统治的有效性以及君主掌控实际政治与军事权力的能力和实力。[①]这样一来，并非每个君主都有能力来维系帝国政治的稳定性与有效性。随着不同君主的继承与更替，帝国政治的稳定性与有效性就会有所波动。

另一方面，君主统治模型之下的帝国与王朝始终面临着一系列内部与外部的政治挑战，内部挑战主要包括经常性的君主继承与权力之争、高层反叛的可能性、地方势力崛起的挑战、底层抗争与起义以及官僚体系的效能衰减与腐败，等等；外部挑战主要包括周围国家的武力冲突与战争以及其他帝国的远距离入侵，等等。所有这些都给君主制帝国与王朝施加了巨大的政治压力，使其更容易从一种相对稳定而有效的治理走向衰败、混乱乃至崩溃。当一个帝国不能承受这些内外政治挑战带来的巨大压力时，就可能走向瓦解与垮塌。[②]

上述讨论是对非西方传统大国的帝国政治形态与君主统治模型的一般理论分析，具体到每个国家，实际的政治情形是千差万别的。但这些具体的千差万别背后，非西方传统大国大体上都符合这里的

---

① 包刚升，《抵达：一部政治演化史》（上），上海：上海三联书店，2023年，第261—265页。

② 同上，第191—208页。

一般理论分析所呈现的政治逻辑。从18世纪到19世纪，无论是奥斯曼帝国、俄罗斯帝国，还是莫卧儿帝国、伊朗恺加王朝、埃及穆罕默德·阿里王朝，都呈现出类似的政治特征。①

其次，就经济系统而言，这些非西方传统大国大体上是农业经济占据着支配性地位，前现代化的手工业与牧业也占据着一定的份额。这其实是前现代社会的一般状况，而非这些传统帝国的特殊情形。到18世纪为止，除了英国和西方国家在经济领域开始展现某种前所未见的全新气象，其他国家与地区还在重复着千百年来农业社会的生产、劳作与生活方式。这些非西方传统大国同样以农业（或许还有牧业）作为支柱性产业，绝大部分劳动力均以农业为生，大部分人口居住在农村而非城镇。所以，这些传统大国的城市化率还非常低，政府税收的主要来源也是农业、土地和农民。

如果将英国和西方18世纪的经济制度、工商业与金融业的制度创新作为参照系，就会发现，这些非西方传统大国普遍没有发展出较为现代的经济与金融制度安排。在企业与公司制度、资本与风险控制制度、银行保险制度、金融与资本市场规则等方面，这些传统帝国尽管并非毫无建树，但它们普遍没有发展出西欧式的机构与制度创新。

跟经济发展阶段和复杂制度创新相比，同样重要的经济因素还

---

① 关于这些非西方传统大国的政治系统，参见国别史的政治部分或国别政治史：帕特里克·贝尔福，《奥斯曼帝国六百年：土耳其帝国的兴衰》，栾力夫译，北京：中信出版社，2018年；卡罗琳·芬克尔，《奥斯曼帝国：1299—1923》，邓伯宸等，北京：民主与建设出版社，2019年；尼古拉·梁赞诺夫斯基、马克·斯坦伯格，《俄罗斯史》（第八版），杨烨等译，上海：上海人民出版社，第2013年；理查德·派普斯，《旧制度下的俄国》，郝葵译，北京：民主与建设出版社，2023年；阿巴斯·阿马纳特，《伊朗五百年》，冀开运等译，北京：人民日报出版社，2022年；约翰·F.理查兹，《新编剑桥印度史：莫卧儿帝国》，王立新译，昆明：云南人民出版社，2014年。

包括这些传统大国的政商关系。政商关系，其实是一个比较现代的说法，其实质是国家与市场、权力与资本之间究竟是前者支配后者的关系，还是两者较为平衡的关系。当然，这不仅仅是一个单纯的经济制度问题，而且是一个关系政治权力的性质与范围的政治经济学问题。上文曾提到，笔者在另一项研究中指出，对一个国家来说，社会剩余（social residual）的流向是决定经济增长与否的关键因素，而它往往会受到不同政治统治模型的影响。进一步说：

> 如果普通民众与企业家无法控制社会剩余，而是由君主或国家来控制大部分的社会剩余，那么他们大概率是不会拿社会剩余去从事生产性活动的。社会剩余落到了君主手中，君主要么用于扩充军队与官僚系统——这可以提高君主对外战争和对内镇压的能力，要么用于兴建奢华宫殿和个人享受——许多古代帝国或王国的君主都拥有让现代人瞠目结舌的奢华宫廷。而只要君主权力至高无上且不受法律约束，他实际上就拥有最终的剩余索取权。如果统治者能任意处置其臣民的财产——无论其贵族、大臣的，还是其地主、工商业者和普通农户的，社会剩余大概率上就会从经济的或生产性的部门，持续地流向统治的或非生产性的部门。这样，生产性部门就缺少实现持续增长和推动创新的经济资源，进而难以实现对马尔萨斯陷阱的突破。[1]

实际上，政治权力以各种不同的方式实现对社会剩余的支配，是许多非西方传统大国的基本特征。由此，这些大国在经济系统上

---

[1] 包刚升，《抵达：一部政治演化史》（上），上海：上海三联书店，2023年，第367—368页。

的另一个特点是普遍陷于长期的相对停滞状态。这种相对停滞即便不是总量意义上的，至少也是人均水平意义上的。到18世纪，这些非西方传统大国在经济上止步不前已经有许多个世纪了。这里借用麦迪森关于不同国家经济增长率的历史数据来进行比较，参见表1.8。该表尽管没有包括本书关注的每一个主要传统大国，但至少包括了俄罗斯（用前苏联时数据替代）、印度、中国这三个传统大国的长期经济增长率数据。该表显示，1500—1820年这320年间，大体是英国工业革命之前的两个半世纪，俄罗斯的人均GDP年均增长率仅为0.1%，中国和印度在此期间则基本是零增长，印度甚至还发生了轻微的衰退。同一时期，英国的人均GDP年均增长率达到了0.27%——这一数据以今天的标准来看还很低，但至少是俄罗斯增速的2.7倍。1820—1870年这半个世纪中，英国的人均GDP年均增长率达到了1.26%，而同一时期的俄罗斯、中国、印度则分别仅为0.63%、−0.25%和0.00%。该表没有专门提及或单列的奥斯曼帝国（土耳其）、伊朗和埃及，其人均GDP年均增长率大体可以参照俄罗斯、中国与印度的数据。

那么，究竟如何解释这种经济停滞呢？笔者基于社会剩余的流向为此提供了一个理论解释：

> 从这个视角来理解，一个社会要想实现持续的经济增长和技术创新，有赖于社会剩余持续地转换为新增投资。只要统治者可以不受约束地控制或汲取社会剩余，就意味着，一个社会中原本可以用来作为新增投资的社会剩余，会被不断地转化为统治租金。结果是，社会剩余这部分财富就会不断地由生产性部门转入非生产性部门。这样的社会就更难实现长期的经济增

表1.8 主要西方国家与主要传统大国的人均GDP增长率：1500—1913年

(年均复合增长率，百分比)

国家或地区	1500—1820	1820—1870	1870—1913
英国	0.27	1.26	1.01
法国	0.16	0.85	1.45
德国	0.14	1.09	1.63
西欧	0.15	0.95	1.32
东欧	0.10	0.63	1.31
前苏联地区	0.10	0.63	1.06
美国	0.36	1.34	1.82
中国	0.00	−0.25	0.10
印度	−0.01	0.00	0.54

资料来源：安格斯·麦迪森：《世界经济千年史》，伍晓鹰等译，北京：北京大学出版社，2003年，第263页，表B-22。

长，也就无法摆脱马尔萨斯陷阱。[1]

关于政治权力性质、社会剩余流向与经济增长关系的两种不同模式，参见图1.2。由于缺少立宪主义的政治框架，统治者在这些传统帝国中实际上始终控制着社会剩余的最终索取权。结果就是，社会剩余源源不断地从生产性部门流入非生产性部门，转化为统治租金，而无法为持续的经济增长提供新增投资与资源，从而导致陷入长期的经济停滞局面。这是许多非西方传统帝国陷入"马尔萨斯陷阱"而无法实现经济水平向上突破的基本逻辑。实际上，在跟西方

[1] 包刚升，《抵达：一部政治演化史》（上），上海：上海三联书店，2023年，第367—371页。

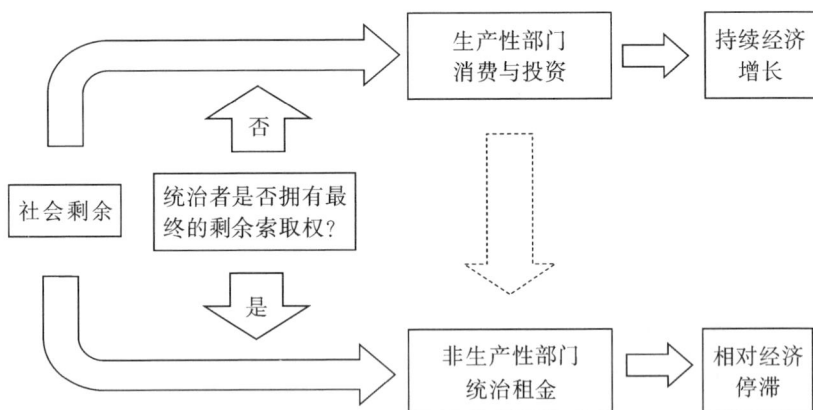

图1.2 政治权力性质、社会剩余流向与经济增长关系的两种模式

资料来源：包刚升，《抵达：一部政治演化史》（上），上海：上海三联书店，2023年，第369页，图6.5。

发生剧烈碰撞之前，奥斯曼帝国的经济与技术早已陷入了停滞，俄罗斯等其他传统帝国的情形也大同小异。

再次，就观念系统而言，这些非西方传统大国由于历史、宗教、文化的原因存在着相当大的差别，但它们总体上又共享着某种前现代的观念体系。现代化理论学者过去常常将不同社会区分为传统社会与现代社会。这两种社会之间的观念差异，也被视为传统观念体系与现代观念体系的不同。有学者将传统观念体系与现代观念体系的差异总结为10个主要方面，包括中心、因果性、控制、时间、身份、权力、人际关系、角色、自我表达、价值观等，参见表1.9。由此可见，传统观念体系与现代观念体系之间存在巨大的鸿沟。如果18世纪的英国和西方更接近于右侧的现代价值观，那么同时期的非西方传统大国则更接近于左侧的传统价值观。

下表是关于传统社会与现代社会观念体系差异的一般讨论。如果要对比上文讨论的英国与西方的观念体系的基本特征，那么到18

表1.9　传统观念体系与现代观念体系的差异

	传统观念体系	现代观念体系
中心	上帝	人
因果性	超自然的 超越人类控制	自然的和/或目的性的 可理解的和可控制的
控制	外在	内在
时间	定性的,不固定的,非精确的	定量的,精确的
身份	集体的,社会中心的	个人的,核心家庭的
权力	等级制的	水平化的
人际关系	正式的	非正式的
角色	生来的	选择的
自我表达	最小的,尤其是与非家庭成员	大量的
价值	关系的,集体的	原则的,任务的

资料来源：Adil Qureshi and Francisco Collazos, "The Intercultural and Interracial Therapeutic Relationship: Challenges and Recommendations," *International Review of Psychiatry*, Vol. 23, No.1 （Feb. 2011）, pp. 10–19, table 1。

世纪为止，这些非西方传统大国的观念系统大致可以总结为三个差异很大的基本特征，即权力本位、生存取向与蒙昧状态。权力本位与生存取向是传统帝国的人们在人与人关系上的基本观念，而蒙昧状态则可以恰当地描述人们在人与自然关系上的基本观念。

　　非西方传统大国一般都是基于君主统治模型的帝国，依赖于一套以君主为首的中央集权官僚体系。该政治系统的主要特征之一就是君权至高无上，以及相应的各级主要官员都拥有较大的自由裁量权。其实，这种政治系统及其特征，已经在这些国家延续数百乃至上千年了。久而久之，这些传统帝国就形成了一整套以权力为本位的政治文化。这种政治文化又有着多个不同的面向：一方面是权力行使的随意性和掌权者的专断风格，另一方面是普通民众稳定预期的缺乏、安全感的缺失和普遍的恐惧感；一方面是高层统治集团对于政治权力的捍卫与争夺，以及由此带来的周期性动荡，另一方面是普通民众日常生活中远离政治，难以施加对现实政治的影响；一方面是不受制约的政治权力对社会与市场部门的渗透，另一方面是社会与市场部门需要时时寻求来自政治权力的庇护。总之，在这样的社会，人们可以感知到政治权力无处不在，同时却无法预见它将以何种方式介入或干预人们的正常生活。

实际上，对欧亚大陆许多土地上的人们来说，他们和他们的祖先千百年来就重复着这样的生活，甚至都不会意识到其中有什么问题。今天我们认为这种政治文化有问题，是因为我们看到了另一套完全不同的社会模式与观念体系。正是因为跟18世纪英国与西方的自由观念相比较，权力本位观念的特征与缺陷才显得一览无余。

与权力本位观念关系密切的是生存取向型的价值观。由于法治尚未确立，个人与法人的权利、财产都没有得到确定无疑的保护，所以，许多人能时时感知到生活在这个世界上的高度不确定性和不可预期性。正因如此，如何在这种高度的不确定性与不可预期性中求得生存，就是一个重大问题。人文主义强调的是以人为本，强调对人的权利与尊严的尊重，而这往往有赖于一个有权利保护、契约精神和规则意识的社会，有赖于一个法律不断成长的社会。相反，生存型价值观首先在乎的就是谋求自己与家庭成员的最大生存机会。这种价值观的塑造，既来自于这些传统帝国相对和平时期权力的专断意志和社会的无规则性，又来自于这些传统帝国周期性动荡时期朝不保夕的生活与丛林法则的支配。

关于人与自然的关系，在欧洲近代科学革命兴起之前，世界其他地区普遍处于蒙昧状态，关于自然环境、物质世界、地球、宇宙与人体等方面的知识，人们所知甚少。人们对自然界的认知，很大一部分是基于迷信或宗教的解释。当重大自然现象发生时，人们往往将其归结为某种超自然的力量。人类尽管每天都能观望日月星辰，每年都要经历风霜雨雪的洗礼，一生都在面对生老病死，却不知道这些自然的、气候的和生命的现象背后的原理或原因。生活在这样的一个知识系统，无论他是君主与将军，还是学者与平民，他能够感知的是这个世界的神秘感和不可知性，进而产生无法凭借自身理性与逻辑来认识和改造世界的无力感。[1]

当然，这并不意味着传统帝国在科学与技术上毫无建树。实际上，依靠千百年的累积，许多传统帝国也可以在主要注重经验的技术领域取得相当的成就。但是，这些技术成就往往有着严重的缺陷。笔者曾在一篇文章中这样讨论这些主要不依赖于科学原理的技术成就：

> 在古希腊人之外的前现代世界，科学并非毫无进展，但大部分的"科学"成就大体上是技术意义上的。跟科学相比，技术的优长不在于对原理的发掘，而在于应用理性和实践技艺。这种应用理性和实践技艺，可以不依赖于原理性的科学发现，而只需凭借不断累积和改善的人类经验。比如，人们无须搞懂地球磁场的原理，而仅凭经验累积，就能发明可指示方向的罗盘或指南针。再比如，人们亦无须搞懂爆炸或火药的科学原理，而凭借意外事件与反复实验，就能发明与制造火药。

---

[1] 关于科学革命对人类发展的重大影响，参见：H.弗洛里斯·科恩，《世界的重新创造：现代科学是如何产生的》，张卜天译，北京：商务印书馆，2020年；戴维·林德伯格，《西方科学的起源：公元1450年之前宗教、哲学、体制背景下的欧洲科学传统》，张卜天译，北京：商务印书馆，2019年。

　　由此看来，即便没有重大的科学发现，技术上的进步也是能够实现的。但是，没有重大的科学发现，没有科学原理做支撑，技术上的进步总归是有限的。按照科技史学家李约瑟的说法，中国15世纪之前在技术上还领先于欧洲，为欧洲和世界贡献了印刷术、火药、磁罗盘、机械钟、铸铁法、马镫、运河水闸、定量制图法等上百种重要的技术发明。但古代中国由于没有发生科学革命，仅凭借经验累积和试错改进的路径，技术进步后来就遭遇一个无形的天花板。[①]

　　这意味着，即便这些传统帝国在许多技术领域可以取得相当的进展，但他们对这个世界的科学认识仍然十分有限。没有欧洲近代科学革命意义上的科学突破，他们对世界的认知总的来说还停留在蒙昧时代。对非西方传统大国来说，科学革命、理性精神与基于推理和实证的逻辑思维都是来自外部世界的舶来品，而不是他们习以为常或易于接受的历史传统。

　　需要进一步讨论的是，一个社会的政治系统、经济系统与观念系统并不是彼此独立的单个机械系统，而是一个相互关联的有机系统，或者说是一个互相作用的整体。这一点，无论对于英国和西方国家，还是对于非西方传统大国来说，都是如此。当非西方传统大国首次遭遇英国和西方国家时，最初感受到的是"船坚炮利"。"船坚炮利"是军事优势，可以被视为经济系统的一部分，代表着优越的工业与技术能力，但它只是英国和西方世界整个经济系统的表象或结果。支撑"船坚炮利"、并使之成为现实的，不仅是整个经济系

---

① 包刚升，《我的科学观：寻求世界背后的确定性》，澎湃新闻，https://www.thepaper.cn/newsDetail_forward_20719152。

统，还有与整个经济系统相辅相成的政治系统与观念系统。

对这些传统帝国来说，当它们首次遭遇英国和西方的"船坚炮利"，并试图通过一场重要的改革运动向英国和西方学习时，其中的主要困难，就是它们需要改善的不只是制造船舰与火炮的工业和技术能力，而是作为整体的整个帝国的政治、经济与观念系统。

两个世界的碰撞与传统大国的选择

上文已经讨论了18世纪英国和西方的政治、经济与观念系统，也讨论了18世纪非西方传统大国的政治、经济与观念系统。实际上，非西方传统大国后来所遭遇的政治危机，就源于两个完全不同的系统之间的剧烈碰撞。特别是，当英国和西方启动工业革命之后，这两个系统之间的差距进一步拉大了。尽管英国征服莫卧儿帝国、战胜大清帝国并不合乎互相尊重主权的国际正义原则，但就实力而言，这是一个更现代的政治、经济与观念系统压倒或征服了一个前现代的政治、经济与观念系统。这也是立宪政体与议会政治相对于传统帝国与君主统治的优势，是市场经济与工业文明相对于小农经济与农业文明的优势，是自由观念与科学精神相对于权力本位与蒙昧状态的优势。

从人类政治的宏观演化来看，欧洲的兴起不仅在于改变了它本身，还在于它改变了整个世界。从1492年地理大发现开始，欧洲一代代的航海家、冒险家、殖民者、贸易商人、投资者、统治者、将领与士兵不断地去发现和开发新世界，并试图将他们所能找到的具有古老文明传统的国家以及尚未文明开化的地区，全部整合进他们所开创的现代世界体系之中。特别是，随着工业革命的发生，英国和西方不仅有着更强的交通技术、通信技术、武器装备、工业制造能力来推进它们想要的全球化，而且对原材料的需求和对商品销路的需要，也给了它们更大的动力来推进全球化。

所以，跟西方兴起相同步的是西方在全球的扩张。英国历史学家拉姆齐·缪尔在1917年出版的书中这样说："欧洲文明的影响在世界范围内的扩张一直是近代最显著的时代特征之一。它构成了过去400年历史的重要内容。"按照缪尔的观点，欧洲的这种全球扩张源自四个主要动机：统治其他地区的民族自豪感、攫取商业利益的欲望、宗教与政治狂热以及为过剩人口找到新的家园。①

一个影响极为深远的观点则来自德国思想家卡尔·马克思与弗里德里希·恩格斯。他们在1848年的经典文本《共产党宣言》中这样说：

> 不断扩大产品销路的需要，驱使资产阶级奔走于全球各地。它必须到处落户，到处开发，到处建立联系。
>
> 资产阶级，由于开拓了世界市场，使一切国家的生产和消费都成为世界性的了。……过去那种地方的和民族的自给自足和闭关自守状态，被各民族的各方面的互相往来和各方面的互相依赖所代替了。物质的生产是如此，精神的生产也是如此。各民族的精神产品成了公共的财产。民族的片面性和局限性日益成为不可能，于是由许多种民族的和地方的文学形成了一种世界的文学。
>
> 资产阶级，由于一切生产工具的迅速改进，由于交通的极其便利，把一切民族甚至最野蛮的民族都卷到文明中来了。它

---

① 拉姆齐·缪尔，《帝国之道：欧洲扩张400年（第六版）》，许磊等译，上海：上海人民出版社，2021年，第2—8页。

的商品的低廉价格，是它用来摧毁一切万里长城、征服野蛮人最顽强的仇外心理的重炮。它迫使一切民族——如果它们不想灭亡的话——采用资产阶级的生产方式；它迫使它们在自己那里推行所谓的文明，即变成资产者。一句话，它按照自己的面貌为自己创造出一个世界。①

尽管他们论述的主要是欧洲在全球扩张的商业与资本动力，而没有充分讨论这种扩张的政治动力，但在这一论述中，这种扩张的结果仍然是政治性的，包括打破了"过去那种地方的和民族的自给自足和闭关自守状态"，"把一切民族甚至最野蛮的民族都卷到文明中来了"，"摧毁一切万里长城"，"征服……最顽强的仇外心理"，"迫使一切民族……采用资产阶级的生产方式"，并且最终来说欧洲"按照自己的面貌"创造出了崭新的"一个世界"。

综上所述，对英国和西方世界来说，18—19世纪，它们大体上完成了三件事情：一是启动了工业革命，完成了自身的初步现代化，使自己遥遥领先于非西方传统大国与其他地区；二是在军事上普遍地战胜了非西方传统大国——更不用说尚未文明开化的地区了，由此英国和西方成了世界体系中的支配者；三是极大地推进了人类历史上的首次充分全球化，并根据西方人的历史、理念与规则创造出了一个全新的现代世界。

正是在英国和西方进行全球扩张的过程中，发生了西方世界与非西方世界的碰撞，也导致本篇开始就讨论的非西方传统大国的政治危机。跟英国和西方在全球体系中扮演的角色相反，18—19世纪

---

① 马克思、恩格斯，《马克思恩格斯选集》，中共中央马克思恩格斯列宁斯大林著作编译局编译，北京：人民出版社，2012年，第376—435页。

的非西方传统大国开始面临非常艰难的局面。显然，它们已然成为国际体系中的"落后国家"和国际竞争中的"失败国家"。这种落后是显而易见的。无论是作为表象的人均收入水平、工业化水平和技术能力等，还是作为根源的政治、经济与观念系统，18—19世纪的非西方传统大国都已经远远落后于英国和西方国家。这种失败也是显而易见的。英国几乎赢得了1816—1913年与非西方传统国家之间的每一场战争。反过来说，就是非西方传统大国在此期间几乎输掉了与相对较发达国家之间的所有战争。战场上的屡战屡败，确定无疑地告诉这些国家：它们已经是国际竞争中的"失败者"。

历史没有假如。但是，假如没有英国和西方的兴起，非西方传统大国在18—19世纪的政治命运将会被彻底改写。或许，这些国家仍然会在原有的既定轨道上演化，延续过去帝国兴衰和王朝更替的故事。而英国和西方的兴起则改变了一切。从结果上看，英国和西方的兴起，既给传统大国造成了重大危机，又给它们提供了新的可能。问题是，遭遇英国和西方兴起的挤压之后，几乎所有的非西方传统大国都经历了一个痛苦的选择过程。以今天的眼光来看，与更现代化的西方世界发生碰撞之后，非西方世界理应幡然醒悟，把实现现代化作为本国的未来发展道路。但是，对当时许多传统大国的精英与民众来说，这一点并非显而易见。它们大体上都经历了一个危机—反思—论争—选择的过程。

以现代眼光来看，非西方传统大国当时面临的内外危机是显而易见的，但需要指出的是，在当时真实的历史进程中，这种危机是逐渐显现的。传统大国的精英与民众——主要是精英们——常常也需要很长时间，才能理解这场危机究竟意味着什么。一个典型的案例，就是1793年英国马戛尔尼使团访华。尽管英国使团给大清帝国带来了300箱英国的工业与科技产品，但乾隆皇帝与帝国统治精英们并没有即刻意识到危机其实就在眼前。奥斯曼帝国、俄罗斯帝国等大体上也经历了这样的过程。

只有当政治危机变得愈发直接而深重时，特别是当传统帝国在外部遭遇战争失败，在内部遭遇政治叛乱，或者说它们的政治统治变得日益艰难时，它们才迎来了真正反思与觉醒的时刻。这种反思与觉醒的核心观念，是承认自身的落后与失败，同时正视英国和西方的发达与领先。但这个过程往往还伴随着复杂的思想论争。这种论争往往有着三个要点：一是到底向英国和西方学习什么？许多传统帝国就技术、制度与文化三个层次或者政治、经济与观念三个领域进行了许多争论。二是传统帝国究竟哪里出了问题？这也涉及对帝国政治危机的不同理解。三是传统帝国应该确立何种发展目标与愿景？这往往涉及究竟应该在多大程度上放弃或保留自己的传统，应该在多大程度上学习与吸收英国和西方的先进技术、制度与文化。由于制度与观念的双重约束，特别是帝国政体模式与精英认知模式的束缚，几乎所有的传统大国在这些关键问题上都经历了一个复杂的摇摆过程。统治者与政治精英们常常纠结于需要在多大程度上改弦更张，思想家与知识精英们则常常在自身的传统文化与外来的科学、知识与观念之间游移不定。

其中较为典型的事件，就是许多传统大国都进行过面向西方与现代化的改革运动，参见表1.10。各传统大国的改革运动有着不同的侧重点，在技术、制度与文化三个层次或者在政治、经济与观念三个领域有着不同的组合，在传统与现代或者自身与西方之间也有着不同的比例选择。一般来说，这些改革运动既可能产生较为显著的绩效——特别是当主要统治者与精英阶层有相当的改革共识之时，又可能收效甚微——这往往跟主要统治者在改革问题上的三心两意或精英阶层关于改革缺乏共识有关。但真正的问题在于，这些改革能否让这些非西方传统大国摆脱内外政治危机，进而走向国家的重生呢？表1.10显示，这些改革运动尽管在绩效与成果上表现出较大的差异，但就结果来说，往往没有让这些传统大国走出严重的政治危机，亦无法走向真正的国家重生。

这项研究把改革视为一个国家在既有政治权威与领导层主导下的变革或近代化运动。然而，表1.10显示，对非西方传统大国来说，既有政治权威与领导者主导下的改革运动即便可以产生相当的成效，但最终来说往往无法使其真正克服已然摆在面前的政治危机。不仅如此，在这一过程中，这些国家的危机还在不断地加重——尽管每个国家实际上存在着较大的差异。所有这一切，最终都指向一个根本性的目标，那就是非西方传统大国必须实现全面的现代化。否则，它们既无法解决自身发展的需要，又无法在一个已然全球化的国际竞争体系中实现政治生存。在与英国和西方世界发生碰撞之后，非西方传统大国的唯一选择，不是在既有政治模式下的修修补补，而是彻底的改弦更张，奋起直追，以一种新的方式来努力推进工业革命和全面的现代化。

问题是，危机重重的传统大国要想真正实现现代化的国家愿景，绝非易事。直接原因是，它们无法在一个可以选择的理想化的环境中寻求全面现代化，而只能在一个现实的、在历史中继承下来的内部与外部环境中寻求全面现代化。从结构上看，这些非西方传统大国至少面临着内部与外部两个方面的约束条件。就内部约束条件来说，非西方传统大国演化到18—19世纪的这一整套政治、经济与观念系统，并不是为工业革命和全面现代化准备的。就外部约束条件来说，它们面对的是一个英国和西方遥遥领先的国际格局以及由英国和西方根据自身规则所创造的现代世界。由此推断，它们寻求全面现代化的道路也不会是平稳而顺畅的。这正是本书下一章的主题。

表1.10　非西方传统帝国近代以来的主要改革运动及其结果

国家	改革运动及其时间	内容、结果与评价
大清帝国	洋务运动（1861—1895）	在慈禧的支持下，洋务派推动的工业自强运动，引进西方科技，试图"师夷长技以制夷"，实现"中体西用"，因甲午战争战败而最终归于失败
	戊戌变法（1898）	在光绪皇帝的支持下，康有为、梁启超等维新派主导的变法运动，试图建立君主立宪制，因宫廷斗争和慈禧反对而失败
	预备立宪运动（1906—1911）	清政府下诏预备立宪，筹设资政院，颁布《钦定宪法大纲》，建立内阁官制，后因辛亥革命而失败
俄罗斯帝国	彼得一世改革（1694—1725）	彼得一世推动的面向西方的全面改革，包括军事、行政、社会与文化领域，改革取得了较大成效，促进了俄罗斯的欧洲化与近代化
	叶卡捷琳娜二世改革（1776—1796）	叶卡捷琳娜二世在启蒙运动影响下推动的立法、行政、商业、警察、教育改革，继续推动俄罗斯的欧洲化，取得部分成效，但并未从根本上改变俄罗斯的专制制度与农奴制度
	亚历山大一世改革（1801—1805、1807—1812）	亚历山大一世起初考虑废除专制制度和农奴制度，却未付诸实施，他实质性地推动了行政、财产权、教育领域的诸多改革，还创建了国务会议，但这些改革并未取得重大成效
	废除农奴制改革（1861）	亚历山大二世在克里米亚战争失败后正式签署了废除农奴制的法令，农奴制改革取得了实质性成果，同时开启了包括地方自治、司法分离、兵役军政、财政在内的"大改革"，但这些改革并未改变俄国的专制局面
	君主立宪改革（1905—1917）	尼古拉二世主导了1905年基本法的颁布和国家杜马的召开，但他随即开始后悔，后来内阁总理斯托雷平在十月党人支持下推动了包括土地、选举和地方议会在内的诸多改革，但这些改革并未真正拯救俄罗斯帝国，最终爆发了十月革命

国家	改革运动及其时间	内容、结果与评价
奥斯曼帝国	塞利姆三世"新秩序"改革(1789—1807)	塞利姆三世主导的面向西方的改革,包括建立新式军队在内的军事改革、民政改革、复兴经济的改革等,但由于旧式军队的叛乱与宗教保守势力的反对而宣告失败
	马哈茂德二世延续"新秩序"改革(1825—1839)	马哈茂德二世恢复并发展了塞利姆三世的"新秩序"改革,包括加强苏丹权力、制约地方势力、建立新军与消灭为害甚久的近卫军、实行政教分离、推行世俗法律体系、创建世俗行政系统、筹办现代学校和教育系统、学习欧洲语言等,为更加融合东西方文明的奥斯曼帝国打下了军事、司法和行政基础,但他任内奥斯曼帝国地方叛乱不断,版图不断萎缩
	阿卜杜勒–迈吉德一世"坦志麦特"(Tanzimat)改革(1839—1861)*	1839年,阿卜杜勒–迈吉德一世宣布宪法性文件《花厅御诏》,内容包括保证所有臣民的生命、荣誉和财富的完全安全,采用固定的经常性的计税制度,建立常态化的征兵和服役制度等,这些改革思想具有相当的开创性,但这位苏丹缺少必要的决心和能量去推动一场真正全面的改革,他在1861年去世时留下的是一个债台高筑、危机重重且依然是苏丹专制的帝国
伊朗恺加王朝	埃米尔·卡比尔首相改革(1848—1851)	起初在国王纳赛尔·丁的支持下,埃米尔·卡比尔首相推动了军队现代化、发展本国军工业、引进国外军事顾问、更新财政税收与海关制度、创建西式教育机构、降低官员薪水和反腐败、由政府而非宗教机构控制教育和司法、控制王室开支与行为等近代化改革,但后来由于失去国王信任和遭到保守贵族、宗教等精英势力的反对而归于失败
	立宪改革(1906—1911)	迫于民众抗议运动,恺加王朝1906年被迫颁布《立宪诏书》,同意推行"立法改革",成立国会议会,制定《基本法》,后来由于国王的三心二意,加上保守力量的反对和复杂而脆弱的国际关系,改革在政变、内战与国际干预下归于失败

续表2

国家	改革运动及其时间	内容、结果与评价
埃及穆罕默德·阿里王朝	穆罕默德·阿里改革（1811—1849）	穆罕默德·阿里试图有选择地采用欧洲的模式、科技与工业，将埃及转变为一个工业社会与中东军事强国，具体做法包括开发新型农业、发展大量公共工程、发展造船业和建立近现代海军、构建近现代行政体系、改革兵役制度与现代军制、发展高等教育和现代传媒出版等，但阿里试图控制一切，所以无法真正完成埃及社会的近代化改造，其军事力量亦在跟欧洲强国的冲突中被大幅削弱

资料来源：本表由笔者根据各主要国家的历史研究文献自制，相关国别史、专题史文献前后各章均有引用，此处不再一一列出。需要说明的是，许多传统大国在遭遇国内外危机之后，其改革是无处不在的，所以，只能罗列和讨论较为主要的改革。阿卜杜勒-迈吉德一世"坦志麦特"（Tanzimat）改革中的"坦志麦特"，意思是秩序重整。印度的情况具有一定的特殊性，印度是一个未经历重大的面向西方和现代化的改革，就被英国人征服的国家。

第二章

困境：传统大国的现代转型难题

本党承诺将印度建设成为一个强大而繁荣的国家，它具有现代、进步和开明的观念，并自豪地从印度古老的文化和价值观中汲取灵感，从而能够成为一个伟大的世界大国，在国际社会中发挥有效作用，建立世界和平和公正的国际秩序。

——印度人民党章程

在资本主义全球化的外围地带，埃及是第一个试图"崛起"的国家。……在分析其失败的原因时，我们不能忽视大英帝国残暴的外力入侵，它是那一时期工业资本主义的头号强国。……英格兰一门心思追逐自己的目标：确保一个现代的埃及无法实现崛起。

——埃米尔·阿明

正如上文已经讨论的，随着英国与西方世界的兴起，许多非西方传统大国开始面临严重的危机。如何实现全面的现代化、如何完成向一种更先进的社会模式的现代转型，就成了这些传统大国的重要议题。[①]然而，对许多非西方的传统大国来说，要实现全面的现代化、完成向现代社会的充分转型绝非易事。这些传统大国由于历史传统、价值观念、地缘因素、国际竞争等原因，在现代转型的路径与模式上往往呈现出相当的特殊性，甚至呈现出较大的曲折性。比如，俄罗斯、土耳其、伊朗、埃及、印度这些传统大国，都是某种重要文明或帝国的主要继承者，也都是至今尚未完成充分现代化的国家。本书将此称为"传统大国的现代转型难题"。

那么，这些非西方传统大国在寻求现代转型的道路上具有何种特殊性？为什么它们常常遭遇更大的困难？究竟是何种原因和因果机制决定了这些传统大国的现代转型难题？特别是，这些非西方传

---

① 参见：西里尔·E.布莱克编，《比较现代化》，杨豫、陈祖洲译，上海：上海译文出版社，1996年。

统大国究竟面临着何种国内与国际的约束条件？这是本章主要关心的问题。本章试图以国内政治与国际政治的双重视角来剖析这个问题，提出一种关于传统大国现代转型难题的理论解释。

何谓传统大国的现代转型难题？

本章关注的是传统大国在寻求现代转型过程中的特殊性与曲折性。上一章已经讨论，本书定义的"传统大国"主要不是指少数基于自身实力而在国际体系中拥有重要权力与影响力的国家，而是指传承了某种主要的古老文明传统并且在今天仍然具有较大地理疆域和人口规模的国家，或者是白鲁恂定义的"文明体国家"或"文明型国家"，主要包括中国、俄罗斯、土耳其、伊朗、埃及、印度等六个国家。

这项研究所定义的现代转型或转型（modern transformation）指从一个传统帝国或王国转向一个现代国家的完整过程，主要包括几个维度：

第一，国家或共同体维度。传统帝国或王国往往是根据暴力控制效力与统治规模经济来确定统治疆域的。就实际统治方式而言，传统帝国与王国覆盖了从纵向一体化的中央集权统治到分散化的、等级制的分层统治在内的各种不同模式。[①]而现代国家或政治共同体往往是基于某种民族主义和民族国家原则来构建，并要求严格遵循纵向一体化的韦伯式官僚制模式。由此，传统帝国往往都需要经历一个新的国家构建（state building）与民族构建（nation building）过

---

① 简·伯班克、弗雷德里克·库珀，《世界帝国史：权力与差异政治》，柴彬译，北京：商务印书馆，2017年。

程。然而，这种转型往往是艰难的。对一个传统大国来说，国家构建或民族构建的挑战，不仅在于要完成从传统国家模式向现代国家模式的变迁，而且很可能还面临着国家解体或分离主义运动带来的严峻挑战——这种挑战又会深刻影响该国政治进程的方方面面。

第二，政治体制或政体（political regime）维度。传统帝国的政体大体是两种模式：要么是某种类型的绝对君主制，即一个统治者居于帝国统治的中心并拥有至高无上的权力，而整个官僚系统则是他的助手；要么是某种类型的等级君主制或封建制，即位于帝国中央的君主和大大小小的地方统治者组成一个等级制、分散化的统治联盟。无论采取何种形式，它们都是前现代的，都不可避免地要完成向现代共和政体的转型——即便仍然可以用立宪君主制维持君主制的外衣。但这种转型是非常艰难的。对这些传统大国来说，人们数百乃至上千年以来，早已习惯于至高无上的君主居于权力中心，并依靠一个庞大且进化成熟的官僚体制与军队系统对整个国家进行统治。突然之间，这一切竟然需要推倒重来。帝国政治权力中心的整体重组，其难度不亚于任何事情。特别是，现代共和政体往往又先入为主地假定，不仅要以人民主权原则为基础，而且权力应该以某种和平的、制度化的竞争方式产生。但在这些传统帝国，最高政治权力无论掌握在谁手中，从来都是生杀予夺的权力，这种权力如今却要以制度化竞争的和平选举方式产生，这是过去完全无法想象的。

第三，经济或工业化维度。这些传统大国面对已完成工业革命和经济现代化的西方，无一例外都要实现从农业社会向工业社会的转型。从较低标准来说，这些传统大国至少要实现工业革命；从较高标准来说，它们还要实现可持续的经济增长，实现科学、技术与知识的系统提升，实现创新能力的巨大跨越。唯有如此，它们才有机会缩小与西方国家的差距。

表2.1　现代转型的四个主要维度

维度	转型内容
国家维度	传统帝国→现代国家
政体维度	君主政体→共和政体
经济维度	农业社会→工业社会
观念维度	传统观念→现代观念

　　第四，文化或观念维度。从观念体系上看，前现代传统帝国的民众在观念上普遍是盲从的、迷信的、服从的、静态的、宗教支配的、威权人格的、关系导向的，而现代国家的民众在观念上普遍是科学的、理性的、自由的、进步的、世俗的、民主人格的、规则导向的。现代转型也包括一系列观念完成从传统向现代的转向，其难度不亚于其他维度上的转型。关于现代转型的四个主要维度，参见表2.1。

　　问题是，尽管这些传统大国的现代转型表现各有千秋，但它们普遍都遇到了转型难题。尽管俄罗斯、土耳其、伊朗、埃及与印度等国首次接触西方的时间早晚不一，并且它们在过去两个世纪里也都取得了一定的成就，但总的来说它们在现代转型的道路上并不是"优等生"，而是都遇到了传统大国的现代转型难题。表2.2是对这五个传统大国在国家、政体、经济等三个现代转型维度上的衡量。

　　这里再基于世界价值观调查（World Value Survey）的相关数据来考察这五个传统大国观念的现代化程度。在图2.1中，英格尔哈特的研究团队，基于世界价值观调查的数据，用传统—世俗、生存—自我表达两个维度来衡量世界不同国家观念的差异与现代化程度。总体上，越是偏向于传统和生存，代表观念的现代化程度越低；越是偏向于世俗和自我表达，代表观念的现代化程度越高。显然，在图

表2.2　五个传统大国现代转型的三个维度

国家	国家维度 和平基金会脆弱国家指数	政体维度 《经济学人》民主指数	经济维度 世界银行人均GDP
俄罗斯	74/179	3.24/10	10127/11397
土耳其	57/179	4.35/10	8536/11397
伊朗	43/179	1.95/10	3115/11397
埃及	39/179	2.93/10	3019/11397
印度	66/179	6.91/10	2101/11397

资料来源：衡量国家维度的是美国和平基金会颁布的2021年脆弱国家指数（Fragile State Index，FSI），参见：https://fragilestatesindex.org/wp-content/uploads/2021/05/fsi2021-report.pdf，该指数排名越高，代表国家脆弱性程度越高；衡量政体维度的是2021年英国《经济学人》智库颁布的民主指数（EIU Democracy Index），参见：https://www.eiu.com/n/campaigns/democracy-index-2021/；衡量经济维度的是来自世界银行2019年的人均GDP数据，之所以选用2019年数据是为了屏蔽新冠肺炎疫情对一些发展中国家的重大冲击，参见：https://data.worldbank.org/indicator/NY.GDP.PCAP.CD。

2.1中，俄罗斯位于东正教欧洲的区域，而土耳其、伊朗、埃及与印度都位于非洲—伊斯兰的区域。总体上，这几个传统大国观念的现代化程度都相对较低。

　　由此可见，这些传统大国迄今为止并没有在现代转型方面达成较出色的绩效。尽管很难说这些传统大国的综合表现要低于发展中国家的平均水平，但至少它们要低于西方世界以外表现较佳的国家群组（比如日本、韩国、新加坡、波兰、智利）的平均水平。如果考虑到这些传统大国是西方世界兴起之前人类文明的主要代表，它们在国家构建、官僚制、精英阶层与人力资源、教育与文化水平、经济与技术等方面都处在前工业社会的领先水平，那么，它们在现代转型上的表现至少是不能令人满意的。为什么这些传统大国会遭遇现代转型难题呢？进一步说，即便承认许多发展中国家在现代转型上都会遭

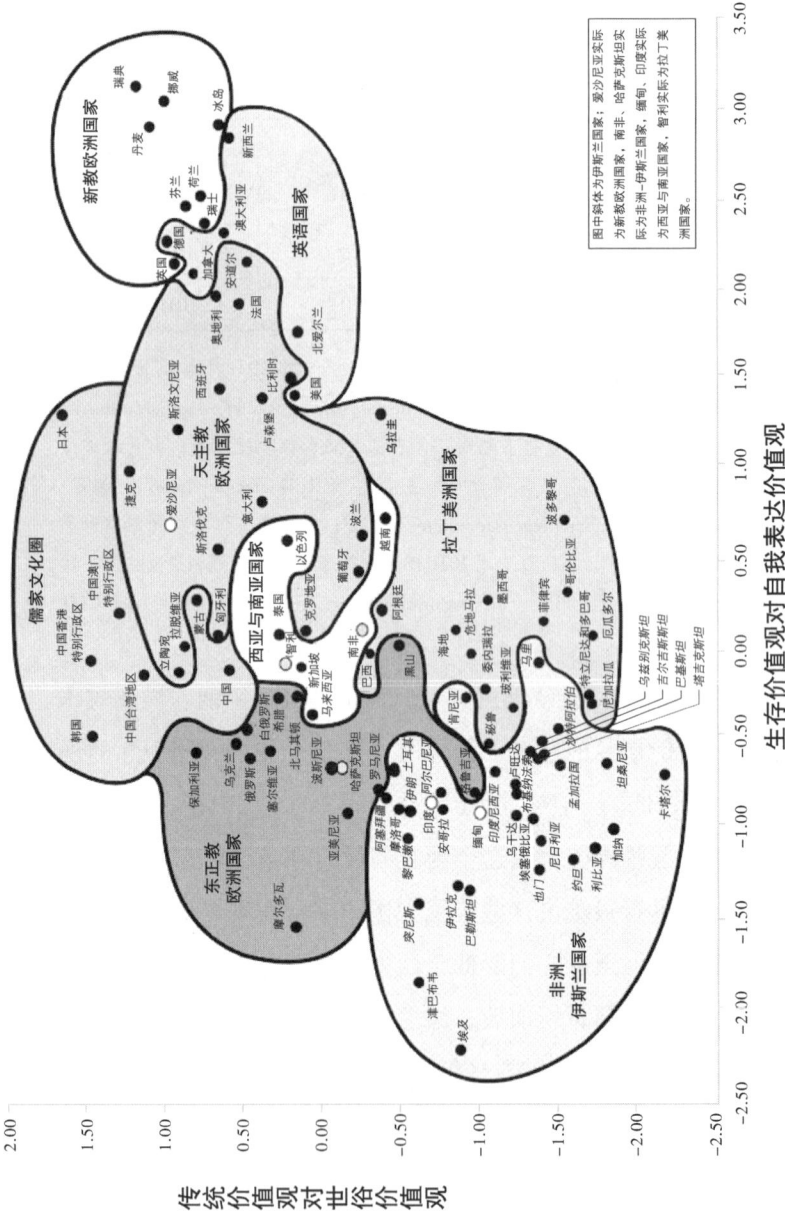

图2.1 英格尔哈特—韦尔策尔（Inglehart-Welzel）世界文化地图（2023）

资料来源：The Inglehart-Welzel World Cultural Map-World Values Survey 7 (2023)，http://www.worldvaluessurvey.org/。本图地区分类为作者原始分类，他们的地区分类与目前通行的地区分类有出入。

遇难题，我们仍然可以问：这些传统大国的现代转型难题是否跟它们作为传统大国的某种特质有关？这是本章要回答的问题。

学术界过去与此相关的研究一般不太关注"大国"这个因素，而是更关注与此有关的一般议题，特别是现代化程度、经济增长与发展、民主化与政治转型、政治文化的变迁以及国家建构或构建等议题。从理论视角与解释变量的角度而言，现有研究主要关注影响一个国家的现代化与否、经济发展绩效高低、民主转型与巩固与否、政治文化变迁以及国家建构程度的一系列解释变量。这些解释变量几乎覆盖了大部分我们能够想到的历史因素（历史传统、宗教类型、主导文化、殖民地传统、帝国传统、官僚制传统等）、经济因素（经济起点、资源禀赋、经济绩效、经济危机等）、社会结构因素（阶级结构、不平等程度、族群结构、宗教结构、地缘政治因素、国际格局等），以及政治精英因素（精英的信念与行为、精英间的互动与博弈、精英的领导力等）。[1]这些研究文献当然非常重要，为我们理解

---

① 这里涉及的理论非常多，现代化文献参见：西里尔·E.布莱克编，《比较现代化》，杨豫、陈祖洲译，上海：上海译文出版社，1996年；塞缪尔·亨廷顿等著，罗荣渠主编，《现代化理论与历史经验的再探讨》，上海：上海译文出版社，1993年。经济发展文献参见：罗伯特·J.巴罗，萨拉-伊-马丁，《经济增长》（第二版），夏俊译，上海：格致出版社、上海三联出版社、上海人民出版社，2010年；达龙·阿西莫格鲁，《现代经济增长导论》，北京：中信出版社，唐志军等译，2019年。民主转型与巩固文献参见：塞缪尔·P.亨廷顿，《第三波：20世纪后期的民主化浪潮》，欧阳景根译，北京：中国人民大学出版社，2013年；胡安·J.林茨，阿尔弗莱德·斯泰潘，《民主转型与巩固的问题：南欧、南美和后共产主义的欧洲》，孙龙等译，杭州：浙江人民出版社，2008年；包刚升，《民主崩溃的政治学》，北京：商务印书馆，2014年。政治文化文献参见：加布里埃尔·A.阿尔蒙德，西德尼·维巴编，《重访公民文化》，李国强等译，北京：东方出版社，2014年；胡鹏，《政治文化新论》，上海：复旦大学出版社设，2020年；Daniel Lerner, *The Passing of Traditional Society: Modernizing the Middle East*, New York: Free Press, 1958. 国家构建文献参见：乔尔·S.米格代尔，《强社会与弱国家：第三世界的国家社会关系及国家能力》，张长东等译，南京：江苏人民出版社，2009年；弗朗西斯·福山，《国家构建：21世纪的国家治理与世界秩序》，郭华译，上海：上海三联书店，2020年；阿图尔·科利，《国家引导的发展：全球边缘地区的政治权力与工业化》，朱天飚等译，长春：吉林出版集团，2007年。

传统大国现代转型难题提供了很好的学术背景。然而，所有这些研究基本上都没有考虑大国转型难题的特殊性及其背后的特定逻辑。

当然，还有少数研究文献注意到了国家规模与经济绩效之间的关系。比如，阿尔贝托·阿莱西纳和恩里克·斯波拉雷的研究关注的是国家规模是否会影响该国的经济绩效。他们研究发现，在自由贸易体制下，采用开放政策的小国在经济上更容易成功；而在限制贸易体制下，大国由于国内市场更大而拥有优势。[①]尽管他们的这项研究并没有得出国家规模与经济繁荣之间确定性的结论，但论述了国家规模的重要性，以及国家规模是通过何种机制、在哪些外部条件作用下，影响经济绩效与经济繁荣的。他们的研究对于国家规模及其后续影响的强调，对本书也具有重要的启发意义。当然，显而易见的是，仅仅强调国家规模不足以解释许多传统大国的现代转型难题。

本书试图在上述研究的基础上从国内政治与国际政治的双重视角来解释传统大国的转型难题。

关于现代转型难题的五个命题

传统大国的现代转型难题具有相当的特殊性，而这种特殊性是跟传统大国本身的特质分不开的。这可以从国内政治与国际政治两个视角来解读。

首先需要理解的是，这些传统大国是在一个特定的全球政治经济情境中开始启动现代化的。如果不是西方世界的兴起以及随之而

---

① Alberto Alesina and Enrico Spolaore, *The Size of Nations*, Cambridge: The MIT Press, 2003.

来的西方与其他传统帝国的碰撞，许多传统大国无须面对所谓现代化或现代转型的问题。[①]在遭遇西方之前，本书研究的几个传统大国通常都处于某种帝国或王国体制的统治之下。在统治模式上，它们要么是一个绝对君主制的中央集权官僚国家，要么是一种等级君主制的松散政治体系。这些帝国往往疆域辽阔，不同民族生活其中，维系帝国的纽带主要是帝国的中央权力与武力资源、统治的规模经济效应以及政治精英们普遍信奉的帝国观念。在经济上，它们往往是前现代的农业社会。如果以18—19世纪这个时间点来看，这些帝国在许久之前就已经达到它们当时的经济与技术水平。这意味着，即便这些帝国在经济或技术上还有进步空间，但总的来说早已处在长期的停滞状态。在文化上，这些帝国往往有一套跟帝国体系相适应的观念体系，传统宗教与官方主导的意识形态支配着整个社会，特别是精英阶层的头脑。从大众到精英，人们普遍地缺少跟现代社会相适应的科学、理性、自由、进步、世俗、个人主义、民主人格、规则导向、绩效至上的观念与精神。由于近现代教育尚未普及，除了掌握传统知识与治国经验的少数精英，大众普遍地处于前教育普及时代的蒙昧状态。

　　假如不是西方世界的兴起，假如不是西方人的军队和商队出现在这些传统帝国的边境、城市乃至首都，那里的统治者和精英们就不会认为他们熟悉的数百上千年以来呈现周期往复的政治、经济与军事模式将被彻底打破。当这些传统帝国的人们首次遭遇西方时，他们凭借直觉与经验，不会马上认为此时此刻出现的西方是他们过去从未遇到过的同类，并不会马上接受西方世界是一种全新的人类

---

　　① Jonathan Daly, *The Rise of Western Power: A Comparative History of Western Civilization*, London: Bloomsbury, 2013.

文明。只有当这些传统大国领教了西方的船坚炮利，跟西方世界发生了冲突与战争，甚至在经历了整体性的政治社会危机之后，先是少数政治界与知识界的领袖、然后是整个社会的中坚力量才会开始认识到，西方世界的兴起是人类历史上的全新现象，实现现代化或现代转型已经成了这些传统社会的唯一出路。

对这些传统帝国来说，西方世界的兴起是最近500年最重要的事件。工业革命的重要性，恐怕在整个人类历史上，也仅有10000—14000年前发生的农业革命可以与之匹敌。正如农业革命带动了人口密度的增加、城市的兴起、文字的出现以及国家的诞生，工业革命推动了西方世界的兴起、全球化的推进以及现代世界的塑造。

实际上，西方世界的兴起有着互相关联的三层含义：首先是西方世界通过国家革命、立宪革命、科学革命、工业革命与观念革命完成了自身的再造，并在经济、技术与生产率上实现了巨大的提升以及对"马尔萨斯陷阱"的突破。这样，到19世纪上半叶英国工业革命完成之时，西欧已经在经济、科技与军事能力上完成了对其他传统帝国的全面超越。其次，自从地理大发现开始，西欧就开启了其全球化的进程，而工业革命完成之后，这一西方主导的全球化进程又大大加速了。西方世界在推进全球化的过程中跟其他非西方国家或社会会形成三种不同的关系：殖民、贸易与战争。有时，这三种关系还交织在一起。正是这一过程把西方世界以外的传统帝国与王国都卷入其中，而在此过程中形塑的西方世界跟这些传统帝国与王国之间或和或战的关系，深刻地影响着后者后续的政治经济转型过程。再次，西方世界的兴起与全球化进程的开启，还塑造了现代世界的基本规则与主导观念。当许多传统大国不得不选择加入这个现代世界并启动现代化进程时，他们一定会受到西方主导的这些既有基本规则与主导观念的影响。

正是由于西方世界的兴起及其对现代世界的塑造，许多传统帝国从酣睡中惊醒时，突然发现自己身处其中的世界已不复从前，其基本规则已经遭到颠覆和更新。如果说这些传统帝国此前面临的主要威胁，要么是边缘地带新兴的政治军事力量，要么是各种可能的内部叛乱，那么新的挑战则来自于已经完成政治革命、工业革命与科技革命的西方国家。所以，这些传统大国接下来不得不同时面临三项基本的政治任务：一是国内层面如何启动现代化或现代转型，二是国际格局层面如何适应现代世界的基本规则与主导观念，三是国际关系层面如何跟西方世界相处。这里其实涉及两个层次的逻辑，即国内政治的逻辑与国际政治的逻辑。

基于上述讨论，本书认为大国转型难题的特殊性在于，在内政上，传统大国作为某种古老文明的主体性传承者，往往面临着更沉重的历史包袱和更复杂的约束条件；在外交上，传统大国作为一个区域性或全球性的大国，由于历史或现实的原因，更可能跟西方世界之间产生紧张或敌对关系。而这两种因素及其交织使得传统大国更难完成现代化或现代转型。具体而言，本章的核心观点可以表述为五个命题，前三个与国内政治有关，而后两个与国际政治有关。这五个命题分别是：

命题一：传统大国除非遭遇重大危机或战争失败，否则就倾向于维持现状，而非倾向于启动变革与转型。

命题二：面对西方兴起带来的冲击，传统大国往往面临着国家重建与民族重建的政治任务。

命题三：传统大国一旦摆脱危机，实现实力提升，就容易走上重新定义与塑造传统的道路。

命题四：由于被西方打败或被西方殖民的经历，传统大国容易产生自身的挫败感和对西方的负面看法或敌对情绪。

命题五：传统大国只要实现独立自主与实力提升，就更有可能与西方主要国家产生区域性或全球性的权力竞争。

这五个命题所呈现的逻辑，从国内政治与国际政治两个视角解释了传统大国为什么更容易遭遇现代转型难题。

转型难题的国内视角：传统与变革的张力

国内政治是理解大国转型难题的首要方面。这里的主要困难在于，面向现代化的变革或转型往往需要一定的政治条件，但传统大国要想创造有利于现代转型的政治条件绝非易事。因此，好的变革并不总是会发生。对于那些具有古老文明传统的大国来说，只有非常强大的动力，才能引发一场实质性的变革。历史地看，这种变革动力往往跟该国面临的重大危机有关。然而，重大危机提供变革动力的同时，已然引入了导致传统帝国政治体系失控或崩解的因素。一旦传统帝国的政治体系失控或崩解，一场本来面向现代化的变革或转型，就很容易被更紧迫的问题所左右，比如关于最高政治权力的博弈，跟帝国疆域与国家重建有关的冲突，甚至是底层革命引发的内乱等，所有这些都容易给传统大国的现代转型之路增加不确定性。

此外，在文化与认同上，这些传统大国常常容易徘徊在自己更古老的深厚文明传统与更西化的甚至已经上升为全球性价值规范的现代观念之间。要想进行现代转型，至少在部分程度上吸收与接纳发轫于西方而后被定义为现代的观念，已经是一个必要条件，然而，传统大国往往又难以摆脱无处不在的古老文明传统。如何处理这种古老传统与现代观念之间的张力，恰恰是这些传统大国能否完成现代转型的重要方面。

接下来，笔者以命题形式分析这些传统大国在国内政治上的三个关键逻辑。

命题一：传统大国除非遭遇重大危机或战争失败，否则就倾向于维持现状，而非倾向于启动变革与转型。

按照理想路径，面对西方世界的兴起，传统大国应该主动适应世界潮流，进行面向现代化的变革或转型。孙文先生1916年访问浙江海宁时写下了诗句："世界潮流，浩浩荡荡，顺之则昌，逆之则亡！"这也表达了一种传统大国应该主动求变、主动革新的精神。但问题是，这只是一种理想状态。

首次遭遇西方时，传统大国的既有统治模式往往制度化程度很高。这些传统大国在同一种统治模式之下通常都应付过许多不同的危机，甚至在经受许多危机冲击后仍然具有维持着统治模式的稳定性。塞缪尔·亨廷顿根据"适应性对刻板性""复杂性对简单化""自主性对从属性""内聚力对不团结"等四个维度，来衡量一个政治体系制度化程度的高低。他还特别强调了一个政治组织系统的存续时间、领导人的换代次数以及主要职能的变换次数，是衡量制度化程度的重要指标。[1]根据这些标准，一般来说，多数传统大国统治模式的制度化程度都比较高。在遭遇西方之前，这些传统大国的统治模式往往已存续了很长时间，其君主制、官僚制、税收系统、军队的规则与运作非常成熟，甚至这些传统大国已经凭借同一种统治模式应付过数不清的政治、经济与军事危机。与此同时，这些传统帝国还是某种主要古老文明的主体性传承者。所以，如果是首次遭遇西方，没有哪一个传统帝国会马上选择改弦更张，它们几乎不可

---

[1] 塞缪尔·P. 亨廷顿，《变化社会中的政治秩序》，王冠华、刘为等译，上海：上海人民出版社，2008年，第10—19页。

能马上放弃非常熟悉又长期存续的制度模式，而开始追随西方走现代化的强国之路。在它们的认知框架中，这些传统大国甚至会把首次遭遇西方视为过去曾经遭遇过的某种政治危机来处理。

但问题是，既然传统大国常常不会主动求变，后来为什么又会走上面向现代化的变革或转型之路呢？原因是它们遭遇了重大的政治危机，所以不得不进行某种变革，否则就难以维系其自身的政治生存。究竟什么样的重大危机驱动了变革，这往往因国而异，但最普遍的重大危机，就是帝国中央政府遭遇了一场代价惨重的战争，特别是一场失败的战争。这既可能是一场传统大国与西方国家之间的外部战争，又可能是一场传统大国国内因内部叛乱而引发的战争。一场代价惨重乃至失败的战争可能会动摇一个传统大国固守既有统治模式的做法，因为这种重大战争已然关系到一个传统帝国的政治生存问题。重大战争的失败往往会摧毁保守派或顽固派的信誉——因为保守这条路再也走不下去了，同时能有效动员起改革派或现代化主张者的力量。正如命题一指出的：传统大国除非遭遇重大危机或战争失败，否则就倾向于维持现状，而非倾向于启动变革与转型。这里主要通过俄罗斯和奥斯曼帝国（土耳其）两个国家的案例来论证命题一所阐述的逻辑。

一般认为，俄罗斯面向西欧的改革始于彼得一世（1682—1725年在位）时期。即便当时西欧尚未发生工业革命，彼得一世也已经敏锐地意识到俄罗斯落后于西欧。所以，他从17世纪末开始启动了面向西欧的军事、行政、财政及教育改革，甚至还亲赴西欧考察。有人认为，俄罗斯的这场改革并非源于紧迫而重大的危机，而是由于彼得一世较为特殊的观念、个性与能力使然。当然，对当时的俄罗斯来说，彼得一世作为君主的全新认知框架是很重要的，但俄罗斯面对的危机、压力与战争仍然是这场改革的主要驱动因素。在彼得一世即位后，俄罗斯曾多次跟周围国家发生过较大规模的战争。其中，在俄波战争（1654—1667年）期间，波兰大军曾经一次攻陷莫斯科，一次围困莫斯科。1700年，俄罗斯与当时的北欧强国瑞典之间的"北方战争"爆发了，这场战争涉及许多国家，一直持续到1721年。所以，彼得一世的改革也被"看作是为应付紧急事态、特别是为了应付北方战争的压力而采取的一系列……特殊措施"。当时的实际情况是，"在彼得大帝的全部统治期间，只有1724年没有战争"。[1]

但事实上，彼得一世的改革仍然遭遇了重重阻力。由于他的家人、宫廷和波雅尔杜马（当时最大的封建领主会议）都反对改革，他被迫不问出身地从各个阶层选拔支持改革的年轻人。改革的著名反对者包括彼得一世的母亲、首任妻子和长子阿列克谢，长子甚至最后死于支持还是反对改革的政治斗争。总的来说，彼得一世的改革大大推进了俄罗斯的西方化进程，使得俄罗斯看起来更像一个欧洲国家了。但这场改革的影响主要局限在少数精英阶层，结果是，改革也在少数西方化的俄罗斯精英与大多数的普通民众之间制造了新的鸿沟。

彼得一世之后，尽管叶卡捷琳娜大帝（1762—1796年在位）和亚历山大一世（1801—1825年在位）这样的改革派君主也在部分程度上推进了改革，但保守派的力量仍然主导着俄罗斯的政治局面。很多时候，改革常常是虚情假意的，因为一旦触碰核心问题，比如农奴制或君主权力，改革往往选择往后退。到了尼古拉一世（1825—1855年在位）统治的后期，即便是十分有限的改革措施也不能够再实施了。为了防止受到欧洲革命精神的影响，这位君主甚至

---

[1] 尼古拉·梁赞诺夫斯基、马克·斯坦伯格，《俄罗斯史》（第八版），杨烨等译，上海：上海人民出版社，2013年，第221页。

开始禁止俄罗斯人去欧洲国家旅行。①

此时，恐怕只有一场失败的战争才能继续推动俄罗斯的改革。1853—1855年俄罗斯在克里米亚战争上的失败，就为打破这种反对改革的政治均衡提供了可能。有历史学家认为："亚历山大二世也不能被看作是一个坚强或有才干的人。可是受形势所迫，新帝决定推行、事实上也进行了自彼得大帝以来史无前例的根本改革。"②其中最重要的改革莫过于废除农奴制。事实上，农民起义与暴动在当时已经非常普遍，按照第一章表1.3的数据，1801—1806年间俄罗斯共发生农民起义与暴动约1467次。克里米亚战争的失败让俄国统治集团看到了当时状况的危险与脆弱，改革就成了必要的选择。除了废除农奴制，这场被称为"大改革"的运动还包括推动地方自治、改变兵役制、调整财政预算与权力分配、放宽教育与审查制度等。然而，这场改革最后仍然遇到了沙皇制度的约束性条件：改革究竟要改到什么程度？从当时西欧国家的经验来看，只有君主立宪制才能帮助俄罗斯走出困境。"但是，无论是亚历山大二世还是他的继任者们都不愿改革走得那么远。他们转而反对深化改革并力图维持已建立的秩序。"③

随着战争失败的巨大痛楚被遗忘和外部严重威胁的暂时消失，后来继位的亚历山大三世和尼古拉二世又变得趋于保守。他们面对着不断发生的各种危机与反抗，用一切方法努力维系沙皇权力及其体制。对统治者与统治精英来说，即便问题成堆，但只要他们还在继续掌权，仿佛就是岁月静好。到了1904—1905年，要求政治改革

---

①尼古拉·梁赞诺夫斯基、马克·斯坦伯格，《俄罗斯史》（第八版），杨烨等译，上海：上海人民出版社，2013年，第313—314页。

②同上，第348页。

③同上，第358页。

或者革命的社会呼声已经很高，各种自由派政治团体加上工人阶级政党及其政治运动变得非常活跃，其间还发生了首都警察暴力镇压工人示威的"血色星期天"事件。然而，真正促成"1905年革命"的是1904—1905年日俄战争的失败。这是俄罗斯首次败给一个经由君主立宪制改革而焕发生机的亚洲国家。1905年10月30日，沙皇尼古拉二世被迫签署了《十月诏书》，宣布进行君主立宪制改革，包括赋予俄罗斯人民自由、召开国家杜马并授予立法权等。改革操盘手斯托雷平通过一系列做法大大地推动了俄罗斯政治的近现代化，但他同时对革命党人、独立媒体及所有异己力量采取了严厉的压制措施。这种政治上进两步退一步的做法，并不能从根本上再造俄罗斯。

当俄罗斯再次卷入一场重大战争——第一次世界大战——并由于严重伤亡和财政危机而处于极度被动的局面时，1917年的二月革命与十月革命就相继爆发了。沙皇制度经此才被彻底埋葬，俄罗斯由此开启了新的政治时期。俄罗斯从17世纪下半叶到20世纪早期的政治过程，展示了保守派的强大、面向现代化的变革或转型的艰难，以及危机与战争特别是失败的战争在驱动变革方面扮演的角色。

今日土耳其的前身是绵延600余年的奥斯曼帝国，该帝国起初不过是小亚细亚地区的一个突厥人部落，从1299年起不断扩张，到1683年的维也纳之战，已经发展成横跨欧亚非三洲的大帝国，面积超过500万平方公里，控制着东南欧、巴尔干半岛、中东、西亚及北非的大部分领土，西达直布罗陀海峡，东抵里海及波斯湾，北及今日的奥地利与斯洛文尼亚，南及今日的苏丹与也门。奥斯曼帝国虽然以伊斯兰教为国教，以今日的土耳其人为其主体民族，但其治下的人民来自不同的民族、宗教、语言群体。奥斯曼帝国实行绝对君主制，君主称苏丹，苏丹的政治权力不受约束，这一点直到19世纪晚期的立宪君主制改革才发生变化；其政府首脑称大维齐尔，即宰相，通常拥有较大实权；近卫军往往是高层政治博弈中的重要势力；地方政治在很大程度上由各地的实际统治者控制，他们因区域差异而跟奥斯曼帝国统治者与中央政府形成或紧密或松散的政治关系。

一般认为，1683年维也纳之战的失败是奥斯曼帝国由盛转衰的转折点。到18—19世纪，帝国的政治精英们开始认识到，正在兴起的欧洲已经把奥斯曼帝国甩在了后面。如果再不推进改革，不能在技术、制度与观念方面进行向西欧学习的变革或转型，奥斯曼帝国将无法摆脱失败与崩溃的命运。然而，对奥斯曼帝国来说，向西欧学习的改革要么很难启动，要么即便启动也会遭遇重重阻力，最后无法达成改革目标。奥斯曼帝国最后两百年的历史，可以说就是一部改革的失败史。

18—19世纪的奥斯曼帝国除了存在一般意义上的经济落后、政治腐败、管理不善等问题，还面临着四个方面的主要挑战：一是在国际政治上，它在一系列奥斯曼-俄罗斯战争（又称俄土战争）中越来越处于下风，跟英法等欧洲强国之间在经济、军事与科技方面的差距越来越大，甚至到19世纪30—40年代已经沦落到向欧洲主要强国寻求军事保护的地步。这些欧洲主要强国则从不同方向上侵蚀和控制原本属于奥斯曼帝国的领土。二是在帝国与内部政治体关系上，以19世纪20年代开始的希腊独立战争为代表，原本奥斯曼帝国治下的巴尔干与东南欧地区的政治体纷纷寻求独立。"地方上强势的帕夏们经常藐视苏丹的中央权威……许多省份都陷入叛乱之中，或有发生叛乱的风险。"[1]比如，当时埃及的实际统治者穆罕默德·阿里帕夏不仅实力

---

[1] 帕特里克·贝尔福，《奥斯曼帝国六百年：土耳其帝国的兴衰》，栾力夫译，北京：中信出版集团，2018年，第449—524页。其他研究还可参见：卡罗琳·芬克尔，《奥斯曼帝国：1299—1923》，邓伯宸等，北京：民主与建设出版社，2019年，第399—440页。

越来越强，而且多次打败奥斯曼帝国中央的军队。因此，奥斯曼帝国眼看自己已经无力控制其治下的各个政治体，有一种日薄西山的感觉。三是在帝国高层政治上，近卫军早已成为一支连苏丹本人都难以支配的军事力量。为了他们自己的利益，近卫军常常无所不为。结果是，当后来那些励精图治的苏丹要想集中政治权力，进而发动一场面向现代化的变革或转型时，近卫军常常成为反对改革的保守派中坚力量。四是在政教关系上，尽管奥斯曼帝国长期实行部分程度的宗教宽容政策，但伊斯兰教是奥斯曼帝国的国教，穆斯林是奥斯曼帝国的一等国民，整个帝国的政治、经济与社会生活充斥着一种伊斯兰教主导一切的气氛。由此导致的一个结果是，任何面向西欧或西方世界的改革都可能被视为背叛伊斯兰教的教义和放弃穆斯林的传统。

如果说危机与战争是俄罗斯改革的主要驱动因素，那么奥斯曼帝国从18世纪到20世纪早期就长期处在一系列危机或战争的阴影之下。类似的，当面临生死攸关的重大危机，或者面临一场重大战争的失败之后，奥斯曼帝国才能获得推动重大改革的决心与动力。一般来说，奥斯曼帝国晚期的重大改革可以分为三个时期。

第一时期是"新秩序"改革时期，这是塞利姆三世（1789—1807年在位）和马哈茂德二世（1808—1839年在位）两位苏丹相继进行改革的时期。对塞利姆三世来说，这场改革的主要触发因素是1787—1792年俄土战争的惨败，最后以割让今天位于乌克兰和摩尔多瓦境内的顿涅斯特河以东的领土告终。当然，1789年法国大革命的发生、新思想新理念的引入及随后而来的欧洲大陆的政治动荡，也大大影响了奥斯曼帝国的观念与认知。塞利姆三世的改革包括建立"新秩序"军、约束帕夏们的权力、改革货币制度等。这些改革本来已初见成效，但保守的近卫军于1807年突然发动政变，终结了这一切。[1]

1808 年上台的马哈茂德二世深受其堂兄塞利姆三世改革理念的影响，其目标更加明确。"他的改革目标是要将奥斯曼帝国从一个构建在伊斯兰教原则基础上的中世纪帝国，改造为一个基于西方世俗原则的现代立宪国家。"鉴于他堂兄的教训，他在一切准备就绪后才采取果断的行动，一举消灭了近卫军，这使得他获得了推动一场改革所需的政治权威。他的改革包括：约束奥斯曼帝国的地方自治势力，建立奥斯曼帝国新军，削弱伊斯兰学者乌理玛的权力，模仿欧洲国家建立政府的外交、内政与财政部门，创建伊斯兰法与苏丹法令之外的公共法部门，创办军事院校和医学院校，开办第一家土耳其语报纸，等等。[2]尽管马哈茂德二世自认为是奥斯曼帝国的彼得大帝，他确实也推进了奥斯曼帝国面向西方和现代的改革，但总的来说他还是无力扭转帝国不断下滑的颓势。

第二时期是"坦志麦特"时期，从 1839 年延续到 1876 年。"坦志麦特"在土耳其语中是重组的意思。在此期间，前期最重要的改革文本是苏丹阿卜杜勒·迈吉德 1839 年颁布的《花厅御诏》。这一改革是 1839 年奥斯曼帝国被其属国埃及军队打败所引发的。这份诏令史无前例地确定了保护生命权与财产权、废除包税制、缩短兵役期，甚至规定了穆斯林与非穆斯林平等的条款。[3]后期最重要的改革法令是在宰相米德哈特帕夏主导下，由苏丹阿卜杜勒-哈米德二世于 1876

① 帕特里克·贝尔福，《奥斯曼帝国六百年：土耳其帝国的兴衰》，栾力夫译，北京：中信出版集团，2018 年，第 499—525 页。

② 同上，第 549—570 页。其他研究还可参见：卡罗琳·芬克尔，《奥斯曼帝国：1299—1923》，邓伯宸等，北京：民主与建设出版社，2019 年，第 441—473 页。

③ 悉纳·阿克辛，《土耳其的崛起（1789 年至今）》，吴奇俊、刘春燕译，北京：社会科学文献出版社，2017 年，第 25—42 页。

年12月23日颁布的第一部君主立宪制宪法，该宪法确立了首个两院制议会。但不到两年，苏丹阿卜杜勒-哈米德二世就决定解散议会，搁置宪法，恢复苏丹的专制统治。

第三时期是君主立宪时期，从1908年开始到1923年帝国覆灭为止。到20世纪初，奥斯曼帝国恢复君主立宪制宪法已经迫在眉睫了。当时的国际背景是，俄罗斯在1904—1905年日俄战争中遭遇失败，这意味着一个实行立宪改革的亚洲国家竟可以战胜一个沙皇专制的欧洲国家。这场战争在某种程度上推动了1905年俄罗斯改革、1906年伊朗立宪改革以及1908年中国晚清立宪改革的尝试。当时奥斯曼帝国的情况是，尚属于奥斯曼帝国疆域的马其顿在1908年爆发革命。实际上，从19世纪以来，整个帝国的疆域就在不断萎缩，甚至整个帝国的版图面临着崩解的风险。面对奥斯曼帝国的整体性危机，在社会层面，自由主义与立宪主义思潮开始激荡，主张立宪改革的政治社会运动风起云涌。

在这场政治运动中，青年土耳其党人扮演着重要角色。1908年，革命爆发了，苏丹阿卜杜勒·哈米德二世被迫同意立宪改革。1909年土耳其又发生了武装叛乱，青年土耳其党人镇压叛乱后，废除了抵制改革的旧苏丹，又确立新的苏丹，并开启二次立宪时期，建立起西欧式的君主立宪制和议会民主政治。[1]但即便如此，这些改革似乎为时已晚。在国内，帝国各个政治体纷纷要求独立或者已经独立，但倾向于抵制现代化改革的保守力量又很强大。国际上，欧洲局势风起云涌，第一次世界大战即将爆发。此刻的奥斯曼帝国似乎已经无力掌握自己的命运。在战争与结盟的问题上，帝国的统治精英们

---

① 悉纳·阿克辛，《土耳其的崛起（1789年至今）》，吴奇俊、刘春燕译，北京：社会科学文献出版社，2017年，第60—91页。

起初在英法和德奥之间摇摆不定，后来选择了与同盟国站在一起，即成为德国的盟友。这一选择的代价是极其高昂的，一战的失败最终导致了奥斯曼帝国的解体。而后，希腊的入侵激发了土耳其的民族主义运动。以穆斯塔法·凯末尔·阿塔图尔克为首的土耳其民族主义者击退外敌入侵，于1923年创立了世俗的土耳其共和国，史称"凯末尔革命"。这就是现代土耳其的由来。土耳其两个世纪失败的改革史，见证了一个传统大国的现代变革与转型之难，即便是一系列的重大危机与战争失败，都未能给该国提供实现顺利的现代转型所需的足够动力。

在俄罗斯、奥斯曼帝国（土耳其）之外，伊朗（恺加王朝）、埃及（穆罕默德·阿里王朝）与印度（莫卧儿帝国）等国在遭遇西方世界之后，都产生了寻求现代变革的某种紧迫需要，但正如命题一所指出的：传统大国除非遭遇重大危机或战争失败，都倾向于维持现状，而非倾向于启动变革与转型。进一步说，由于帝国体制与保守势力的阻遏，传统大国即便启动了面向现代化的变革或转型，通常也较难达成变革或转型的目标。

命题二：面对西方兴起带来的冲击，传统大国往往面临着国家重建与民族重建的政治任务。

传统帝国往往是依据帝国逻辑来实现疆域控制与政治构建的。[①]但随着西方世界的扩张，这些传统帝国往往会遭遇重大的外部冲击，直至发展为严重的政治危机。这种政治危机很可能会动摇传统帝国对原先巨大规模疆域的统治与控制。在这种情况下，特别是处于帝国边疆地区的政治体、民族集团、宗教群体更容易产生分离主义运

---

① 包刚升，《抵达：一部政治演化史》（上），上海：上海三联书店，2023年，第157—208页。

动。自从 1789 年法国大革命以来，首先在西方出现的民族主义和民族自决思想开始在全球传播，进一步加剧了这种帝国内部的民族分离主义运动。如果说传统帝国更大程度上依靠帝国理念、中央暴力优势与统治规模经济得以维持的话，那么，在西方兴起之后，国家构建或民族国家的构建开始依赖于完全不同的理念与逻辑。民族主义与民族认同越来越成为构建现代民族国家的政治基础与心理基础。然而，当传统帝国首次面对这种局面时，居于帝国中央的统治者与政治精英们十有八九会执着于对帝国传统地理疆域的守卫，并期待在帝国原有地理疆域的基础上构建现代国家。这样，传统大国往往会面临国家重建或民族重建的重大难题：一方面，中央精英热衷于基于帝国原有疆域进行新的政治整合与大一统国家的再构建；另一方面，地方精英则开始基于民族主义和民族自决的理念来重新思考他们所在的政治单位与族群集团跟帝国中央权力之间的关系，并常常把实现自治或独立作为他们的政治目标。

在这种情况下，传统大国往往会遭遇跟疆域、领土与认同有关的政治危机。在诸种可能的危机中，最普遍而又最严重的危机恐怕就是帝国的瓦解，这意味着帝国疆域版图的重新划分与调整。无论帝国的解体在地方民族主义者看来具有怎样的合理性，但在传统大国的主体民族及其政治精英眼中，这必定是一种巨大的政治失败。地理疆域的辽阔往往是前现代帝国伟大的象征物，大一统的政治梦想又是帝国政治长期演化的产物。只要帝国主体民族的政治精英信奉这种"以大为美"的政治信念，那么当帝国解体发生或可能发生时，有为的政治家们就会把恢复原先帝国地理疆域的政治统一和国家重建视为当然的政治任务。这种对辽阔地理疆域的执念还有着深厚的民意基础，而不只是少数政治家的臆想。当这种民意基础足够强大时，能否重新构建疆域辽阔的大一统国家，甚至可以成为该国政治家是否具有足够合法性的判别标准。正是这种结构，使得很多传统大国在面对西方兴起带来的内外冲击时，往往不得不同时应付其边疆地区的民族分离主义运动带来的冲突乃至战争。这又构成了传统大国现代转型的约束条件。

值得进一步分析的是，这种边疆危机对一个传统大国来说，不单纯是国内政治意义上的，还可以演变为国际政治意义上的。比如，一个位于帝国边疆的民族集团在寻求民族自决的过程中，往往会寻求外部政治力量的支持，包括有实力的重要邻国以及西方主要国家。西方主要国家则可能出于两个原因选择支持这种民族自决与分离主义运动，一是基于民族主义和群体权利的理念，二是基于国家竞争或地缘政治上的理性计算。结果是，这不仅塑造了传统大国内部帝国中央与边疆力量之间的复杂关系，而且还可能影响该传统大国跟介入其中的西方国家之间的国际关系——后者又会左右该传统大国国内对于西方国家的基本政治态度甚或敌友关系。这同样构成了传统大国现代转型的约束条件。这里还是以俄罗斯与奥斯曼帝国（土耳其）的国家重建与民族重建案例为重点来论证命题二所阐述的逻辑。

俄罗斯长期以来都是一个超大规模的帝国，拥有帝国一贯对领土、势力范围与国际权力的想象。历史上，在从莫斯科公国变成俄罗斯帝国的过程中，历代主要统治者不遗余力地在东欧、中亚和远东地区扩张领土。对领土永不餍足的嗜好，是俄罗斯有别于其他传统大国的关键特征。过去两三个世纪中，由于一系列战争的成功或失败，加上苏联的组建与解体，由圣彼得堡或莫斯科这个帝国权力中心控制的实际领土与势力范围已经发生了许多重大变化。在沙皇俄国时期和苏联时期，这方面的主要矛盾表现为首都的中央权力试图直接控制越来越大的疆域范围和位于边疆的代表不同民族、族群、宗教的地方势力寻求自主与独立之间的冲突。为了维持巨大的疆域规模与帝国梦想，俄罗斯不仅需要强化中央政府的权力与能力，而且必要时会考虑采取武力或战争方式去解决中央与地方或俄罗斯与其周边地区的冲突。

实际上，1991年底苏联的失败首先不是政权的垮台，而是国家的解体，即首先是多个加盟共和国要求寻求政治独立，而莫斯科已无力控制这一局面。尽管叶利钦任总统的俄罗斯本身在苏联解体过程中也扮演着重要角色，但等到苏联解体这一重大事件尘埃落定之后，俄罗斯又面临着两个类似的问题：一是俄罗斯本身的边疆与势力范围的问题，二是俄罗斯内部的族群政治与分离主义问题。这两个问题都涉及苏联解体之后俄罗斯的国家重建与民族重建。特别是，如果说占较大比例的俄罗斯政治精英与普通民众把过往的苏联解体至少视为一种统一或领土意义上的政治失败，而继续抱有重建"俄罗斯帝国"的梦想，或者希望俄罗斯在东欧与中亚的前苏联加盟共和国问题上扮演主导角色，那么这种观念就会影响俄罗斯的现实政治。

这会对俄罗斯后冷战时代的政治转型带来三个方面的重要影响。首先，对1990年代以来的俄罗斯来说，国家重建与民族重建是一个重要的政治任务，甚至跟其他政治任务相比还具有优先性。其次，国家重建与民族重建往往需要中央政府具备比较强的权力与能力，而这跟竞争性政体的转型逻辑存在着一定的冲突，原因在于许多转型政体起初往往无法提供较高的政治权威与有效的国家能力。再次，这种重建过程还有可能面临武力冲突乃至战争的压力。比如，车臣战争，就是俄罗斯联邦内部的共和国与族群试图寻求国家独立而跟莫斯科之间发生的战争。这场战争在广义上属于俄罗斯国家重建与民族重建的议题。再比如，2014年俄罗斯–乌克兰危机以及2022年日益激化、目前尚在进行的俄乌冲突，固然是两个主权国家之间的国际冲突，但由于俄乌问题与克里米亚问题的历史复杂性，这种危机至少在部分俄罗斯人看来是如何重新定义俄罗斯边疆与势力范围的问题，因而在广义上也属于苏联解体后俄罗斯国家重建与民族重建的议题。无论是车臣战争，还是俄乌冲突，都构成了俄罗斯后冷战时代政治转型的一个部分，同时也是俄罗斯现代政治转型的一个约束条件。

奥斯曼帝国更是西方兴起之后传统帝国解体案例中最令人叹为观止的一个。从疆域规模来说，奥斯曼帝国鼎盛时期面积达550万平方公里，而如今的土耳其面积仅为78万平方公里；从国家数量来说，鼎盛时期的奥斯曼帝国在经历了19世纪的民族独立运动和第一次世界大战后的帝国崩溃后，如今已分裂为20个以上的国家。众所周知的一个事实是，没有一个帝国的中央统治者及其政治精英乐意或接受帝国地理疆域内的一部分试图寻求分离或独立。但对奥斯曼帝国来说，一个由来已久的挑战是，随着奥斯曼帝国的衰落，民族主义的觉醒，帝国不断地进行对外战争与国际关系的复杂化，从巴尔干、东南欧，到北非，再到中东、中亚，原先属于奥斯曼帝国体系内的政治体纷纷寻求分离或独立。

这就构成了奥斯曼帝国从18世纪末19世纪初开始寻求面向西方的变革与转型的一个重要约束条件。这既关系奥斯曼的国家重建与民族重建的问题，又关系它的政体转型问题。这种来自地方主义与分离主义势力的挑战，往往要求强化帝国中央的政治权威与政府能力，这在当时的帝国体制框架中，相当于要加强以苏丹（君主）和大维齐尔（宰相）为首的奥斯曼帝国中央统治机构的权威与能力。固然，从长远来说，奥斯曼帝国如果想要维系这种地理疆域辽阔、多民族与多宗教共存的帝国体系，就需要彻底重构中央与各地方政治体之间的政治关系，需要重新思考关于帝国体系的政治叙事。但从短期来看，奥斯曼帝国任何中央统治能力的衰落，都意味着帝国崩解的更大可能性。与此同时，奥斯曼帝国的转型还包括政体维度，即它至少要从绝对君主制转型为立宪君主制，这意味着需要约束和削弱而不是强化苏丹作为君主的政治权力。由此带来的难题是，为了维系帝国统一，需要加强苏丹与帝国中央统治体系的权力；而为了实现政体转型，需要约束苏丹与帝国中央统治体系的权力，两者之间实际上存在着冲突。这无疑会给奥斯曼帝国面向现代化的变革与转型带来极大的挑战。

在第一次世界大战战败、奥斯曼帝国轰然倒塌之前，帝国这方面的压力主要来自几个方向：一是巴尔干地区，包括1820年代开始的希腊独立战争及随之而来的希腊独立，1870年代塞尔维亚、罗马尼亚、黑山、摩尔多瓦及保加利亚等国的独立，还包括波斯尼亚被奥匈帝国占据等。二是埃及与北非地区，埃及从19世纪初开始在帝国任命的新总督穆罕默德·阿里帕夏治下不断崛起，不仅一度占领阿拉伯半岛、中东、北非的许多地区，而且还向奥斯曼帝国的中央权威直接发起了挑战，挑起多次埃及–奥斯曼帝国战争，即土埃战争，结果是奥斯曼帝国逐渐失去了对埃及和中东、北非地区广大领土的控制权。[1]三是中亚的黑海与里海地区，特别是今天的格鲁吉亚、亚美尼亚与阿塞拜疆等国，原先是奥斯曼帝国、俄罗斯帝国与伊朗互相争夺的地方，但这些地方的民族和人民都有着政治上的独立要求。所有这些都给奥斯曼帝国在大国转型过程中的国家重建与民族重建制造了难题。

---

① 帕特里克·贝尔福，《奥斯曼帝国六百年：土耳其帝国的兴衰》，栾力夫译，北京：中信出版集团，2018年，第549—570页。

最终，由于第一次世界大战的战败，奥斯曼帝国土崩瓦解。随后，希腊开始入侵今天土耳其的领土，导致了土耳其民族的政治生存危机。[①]在这种生死攸关的时刻，以凯末尔为首的土耳其民族主义军人奋起战斗，重新控制了伊斯坦布尔，并在欧洲巴尔干半岛的东色雷斯地区和亚洲的安纳托利亚地区创建了土耳其共和国。对以凯末尔为代表的土耳其新一代政治精英来说，值得庆幸的是，在帝国分崩离析之后，他们还能勉强建立起一个以土耳其人为主体的民族国家，并在此基础上进行新的国家构建与民族构建，但令他们感到忧伤的是，他们曾经熟悉的巨型帝国——由于大战的失败，风起云涌的民族主义与民族自决运动，以及帝国自身的诸多弱点——已经土崩瓦解，从此不复存在了。

如果说奥斯曼帝国更是一个传统帝国，那么土耳其则主要是一个民族国家；如果说奥斯曼帝国奉行的是奥斯曼主义，那么土耳其则信奉土耳其主义；如果说奥斯曼帝国实行的是伊斯兰主义，那么土耳其则制定了世俗国家的宪法与政策。[②]面对一个已经消逝的帝国，土耳其只能无奈地在此基础上进行新的国家构建与民族构建。但是，对土耳其的政治精英与普通民众来说，自身曾作为主体民族统治一个绵延数百年帝国的历史仍然是它们自身传统与政治记忆的一个部分，并未从土耳其人的精神世界中彻底消失。或许等条件允许的时候，奥斯曼帝国的荣光与记忆仍然会被激活，甚至有可能影响土耳其未来的政治选择与政治进程。

不仅是俄罗斯与奥斯曼帝国（土耳其），几乎所有传统大国在其

---

① 阿诺德·汤因比，《文明的接触：希腊与土耳其的西方问题》，张文涛译，上海：上海人民出版社，2019年。

② 悉纳·阿克辛，《土耳其的崛起（1789年至今）》，吴奇俊、刘春燕译，北京：社会科学文献出版社，2017年，第125—252页。

现代转型过程中都面临着国家重建与民族重建的问题。伊朗的主要挑战来自西北部地区和东北部地区，即伊朗历史上长期把黑海与里海之间的区域（今亚美尼亚、阿塞拜疆等）以及今天阿富汗的部分地区视为自己的领土或势力范围。埃及在穆罕默德·阿里王朝的鼎盛时期，曾经征服今天北非与中东的广大区域，并试图挑战奥斯曼帝国的地位，但后来由于欧洲主要强国对北非的入侵和对中东事务的军事干预，埃及的政治目标才没有达成。印度独立后这方面的挑战主要来自两个方面：一是印巴分治所带来的一系列边界、领土、族群与宗教问题；二是印度独立后需要面临如何对土邦及其领土进行政治整合的问题，这也是跟国家重建与民族重建有关的问题。这几个国家尽管面临的实际情况各不相同，但国家重建与民族重建始终是它们现代转型过程中的重要政治任务，甚至是它们无可回避的政治难题。

命题三：传统大国一旦摆脱危机，实现实力提升，就容易走上重新定义与塑造传统的道路。

许多传统大国面对西方兴起带来的冲击，经过一系列危机之后，通过主动求变或倒逼的改革与革命，最终会选择在不同程度上向先进国家学习，向世界范围内的最佳实践靠近。即便这种面向现代化的变革与转型只是部分的，甚或是被迫的，它也要大大强过顽固不化或固步自封的模式。由此导致的积极结果是，这些传统国家国内的经济技术水平与现代化程度会得到提升，它们在国际体系与地缘政治格局中的相对实力也会得到提升。

在这种情形下，如果一个国家此前是尚未文明开化的部落社会，或者只是一个庞大传统帝国的一部分或地方性共同体，而不是某个传统帝国的主体性民族，不是某种古老文明的主体性传承者，那么，它们很可能会在取得既有成绩的基础上继续拥抱现代化。原因不难

理解，一是这样的国家往往没有深厚的历史传统来左右它们的行为
与观念；二是这样的国家往往并不会强调凸显自己在世界格局中的
特殊性或独特定位；三是面向现代化的变革与转型已经带来了显著
的绩效，它们还有什么理由不继续拥抱现代化呢？

然而，一个传统大国一旦经过改革或革命，发展绩效与综合实
力得到显著提升，就往往要在西方支配的国际体系中寻求自我角色
与独特定位，最简单的做法自然就是凸显自身传统的独特性。由于
传统大国往往是某一古老文明的主体性传承者，有着深厚的历史传
统与独特文化，这样做不仅非常便利，而且符合该国政治阶层的需
要。一个传统大国的领导者和政治阶层选择重新定义与塑造传统，
有两个显而易见的好处：从内部看，重新定义与塑造传统有利于增
进共同体内部多数人的政治认同，强化内部凝聚力，提升统治合法
性等；从外部看，重新定义与塑造传统有利于使本国区别于在国际
体系中处于支配地位的西方世界，能凸显本国的独特定位与特殊角
色，或许还有助于本国在地缘政治格局中获得优势。本文将这种现
象称为传统大国的重塑传统之旅。如果该国还是某种主要宗教的主
体性传承者，那么这种重新定义与塑造传统的过程还可能是一个宗
教复兴的过程。问题是，一个国家这样做就会面临守卫传统与推进
现代转型之间的巨大张力。从历史经验来看，一个传统大国越是强
调其自身传统与独特性，就越难完成充分的变革与转型。这里以土
耳其与印度为重点案例来论证命题三所阐述的逻辑。

正如上文已经讨论的，奥斯曼帝国的主体性传承者土耳其作为
一个新生的民族国家是在战争与危机中起航，开始国家重建与民族
重建的。与此同时，它还面临建设何种政体、如何发展经济以及如
何在世俗化道路上进行观念转型的问题。经历了数十年的发展与演
化，到21世纪初，土耳其已成为中东地区首屈一指的新兴工业化国

家。从规模上看，土耳其是中东地区规模最大的国家之一（其他两国为伊朗与埃及），不仅地域广大，而且人口超过8000万。从经济发展上看，土耳其应该算是中东地区较大规模国家中经济、产业和科技较为发达的。同样重要的是，从政治上看，自1980年代再次启动民主转型到21世纪初，土耳其已经是该地区的极少数民主国家之一。[①]综合这些因素，21世纪初的土耳其已经成为整个中东、北非地区的发展样板和民主新星。再加上土耳其1952年就加入了北约，这就使得土耳其在中东、北非地区有着较为特殊的政治、军事与战略地位。

讨论土耳其这个国家，自然不容忽视的是该国历史与地理的特殊性。首先，土耳其是奥斯曼帝国的主体性传承者，而奥斯曼帝国曾经是横跨欧亚非三洲、绵延数百年的重要政治体。一部分土耳其精英和民众甚至今天仍然抱有这样的观念：土耳其就是奥斯曼，奥斯曼就是土耳其。其次，尽管伊斯兰教的"圣地"在今天沙特阿拉伯境内的麦加，但在1923年前的数百年间，将伊斯兰教奉为国教的奥斯曼帝国才是整个伊斯兰世界的中心。站在土耳其国家清真寺——位于伊斯坦布尔的苏丹艾哈迈德清真寺，遥望整个伊斯兰世界，回想伊斯坦布尔作为伊斯兰世界中心的过往荣耀，土耳其具有宗教情怀的精英们很容易产生自身就是伊斯兰世界领袖的想象。此外，"土耳其"意为"突厥"，而今天从土耳其到中东、中亚的广大疆域内，生活着约2亿突厥语系的人口。土耳其基于其自身的民族、语言条件，另一个可能的政治想象就是把自己视为整个突厥世界的领导者。再次，土耳其还具有地缘政治上的极端重要性，它是一个

---

① Anna Secor, "Turkey's Democracy: A Model for the Troubled Middle East?" *Eurasian Geography and Economics*, Vol.52, No. 2 （2011）, pp.157–172.

横跨欧亚两洲的国家，位于西方与东方的交会处，控制着黑海海峡。这种地理位置不仅使得土耳其几乎就是一个天然重要的国家，而且使其很容易把自己想象成为连接西方与东方、基督教文明与伊斯兰文明、欧洲与亚非之间的"枢纽"。①

实际上，土耳其在发展方向上一直摇摆在西方与东方之间。如果主要看土耳其强调宪法与法治、坚持世俗国家政策、实行民主政体、发展市场经济与现代工商业，主要看伊斯坦布尔这座土耳其最现代的城市，主要考察它的精英阶层，就会认为土耳其是一个高度欧洲化、西方化、现代化的国家。但是，如果主要看土耳其穆斯林人口比重很高、伊斯兰教日益复兴、威权主义传统浓厚，主要看安纳托利亚腹地的城镇与乡村，主要考察土耳其许多普通民众的信仰与观念，就会认为土耳其是一个典型的中东伊斯兰国家。这就是土耳其的两张面孔。公允地说，前者是土耳其能成为中东地区发展样本与民主新星的主要原因，但一旦土耳其进入发展通道，跟西方国家差距缩小，综合实力显著提升，甚至成为地区强国之后，土耳其重新定义与塑造传统的呼声就会提高，而后者正好提供了民意基础和社会基础的支撑。

2003 年，雷杰普·塔伊普·埃尔多安在土耳其全国性政治舞台上的登场，使得土耳其的发展方向问题变得更加令人瞩目。在埃尔多安首次出任总理之时，土耳其的一个主要政治议题是加入欧盟。尽管土耳其很早就正式表达过加入欧共体或欧盟的强烈愿望，并在1999 年成为欧盟的正式候选国，但随后的谈判相当艰难。许多欧盟国家对土耳其加入欧盟还是疑虑重重：一方面，土耳其是一个高度

---

① 关于地缘政治的重要性，参见：哈·麦金德，《历史的地理枢纽》，林尔蔚、陈江译，北京：商务印书馆，2009 年。

伊斯兰化的国家，其宗教与文化跟大部分欧盟国家差异甚大；另一方面，该国自埃尔多安从先前的总理转任总统以来，政治上呈现明显的民主衰退迹象。

这种久拖不决的欧盟谈判也促使埃尔多安的政治态度产生了重大变化：与其面向西方，勉强扮演一个欧洲边缘国家的角色，不如转身面向东方，扮演中东北非地区与伊斯兰世界的领导者。实际上，埃尔多安等人创办正义与发展党时，就抱有一种右翼民族主义、现实主义的意识形态，其主要使命就是带领土耳其人找回自己的奥斯曼传统和伊斯兰身份认同。这样做，埃尔多安算得上是一石二鸟。一方面，对一个乡村与小型城镇人口比例尚高的伊斯兰国家来说，没有什么比奥斯曼传统和伊斯兰传统更能唤起他们的政治认同，因而这在选举政治和政党政治中是一种极其有效的动员策略；另一方面，如果埃尔多安有更宏大的政治抱负的话，唤醒土耳其的奥斯曼传统与伊斯兰传统，无论国内还是国际，都更有助于塑造"实现土耳其伟大复兴"的形象。[1]在土耳其民族国家的历史上，如果说一个世纪前的那位伟人凯末尔代表了土耳其主义、世俗主义的方向，那么今天的埃尔多安则代表了奥斯曼主义、泛伊斯兰主义的方向。如果说前者代表了土耳其乐意面向西方寻求现代化的道路，那么后者代表土耳其开始重新定义与塑造传统，通过强化历史、文化与宗教，来塑造土耳其作为地区强国乃至未来作为全球强国的角色。[2]

然而，这种做法引起了西方与外部世界的许多担忧。自埃尔多

① Sultan Tepe, "Turkey's AKP: A Model 'Muslim-Democratic' Party?" *Journal of Democracy*, Vol. 16, No.3 （Jul. 2005）, pp. 69-82.

② Norman A. Graham, Folke Lindahl, and Timur Kocaoglu, *Making Russia and Turkey Great Again? Putin and Erdoan in Search of Lost Empires and Autocratic Power*, Lanham: Lexington Books, 2021.

142 / 大国的命运

安2014年转任总统以来，欧美国家越来越担心土耳其的两个发展趋势：一是政治上的威权化，有国际评级机构认定土耳其已然出现了民主衰退；①二是社会层面鼓励伊斯兰复兴，这使得土耳其过去作为世俗国家的政策受到了一定的威胁。②以这种视角来看，土耳其重新定义与塑造传统的过程，自然会跟凯末尔开创的、1980年代转型所导向的强调世俗国家宪法、民主共和政体以及欧洲式现代化道路产生冲突。究竟是面向西方，还是面向东方，今天的土耳其还处在一个艰难的选择与博弈过程中。但是，作为一个传统大国，土耳其重新定义与塑造传统是其长期以来就存在的政治冲动与政治认同。

今天的印度共和国被视为印度文明的主体性传承者，但印度文明的历史演化相当复杂，甚至是否真的存在一个统一的印度文明都要打上一个问号。在1947年独立之前，印度的历史大致上可以分为三个时期：古代印度人的文明时期，中世纪穆斯林统治时期和英属印度时期。③在公元前3300年左右，印度河流域曾经兴起一个以哈拉帕文化为代表的古代青铜文明，但后来这一文明就消失了。此后的印度文明是从公元前1500年左右雅利安人进入印度开始创造的，雅利安人创了古典印度文化，一般被称为吠陀文化。在吠陀文化的晚期，种姓制度开始出现，崇拜梵天、毗湿奴、湿婆三大神的婆罗门教兴起，其早期经典包括四部吠陀经典以及《梵书》《奥义书》

---

① 英国《经济学人》智库颁布的2021年民主指数评级中，土耳其民主分值为4.35/10分，低于6分的民主门槛，为两不像政体（hybrid regime），参见：https://www.eiu.com/n/campaigns/democracy-index-2021/? utm_source=eiu-website&utm_medium=blog&utm_campaign=democracy-index-2021。

② Banu Eligür, *The Mobilization of Political Islam in Turkey*, Cambridge: Cambridge University Press, 2010.

③ 芭芭拉·D.梅特卡夫、托马斯·R.梅特卡夫，《剑桥现代印度史》，李西兰等译，北京：新星出版社，2019年，第2—3页。

等，两大著名梵文史诗《摩诃婆罗多》和《罗摩衍那》开始形成。

这一时期，古印度文明分别经历了吠陀时代（旁遮普时代）、婆罗门时代（中印时代）、教派学派兴起时代（全印时代）、佛教时代（印度文明的革新时代）和往世经书时代（婆罗门教复兴时代）。其中，影响较大的文化事件是公元前6世纪至前5世纪佛教的兴起。而对印度历史演化来说，更重要的是印度教逐渐在整个印度占据了主导地位。印度教的构成较为复杂，包括婆罗门教的湿婆派、毗湿奴派、沙克达教及成长起来的许多其他不同教派。在此过程中，印度时而较为统一，时而是大分裂时期。孔雀王朝（前322—前185年）和笈多王朝（320—540年）是这一时期两个统一面积较大的印度王朝。孔雀王朝第三代君主阿育王是印度第一个统一王朝的创立者，至今仍然被视为印度的民族英雄。今天印度国旗中心的法轮就是阿育王法轮。总体上看，这一时期是印度人、印度文化、印度教与印度文明的奠基时期，也是其古典时期。①

古典时期之后，印度先是经历了长达数百年的突厥人与蒙古人的伊斯兰统治——前者创建了德里苏丹国（1206—1526年），后者创建了莫卧儿帝国（1526—1858年）。印度人口尽管出现了部分穆斯林化，绝大部分人口（大致不少于四分之三）仍然是非穆斯林人口，印地语仍然是占比最大的民间语言。在印度的主流叙事中，这一时期大体上是印度的"黑暗中世纪"。此时的印度变得更加专制、僵化，统治者与印度社会产生了严重隔阂，外族的宗教迫害政策也对印度的历史演化产生极其负面的影响。随之而来的是英国人，英国人从17世纪开始先是以东印度公司名义在印度沿海地区建立据点，然后逐步蚕食印度。虚弱的莫卧儿帝国在其中后期早已丧失对全国

①　A. L. 芭莎姆主编，《印度文化史》，闵光沛等译，北京：商务印书馆，1997年。

地方势力的控制，在英国殖民者的蚕食与进攻下，日益走向衰落和崩解。大约从18世纪中叶开始，东印度公司就逐步建立起了对印度的统治。1857年印度民族大起义发生之后，英国政府开始建立对印度的直属统治，这就是法理意义上的英属印度时期（1858—1947年）。

1947年，经过数十年艰苦卓绝但相对和平的政治斗争之后，印度终于迎来了独立。以贾瓦哈拉尔·尼赫鲁为首的印度国大党人开始领导印度进行新的国家重建、民主建设与经济发展。总体上，尼赫鲁为印度这个多族群、多宗教、多语言的国家确定了一条强调印度国家认同、奉行世俗主义的现代化道路。以尼赫鲁为代表的那一代国大党政治家对印度文明的情感是极其复杂的：一方面，他们骄傲于印度是一个古老而辉煌的文明；另一方面，他们又深切地感受着当时印度的落后。提到印度文化与文明，尼赫鲁这样说：

> 一种文明或文化竟绵延不绝达五六千年以上，而且在意义上并不是静止的，毫无变化的，因为印度一直都是在不断变化进步之中。……印度的文化传统经过五千年的侵占及激变的历史，绵延不绝，广布在民众中间，并给予他们强大的影响，我觉得是一种稀有的现象。[1]

尼赫鲁这段话的字里行间充满了对印度文明的自豪感。但同时，尼赫鲁对印度文明更多的则是反思。他写下了如下令人深思的文字：

---

[1] 贾瓦哈拉尔·尼赫鲁，《印度的发现》，齐文译，北京：世界知识出版社，1956年，第49—51页。

　　要研究印度的力量和弱点以及它退化和衰败的根源是长时期的而且是错综复杂的事。但它衰败的近因是显而易见的。印度在技术的进展上落后，而欧洲，虽然有许多方面是长期落后，但在技术方面则确是带头。在技术进步的背后，有一种科学的精神与活泼的生命和气魄，表现在许多活动和关于发现的冒险旅程中。新的技术使西欧许多国家得到军事力量，所以它们易于向东方发展并支配东方。这不仅对于印度是如此，而且差不多对于整个亚洲也是如此。

　　何以会造成这种局面，对印度来说是更难解释的，因为印度在古代并不缺乏灵敏的智力和专门的技巧。我们感觉到这些都是在近千百年内逐渐地衰退的。生活的要求和努力渐渐减少，创造精神随之消失，只在模仿上用工夫。在胜利的而且有反抗性的思想曾经企图洞穿大自然和宇宙的秘密的经典中，咬文嚼字的注释家只在注释词句和冗长的解说上着力。壮丽的艺术和雕刻为精细琐碎的小品所代替，高尚的想象和设计都消失了。精神饱满的语言，原本既有力量而又简明，反而演变成为极其华丽和繁复的文体。冒险的推动力和丰满有余的生活所促成的大规模向远处移民以及传布印度文化，都已消失了，而狭隘的正统甚至于禁止了人民渡海。在古代会显著表现出来的探索精神，本可能领导科学前进，而现在也被那无理性的和盲目的崇拜偶像所代替。印度的生活成了呆滞的河流，一直存在于旧时代中，疲缓地经过了许多毫无生气的世纪。他们为旧时代重大的负担所压迫而陷入类似昏迷沉醉之中。在这种智力迷失而体质衰落的状态之下，无怪乎印度正当其他世界各国都在迈步前进之中而自己反而退化而停滞不前了。①

可见，由于印度的落后，尼赫鲁对近代以来的印度并没有多少自豪感，他看到的是印度的停滞不前以及印度跟西方之间的巨大差距。尼赫鲁甚至认为，近代印度已经陷于一种"昏迷沉醉"状态。这样一来，尼赫鲁那代印度政治家就迫切想要马上改变印度的现状。

由于印度是一个多族群、多宗教、多语言的社会，尼赫鲁作为执政党领袖和首任总理，首先考虑的是印度的统一与团结。尽管从宗教意义上讲，印度人绝大部分——大约占八成——是印度教徒，但基于民族统一和团结的考虑，尼赫鲁的唯一选择就是强调世俗主义和作为整体的印度民族主义，他甚至故意要弱化印度的印度教色彩。他这样说：

> 说印度文化是印度教的文化是完全引入了迷途的。……当作一种信仰来看，印度教是模糊的，无定形的，多方面的，每一个人能照他自己的看法去理解的。……在它的现在体系中，甚至在过去，它包含多种的信仰和仪式，从最高的到最低的，往往互相抵触，互相矛盾。②

本书无意在学术上讨论尼赫鲁关于印度教的观点，这里的关键信息是尼赫鲁本人有意否认这样的主张，即印度教是印度文明的核心。

---

① 贾瓦哈拉尔·尼赫鲁，《印度的发现》，齐文译，北京：世界知识出版社，1956年，第53—54页。

② 同上，第82页。

由此可见，以尼赫鲁为代表的印度建国政治精英们对印度文明和传统常常持一种批判和反思的态度。当然，这跟印度当时各方面较为窘迫的状况是有关的。然而，印度毕竟是一种主要的文明，其可追溯的文明传统长达3000年以上，印度教的历史几乎一样长。同样重要的是，在印度规模无比庞大的人口中，八成还是印度教的信仰者。如果说建国时期的印度精英普遍深受英式教育和观念的熏陶，那么印度普通民众则在更大程度上是深受印度文明与宗教影响的人群。特别是，当印度获得独立，走上自己的国家建设、民主建设与经济发展道路后，印度人对自己的历史、文化与宗教传统很可能会经历一个从反思甚至批判，到正视甚至回归的过程。

在印度社会，主张回归印度文明与宗教传统的代表性组织是国民志愿服务团（Rashtriya Swayamsevak Sangh，简称RSS），它一般被视为印度极右翼、印度教民族主义、只招募男性成员的准军事志愿者组织。该组织成立于1925年，目前大约有500万成员。尽管宪法规定印度是一个世俗国家，但国民志愿服务团在其使命中明确声称"坚定地植根于真正的民族主义"，谴责"以世俗主义的名义侵蚀国家的完整性"，号召抵制穆斯林。今天印度人民党领袖、印度总理纳伦德拉·莫迪以及许多他的内阁要员，都是国民志愿服务团成员。印度人民党与国民志愿服务团之间存在着非常紧密的关联性。

今天的印度人民党（Bharatiya Janata Party）有着很长的历史，但其实际的实力增长与选举突破则是在1980年代至1990年代完成的。该党1984年在印度国会下院尚只有2个议席，1996年就上升为国会下院第一大政党，在2019年大选中则赢得了国会下院545个议席中的303个。今天的印度人民党在莫迪领导下不仅是印度两大主要政党之一，而且是印度目前最强大的政党与议会下院多数派执政党。在意识形态和政治纲领上，印度人民党属于右翼政党，主张印度教民族主义立场以及主张印度作为一个国家的印度教性质。

印度人民党的崛起确实有着很强的选举政治与政党政治本身的逻辑。此前，印度国大党是印度建国后的长期执政党与最大政党，该党的意识形态是经济社会政策上的左翼和宗教议题上的世俗主义。从选举空间与策略的角度说，一个经济社会政策的右翼与宗教议题上的保守主义、民族主义政党是更有可能崛起的——特别是考虑到印度有八成左右的印度教选民。而印度人民党恰恰就是这样一个定位的政党。但这只是技术性的原因，就更宏观的视角而言，印度是一个古老的文明国家，印度教有着长期的历史与传统，当代印度又有着占人口很大比例的在印度文化与宗教熏陶下成长的国民。这样的传统大国，只要在国家建设和经济发展上基本步入正轨，常常会有一个重新定义与塑造传统的过程。由于国大党作为现代印度的主要构建者，强调多族群、多宗教的统一和团结，具有很强的路径依赖，印度人民党就成了这种政治诉求的担纲者。

按照章程，印度人民党今天将自己定位为一个相对温和的右翼民族主义政党。比如，该党的主要目标是这样表述的：

> 本党承诺将印度建设成为一个强大而繁荣的国家，它具有现代、进步和开明的观念，并自豪地从印度古老的文化和价值观中汲取灵感，从而能够成为一个伟大的世界大国，在国际社会中发挥有效作用，建立世界和平和公正的国际秩序。[1]

该党章程阐述的核心价值观包括：民族主义和国家整合、民主、

---

[1] Bharatiya Janata Party, *The Constitution and Rule of Bharatiya Janata Party*, Article Ⅱ, https://www.bjp.org/constitutions.

"以甘地方式处理社会经济问题，从而建立一个没有剥削的平等社会"、积极的世俗主义、基于价值的政治、经济和政治权力的分散化等。[①]这些表述大体代表了印度人民党的基本政治纲领。显然印度人民党很是强调印度作为一个国家的印度文明或印度文化特质，"自豪地从印度古老的文化和价值观中汲取灵感""民族主义"等表述，明确无误地呈现了印度人民党的这一立场。

在现实政治中，印度人民党一般被认为是一个右翼的、经济社会政策上奉行保守主义的、印度教民族主义的政党。该党在早期崛起过程中更凸显其印度教民族主义的立场，直到1990年代中期成为印度国会下院最大规模的政党，其政治纲领的表述才更加趋于温和与中庸。要理解印度人民党从1980年代至1990年代的崛起，印度教民族主义至上（Hindutva）是一个非常重要的概念，其核心是主张印度应该是印度人的印度，应该成为印度教民族主义至上的国家。这种理念跟上文提到的国民志愿服务团的基本信念是高度一致的。从1990年代中期开始，印度人民党获得了巨大的选举成功。从1990年代后期短暂的联合执政，到1999—2004年相对稳定的联合执政，到2014年至今一党多数型联合执政，印度人民党已经成为印度政坛的主导力量。

如何解释印度人民党的成功呢？从社会条件来看，印度是一个拥有古老文明传统的国家，八成左右的公民信奉印度教，印度教民族主义有着很深厚的社会土壤。从政治策略来看，印度人民党长期致力于印度教民族主义的社会动员，使得印度教民族主义的政治纲

---

① Bharatiya Janata Party, *The Constitution and Rule of Bharatiya Janata Party*, Article Ⅲ, https://www.bjp.org/constitutions.

领在绝大部分选民中日益受到认同与欢迎。[①]在本章的分析框架中，1980年代至1990年代的印度已经独立数十年时间，无论人口还是面积都是南亚地区最大的国家，其民主政体已经较为稳定地运行了数十年，经济尽管还比较落后但已经迈入高速成长的轨道。随着现代化程度的提高，印度国民的政治社会动员程度也大大提高了。在这些条件下，作为一个古老文明主体性传承者的印度有很大的动力要重新定义与塑造传统。

纳伦德拉·莫迪是当代印度印度教民族主义在政治上的主要代表。莫迪做过小贩，后来成为印度教右翼民族主义团体国民志愿服务团的全职工作人员，2001—2014年任古吉拉特邦首席部长（相当于邦总理），并于2014年、2019年两次领导印度人民党赢得大选，连任印度总理。在经济社会政策上，莫迪与印度人民党偏于中右路线，包括通过市场化推动经济增长，通过卫生、教育等提升现代化程度，以及通过医疗、减贫来改善底层民众福利等。这大体上是中右政党在落后国家推动现代化的常规做法。总体上看，这是一种有效推进现代化的现实路径。自莫迪执政以来，除了新冠肺炎疫情的沉重打击之外，印度总体经济表现出色，GDP增长率保持在高位。因此，莫迪一般被视为印度现当代史上一位较为出色的政治领导人。

然而，在族群宗教、意识形态与文化政策上，莫迪的信念与做法又常常充满争议。莫迪年轻时曾经是右翼印度教民族主义组织国民志愿服务团的全职工作人员，这大体上就是莫迪的意识形态底色。2014年莫迪执政以来，印度社会内部与国际社会对他的一个主要批评就是，类似特朗普的白人至上主义观念，莫迪是印度教民族主义

---

① C. P. Bhambhri, *Bharatiya Janata Party: Periphery to Centre*, Delhi: Shipra Publications, 2001, pp. 1-60.

至上观念。他渴望重新发掘印度教与印度文明的古老传统，内心深处是想把印度建成一个印度教和印度教徒的印度。在这种观念体系下，印度的少数族裔和少数宗教群体，就有可能成为事实上的二等公民。其中标志性的事件是，印度人民党领导的国会于2019年12月11日通过了《公民身份法（修正案）》，该法旨在赋予来自巴基斯坦、孟加拉国和阿富汗的"宗教少数群体"印度公民权，但把穆斯林和无信仰者排除在外。该法案引发了印度国内大规模的抗议和骚乱。国际社会普遍担心，莫迪上台以后所采取的诸项政策，一方面导致了印度社会沿族群、宗教界线出现了进一步的撕裂与极化，另一方面导致印度民主政体出现了衰退的迹象。①

为什么莫迪要高举印度教民族主义的旗帜呢？一个现实的考虑确实跟印度人民党的选举动员策略有关，印度教徒占印度选民的80%左右，而此前的主导政党国大党一直奉行世俗主义路线。在一个多族群、多宗教的民主国家，主导宗教构成了一种有效的政治认同与选举动员力量。另一个更理想化的因素应该是莫迪把复兴印度教民族主义作为自己的政治使命。印度拥有古老的文明传统，拥有世界上信仰人数居第三位的主要宗教，当印度作为一个独立国家走上发展正轨，重新定义与塑造传统几乎就成了这一传统大国的基本信念与文化冲动。国大党由于历史上长期奉行世俗主义路线，存在着显著的路径依赖效应。②于是，莫迪就成了重新寻找和发掘印度文明与宗教传统的担纲者。在国际政治中，如果说尼赫鲁当年是西方式现代

---

① Sumit Ganguly, "India Under Modi: Threats to Pluralism," *Journal of Democracy*, Vol. 30, No.1 （Jan. 2019）, pp. 83−90; Christophe Jaffrelot and Cynthia Schoch, *Modi's India: Hindu Nationalism and the Rise of Ethnic Democracy*, Princeton: Princeton University Press, 2021.

② 尼赫鲁就是印度国大党世俗主义路线的代表，参见：贾瓦哈拉尔·尼赫鲁，《印度的发现》，齐文译，北京：世界知识出版社，1956年。

化路线的衷心追随者，那么莫迪则由于扛起了印度教民族主义的大旗，使印度开始变得显著有别于其他国家。这使得印度更有可能在一个多元国际体系中、在一个诸文明共存与竞争格局中，确立自己的独特定位与自我认知。在莫迪看来，印度未来更有机会成为一个独特的"伟大的世界大国"（a great world power）。未来，随着印度经济实力的进一步提升，印度重新定义与塑造传统的倾向很可能还会进一步增强。

除了土耳其、印度这两个案例，对俄罗斯来说，普京这些年就试图基于大斯拉夫主义来重塑俄罗斯的传统，这是他自认为可以在乌克兰发起军事行动的某种历史逻辑。伊朗在1979年伊斯兰革命之后致力于塑造和输出伊斯兰传统。实际上，伊朗社会还有另一种重要的传统，那就是波斯传统。埃及是阿拉伯传统与伊斯兰传统的重要交汇点，其最近一次政治转型失败很大程度上是因为伊斯兰主义的过度复兴，以至于激发了世俗派政治力量的反弹。本书的基本观点是，只要传统大国走上发展的正轨，它们都有可能倾向于要寻找失落的传统与重温历史的荣光。

转型难题的国际视角：本国与西方的竞争

任何国家都处在一定的国际体系之中，传统大国也不例外，其现代转型也离不开国际政治因素的重要影响。[①]在西方世界兴起之

---

① 关于国际关系与国内政治的关系和互动，参见：Peter Gourevitch, "The Second Image Reversed: the International Sources of Domestic Politics," *International Organization*, Vol. 32, No. 4（Autumn 1978）, pp. 881-912; Ethan B. Kapstein, "Is Realism Dead？ The Domestic Sources of International Politics," *International Organization*, Vol. 49, No.4 （Autumn 1995）, pp. 751-774。

前，这些传统大国一般来说都是区域性的重要国家，甚至拥有区域性的霸权（hegemony）。然而，西方兴起之后，这一切都改变了。这些传统大国不仅在跟西方世界的比较中愈发认识到自己的守旧与落后，而且跟西方世界之间的互动往往是以冲突或战争的方式开始的。由于西方世界在经济、技术、军事与制度上的领先优势，这些传统大国往往在冲突或战争中处于下风。这种格局还使得这些传统大国容易陷入严重的内外政治危机，甚至沦为西方的殖民地、半殖民地或保护国。这样，这些传统大国就必须时时面对这种严峻的国际政治压力。一般而言，如何成为一个独立自主的大国，或者摆脱西方主要国家的控制，是它们首先需要解决的问题，甚至是它们能进行面向现代化的变革与转型的前提条件。

进一步说，如果这些传统大国经过政治努力能成为一个独立自主的大国，甚至通过改革与转型能显著提升自身实力，由于它们是大国，它们在国际体系中就更有可能跟西方主要国家之间产生权力竞争。相比而言，那些发展中世界的小国这方面的压力就要小得多。这种传统大国与西方主要国家之间的权力竞争有可能是双向的：一方面，这些传统大国从原先的虚弱地位转向实力提升甚至走向崛起的过程中，有可能挑战西方主导的世界格局或地缘政治格局，进而形成实际上的权力竞争关系；另一方面，当这些传统大国获得实力提升并有可能成为现有世界格局或地缘政治格局的挑战者时，西方主要大国主观上也更有可能将它们视为国际关系中的权力竞争对手。结果是，这些传统大国跟西方主要国家之间的权力竞争关系，不仅会影响这些国家发展的外部环境，而且还会影响它们在内政上的许多关键选择。

本章接下来要基于这些视角，来分析传统大国的国际关系是如何影响它们的变革与转型的。这里主要以下面两个命题来进行阐述。

命题四：由于被西方打败或被西方殖民的经历，传统大国容易产生自身的挫败感和对西方的负面看法或敌对情绪。

传统大国对西方世界的基本看法来自它们跟西方世界的互动经验。18—19世纪，不仅以联合国框架为主的当代国际体系与国际规则尚未形成——比如尊重国家领土与主权完整，一个国家不再能以武力征服吞并另一个国家，而且今天的许多国家尚未在世界版图上出现——比如即便到1945年，世界上能被称为国家的政治体也才68个。这两个世纪其实是西方在全球扩张的世纪，甚至是不折不扣的西方殖民世界的世纪。①晚至19世纪，整个世界格局还是强国殖民与弱国被殖民的模式，而仅有少数落后国家能勉力维持相对独立的状态。在西方世界之外，从18世纪到20世纪上半叶，从未被西方打败或从未被西方殖民过的国家少之又少。

传统大国首次跟西方世界相遇或碰撞，就是在这样的时代背景下发生的。自18世纪开始以后的两个世纪中，这些传统大国跟西方世界的互动经历对前者来说往往是非常负面的，它们要么经历过跟西方强国的战争，并有着痛彻心扉的战败经历，要么经历过被西方强国的殖民或半殖民，或者曾沦为西方强国的保护国与势力范围。一个传统大国被西方打败或被西方殖民，除了少数例外，通常都会产生自我的挫败感和对西方的敌意。

然而，从现代化理论视角来看，西方又处在技术、制度与观念的高阶位置上。不仅西方本身是现代化的开创者与成功样板，而且在其他国家觉醒的时刻，整个现代世界的规则与观念很大程度上是西方塑造的。在这种背景下，传统大国与西方之间的负面互动经历

---

① Frederick Cooper, *Colonialism in Question: Theory, Knowledge, History*, Oakland: University of California Press, 2005.

会导致一种奇特的矛盾心理：既要学习西方，又敌视或憎恨西方。这是一个重大的悖论：一群人或者一个国家如何从他们所憎恨的对象那里学习呢？于是，这些传统大国就处在某种尴尬境地：一方面，它们认为西方代表了现代和进步，寻求现代化的变革与转型很大程度上等于要向西方学习；另一方面，它们又认为西方是殖民的、好战的甚至是邪恶的，西方过去的压迫、入侵乃至殖民给本国带来了灾难，容易引发敌视西方的政治本能。这两方面的不同观点恰恰会在传统大国制造出两个互相竞争的政治阵营：一派是自由主义者，他们基本信奉现代化理论，更主张向各方面都更发达的西方学习，至于它们自身跟西方之间不愉快的互动经历则较为次要；一派是民族主义者，他们未必排斥向西方学习，不一定会拒斥现代化理论，但他们更看重自身的独立自主，更珍视自己国家、民族或文明的传统与特性，甚至时刻警惕着西方世界的负面影响。很多传统大国关于如何选择现代变革与转型道路的政治分歧，往往产生在自由主义者与民族主义者之间。两者的博弈，常常决定着这些国家基本道路的走向。这里重点以伊朗与埃及两国的案例来论证命题四所阐述的逻辑。

今天的伊朗是波斯文明与伊斯兰文明的双重传承者。公元7世纪中叶前，波斯兴起过两个历时较长的大型帝国，即公元前7世纪至前4世纪的阿契美尼德王朝和公元3世纪至7世纪的萨珊帝国。这两个帝国为波斯文明奠定了基础。公元7世纪之后，随着阿拉伯人、蒙古人的入侵，波斯开始了伊斯兰化进程。曾经统治伊朗较长时间的阿拔斯王朝与帖木儿帝国都是伊斯兰帝国。这样，伊朗人开始转向伊斯兰教，其统治机构亦有浓厚的伊斯兰化色彩。到了16世纪的萨非王朝（又称萨法维王朝），伊斯兰教什叶派十二伊玛目派被确立为帝国的官方宗教。这就使得伊朗不同于中东其他逊尼派占主导的伊斯兰国家。总之，在遭遇西方之前，伊朗尽管内乱不断，外部入侵与内部力量崛起此起彼伏，但这并不妨碍伊朗不仅有着关于古代波斯帝国的辉煌记忆，而且也是什叶派伊斯兰教的中心。

从18世纪末建立的恺加王朝开始，伊朗日益感受到来自正在兴起的西方世界的压力，而与西方主要大国之间的互动接触、纷争冲突、条约及战争，最终塑造了伊朗的政治进程。需要说明的是，本书定义的非西方传统大国俄罗斯对伊朗政治影响很大，但在伊朗看来，俄罗斯也属于来自欧洲的主要大国之一。从恺加王朝（1796—1925年）到巴列维王朝（1925—1979年）的早期，由于西方世界的兴起与伊朗的停滞不前，伊朗从中东地区的一个主要强国沦为一个任由西方主要大国支配和主宰的国家。

大体而言，伊朗主要在三个方面受制于它跟西方主要强国之间的不平等关系：领土与主权、资源与经济利益、文化与宗教。伊朗在领土与主权上的对手首先是俄罗斯。在伊朗人看来，俄罗斯无疑是一个来自欧洲的、斯拉夫人的东正教国家。恺加王朝一度想征服今天的亚美尼亚、阿塞拜疆、格鲁吉亚所在的区域，但这与俄罗斯的南向扩张发生了冲突，结果导致了1804—1813年和1826—1828年的两场俄罗斯-波斯战争，并且签订了"被伊朗人民视为有史以来最屈辱的"《古利斯坦条约》和《土库曼恰伊条约》。①伊朗的战败，不仅使其失去了黑海与里海之间的领土，需要向俄罗斯支付2000万卢布的赔款，而且还向世界证明了伊朗是一个无力自保的国家。对伊朗来说，另一个重要的西方国家是英国。在内外交困之下，恺加王朝1814年同英国签署《德黑兰协议》。该协议给予了英国许多政治、

---

① 霍昌·纳哈万迪、伊夫·博马提，《伊朗四千年》，安宁译，长沙：湖南文艺出版社，2021年，第267页。

经济与军事特权，同时规定"英国一方则保证如有欧洲国家企图侵犯伊朗领土，将向伊朗提供所需的军事与经济援助"。[①]伊朗签署该条约的目的，是在日益不安全的国际体系中寻求一种安全保障与财务支持。但实际上，这意味着伊朗已经沦为英国的保护国。19世纪中叶，当时尚年轻的沙王纳赛尔丁支持的改革派总理大臣阿米尔·卡比尔主持的激进现代化改革中途夭折。一种解释就是，无论是英国还是俄罗斯，都不希望伊朗成为一个现代化强国。[②]1855年，伊朗与英国、英属印度因今天阿富汗境内的赫拉特的控制权发生战争。1857年，伊朗战败，被迫签署《巴黎协定》。此后，由于受制于英俄两国，又要推进现代化，纳赛尔丁·沙又把开办银行、修筑铁路、经营烟草等垄断权授予英俄两国的机构，甚至向俄罗斯出让了海关控制权。20世纪初，新任沙王穆扎法尔丁又将石油开采权授予外国机构。在许多伊朗人看来，这使得伊朗已经沦为英国与俄罗斯的经济殖民地，政府走上了背离伊朗人民利益的道路。

1907年，由于欧洲局势的紧张化，英国与俄罗斯签署协议以瓜分在伊朗的势力范围，即俄罗斯控制伊朗北部，英国控制伊朗南部。随后，俄罗斯与英国又直接出兵伊朗，以便控制各自的势力范围。这一系列事件引发了伊朗的城市骚乱与社会暴动。到1914年第一次世界大战爆发时，尽管伊朗宣布中立，但俄罗斯、英国和奥斯曼帝国的军队依然肆意占领了伊朗的许多省份。当一战临近尾声时，"英国成了支配伊朗的唯一外部势力"，英国还"在伊朗强行通过一项半保护国协定，从而将伊朗的财政、国防、公安和主要的公共服务置

[①] 霍昌·纳哈万迪、伊夫·博马提，《伊朗四千年》，安宁译，长沙：湖南文艺出版社，2021年，第266页。

[②] 同上，第287页。

于英国控制之下"。①英国的此种做法，自然又激起了伊朗国内反对英国干涉的社会运动。

俄国十月革命之后，英国的一个担心是伊朗的布尔什维克化，所以积极推动恺加王朝内部的军事政变，结果就是帮助礼萨汗·巴列维创立了巴列维王朝。礼萨汗执政以后积极推进伊朗的现代化改革，其中包括要改变跟西方主要大国之间的不平等条约或其他租约。一个争议点就是，伊朗希望改变英国波斯石油公司的合作条件。1932年，两国之间因为这项重大利益几乎到了剑拔弩张的程度，后来才勉强达成了新的协议。巴列维王朝此时的做法是在欧洲主要大国之间玩政治平衡的游戏。当二战爆发，特别是德国对苏联发起长驱直入式的进攻后，巴列维王朝尽管宣布中立，但其实际政策较为亲德。在这种情况下，1941年8月25日，英国和苏联对伊朗宣战，并入侵伊朗。英国很快就依靠强大的空军消灭了伊朗海军的主力部队。这场危机最终导致了礼萨汗的退位与流亡。

英国和俄罗斯对伊朗的长期支配、战争与入侵，不仅被视为国与国之间的不平等关系，而且还被视为西方与东方、基督教文明与伊斯兰文明之间的不平等关系。在伊朗与西方的互动关系中，少数亲西方的伊朗精英认为，伊朗的前途在于向西方学习，成为一个现代化、世俗化的国家。然而，这只是少数伊朗精英的想法。跟英、俄之间的长期不平等关系激发了伊朗的民族主义思潮与伊斯兰主义思潮。由于伊朗是波斯文明与伊斯兰文明的主体性传承者，这些思潮更可以被视为伊朗对西方主要大国入侵的政治反弹。

---

① 霍昌·纳哈万迪、伊夫·博马提，《伊朗四千年》，安宁译，长沙：湖南文艺出版社，2021年，第302页。

民族主义思潮的兴起，往往被视为一个近现代的政治现象。[1]法国大革命通常被视为催生近现代民族主义的重大事件。此后，民族主义思潮开始向世界其他地区传播与扩散。如果说西方人到来之前，伊朗主要受帝国思维支配，那么西方作为一种强势文明的入侵，首次让伊朗认识到了自己的民族身份。战争的失败、不平等条约的签订、西方军队的入侵以及一系列经济利益与权利的丧失，都激发了伊朗更强烈的民族主义思潮。对许多发展中社会来说，它们往往是在面对强大的"他者"时，才重新回头定义自我并形塑自我认同的。特别是，波斯文明与伊斯兰文明都是前现代的强势文明之一，对伊朗来说，要重新找回这种传统与认同并不难。

1891—1892年，伊朗发生了"烟草叛乱"。事情的起因是，纳赛尔丁·沙向英国一家机构一次性出售了在伊朗生产、销售与出口烟草的垄断性特许权，此举引发了大规模的抗议，甚至是城市动乱。1891年12月，一场由宗教人士介入的抵制吸烟运动在整个伊朗爆发了。最终，大规模的社会运动迫使国王废除了外国机构烟草垄断特许经营权。有历史学家认为，这一重大事件意味着伊朗作为现代民族国家意识的觉醒与现代伊朗民族主义的形成。同样重要的是，这场运动把伊斯兰教教士集团推上了伊朗的政治舞台，包括教士、工商阶层、知识分子在内的伊朗较为活跃的政治精英阶层开始形成。[2]

在此过程中，伊朗开始出现一批主张复兴伊斯兰主义的宗教学者。贾迈勒丁·阿富汗尼就是影响很大的泛伊斯兰主义倡导者。在他看来，无论伊朗跟欧洲强国的问题，还是其他伊斯兰国家与欧洲

---

[1] 本尼迪克特·安德森，《想象的共同体：民族主义的起源与散布》，吴叡人译，上海：上海人民出版社，2005年。

[2] 埃尔顿·丹尼尔，《伊朗史》，李铁匠译，北京：东方出版中心，2010年，第120—122页。

强国的问题，都是伊斯兰文明与西方基督教文明的关系问题。阿富汗尼的核心观点，是对英国殖民主义、西方帝国主义的批判以及对回归伊斯兰传统、统一伊斯兰教的呼吁。在他看来，伊斯兰教是动员公众反对西方殖民主义和帝国主义的有用信条。当然，他并不排斥采用西方的现代技术，认为这是抵制西方的关键。[1]总体上看，以阿富汗尼为代表的泛伊斯兰主义思想的兴起，很大程度上是由伊朗跟西方世界之间持续的冲突与战争引发的。既然伊朗长期处于国际政治的受压迫地位，伊朗产生自身的挫败感和对西方世界的负面看法不过是一种正常反应，这种反应还进一步表现为主张回归伊斯兰传统和敌视西方世界。

礼萨汗退位以后，其子穆罕默德·礼萨·巴列维1941年继承王位，并一直统治到被1979年伊斯兰革命所驱逐。二战结束以后，穆罕默德·礼萨·巴列维的首要工作是处理好跟美国（及英国）、苏联和阿拉伯世界的关系。总体上，这位国王是一位亲美派，特别是1959年《美伊防卫条约》签订以后，巴列维王朝的外交全面倒向了美国。由于上文已经讨论的原因，伊朗统治集团亲美，不仅不受欢迎，而且被认为是出卖国家与人民利益的行为。1963年，国王推出了白色革命计划，包括进行土地改革、森林国有化、普及女性选举权、扫除文盲运动、分享工业利润以及部分国企私有化等。由于这一系列改革计划与现代化方案的推行，加上石油价格的长期坚挺，伊朗到1970年代已经成为中东地区经济发展水平与现代化程度较高的国家。但这一切并没有提高巴列维王朝的受欢迎程度。到了1978年，由于不满巴列维王朝的施政和石油危机引发的问题，伊朗民众

---

[1] Nikki R. Keddie, *An Islamic Response to Imperialism: Political and Religious Writings of Sayyid Jamal ad-Din "al-Afghani"*, Los Angeles: University of California Press, 1968.

开始大规模的示威与抗议，并最终导致了整个国家的瘫痪。1979年2月，巴列维王朝崩塌，流亡回国的宗教领袖霍梅尼开始掌握实际权力，并将伊朗转变为伊斯兰共和国。由此，伊朗的政治权力从亲西方的世俗主义者手中，转移到了反西方的伊斯兰主义者手中。①伊朗这一场影响至今的伊斯兰革命的发生，固然有很多具体的原因，但如果以本书的分框架来讨论，不过是伊朗作为一个非西方传统大国面对19世纪以来西方主要大国的入侵与支配所作出的一种政治反应。

今天埃及所在的区域是人类最早文明的源头之一。在今天人类历史上留下辉煌记忆的是一系列古埃及王朝，从公元前3000多年到公元前332年，时间跨度长达三千年。除了古埃及人的本土王朝，中间还包括了来自中东的闪米特人和波斯人的统治。从公元前332年到公元641年，埃及先后经历了希腊埃及和罗马埃及时期，前者是亚历山大大帝及其继承者的统治，后者则是从罗马到拜占庭的统治。从公元641年到18世纪末，埃及先后经历了阿拉伯人的统治和奥斯曼帝国的统治。这一时期，埃及走出古代文明，迈入了中世纪，其基本特点是埃及的阿拉伯化与伊斯兰化。后来埃及的人种、语言与宗教基础就是在这一过程中逐渐奠定的。此时的埃及文明其实有两种不同的资源：一是领先人类其他文明的古代埃及文明的记忆与荣光，二是埃及后来又成了阿拉伯文明与伊斯兰文化的重要载体。

1798年，当时还不是法国最高统治者的拿破仑率领军队入侵了尚属奥斯曼帝国治下的埃及。随后不久，英国人亦不甘落后，开始入侵埃及。这些事件标志着埃及近现代历史的开端，由此也开启了埃及跟西方世界互动的进程。法国人入侵埃及之时，阿尔巴尼亚人

① 霍马·卡图赞，《新月与蔷薇：波斯五千年》，王东辉译，南京：译林出版社，2022年，第397—481页。

穆罕默德·阿里受奥斯曼帝国之命率领军队保卫埃及，而后竟然成了埃及的实际统治者。他于1805年受封埃及总督，并逐渐开创了埃及的穆罕默德·阿里王朝，又称法鲁克王朝。穆罕默德·阿里帕夏是一位极有抱负的政治家，曾经雄心勃勃地说："我知道帝国（奥斯曼帝国）正步向衰落……我将会在帝国的荒土上建立一个庞大的王国……远及幼发拉底河及底格里斯河。"①他的长期目标，内政上是进行现代化的改革，使埃及成为一个更加现代的国家；国际上则是挑战奥斯曼帝国的地位，在中东北非地区进行更大规模的领土征服。

然而，他的对手主要是西方国家，特别是英国。1807年，英国远征军占领亚历山大，后因战事胶着才不得不跟穆罕默德·阿里帕夏签署和约。当埃及1830年代多次发起对中东北非地区的征服和对奥斯曼帝国的军事挑战时，先是有英法的调停，后又有英、俄、普、奥的军事干预。1840年，埃及战败，阿里被迫投降，并失去了原先征服的大量领土，不得不接受相关条约。此后，埃及日益屈服于英国的政治支配。1882年，英国入侵埃及，埃及正式沦为英国的保护国。其间，政治家艾哈迈德·乌拉比一度要在埃及推行立宪、民主与现代化的改革，但英国和法国由于担心埃及摆脱西方的控制，对其进行了直接军事干预。轰炸亚历山大港和击溃埃及军队之后，他们重新选择穆罕默德·阿里王朝的继承人来领导埃及。埃及著名社会科学家埃米尔·阿明这样认为：

> 在资本主义全球化的外围地带，埃及是第一个试图"崛起"的国家。……在分析其失败的原因时，我们不能忽视大英

---

① Efraim Karsh and Inari Karsh, *Empires of the Sand: The Struggle for Mastery in the Middle East*, 1789—1923, Cambridge: Harvard University Press, 2001, p. 29.

帝国残暴的外力入侵，它是那一时期工业资本主义的头号强国。……英格兰一门心思追逐自己的目标：确保一个现代的埃及无法实现崛起。[1]

当然，作为深受世界体系论与依附理论影响的学者，阿明的观点仅代表一家之言。但这"一家之言"至少代表了一部分埃及精英与民众的真实想法。由于上文讨论的这一系列事件，埃及的青年军官与民间社会越来越敌视西方，穆罕默德·阿里王朝的合法性也逐渐流失，许多埃及人在伊斯兰教的普遍信仰中寻求彼此的慰藉与认同。

在此期间，苏伊士运河的挖掘与控制权在埃及跟西方的关系中扮演着重要角色。苏伊士运河起初是由法国人提议，然后由埃及政府跟法国人共同建设的。法国人进行了部分投资，埃及政府则提供了大量的人力支持，双方在一个共享的股权框架下推进这一埃及有史以来最大的工程。但后来，由于穆罕默德·阿里王朝不断向英国与其他欧洲国家借款，深陷债务危机，最终英国和法国共同掌握了苏伊士运河的控制权。而这在埃及社会也被视为整个国家受西方支配与控制的屈辱象征。

二战以后，穆罕默德·阿里王朝趋于没落，英国对埃及的控制亦不得人心，世界范围的民族自决与独立运动风起云涌。在这种条件下，1952年自由军官运动的领导人纳赛尔在埃及发动军事政变，推翻了穆罕默德·阿里王朝。起初，尽管纳赛尔跟西方关系不错，但由于埃及过去长期跟西方之间的负面关系，包括埃及经历了被西

---

[1] 萨米尔·阿明，《人民的春天：阿拉伯革命的未来》，嵇飞译，北京：社会科学文献出版社，2017年，第1—2页。

方入侵、打败和支配的命运，纳赛尔最后倒向了苏联。他同时是一名泛阿拉伯主义者，这恰好迎合了埃及社会普遍存在的反西方的意识形态。1956年，纳赛尔受到伊朗一度试图收回伊朗英国石油公司控制权的激励，决定收回苏伊士运河的控制权，从而引发了第二次中东战争，即以色列、英国、法国跟埃及之间的战争。后来，在美苏等国与联合国的调停干预下，英、法、以才同意停火撤军。1958年，根据泛阿拉伯主义的政治理想，纳赛尔试图联合叙利亚，在中东北非地区尝试建立阿拉伯联合共和国，但最后也没有成功。①综合来看，英国、法国与埃及的关系，不太可能塑造亲西方的埃及和亲西方的民意。尽管纳赛尔政府是一个世俗主义的政权，但埃及民间仍然是伊斯兰教主导的社会。英法对埃及的入侵，同样被视为基督教世界对于伊斯兰世界的压迫。纳赛尔去世后，随后的两位领导人萨达特与穆巴拉克基于现实政治的考虑，总体上走向了亲西方和亲美国的政策，包括承认以色列与寻求政治和解。但这种政策选择同样遭到了埃及民间社会的反弹和整个阿拉伯世界的不满。在族裔意义上，埃及最强的仍然是阿拉伯认同；在宗教意义上，埃及最强的还是伊斯兰认同。无论哪个领导人执政，只要走亲西方路线，只要跟以色列寻求和解，至少会在部分程度上跟埃及社会普遍存在的阿拉伯认同与伊斯兰认同产生对立和冲突。②

　　在2010年代初的"阿拉伯之春"中，穆巴拉克政体垮台了，埃及启动了民主转型，这似乎更符合美国与西方的价值观。但埃及人

---

① 罗伯特·斯蒂文思，《纳赛尔传》，王威等译，北京：世界知识出版社，1992年。

② 詹森·汤普森，《埃及史：从原初时代至当下》，郭子林译，北京：商务印书馆，2012年，第221—354页；M. W. Daly, eds., *The Cambridge History of Egypt, Volume 2: Modern Egypt, from 1517 to the End of the Twentieth Century*, Cambridge: Cambridge University Press, 1998, pp. 113-426。

民却选出了穆斯林兄弟会支持的自由与正义党。随后，该党试图通过修宪，将世俗的宪法修改为基于《古兰经》与伊斯兰教法统治的宪法。自由与正义党的这一决定并非空穴来风，而是迎合了埃及社会相当强大的民意基础。一方面，埃及是一个古老文明，又是阿拉伯文明与伊斯兰文明的双重传承者；另一方面，埃及的近现代史是一部被西方欺凌、入侵与控制的历史。所以，如果要根据多数民意来统治埃及，那么制定一部更符合埃及传统、有别于西方的伊斯兰宪法是完全可以理解的。在许多埃及人看来，奉行世俗主义路线的萨达特、穆巴拉克都是美国和西方的代理人。因此，民主化之后的埃及恰恰就要走一条相反的政治道路，这也可以被认为是埃及与西方关系的负面经历对于埃及民意的塑造。当然，并非所有的埃及精英与民众都支持这样的做法。实际上，自由与正义党的激进伊斯兰主义路线遭到了埃及军方和世俗派精英的抵制与阻遏。2013年，新的军事政变发生了，塞西将军领导的一个类似穆巴拉克政权的统治体系取代了穆斯林兄弟会支持的转型政权。历史的钟摆又摆回来了。①

　　除了伊朗和埃及，俄罗斯、土耳其与印度等国在最近两个世纪中，要么跟西欧国家之间发生过战争，要么有过被殖民的经历。所有这些被西方殖民或打败的经历都会塑造这些国家对西方的政治态度。许多俄罗斯人今天对美国和西方的观点，很大程度上是由他们跟西方之间自19世纪以来的冲突、战争或冷战塑造的。土耳其人对西方的基本观念则深受奥斯曼帝国跟西方互动的负面历史经验的影响。在本书重点讨论的五个主要传统大国中，可能唯一较为特殊的

----

① Nathan J. Brown, "Egypt's Failed Transition," *Journal of Democracy,* Vol. 24, No.4 （Oct. 2013）, pp. 45–58.

案例是印度。印度尽管也经历了被英国征服与殖民的历史，包括1857年民族大起义被镇压的经历，但由于英国在印度的统治相对温和，印度本土精英阶层深受英国教育与理念的熏陶，印度独立后面临的地缘政治压力较大（包括印巴冲突以及中印之间的领土争端），印度是非西方传统大国中极少没有发展出反西方意识形态的国家。但印度并非是通则，而是特例。假如印度面对完全不同的地缘政治格局，那么它对西方的态度可能就会有很大的不同。[①]

命题五：传统大国只要实现独立自主与实力提升，就更有可能与西方主要国家产生区域性或全球性的权力竞争。

许多传统大国，无论其发展水平高低，往往都有机会在地区事务中扮演重要角色。特别是，如果它们经过面向现代化的变革与转型，经济与军事实力得到显著提升，考虑其国家规模与地缘政治地位，它们就有可能成为一个地区性的强权（power）。而当其国际地位得到提升，甚至成为地区乃至全球事务中的一个重要参与者，跟其他发展中世界的小国相比，它们跟西方主要国家——亦即全球事务中的其他强权——形成权力竞争关系乃至发生冲突的可能性就会增加。这往往是国际政治的现实主义逻辑决定的。

对西方国家来说，自由主义（或理想主义）与现实主义是其外交政策的两个主要传统。从自由主义或理想主义传统出发，西方主要国家应该积极鼓励、推动和帮助这些传统大国面向现代化的变革与转型，包括在国家、政体、经济和观念上的变革与转型，进而使其成为一个充分现代化的国家，以共同塑造一个更现代、更文明乃

[①] Rajiv Sikri, *Challenge and Strategy: Rethinking India's Foreign Policy*, New Delhi: Sage Publications India, 2009; Ian Hall, *Modi and the Reinvention of Indian Foreign Policy*, Bristol: Bristol University Press, 2019.

至能实现永久和平的世界。①当更多传统大国成为这样的国家以后，西方主要国家的安全、自由与和平亦能得到更好的保障。就此而言，西方主要国家不仅应该积极推动这些传统大国的变革与转型，而且还应该乐见这些国家的转型成功、实力提升以及成为现代国际体系中负责任的重要成员。

然而，现实主义传统不这样认为。在西方国家的现实主义者看来，在一个由民族国家构成的国际体系中，世界政治仍然是一种无政府状态，各国的政治安全与政治生存乃是基本问题，而这又主要取决于各国自身的实力。由于权力竞争与安全困境，各国特别是各主要大国之间可能还会发生冲突与战争。②基于这种理论视角，西方主要国家更容易把实力显著提升后的传统大国视为潜在的竞争者。如果是一个发展中小国，即便经过变革与转型，发展水平出现显著提升以后，它们通常也不会跟西方主要国家形成权力竞争关系。但是，西方主要国家与这些实力提升的传统大国之间，由于权力较量、地缘政治、资源争夺等原因，更可能成为竞争对手，因而也更可能发生政治冲突。这样，除非这些传统大国能够成为西方主要国家的盟友，否则，西方主要国家更有可能对它们采取遏制政策，因为后者的崛起会相对削弱前者在国际体系中的权力与地位。对传统大国来说，当它们意识到有可能跟西方国家之间形成权力竞争关系之后，国内敌视西方的舆论则有可能增强。这种结构自然也

---

① G. John Ikenberry, *Liberal Leviathan: The Origins, Crisis, and Transformation of the American World Order*, Princeton: Princeton University Press, 2011.

② 现实主义的国际政治文献，参见：汉斯·摩根索著，肯尼斯·汤普森、戴维·克林顿修订，《国家间政治：权力斗争与和平》，徐昕等译，北京：北京大学出版社，2006年；约翰·米尔斯海默，《大国政治的悲剧（修订版）》，王义桅、唐小松译，上海：上海人民出版社，2021年。

有可能影响这些传统大国后续的变革与转型。这里以俄罗斯和伊朗作为重点案例来论证命题五所阐述的逻辑。

在1991年以后俄罗斯的转型过程中，俄罗斯跟西方——主要是跟美国和欧洲主要国家——的关系扮演着重要角色。必须承认，在苏联解体的时刻，俄罗斯启动的是一场亲西方的改革与转型。当然，俄罗斯国内实际上一直存在着亲西方的自由-理想主义者与更强调俄罗斯本位的民族-现实主义者之间的论战。这场论战既关系俄罗斯跟西方的国际关系，又关系俄罗斯在内政问题上的许多重大选择。然而，俄罗斯当时的转型路径，不仅仅取决于俄罗斯本身的因素，还取决于以美国为首的西方国家对俄罗斯采取的外交政策与政治态度。

自苏联解体以来，俄罗斯内部一直存在着自由主义者与民族主义者之间的斗争——这几乎是很多传统大国的一种通则。在俄罗斯，自由主义者基本是亲西方的立场，转型早期的政治家盖达尔、科济列夫是其中的代表。在他们看来，"俄罗斯只有建立西方式的体制并加入'西方文明国家共同体'，才能……解决在经济和政治上的落后"。简而言之，无论在内政模式上，还是外交政策上，只有向西方靠近，才是俄罗斯的出路。①民族主义者既强调俄罗斯不同于西方，主张俄罗斯国家与民族的主体性，重视俄罗斯的斯拉夫传统与东正教传统，又关注俄罗斯在东欧、中亚甚至远东的地缘政治利益，强调俄罗斯的国家利益与政治安全至上，渴望恢复俄罗斯在国际体系中的大国地位，怀念俄罗斯过去的强大与荣光。这一派认为，亲西方的自由主义者一味主张走西方道路，常常放弃对国家利益、地缘

---

① А.П.齐甘科夫，《俄罗斯对西方国际关系理论的解读》，载于：А.П.齐甘科夫，П.А.齐甘科夫主编，《当代俄罗斯国际关系学》，冯玉军、徐向梅译，北京：北京大学出版社，2008年，第51页。

政治与政治安全的考虑，无疑是幼稚的。[1]当然，这主要代表了俄罗斯民族-现实主义者的想法。

自由-理想主义者与民族-现实主义者的博弈和势力消长，不仅受到俄罗斯国内政治因素的影响，还会受到西方与俄罗斯关系的重要影响。在这种条件下，如果西方对俄罗斯采取更友好、更理想主义的外交政策，无疑有利于提升俄罗斯国内自由派的势力；但如果西方对俄罗斯采取更具竞争性、更现实主义的外交政策，无疑会给俄罗斯国内的现实派提供更大的政治空间。1991年之后，西方曾经跟俄罗斯有过一个国际关系上的蜜月期。以美国为首的西方世界一方面在内政上支持俄罗斯向自由民主政体和市场经济体制的转型，另一方面在外交上积极接纳俄罗斯作为国际体系中的重要一员。然而，这种蜜月期并没有维持多久。

到1990年代后期，西方跟俄罗斯的关系就出现了某种裂痕。[2]美国或西方对俄罗斯的政治态度开始变得冷淡。一方面，固然是从美国与西方视角来看，俄罗斯并没有按照他们预期的方式来推进改革与转型；另一方面，美国与西方内部总有一种声音，认为俄罗斯变得更加强大，就会跟美国重新进行权力竞争。所以，在苏联解体后，即便俄罗斯1990年代早期表现出向西方学习、以西方为师的强烈愿望，美国国内的鹰派也倾向于认为，一个强大的俄罗斯对美国来说并非福祉，而是潜在的对手与问题。在这种现实主义战略思维之下，

---

① A. A. 谢尔古宁，《后苏联时期俄罗斯的国际关系争论》，载于：А.П.齐甘科夫，П. А.齐甘科夫主编，《当代俄罗斯国际关系学》，冯玉军、徐向梅译，北京：北京大学出版社，2008年，第71—77页。

② 关于冷战后美国与俄罗斯关系的变化，参见：Samuel Charap, "The Transformation of US-Russia Relations," *Current History*, Vol. 109, No. 729, （Oct. 2010）, pp. 281-287; Andrei P. Tsygankov, *Russia and America: The Asymmetric Rivalry*, Cambridge: Polity Press, 2019。

作为大国的俄罗斯始终是美国国际权力的潜在竞争者。因此，有一种观点认为，美国在给俄罗斯提供足够援助与支持以推动俄罗斯的变革与转型方面就有许多保留，同时在美俄关系、东欧地缘政治问题上又采取许多较为强硬的做法。[1]有一项研究认为，美国在支持波兰转型方面不遗余力，但在支持俄罗斯转型方面就有些虚情假意。[2]甚至连非常亲西方的戈尔巴乔夫也看到了这一点："美国有些人认为一个衰弱分裂、在世界事务中只能发挥次要作用的俄罗斯更符合美国的利益。"[3]在美俄关系中，一个重要事项就是北约东扩，以及随之而来的北约在波兰等东欧国家部署导弹防御系统。尽管从东欧国家本身来理解，它们选择加入北约是完全可以理解的，原因就在于它们对俄罗斯的不信任与担忧。然而，对俄罗斯与俄罗斯人而言，美国和北约的做法无疑加剧了他们对西方的不信任感。[4]这又反过来导致了民族-现实主义者在俄罗斯国内拥有更大的影响力与话语权。

所以，从结构上看，假设美国与西方把俄罗斯视为潜在的竞争对手，其政治后果是严重的。一方面，当面对有些敌意的美国与西方时，俄罗斯在内政上更难选择亲西方的改革与转型路线，自由-理想主义者也更容易在政治上失去权势；另一方面，俄罗斯在实际的外交问题上更容易跟美国和西方国家之间走向更具冲突性的关系，地缘政治冲突的风险随之增加。而一旦俄罗斯跟美国、西方产生重大冲突，就会对俄罗斯的变革与转型产生极其负面的影响。实际上，

---

[1] M. E. Sarotte, *Not One Inch: America, Russia, and the Making of Post-Cold War Stalemate*, New Haven: Yale University Press, 2021.

[2] 这个观点受到了黄琪轩教授一篇未刊发工作论文的启发。

[3] 米哈伊尔·谢尔盖耶维奇·戈尔巴乔夫，《苏联的命运：戈尔巴乔夫回忆录》，石国雄、杨正译，南京：译林出版社，2018年，第327页。

[4] 叶·普里马科夫，《没有俄罗斯世界会怎样？地缘战略是否会令美俄重现冷战》，李成滋译，北京：中央编译出版社，第109—122页。

最近十年，我们就目睹了两场严重的俄乌危机，以及俄乌危机背后俄罗斯与美国、西方之间的冲突。由于2022年爆发的俄乌冲突尚未终结，这一重大事件对俄罗斯变革与转型的实际影响尚需要更多时间来评估。但无论怎样，俄罗斯跟美国、西方在地缘政治上的对抗与冲突——无论这种对抗与冲突是如何起源的——会对俄罗斯后续的变革与转型产生不利影响。

在美国的所有重要民调中，伊朗如今都是美国名列前茅的对手或敌人。在英、俄两国支配伊朗政治的时代，伊朗对美国和美国人的印象是颇为不错的，直到美国和英国于1953年联手在伊朗策动了推翻民选总理穆罕默德·摩萨台的政变。美国反对摩萨台的政治行动，起因是民选的摩萨台总理要推动原本被英国资本控制的伊朗石油公司的国有化。这既侵犯了西方国家的实际利益，又使他们担心伊朗在摩萨台统治下会倒向苏联阵营。^①那么，为什么美国较重视伊朗的政治动向呢？一个基础性条件乃是，伊朗就面积、人口、资源和地缘位置而言都是中东地区最重要的国家之一。一个随之而来的可能推论是，如果伊朗不能成为西方的朋友或盟友，就容易成为西方的对手或敌人。

1953年政变之后，在穆罕默德·礼萨·巴列维的统治之下，伊朗总体上保持着亲美路线，跟美国维持着非常友好的关系。美国自然在伊朗的内政外交事务上拥有重要的影响力。然而，由于伊朗历史上跟英俄等国的关系，由于美国策动了推翻摩萨台的政变，伊朗民间对美国充满了敌意，甚至认为巴列维王朝向美国出卖了伊朗国家和人民的利益。这种局面一直维持到1979年的伊斯兰革命爆发。

---

① Christopher J. Petherick, *The CIA in Iran: The 1953 Coup & the Origins of the US-Iran Divide*, Washington, D.C.: American Free Press, 2007.

这场革命源于伊朗左翼革命运动与右翼伊斯兰运动的联手，他们的共同敌人，内部是巴列维王朝，外部则是美国及其盟友。因此，这场革命不仅是伊斯兰的，而且是反西方的。

霍梅尼从不讳言他所主张的革命具有反巴列维王朝和反西方帝国主义的双重特征："为了使伊斯兰人民赢得团结和自由，我们必须推翻由帝国主义者们建立的压迫性政府，建立一个为人民服务的公正的伊斯兰政府。"[①]霍梅尼主张要在伊朗建立一个拥有绝对权威的伊斯兰政府："（伊斯兰）政府最终可以打破那些政府根据伊斯兰教法与人民签订的契约，只要该契约违背了国家和伊斯兰教的利益。政府也能阻止任何行动——无论精神还是世俗的，只要它违反伊斯兰教的利益。"[②]霍梅尼同样公开承认，他的长期目标是向伊斯兰国家输出伊朗的伊斯兰革命："我们反复不断地宣布这个真理：我们的外交和国际伊斯兰政策是将伊斯兰主义的影响推广到全世界，削弱'吞噬世界者'们（即帝国主义列强）的力量。"[③]

1979年伊斯兰革命之后，由于霍梅尼政府的反美、反西方以及主张伊斯兰教法统治的立场，伊朗和美国的关系迅速下滑。1979年底发生的美国驻伊朗大使馆的人质危机，导致伊朗和美国的关系彻底破裂。结果是，一方面，霍梅尼领导的伊朗伊斯兰政府只要想继续推行既定的国内政治与国际政治方针和政策，就会把美国视为对手。另一方面，美国目睹了自己支持的巴列维王朝被伊斯兰革命所推翻，而新兴的政权又是伊斯兰教统治的和反美、反西方的，就不可能将霍梅尼政权视为朋友，而只能视之为对手。不仅如此，霍梅

---

① 霍马·卡图赞，《新月与蔷薇：波斯五千年》，王东辉译，南京：译林出版社，2022年，第417页。

② 同上，第474页。

③ 同上，第469页。

尼的目标不只是伊朗的伊斯兰革命，而是整个伊斯兰世界的伊斯兰革命。这又加剧了美国与伊朗在中东与伊斯兰世界地缘政治上的紧张与冲突。

如果伊朗只是一个小国，如果中东与伊斯兰世界对美国的战略利益无关紧要，那么美国有可能在其所支持的巴列维王朝倒台后采取某种回撤或克制战略，进而避免与伊朗成为关系不断恶化的对手。但这个前提本身就不成立，所以这种情形就不太可能发生。事实是，伊朗所处的中东地区是全球地缘政治的重要枢纽。从地理上看，中东是连接欧洲、亚洲与非洲板块的关键区域；从资源上看，中东是全球石油储备与产业的心脏地带；从战略上看，中东控制或影响着地中海东部、黑海、里海、波斯湾、苏伊士运河所构成的战略要地，也是护卫欧洲东南部与遏制俄罗斯南下的重要区域。所以，无论从何种角度讲，美国都需要保持在这一地区的影响力。

基于这种地缘政治结构，对美国来说，中东地区的重要国家如果不是美国的朋友，就容易成为美国的对手或敌人。这是全球国际政治、地缘政治竞争中的现实主义逻辑所决定的。①当然，这种结构也不是美国的战略利益单方面决定的，还受到伊朗本身政治因素的影响。从伊朗的政治演化来说，1979年伊斯兰革命之后，伊朗就抱有一种坚定的反美和反西方的意识形态。当伊朗和美国成为事实上的竞争对手或潜在敌人后，美国对伊政策又会反过来强化伊朗在重大政治或外交问题上的态度。这里再次呈现了国内政治与国际政治

---

① 关于美国与伊朗的关系，参见：Alethia H. Cook, Jalil Roshandel, *The United States and Iran: Policy Challenges and Opportunities*, London: Palgrave Macmillan, 2009。关于美国与伊朗的战略竞争，参见：Center for Strategic and International Studies, *U.S. and Iranian Strategic Competition*, https://www.csis.org/programs/emeritus-chair-strategy/iran/us-and-iranian-strategic-competition。

互相影响的逻辑。

除了俄罗斯与伊朗，其他传统大国也是地缘政治结构中的重要国家。跟其他发展中小国相比，它们更有可能跟西方或西方主要国家形成权力竞争关系。比如，埃及在纳赛尔时期就跟西方主要国家发展出了竞争关系。再比如，今天的土耳其在埃尔多安领导下越来越具有独立于北约的立场，跟欧盟之间早已渐行渐远。西方国家甚至认为，土耳其已经扛起泛伊斯兰主义、泛突厥主义和奥斯曼主义的大旗。如果这种趋势得以延续，西方主要国家跟土耳其的地缘政治竞争与权力竞争可能还会加剧。当然，国际关系与地缘政治的具体结构都是相当复杂的，所有这些传统大国与西方主要国家之间的关系也受到很多具体因素的影响。拿印度来说，美国很需要印度来平衡中国在亚太地区的影响力，印度也需要美国的合作来加强它在地缘政治与世界格局中的力量。但即便如此，印度在2022年开始的俄乌冲突中还是采取了跟西方国家很不一样的立场。倘若不是上面分析的具体地缘政治因素，西方跟印度甚至不一定能够维持目前相对友好的政治关系。

西方的角色与传统大国的选择

本项研究提出了一个过去不被学术界重视的理论问题，即传统大国的现代转型困境。在本书的理论视野中，这个理论问题不仅非常重要，而且不同于一般国家的现代化或现代转型。由于是传统大国，它们跟西方世界之间往往有着较为特殊的互动方式，进而会影响它们的现代转型逻辑。本章的学术贡献，是为理解这种传统大国的现代转型难题提供了一个新的解释框架。这一解释框架通过关注国内政治与国际政治的双重视角来理解传统大国的现代转型难题。

笔者将本章的核心分析框架总结为五个命题，实证研究部分则主要分析俄罗斯、土耳其、伊朗、埃及、印度等五个传统大国变革与转型的历史经验。这项研究的主要理论发现与启示是：

首先，没有一个传统大国可以以上帝般的全知全能视角来选择最优的变革与转型路径。实际上，每一个传统大国实际的变革与转型路径，都是在诸种约束条件下的复杂政治博弈的产物。这里的约束条件，既有国内政治的因素，又有国际政治的因素。从结果来看，这种约束条件下的政治博弈既有可能导致相对顺畅、成功的变革与转型，又有可能导致相对曲折、失败的变革与转型。但不管怎样，所有大国转型都是在诸种国内政治与国际政治的约束条件下发生的，而从来不可能是少数政治精英单方面设计的产物。

其次，这项研究发现了跟传统大国现代转型有关的一系列逻辑。从国内政治上讲，主要是三个命题：传统大国除非遭遇重大危机或战争失败，否则就倾向于维持现状，而非倾向于启动变革与转型；面对西方兴起带来的冲击，传统大国往往面临着国家重建与民族重建的政治任务；传统大国一旦摆脱危机，实现实力提升，就容易走上重新定义与塑造传统的道路。从国际政治上讲，主要是两个命题：由于被西方打败或被西方殖民的经历，传统大国容易产生自身的挫败感和对西方的负面看法或敌对情绪；传统大国只要实现独立自主与实力提升，就更可能与西方主要国家产生区域性或全球性的权力竞争。进一步说，国内政治与国际政治这两个层面还是互相影响的。

再次，对传统大国现代转型及其难题来说，西方世界特别是西方主要国家的角色再怎么强调也不为过。一方面，如果不是西方世界的兴起，对许多传统大国来说，现代化这个问题本来就不存在。正是因为西方世界的兴起，传统大国的现代化或面向现代的变革与转型才提上议事日程。从积极意义上讲，正是因为西方的兴起与现代世界的诞生，传统大国才获得了新的可能性。从消极意义上讲，由于西方的兴起，这些传统大国突然之间就成了落后国家，并且处在一个西方世界引领的并以其规则塑造的现代世界中。

另一方面，西方的兴起以及全球扩张过程在很大程度上制造了自己的敌人。西方的全球扩张，既伴随着经济、技术与市场的扩张，又伴随着政治与军事的扩张，其极端形式就是凭借军事优势打败或征服其他传统大国，甚至把这些国家变为自己的殖民地。这种格局使得许多传统大国既要努力追求现代化，推进面向现代的变革与转型，又容易产生自身的挫败感与对西方的敌意。所以，对这些传统大国来说，无论政治精英持有何种政治立场，民间往往充斥着反西方的观念与情绪。一旦一个传统大国真正走上反西方的道路，这就不只是外交意义上的，而且是内政意义上的。就此而言，西方往往在制造自身的敌人。这是值得西方国家反思的历史问题，如何在未来的对外政策中避免制造自身的敌人，这也是西方国家需要思考的现实问题。

当然，即便西方是同一个西方，也并非所有传统大国对西方的政治态度都是一致的。这里可能有三个关键变量：一是这些传统大国跟西方世界的互动方式存在差异；二是这些传统国家本身就存在着显著的差异；三是不同的传统大国处在不同的地缘政治与世界格局之中。在这些传统大国中，相对而言，印度对西方主要国家最为友好。这就跟上述三个因素的差异有关。

最后，从这项研究来看，传统大国在现代变革与转型路径上的主动选择权其实并不是很大，因为它们往往面临着国内政治与国际政治的双重约束。那么，这是否意味着这些传统大国无能为力而只能任由命运的摆布呢？其实并非如此。对所有传统大国来说，它们大体上有一些重要的机会窗口。这些机会窗口往往跟重大危机有关，这种重大危机足以导致旧制度的松动与新政治均衡的出现。此时，处在政治舞台中央的领导层往往具备相对较大的选择权，他们更有可能摆脱诸种国内政治与国际政治约束条件，而做出较为大胆的能够左右他们国家命运的关键性选择。这种选择可能会影响一个传统大国此后数十年甚至更长时期的政治命运。

第三章

转型：政治现代化的"铁三角"

　　政治发展研究的主题一直是一个争论不休的问题。对一些学者来说，这是促进发展中国家经济增长的政治和政策。对另一些学者来说，研究的是新政体、国家角色的增强、政治参与的扩大，以及政体在快速变化和政治团体、阶级和族群之间争夺权力、地位和财富的竞争条件下维持秩序的能力。还有一些学者则关注革命是如何发生的，尤其是社会主义制度取代资本主义制度的条件。

——迈伦·魏纳

　　一、广兴会议，万机决于公论；二、上下一心，大展经纶；三、公卿与武家同心，以至于庶民，须使各遂其志，人心不倦；四、破旧来之陋习，立基于天地之公道；五、求知识于世界，大振皇基。

——日本明治天皇

由于国内政治与国际政治的双重原因，非西方传统大国容易遭遇现代转型的难题。但无论怎样，现代化依然是包括非西方传统大国在内的所有后发展国家的基本追求。按照本书的分析框架，英国和西方的兴起被视为一个政治系统、经济系统与观念系统互相作用的过程，上文对非西方传统大国的分析也着眼于这三个方面。所以，任何国家完整意义上的现代化，都是一个全方位的系统工程，而不只是在单个维度上的突破。但考虑到这项研究主要关注的是非西方传统大国的政治变迁，所以，这一章主要讨论政治现代化问题。

问题是，本书主要关注的几个非西方传统大国——俄罗斯、土耳其、埃及、伊朗、印度等——目前都还没有实现全面的政治现代化，或者说还没有完成完整意义上的现代政治转型。因此，这一章的研究范围要超越非西方传统大国的国家样本，基于更广阔的时空来讨论一般国家的政治现代化问题，以此来为理解传统大国的政治现代化提供有益的借鉴。就后发展国家政治现代化的整体图景而言，尽管许多传统大国都遭遇了现代转型困境，但并非所有后发展国家都无法实现完整意义上的政治现代化。相反，迄今为止，有不少原本的后发展国家已成功走出了现代转型困境。那么，为什么有的国家能够走出现代转型困境、实现政治现代化，有的国家却无法做到这一点呢？如何理解这两类国家政治差异背后的政治逻辑呢？这是本章需要讨论的问题。

政治现代化的差距及其理论问题

放眼世界，全球范围内已经实现全面政治现代化的国家主要在发达国家阵营，后发展世界中具有典范意义的国家政治现代化案例还不多见，这些国家在政治现代化上普遍地尚未取得理想的或令人满意的成就。国际学术界与国际组织已经开发了许多评价指标来衡量各个国家的政治现代化程度，其中较具代表性的评价体系包括：民主指数（Democracy Index）、脆弱国家指数（Fragile States Index）、全球治理指数（Worldwide Governance Indicators）等。

在《经济学人》智库（EIU）发布的民主指数评级中，截至2022年的数据，按地区来衡量，西欧与北美的民主评级最高，在8分以上；撒哈拉以南非洲与中东北非的民主评级最低，在4分左右及以下；亚洲与大洋洲地区、东欧地区与拉美地区的民主评级大致处在世界平均水平，在5—6分之间，相关数据参见表3.1。由此可见，包括非西方传统大国所处的后发展国家阵营的总体民主评级仍然偏低。

在美国和平基金会发布的脆弱国家指数评级中，西欧、北美和大洋洲国家遥遥领先，东欧、拉美和东亚地区处于中游，中亚、中东北非和撒哈拉以南非洲地区则明显处于较低水平，参见表3.2。这意味着，非西方传统大国与一般的后发展国家所处的地区在脆弱国家指数方面的表现同样不能令人满意。脆弱国家指数，原先又称失败国家指数（Failed States Index），衡量的主要是国家本身的稳定性与有效性。

表3.1　《经济学人》智库对全球不同地区的民主评级：2006—2022 年

地区	2022	2021	2020	2019	2018	2016	2014	2012	2010	2008	2006
亚洲与澳洲	5.46	5.46	5.62	5.67	5.67	5.74	5.70	5.56	5.53	5.58	5.44
东欧	5.39	5.36	5.36	5.42	5.42	5.43	5.58	5.51	5.55	5.67	5.76
拉美	5.79	5.83	6.09	6.13	6.24	6.33	6.36	6.36	6.37	6.43	6.37
中东北非	3.34	3.41	3.44	3.53	3.54	3.56	3.65	3.73	3.43	3.54	3.53
北美	8.37	8.36	8.58	8.59	8.56	8.56	8.59	8.59	8.63	8.64	8.64
西欧	8.36	8.22	8.29	8.35	8.35	8.40	8.41	8.44	8.45	8.61	8.60
撒哈拉以南非洲	4.14	4.12	4.16	4.26	4.36	4.37	4.34	4.32	4.23	4.28	4.24
世界平均	5.29	5.28	5.37	5.44	5.48	5.52	5.55	5.52	5.46	5.55	5.52

资料来源：https://www.eiu.com/n/campaigns/democracy-index-2022/, Table 5。

表3.2　全球脆弱国家指数评级：2023 年

级别		国家
可持续	高可持续	挪威　冰岛　芬兰　新西兰　瑞士　丹麦　加拿大　爱尔兰　卢森堡
	可持续	瑞典　荷兰　澳大利亚　奥地利　德国　新加坡　葡萄牙　斯洛文尼亚　法国
稳定	很稳定	日本　比利时　韩国　马耳他　乌拉圭　阿拉伯联合酋长国　斯洛伐克　毛里求斯　爱沙尼亚　立陶宛
	较稳定	捷克　哥斯达黎加　卡塔尔　英国　智利　意大利　拉脱维亚　西班牙　以色列　波兰　美国　巴巴多斯　阿根廷　克罗地亚　阿曼　巴拿马　匈牙利　巴哈马
	稳定	科威特　蒙古　保加利亚　特立尼达和多巴哥　罗马尼亚　塞舌尔　格林纳达　安提瓜和巴布达　文莱达鲁萨兰国　马来西亚　希腊　博茨瓦纳　阿尔巴尼亚　塞浦路斯　黑山　越南　古巴　苏里南　伯利兹

续表

级别		国家
警告	警告	佛得角 北马其顿 纳米比亚 哈萨克斯坦 多米尼加共和国 圭亚那 牙买加 加纳 马尔代夫 巴拉圭 土库曼斯坦 巴林 萨摩亚 沙特阿拉伯 加蓬 印度尼西亚 突尼斯 不丹 乌兹别克斯坦 摩尔多瓦 亚美尼亚 塞尔维亚 泰国 摩洛哥 萨尔瓦多 密克罗尼西亚 厄瓜多尔 圣多美和普林西比 墨西哥 白俄罗斯 阿尔及利亚
	较重警告	斐济 玻利维亚 塞内加尔 格鲁吉亚 南非 波斯尼亚和黑塞哥维那 阿塞拜疆 秘鲁 贝宁 印度 塔吉克斯坦 巴西 老挝 吉尔吉斯斯坦 约旦 冈比亚 莱索托 坦桑尼亚 危地马拉 东帝汶 尼加拉瓜 菲律宾 哥伦比亚 巴布亚新几内亚 斯威士兰 洪都拉斯 所罗门群岛
	严重警告	尼泊尔 柬埔寨 俄罗斯 土耳其 塞拉利昂 埃及 马达加斯加 赞比亚 多哥 吉布提 科摩罗 卢旺达 马拉维 赤道几内亚 孟加拉国 伊朗 安哥拉 毛里塔尼亚 朝鲜 科特迪瓦 肯尼亚 巴勒斯坦 利比里亚 巴基斯坦 几内亚比绍
危急	危急	斯里兰卡 委内瑞拉 刚果共和国 伊拉克 乌干达 黎巴嫩 尼日尔 喀麦隆 莫桑比克 布基纳法索 布隆迪 厄立特里亚 乌克兰 利比亚 津巴布韦 尼日利亚 几内亚 马里
	高危	缅甸 埃塞俄比亚 海地 乍得 中非共和国 苏丹 阿富汗 叙利亚 刚果民主共和国 南苏丹 也门
	极危	索马里

资料来源："The Fund for Peace, Fragile States Index Annual Report 2023," *https:// fragilestatesindex.org/wp-content/uploads/2023/06/FSI-2023-Report_final.pdf*，本表数据略有调整。

　　世界银行的一个项目组自1996年开始发布全球治理指数，用公民表达与问责、政治稳定与控制暴力、政府效能、管制质量、法治、控制腐败等六个指标来度量不同国家的发展水平。表3.3显示，这六个指标最高的是经合组织（OECD）国家，最低的是南亚、中东与北非、撒哈拉以南非洲地区的国家，东亚与太平洋地区、东欧、拉美地区则处于两者之间。这同样意味着，非西方传统大国和后发展国家所处的地区全球治理指数的综合指标表现较为逊色。

综合来说，通过民主指数、脆弱国家指数与全球治理指数的比较，一个显而易见的结论是，无论是非西方传统大国所处的地区，还是广大的后发展国家地区，在政治现代化评价指标上的表现都较为逊色。所以，对这些国家来说，政治理想和政治现实之间还存在着一道巨大的鸿沟，能否实现政治现代化还是一个严峻的现实问题。

关于政治现代化，20世纪中叶至今，国内外学术界已经有了许多代表性的研究。20世纪下半叶，学术界较重视的是现代化理论、政治稳定理论与民主化理论。塞缪尔·亨廷顿基于欧美发展经验认为，政治现代化主要关系到权威的合理化、结构的分离以及政治参与的扩大。[1]现代化理论一度强调后发展国家只要沿袭先发展国家的政治模式与路径，就能实现现代化。[2]在讨论政治发展时，弗朗西斯·哈戈皮安认为，许多理论都具有方法论上的三个基本特点，即现代化的视角、结构功能主义的方法、目的论的发展观。[3]

---

[1] 塞缪尔·P. 亨廷顿，《变化社会中的政治秩序》，王冠华、刘为等译，上海：上海人民出版社，2008年，第78—98页。

[2] 相关研究，可以参见：西里尔·E.布莱克编，《比较现代化》，杨豫、陈祖洲译，上海：上海译文出版社，1996年；塞缪尔·亨廷顿等著，罗荣渠主编，《现代化：理论与历史经验的再探讨》，上海：上海译文出版社，1993年。

[3] Frances Hagopian, "Political Development, Revisited," *Comparative Political Studies*, Vol. 33, No. 6–7（Sept. 2000），pp.880–911.

表 3.3　不同地区在世界银行全球治理指数的表现：2022 年

指标	国家与地区	百分制分数（0—100）
公民表达与问责	东亚与太平洋	
	高收入国家：经合组织	
	拉丁美洲与加勒比海	
	中东与北非	
	南亚	
	撒哈拉以南非洲	
政治稳定与控制暴力	东亚与太平洋	
	高收入国家：经合组织	
	拉丁美洲与加勒比海	
	中东与北非	
	南亚	
	撒哈拉以南非洲	
政府效能	东亚与太平洋	
	高收入国家：经合组织	
	拉丁美洲与加勒比海	
	中东与北非	
	南亚	
	撒哈拉以南非洲	
管制质量	东亚与太平洋	
	高收入国家：经合组织	
	拉丁美洲与加勒比海	
	中东与北非	
	南亚	
	撒哈拉以南非洲	

0　20　40　60　80　100

续表

指标	国家与地区	百分制分数（0—100）
法治	东亚与太平洋	
	高收入国家：经合组织	
	拉丁美洲与加勒比海	
	中东与北非	
	南亚	
	撒哈拉以南非洲	
控制腐败	东亚与太平洋	
	高收入国家：经合组织	
	拉丁美洲与加勒比海	
	中东与北非	
	南亚	
	撒哈拉以南非洲	

0　20　40　60　80　100

资料来源：全球治理指数的相关数据，参见世界银行网站：https://info.worldbank.org/governance/wgi/。

　　问题是，真实的历史经验表明，许多后发展国家在20世纪50—60年代并未迎来现代化理论所预设的那种政治发展，反而陷入了某种政治困顿。塞缪尔·亨廷顿开始重视政治稳定与政治秩序的议题。他的一个理论解释是，当政治参与的扩大超过政治制度化所能包容的程度时，就会导致政治衰朽。[1]70—80年代，后发展地区的军事政变、政治冲突与政治不稳定受到许多学者的关注，并产生了一大批

---

[1] 塞缪尔·P.亨廷顿，《变化社会中的政治秩序》，王冠华、刘为等译，上海：上海人民出版社，2008年。

研究成果。①唐纳德·霍洛维茨开启了后发展国家族群冲突研究的先河。在许多国家，族群冲突正是导致政治不稳定的缘由。②到了后来，关于后发展世界的族群冲突、政治暴力与内战的研究越来越多。这也属于广义的政治不稳定的相关研究。

关于民主化理论，学术界从 20 世纪中叶以来，经历了一个乐观—悲观—再次乐观的情绪周期。马丁·李普塞特 1959 年的开创性研究认为，经济发展是促进民主化的决定性因素。③由此可以推断，随着后发展国家的经济发展，这些国家的民主化程度就会提高。但到了 60—70 年代，许多新生的民主政体往往无法存续。胡安·林茨牵头发起了关于民主政体崩溃的研究，开创性地引导了这一领域的发展。④然而，从 70 年代中期开始，一波新的民主化浪潮又在南欧率先启动，并逐渐波及全球的群体地区。亨廷顿在 90 年代初发表的研究重新燃起了学术界对于民主和民主化问题的关注与乐观情绪。冷战结束以后，大量关于民主化的研究更是喷涌而出。⑤

到了 21 世纪，国内外学术界在这一领域的关注重点又有所切换。

---

① 相关研究，参见：Myron Weiner and Samuel P. Huntington, eds., *Understanding Political Development*, Long Grove: Waveland Press, 1994；戴维·E. 阿普特，《现代化的政治》，陈尧译，上海：上海人民出版社，2011 年。

② Donald L. Horowitz, *Ethnic Groups in Conflict*, Second Edition, Oakland: University of California Press, 2001.

③ Seymour Martin Lipset, "Some Social Requisites of Democracy: Economic Development and Political Legitimacy," *The American Political Science Review*, Vol. 53, No. 1 （Mar. 1959）, pp. 69-105.

④ Juan J. Linz and Alfred Stepan, eds., *The Breakdown of Democratic Regimes*, Volumes 1-4, Baltimore: Johns Hopkins University Press, 1978. 笔者的一项先行研究同样受到了林茨的启发，参见：包刚升，《民主崩溃的政治学》，北京：商务印书馆，2014 年。

⑤ 该领域一部具有代表性的教科书，参见：Christian W. Haerpfer, Patrick Bernhagen, Christian Welzel, and Ronald F. Inglehart, eds., *Democratization*, Oxford: Oxford University Press, 2009。

关于民主问题，许多学者开始关注民主转型范式的困境。在民主与威权政体之间的灰色地带，或者说对两不像政体与竞争性威权主义的研究，也受到越来越多的关注。①2010年代以来，民主衰退也成了比较政治研究的热门议题。还有学者关注国际干预在后发展国家民主化过程中扮演的角色，但这一点似乎并没有形成充分的共识。一组显而易见的对比案例是，美国在二战之后干预日本获得了成功，但在后冷战时代对阿富汗的干预毫无成效。②

　　在政治现代化研究中，后发展世界的失败国家问题在21世纪也受到了越来越多的关注。原本主张历史终结论的福山，后来也转向了对国家、国家有效性与国家构建的研究，认为后发展地区政治发展问题上的主要挑战之一，就是缺少一个有效国家。③这些现象也使得国际学术界自1980年代以来关于国家理论的许多代表性研究，引起了更多的关注，包括查尔斯·蒂利的国家建构理论，米格代尔的国家与社会关系理论，"找回国家"学派的代表作《找回国家》等。④世界银行关于治理（governance）的研究，或许也可以被视为

　　① 一项代表性研究，参见：Steven Levitsky and Lucan A. Way, *Competitive Authoritarianism: Hybrid Regimes after the Cold War*, Cambridge: Cambridge University Press, 2010。

　　② Karin von Hippel, *Democracy by Force: US Military Intervention in the Post-Cold War World*, Cambridge: Cambridge University Press, 2000.

　　③ Francis Fukuyama, *The Origins of Political Order*, New York: Farrar Straus and Giroux, 2011.

　　④ 相关研究，参见：查尔斯·蒂利，《强制、资本和欧洲国家（公元990—1992年）》，魏洪钟译，上海：上海人民出版社，2021年；乔尔·S.米格代尔，《强社会与弱国家：第三世界的国家社会关系及国家能力》，张长东等译，南京：江苏人民出版社，2012年；彼得·埃文斯、迪特里希·鲁施迈耶、西达·斯考克波编著，《找回国家》，方力维等译，北京：生活·读书·新知三联书店，2009年。

有效国家研究的一部分。①如今，关于治理的研究也成了国内外学术界的一个热点。

毫无疑问，国内外学术界关于上述诸种问题的研究，从不同角度增进了我们对政治现代化的理解。进一步说，后续的研究必定要建立在这些先行研究的基础之上。但即便如此，这些研究仍然存在着很多理论上的问题。首先，许多理论误解了后发展国家政治现代化的起点。原因在于，许多理论都是从欧洲历史演化出发来理解政治现代化的，但问题是，后发展国家跟欧洲国家在政治现代化问题上有着很不一样的起点。其次，许多理论误解了后发展国家政治现代化的实质。在不少学者的论述中，政治现代化往往被视为西方已有的制度安排以机械方式嫁接到后发展社会的一个过程。但这种观点或许在很大程度上误解了"政治现代化是什么"这个根本问题。再次，许多理论对政治现代化的理解往往基于一个维度或一个侧面，缺少一种整体性的理论视角。这就使得我们对政治现代化的理解往往流于片面。

正是基于这些问题，本书试图在重新审视政治现代化真实起点的基础上，来发展一个重新理解政治现代化的新理论。

政治现代化的起点、过程与目标

学术界关于政治现代化的很多理论都来自美国和欧洲。二战以后，当美国和欧洲学界试图理解后发展国家时，他们首先想到的是把自己的主流理论直接运用到对后发展国家政治发展的理解中去。

---

① World Bank, *World Development Report 1997: The State in a Changing World*, https://openknowledge.worldbank.org/entities/publication/b8e6b919-0cd8-54a5-b42f-c7c19f12faf0.

所以，欧美学界起初就关注民主化等问题，是完全可以理解的。但这种对于后发展国家政治发展或政治现代化的理解，有可能失之偏颇。如果不能比较完整地把握后发展国家的基本状况，而直接套用当时欧美的主流理论，就容易对后发展国家政治现代化的起点发生误判，也容易对政治现代化的目标产生误解。这方面的首要问题，就是要正确理解后发展国家政治现代化的起点。

举例来说，博茨瓦纳如今被视为20世纪后半叶以来非洲的明星国家。自1966年独立建国以来，博茨瓦纳的政治总体上较为稳定，一直维系着民主与选举的程序，经济增长在整个非洲也算是佼佼者。地理上，博茨瓦纳是一个位于非洲南部的内陆国家，南邻南非，西边为纳米比亚，东北与津巴布韦接壤，北端与赞比亚接壤。但在1966年独立建国时，博茨瓦纳的状况是令人担忧的。在西方人到来之前，它只是一个撒哈拉以南非洲的部族社会，1885年沦为英国的殖民地。所以，博茨瓦纳过去既没有那些传统大国或帝国的国家传统，又没有自治传统。摆脱英国独立之后，博茨瓦纳究竟应该如何开始自己的现代国家构建，如何创建新的民主政体，都是史无前例的政治任务。与此同时，博茨瓦纳的经济社会基础非常薄弱。比如，独立之时，博茨瓦纳总共只有22名大学生，约100名高中生，全国用砖石铺设的道路只有12公里。这其实是许多后发展国家政治现代化的真实起点。

当然，博茨瓦纳只是许多后发展国家中的一个个案。但这个个案反映了许多后发展国家政治现代化较为薄弱的起点。如果把奥斯曼帝国、莫卧儿帝国等欧亚大陆的传统帝国，智利、阿根廷等较早实现独立建国的新兴国家，以及南非、津巴布韦等20世纪中叶之后才实现独立的新兴国家都考虑进去，那么就政治现代化的起点而言，这些后发展国家在国家、经济与政体三个维度上还是呈现出许多共性。

首先，就国家维度而言，后发展国家的起点要么是传统帝国，要么是封建等级制的国家，要么是原先的部族社会与后来的西方殖民地。无论怎样，它们都不是现代国家或欧洲意义上的近现代民族国家。以部族社会和殖民地为例，可以想象的是，这样的国家一旦独立，内部往往存在着许多不同的族群、宗教与语言集团，因此，政治整合就成了一个政治难题。如何进行有效的政治整合，防止不同的族群、宗教与语言集团之间爆发严重的冲突甚至内战，就是一个现实的挑战。如果是传统帝国或封建等级制国家，它们跟以垄断暴力、韦伯式官僚系统与纵向一体化税收系统为基本特征的现代国家仍然有着很大的差异，它们面临着如何塑造现代国家的问题。政治学上就把这个过程称为现代国家构建，即需要塑造一个可运转的和基本有效的现代国家。

其次，就经济维度而言，后发展国家基本上是经济落后的社会，是以农业为主的传统经济，绝大部分人口也是非城市化的农业与农村人口。无论这些后发展国家存在着怎样的差异，它们都还不是工业化的经济和城市化的社会，还没有出现持续的经济增长和创新。所以，这些后发展国家的基本任务就是实现工业化和持续的经济增长，就是要解决从落后经济迈向发达经济的问题。

再次，就政体维度而言，这些后发展国家起初要么是无法自主的西方强国的附属政治体，要么是自主的非民主政治体。无论是经由去殖民化，还是经由政体转型，这些后发展国家被期待转向某种形式的民主共和政体。这也是最近一个世纪以来后发展国家许多精英们的政治主张。自20世纪中叶以来，在世界范围内的绝大部分地方，严格意义上的君主统治模型已经丧失政治上的合法性与合理性。这意味着，后发展国家普遍地需要以民主共和政体作为自己的政治

表3.4 政治现代化的起点、过程与目标

发展维度	政治起点	政治过程	政治目标
国家	部族社会 殖民地 传统帝国 封建等级制国家	国家构建	现代国家
经济	农业经济 传统经济	经济发展	工业革命 发达经济
政体	帝国附属政治体 非民主政治体	民主建设	民主发展与巩固

目标，需要通过政治上的努力来实现民主政体的创建、深化与巩固。

按照本书分析框架对非西方传统大国现代政治转型的讨论，观念维度也非常重要。政治现代化的观念维度，强调的是从盲从的、迷信的、服从的、静态的、宗教支配的、威权人格的、关系导向的观念，转型为科学的、理性的、自由的、进步的、世俗的、民主人格的、规则导向的观念。但问题是，观念的变迁与转向，从社会科学研究角度来说往往更难以衡量。这项研究也无法以一项跨越巨大时间与空间的政治观念调查作为基础。所以，为了提高这项研究的可行性，这里对政治现代化的考察主要着眼于后发展政治体的国家、经济与政体转型三个维度，而不再专门讨论它们的观念转型问题。当然，这并不意味着政治观念对后发展国家的重要性不足。基于上述讨论，这里把政治现代化的起点、过程与目标，简要总结为表3.4。

这样，本书把政治现代化视为三个维度的组合，即国家构建、经济发展与民主建设。如果一个后发展政治体能通过国家构建来克服冲突、控制暴力和塑造现代国家，能通过经济发展让落后经济、传统经济变成工业化和持续增长的经济，能通过民主建设

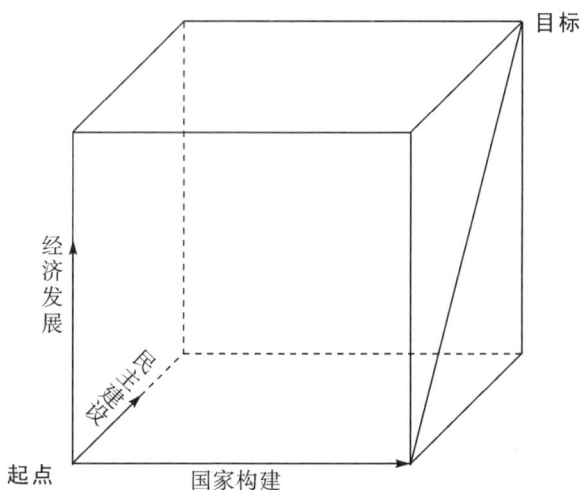

图3.1　政治现代化的三个要素及其次序与路径

让非民主政体变成民主深化和巩固的政体，这就意味着政治现代化的实现。本书用一个立方体来描述政治现代化的三个维度或三个要素，立方体的三条边分别代表国家构建、经济发展与民主建设三要素，参见图3.1。

如果上述框架是有道理的，那么随之而来的问题是，在政治现代化的过程中，国家构建、经济发展与民主建设究竟是怎样的先后次序？比如，能不能把经济发展作为优先要素？经济发展的重要性毋庸置疑，但比较政治学的研究表明，如果一个后发展社会基本的国家构建没有完成，内部冲突和暴力难以控制，那么可持续的经济发展是不太可能的。再比如，能不能把民主建设作为优先要素？一个重要的历史经验是，不少非洲国家在20世纪中叶之后，随着殖民者的离去，开始启动民主建设的进程，但问题是，任何成功的民主都要建立在一个可运转的、基本有效的国家基础之上，否则，这样的民主就很难维系。所以，笔者认为，在政治现代化的三个要素中，国家构建具有更高的优先性，即倘若没有基本的国家构建，一个后发展社会就无法实现可持续的经济发展，就无法推进有效的民主建设。这在逻辑上和经验上都是可以进行较充分的论证的。

一旦国家构建这个优先等级更高的问题基本解决后，后发展国家随后的政治现代化就可以拥有完全不同的路径。简而言之，主要是三条不同的路径：第一条路径是先推动经济发展，然后再推进民主建设；第二条路径是先推进民主建设，然后再推动经济发展；第三条路径则是同时推进经济发展与民主建设，参见图3.1。当然，尽管图中用的是直线，但后发展国家实际的政治现代化几乎不可能是一个直线发展的过程。

问题是，在这三条可能的路径中，是否存在着某种政治现代化的理想类型（ideal type）呢？假如存在的话，那么，从逻辑上讲，最有可能的路径是先完成国家构建，再推动经济发展，然后再推进民主建设。关于国家构建的优先性，上文已经有过讨论。至于经济发展与民主建设的关系，一个主流观点是，民主建设往往需要以一定的经济发展和社会条件为基础。这也是比较政治领域许多代表性研究所主张的论点。当然，每个后发展国家实际的政治发展或政治现代化过程，无论在发展阶段上，还是路径选择上，都存在着很大的差异。所以，这里所讨论的其实是马克斯·韦伯意义上的理想类型，而实际发生的现实政治不大可能跟理想类型完全匹配。[①]

这里先假设存在着一个可能的后发展政治共同体，然后看看它如果按照政治现代化的理想类型来发展，将是一种怎样的情形，参见图3.2。对这样一个共同体来说，首先要问的是，它能否实现有效

---

① 马克斯·韦伯，《经济与社会》（第一卷），阎克文译，上海：上海人民出版社，2019年，第391—449页。

（可能的）共同体

国家构建　能否实现有效国家构建?　　　　　　　　　失败或脆弱国家

是

有效国家

| 控制冲突与暴力
政治统一与整合
有效的官僚系统 | 冲突、暴力与内战
政治分裂的危机
官僚系统功能欠佳 |

经济发展　能否实现持续经济发展?　　　　　　　　经济贫困或停滞国家

是

经济较为发达国家

| 实现经济起飞
完成工业革命
持续经济发展 | 经济贫困陷阱
中等收入陷阱
缺乏持续增长动力 |

民主建设　能否持续推进民主建设?　　　　　　　　民主程度较低的国家

是

民主发展与巩固的国家

| 宪法与法治建设
民主选举的普及
民主效能的提升 | 宪治与法治不彰
非民主统治与传统
缺乏民主建设动力 |

政治现代化目标的完成

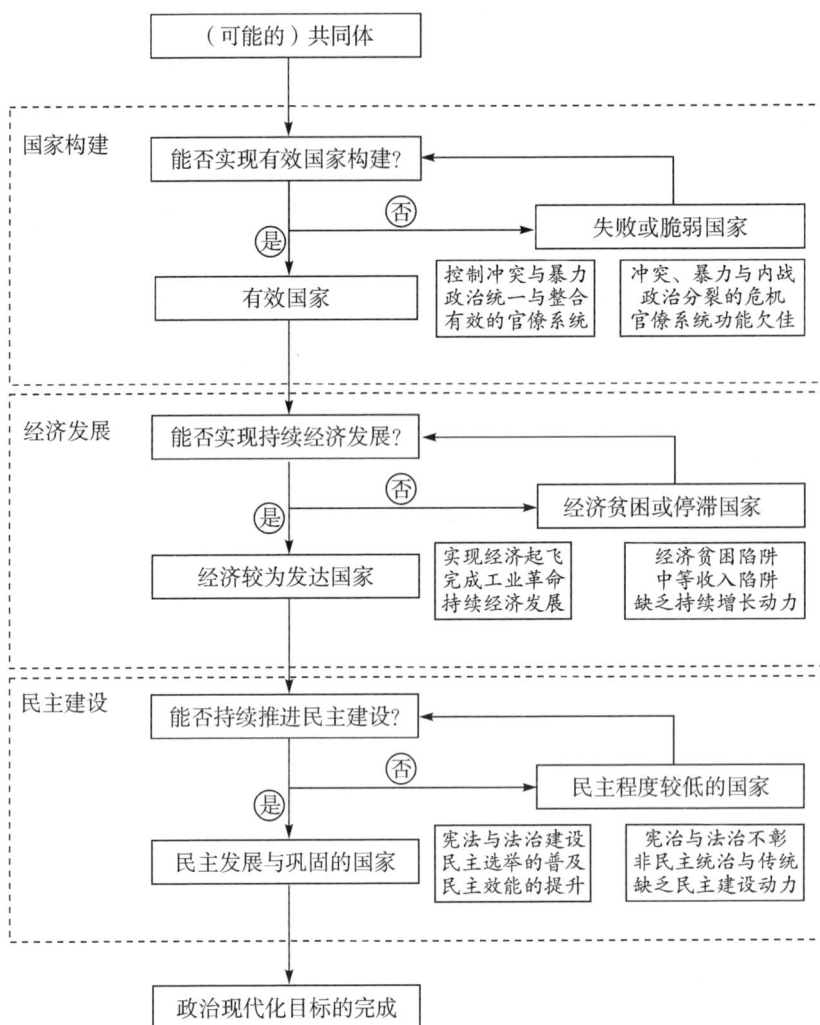

图3.2　政治现代化过程的理想类型与逻辑过程

的国家构建？这是政治现代化的首要问题。如果能够实现有效的国家构建，那么就会形成一个基本有效的国家。这个国家基本上能够控制冲突与暴力，实现政治统一与整合，以及发展出一套包括军事、行政和财政在内的有效官僚系统。如果这个问题得不到解决，如果不能实现有效的国家构建，将会导致什么呢？这样的国家就会成为失败国家或脆弱国家，就更容易陷入不定期的冲突、暴力甚至内战，面临更大的政治分裂危机，以及官僚系统的功能欠佳。如果出现这样一种情况，它又需要再回到上一个问题，即要实现有效的国家构建。只有等基本的国家构建任务完成，这个政治共同体才能继续往下发展。否则，这样的后发展政治体就会陷入一个循环，本书称之为"失败国家陷阱"，或"国家构建陷阱"。

如果已经基本完成现代国家构建，已经拥有一个基本有效的国家，那么接下来可以问，它能实现持续的经济发展吗？如果这个国家能实现持续的经济发展，那么就会成为一个经济上较发达的国家，包括实现经济起飞，完成工业革命，以及迈入可持续经济发展的轨道。但是，许多后发展国家并没有办法实现持续的经济发展。如果是这样，其中有些国家就会陷入经济贫困或经济停滞的陷阱——这是指经济完全无法发展的情形；有些国家则会经历一段时间的经济发展，但随后又会陷入经济停滞，进而陷入中等收入陷阱。无论是哪一种情形，这些国家都缺少实现持续经济增长的动力。总之，这两类国家在经济上会在一个比较低端与落后的状态上徘徊。这就又需要回到上一个问题，即能否实现持续的经济发展。如果一个国家迟迟不能超越这个发展阶段，就会陷入"经济贫困陷阱"，或"经济停滞陷阱"。

如果已经成为经济上相对发达的国家，许多社会条件已经得到显著改善，那么接下来就可以问，这个国家能否持续地推进民主建设？如果能，那么它就会成为一个民主发展与巩固的国家，就能推进宪法与法治建设，推动民主选举的普及，以及实现民主效能的提升。如果不能，那么它就会成为一个民主程度较低的国家，常常表现为宪治与法治不彰，非民主统治方式盛行，以及缺乏推进后续民主建设的动力等。如果是后一种类型，这样的国家就需要回到上一个问题，即能否有效而持续地推进民主建设。如果一个国家迟迟不能超越这个发展阶段，它就会陷入"民主化陷阱"，或"民主停滞陷阱"。

所以，简单地说，后发展国家的政治现代化需要克服三个重要的挑战，即国家建构的挑战、经济发展的挑战以及民主建设的挑战。这三个挑战同时对应着三个陷阱，即"失败国家陷阱""经济停滞陷阱"以及"民主化陷阱"。基于这一理想类型的分析，当一个后发展国家实现国家构建、经济发展与民主建设时，它基本就实现了政治现代化的发展目标。

如何理解政治现代化的"铁三角"？

本书把后发展国家上述的三个政治任务——国家构建、经济发展与民主建设——称为政治现代化的"铁三角"，参见图3.3。这里还要对"铁三角"的具体内容做更深入的讨论。

政治现代化"铁三角"的第一个维度是国家构建。总的来说，后发展社会要在传统帝国、封建等级制社会、部族社会与殖民地的基础上完成现代国家构建，是一项艰巨的政治任务。对许多后发展共同体来说，现代国家构建的主要挑战，既来自经济与社会的落后状况，又来自族群、宗教、语言与地区的多样性及其冲突。这往往使得后发展国家的现代国家构建不同于欧洲国家。按照马克斯·韦伯的经典定义，国家是一个合法垄断暴力的政治组织。正如前文所述，在查尔斯·蒂利的分析框架中，欧洲的近现代国家构建是一个由战争与武力竞争驱动的建设军事系统、官僚系统与税收系统的过程。当欧洲兴起，特别是完成工业革命并开始在全球扩张以后，世界

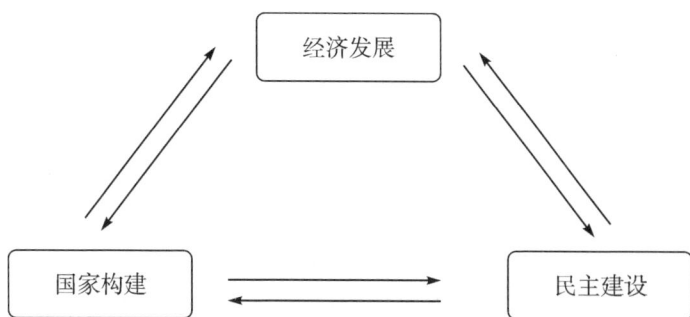

图3.3　政治现代化的"铁三角"

其他地区——无论是传统帝国，还是政治上尚未开化的部落社会——都不得不接受现代民族国家主导的模式。因此，现代民族国家意义上的国家构建亦成了这些政治体的基本要求。

后发展社会在国家构建上的政治努力可能会产生两个结果。一个可能的结果是基本完成国家构建，这意味着该国基本上能够控制冲突与暴力，实现政治统一与整合，创建有效的官僚系统等，这就可以为政治现代化在其他方面的推进提供有利的制度基础设施。没有国家构建这一制度基础设施，要完成政治现代化在其他方面的任务和目标是难以想象的。另一个可能的结果是无法完成国家构建，这意味着这样的政治共同体难以实现有效的政治整合，无法超越冲突、暴力与内战的陷阱。这就是国家构建的负面案例，容易陷入"失败国家陷阱"或"国家构建陷阱"。一般而言，这些国家往往是由冲突、暴力乃至内战支配的社会。由于现代国家构建尚未完成，这些国家往往还需要经历反反复复的国家构建过程。苏丹可以算得上是现代国家构建失败的典型案例。该国1956年从英国获得独立，但由于族群、宗教、语言和地区的冲突，先后经历了两次内战（1955—1972年、1983—2005年）。2011年，经过谈判与公投，南苏

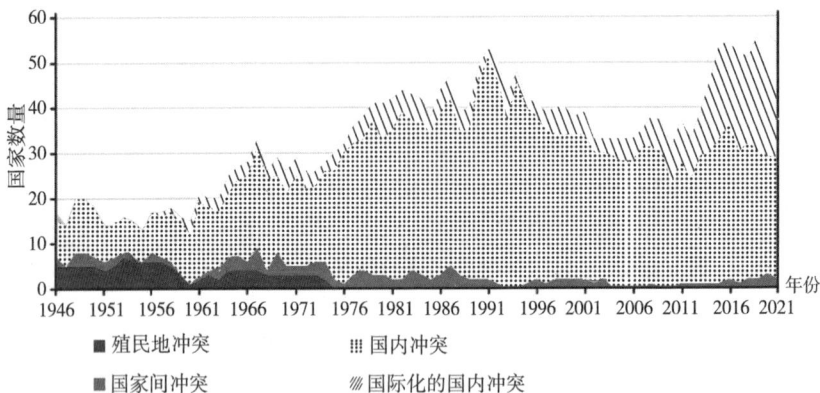

图3.4 按冲突类型划分发生武装冲突的国家数量：1946—2021 年

资料来源：Júlia Palik, Anna Marie Obermeier and Siri Aas Rustad, *Conflict Trends*: *A Global Overview, 1946-2021*, Peace Research Institute Oslo（PRIO）, 2022, p.11, figure Ⅰ。

丹最终从苏丹获得独立。但南苏丹的独立，并没有完全消除苏丹和南苏丹国内大规模的冲突与暴力现象。[①]

关于国家内部冲突、暴力与内战的研究显示，自二战结束以后至今，国家内部的冲突总体上呈现波动式上升的趋势。数据显示，1980年代以来，每年发生内部武装冲突的国家大约有30个，参见图3.4。实际上，几乎所有这些冲突都发生在后发展国家。只要一个国家经常性地发生内部武装冲突或者内战，就意味着该国在国家构建上还存在着严峻挑战。

如果考察全球政治版图上的脆弱国家指数，就会发现，国家脆弱程度较低的国家主要集中在西欧、北美与大洋洲地区，而最高的

[①] 关于苏丹和南苏丹的研究，参见：Noah R. Bassil, *The Post-Colonial State and Civil War in Sudan*: *The Origins of Conflict in Darfur*, London: I.B. Tauris, 2012; Matthew Arnold and Matthew LeRiche, *South Sudan*: *From Revolution to Independence*, Oxford: Oxford University Press, 2012。

国家主要集中在从中亚到中东北非，再到撒哈拉以南非洲这一广大区域，至于东欧、东亚与东南亚、拉丁美洲等地区则处在中间状态。笔者将高脆弱国家指数较为集中的地理区域称为"脆弱国家三角"。这一概念大致上是指从中亚，到西非的西撒哈拉附近，再到东非的马达加斯加所构成的一个巨大的三角形地理区域。①美国和平基金会发布的《脆弱国家指数：2023》所包括的全球十大脆弱指数最高的国家——包括索马里、也门、南苏丹、刚果民主共和国、叙利亚、阿富汗、苏丹、中非共和国、乍得、海地等——全部集中在这一区域。②所以，这是一个名副其实的"脆弱国家三角"，甚至也可以称为"失败国家三角"。位于该三角地区的国家，有较大比例目前仍未完成现代国家构建的基本任务。

政治现代化"铁三角"的第二个维度是经济发展。在20世纪中叶，许多后发展国家在发展经济的起步阶段，基本都是农业主导、经济落后的社会，其人均GDP如果以当时的美元价格来计算，普遍都只有数十美元到一二百美元。经济发展，简单地说，是一个启动工业革命和实现持续经济增长的过程，既包括了人均收入的提高与经济技术水平的提高，又包括了社会结构的巨大变迁，特别是就业结构的变化与城市化水平的提升，还包括教育普及与文化观念的改变。当然，经济发展的核心，还是人均生产率和人均收入水平持续提高的过程。对后发展国家来说，如果能够实现持续的经济发展，那么它们就能通过工业化、城市化、经济增长与创新来实现全面的经济现代化。但是，如果不能实现持续的经济发展，那么就会陷入

---

① 包刚升，《抵达：一部政治演化史》（下），上海：上海三联书店，2023年，第661—664页。

② 关于2023年的脆弱国家指数，参见：The Fund for Peace, "Fragile States Index Annual Report, 2023," https://fragilestatesindex.org/wp-content/uploads/2023/06/FSI2023-report.pdf.

经济贫困或经济停滞的局面，或者说陷于"马尔萨斯陷阱"而不能自拔。

在本书的分析框架中，为什么经济发展被视为政治现代化的要件呢？主要原因是，政治现代化本身要以一个经济现代化的社会作为基础，而一个经济现代化的社会必定是一个实现了工业革命与持续经济增长的社会。所以，讨论政治现代化问题，无可避免地要跟经济发展联系在一起。问题是，对后发展国家来说，经济发展如何成为可能呢？国内外经济学界与政治经济学界的主流理论解释，主要关注括资本积累、要素禀赋、技术进步、人力资本、制度安排、创新、企业家精神等变量。[1]本书总体上更注重经济发展的政治经济学视角。这种理论视角大体上认为，只有安全、法律与秩序，才能为经济发展提供有利的制度基础设施；只有塑造正确的激励结构，特别是产权保护与市场制度，才能鼓励生产性行为；只有塑造支持持续创新的机制，才能实现劳动生产率与人均收入的持续增加。[2]

有学者将经济发展视为一个不同发展阶段不断切换的过程。比如，经济学家沃尔特·罗斯托认为，经济增长可以分为五个不同阶段，即传统社会阶段—准备起飞阶段—起飞阶段—走向成熟阶段—大众消费阶段。[3]还有学者将经济发展视为一个从工业革命到技术持续进步的过程。对后发展国家来说，许多国家在经济发展过程中还

---

[1] 关于经济增长的文献，参见：戴维·N.韦尔，《经济增长》（第二版），王劲峰译，北京：中国人民大学出版社，2011年。

[2] 关于经济增长的政治经济学视角，参见：道格拉斯·C.诺思，《经济史上的结构和变革》，厉以平译，北京：商务印书馆，1992年；曼瑟·奥尔森，《权力与繁荣》，苏长和、嵇飞译，上海：上海人民出版社，2018年。

[3] W. W. 罗斯托，《经济增长的阶段：非共产党宣言》，郭熙保、王松茂译，北京：中国社会科学出版社，2001年。

需要经历从模仿阶段到创新阶段的跨越。[①]

从结果来看，有些后发展国家实现了持续的经济发展，通过经济增长也推动了整个社会的现代化程度。比如，1960年代以后的韩国就经历了这样的经济发展过程。但是，韩国只是少数的特例，更多的后发展国家并没有实现韩国这样的经济发展。有些国家陷入了"经济贫困陷阱"或"经济停滞陷阱"——比如不少撒哈拉以南的非洲国家，甚至至今人均GDP仍然不到1000美元；有些国家经历了一定时期的经济增长，但随后就在更高水平上陷入了新的经济停滞，这就是所谓的"中等收入陷阱"——比如不少拉丁美洲国家曾经在19世纪下半叶至20世纪早期经历过较快的经济增长，甚至阿根廷、委内瑞拉一度名列全球最富有的20个国家行列，但随后许多拉美国家就陷入了"中等收入陷阱"。

从目前的经济数据来看，1960年至今，无论是经济增长率数据，还是人均GDP数据，全球范围内的基本状况是：表现出色的国家仅占较低比例，表现平常的国家比例较大，表现非常逊色的国家比例也较大。在经济史学家安格斯·麦迪森的数据库中，1960—2018年之间几个较具代表性的国家经济增长情况，如图3.5所示。在该图中，韩国和新加坡是经济增长最快的两个国家，紧随其后的是中国、马来西亚等，经济增速较慢的国家则包括尼日利亚、乍得、哈萨克斯坦、冈比亚、津巴布韦和委内瑞拉等。

如果对全球不同国家经济发展史做宏观比较与考察，就会发现，富国和穷国在经济增长率和经济增长年份的比例上存在着显著的差

[①] 把经济增长主要视为一个技术进步的工程，参见：罗伯特·M.索洛，《经济增长理论：一种解说》（第二版），朱保华译，上海：格致出版社、上海三联书店、上海人民出版社，2015年。

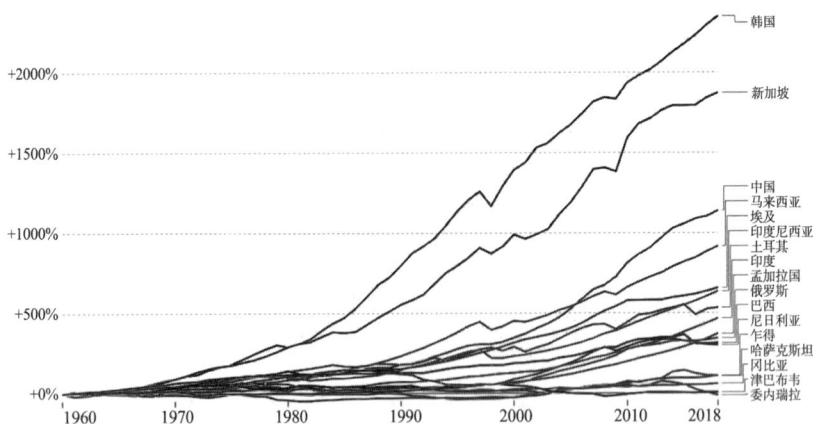

图3.5 不同国家经济增长速度的比较

资料来源：来自安格斯·麦迪森的数据库，该数据计算依据的是麦迪森自创的国际元（international dollars）2011年的固定购买力价格，网址见：https://ourworldinda-ta.org/grapher/gdp-per-capita-maddison-2020。

异。有研究表明，穷国一旦开始增长，往往增长率要比富国更高，但问题是，穷国跟富国相比增长年份的比例更低，参见表3.5。换句话说，富国的经济增长模式是，它们大部分年份都在较稳定地增长——比如，2000年人均收入20000美元以上的国家（不含产油国），在有记录的年份中有84%的年份在增长，增长年份的年均增长率是3.88%。穷国的经济增长模式是，它们一旦开始增长，其增长率往往比较高，但其所有有记录年份中增长年份的比例并不是很高——比如，2000年人均收入在300—2000美元的国家，其增长年份的年均增长率达到5.37%，但这些国家仅有56%的年份是增长的，就是说44%的年份是不增长或衰退的。这样算下来，全球最穷国家组别的长期增长率就会非常有限，因为其增长更不容易持续，更不稳定。

唐世平教授的研究表明，在后发展国家中，能够实现长期增长

表3.5 不同发展水平的国家在经济增长率和增长年份比例上的差异

2000年人均收入 （美元）	国家数 （个）	占世界 人口数 （%）	观察到 的年数	正增长 年份比 例（%）	平均正 增长率 （%）	平均负 增长率 （%）
（1）<20000	153	87	5678	66	5.35	-4.88
（2）>20000	31	13	1468	81	4.19	-3.49
（3）>20000非产油国	27	13	1336	84	3.88	-2.33
（4）15000—20000	12	2	491	76	5.59	-4.25
（5）10000—15000	14	2	528	71	5.27	-4.07
（6）5000—10000	37	16	1245	73	5.25	-4.59
（7）2000—5000	46	53	1708	66	5.39	-4.75
（8）300—2000	44	14	1706	56	5.37	-5.38
（9）全部国家	184		7146			

资料来源：道格拉斯·C.诺思、约翰·约瑟夫·瓦利斯、巴里·R.温格斯特，《暴力与社会秩序：诠释有文字记载的人类历史的一个概念性框架》，杭行、王亮译，上海：格致出版社、上海三联出版社、上海人民出版社，2013年，第7页，表1.2。个别数据参考英文原著作了调整。

的是"幸运少数"。[1]他把人均GDP增长率设定为4%，然后以人均GDP能否连续10年实现4%的平均增长率作为衡量指标。结果发现，在他统计的后发展国家中，能够连续40年（但不到50年）实现人均GDP4%以上平均增长率的国家仅有5个，分别是伊拉克、爱尔兰、马来西亚、葡萄牙、斯里兰卡，而能够连续50年实现人均GDP4%以上平均增长率的国家仅有6个，分别是博茨瓦纳、中国、韩国、阿曼、新加坡、泰国，参见表3.6。这同样说明，在所有后发展国家中，

---

[1] Shiping Tang, *The Institutional Foundation of Economic Development*, Princeton: Princeton University Press, 2022, p. 7.

表3.6　后发展国家的"幸运少数"：至少10年人均GDP增长
超过4%的国家

区间	国家
仅10年 （然后停滞不前）	阿根廷　保加利亚　布隆迪　喀麦隆　乍得　哥斯达黎加　科特迪瓦　厄瓜多尔　埃及　厄立特里亚　斐济　加纳　圭亚那　匈牙利　伊朗　以色列　约旦　肯尼亚　马拉维　毛里求斯　墨西哥　摩洛哥　尼日利亚　巴基斯坦　巴布亚新几内亚　秘鲁　巴拿马　巴拉圭　罗马尼亚　塞拉利昂　多哥　突尼斯　土耳其　乌干达　乌拉圭　委内瑞拉　赞比亚　津巴布韦
仅20年	阿尔巴尼亚　阿尔及利亚　安哥拉　孟加拉国　巴西　柬埔寨　刚果共和国　古巴　多米尼加　埃塞俄比亚　加蓬　希腊　黎巴嫩　莱索托王国　蒙古　波兰　卢旺达　西班牙　苏丹　斯威士兰王国　叙利亚　特立尼达和多巴哥
仅30年	不丹　智利　塞浦路斯　赤道几内亚　印度　印度尼西亚　老挝　毛里求斯　莫桑比克　越南
仅40年	伊拉克　爱尔兰　马来西亚　葡萄牙　斯里兰卡
等于或大于50年	博茨瓦纳　中国　韩国　阿曼　新加坡　泰国

资料来源：Shiping Tang, *The Institutional Foundation of Economic Development*, Princeton: Princeton University Press, 2022, p. 7, table 1.3。

能够实现较长时间持续经济发展的国家是少数。

政治现代化"铁三角"的第三个维度是民主建设。就政治起点而言，后发展国家跟英国与西方国家有着很大的不同。英国与西方历史演化的特点是，它们在中世纪封建主义体制的基础上慢慢发展出立宪君主制和绝对君主制，并在此过程中实现现代民族国家的构建，而随着君主权力受到约束，贵族与精英主导的议会开始获得发展，随后则是责任政府与政党政治的兴起。从19世纪开始，英国与西方国家的投票权开始普及，并最终演化出了现代民主政体。这就是英国和西方国家大致上从中世纪到现代的政治发展过程。但是，后发展国家通常有着完全不同的历史政治背景。在英国和西方兴起之后，尽管后发展世界也有日本这样的封建等级制国家，但大部分社会要么是传统帝国或王国，要么是部族社会或殖民地统治。这样的社会通常缺少民主建设所需的很多社会要素，比如相对独立的精英集团、宪治与法治传统、议会传统、选举传统等。

实际上，现代民主政体不只是一人一票、多数决定规则那么简单，它是一种复合政体，甚至有其明确指向的治理目标。现代民主首先包含了宪治与法治要素，其次包含了政治参与和政治表达要素，再次包含了代议制度与治理能力要素。所以，现代民主政体指向的目标，既包括了约束国家，又包括了政治表达，还包括了通过民主政体实现有效治理。

后发展国家的民主建设可能出现两种结果：一种是民主政体的发展与巩固，另一种是民主建设的停滞或挫败。至于为什么有的后发展国家民主建设更加成功而有的国家不太成功，学术界早已提供了许多重要的理论解释。笔者在一项早期研究中将其总结为三大理论路径，包括经济社会条件论、政治制度论和精英行为论。这三种理论路径分别强调一个国家的基础性的经济社会条件，宪法设计与制度安排，以及政治精英的信念、行为与博弈的重要性。或者说，正是这三个因素的差异，导致了有些后发展国家更容易实现民主转型和巩固，有些后发展国家则更容易陷入民主停滞与挫败。①

政体项目（The Polity Project）给出了1800年至2017年全球各主要国家民主评级的变动趋势，参见图3.6。在该图中，灰色曲线是民

① 包刚升，《民主的逻辑》，北京：社会科学文献出版社，2018年，第169—243页。

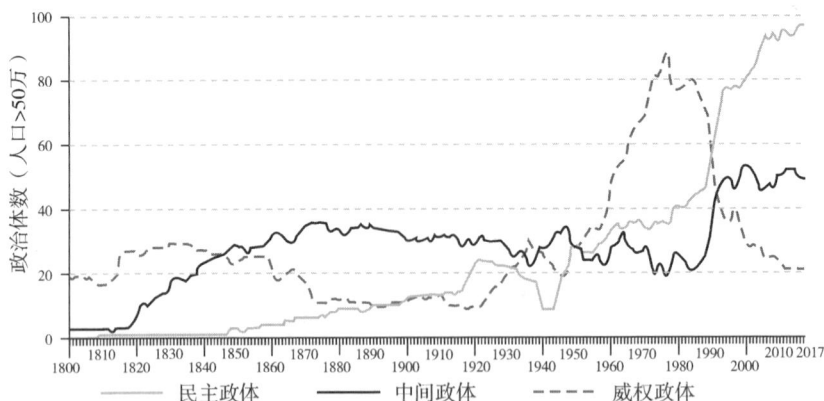

图 3.6 1800—2017 年全球政体的演化趋势

资料来源：政体研究项目，参见：https://www.systemicpeace.org/polity/polity1.htm。

主政体（democracies），虚线曲线是威权政体（autocracies），黑色曲
线为中间政体（anocracies）——这个术语是指在民主政体与威权政
体之间的灰色地带。按照他们的研究，自 1800 年以来，全球政体呈
现出如下的基本趋势：第一，民主政体无论在数量上还是比例上都
经历了显著的增长，当然，这种显著增长是一个曲折的过程。第二，
威权政体的数量和比例曾经历过大幅的增长，特别是从二战以后到
20 世纪 70—80 年代，但随后出现了急剧下降。第三，中间政体的数
量与比例也经历过较大的波动，至 2017 年，其数量和比例大约位于
民主政体与威权政体之间。在政体项目给出的 167 个 50 万以上人口
的政治体中，目前民主政体的数量超过 90 个，威权政体的数量在 20
个左右，中间政体的数量在 50 个左右。这大体上就是目前全球不同
政体的分布情况。按照这一评级，在 167 个人口较多的政治体中，仍
然有 70 个左右的政治体尚不能算作民主政体，而这 70 个政治体无一
例外都是二战后的后发展国家。这意味着，后发展国家中仍然有较
大比例属于民主建设停滞或挫败的国家类型。当然，考虑到有 90 多

个政治体属于民主政体，即便其中尚有不少国家尚未实现民主巩固，仍然可以有把握地说，目前后发展世界中仍然有许多国家在民主建设方面取得了巨大的进步。总体而言，后发展国家在民主建设上既实现了相当的进步，又呈现出严重的分化。

上文讨论了政治现代化三要素——国家构建、经济发展与民主建设——的具体理论问题，澄清了政治现代化"铁三角"的基本分析框架，也强调了国家构建的优先性，即没有国家构建，要想实现经济发展和民主建设几无可能。但在国家构建基本完成以后，到底是经济发展更具优先性，还是民主建设更具优先性呢？这个问题不太容易回答。实际上，各个不同的国家实际发展路径存在着很大的差异，图3.1呈现了三种不同的发展路径。图3.2提出了一个后发展国家政治现代化过程的理想类型，即先通过国家构建，塑造一个基本有效国家，然后通过经济发展，成为一个较发达的国家，再推进民主建设，成为一个民主巩固的国家，进而完成政治现代化的完整目标。当然，各个后发展国家实际的政治现代化路径则是千差万别的。

进一步说，政治现代化"铁三角"之间的互相关系绝不仅仅是简单的先后次序问题。在真实的世界中，国家构建、经济发展与民主建设三者之间呈现出相当复杂的关系。首先，需要指出的是，国家构建并不必然是有利于经济发展和民主建设的，甚至有些情况下效果适得其反。比如，有些后发展社会实现了对内部冲突和暴力的控制，结束了内战，并构建了一个相对稳定、具有一定效能的官僚制国家。但问题是，这样的国家不见得是能够促进经济发展和民主建设的，甚至有可能反过来抑制经济发展和民主建设。20世纪后半叶以来，撒哈拉以南非洲、中东北非与亚洲可以看到许多这样的案例。所以，国家构建并非经济发展和民主建设的充分条件。

实际上，究竟构建了何种类型的国家，才是能否促进经济发展与民主建设的关键。正如上文讨论的，本书把国家构建视为经济发展和民主建设的必要条件，而非充分条件。这里的理论问题其实非常复杂，但倘若采用反证法，其逻辑就相当清晰了。如果没有基本的国家构建，一个后发展社会就很难实现经济发展和民主建设。所以，对后发展社会来说，国家构建是一个毋庸置疑的前提条件。但国家构建这个必要的前提条件，并非经济发展与民主建设的充分条件。这意味着，国家构建做得好，未必能稳步推进后面两个要素——经济发展和民主建设；但国家构建做得不好，就必定无法稳步推进经济发展和民主建设。

其次，经济发展是需要一定前提条件的。这个前提条件，恐怕离不开基本的安全、法律与秩序，离不开产权保护，离不开一整套大体有效的激励结构。从这个角度讲，基本的国家构建就是非常必要的，否则，就无法提供基本的安全、法律与秩序以及稳定的产权保护。而经济发展若能成为现实，就会带来一系列的政治社会影响。比如，民主的现代化理论就认为，经济发展是有利于促进民主化的。还有学者认为，经济发展不一定能够直接推动民主化，但民主在经济发达的国家就更容易存活下来。①经济发展水平还会影响到国家构建。比如，经济发展会强化交通、通信等基础设施建设，能够提升政府的财政基础，促进整个社会的读写能力，提高统治疆域范围内的社会整合等，所有这些都有利于推动国家构建。

再次，民主建设也是需要一定前提条件的。一个政治共同体常

---

① Adam Przeworski, Michael E. Alvarez, Jose Antonio Cheibub, and Fernando Limongi, *Democracy and Development: Political Institutions and Well-Being in the World, 1950-1990*, Cambridge: Cambridge University Press, 2000, pp. 78-141.

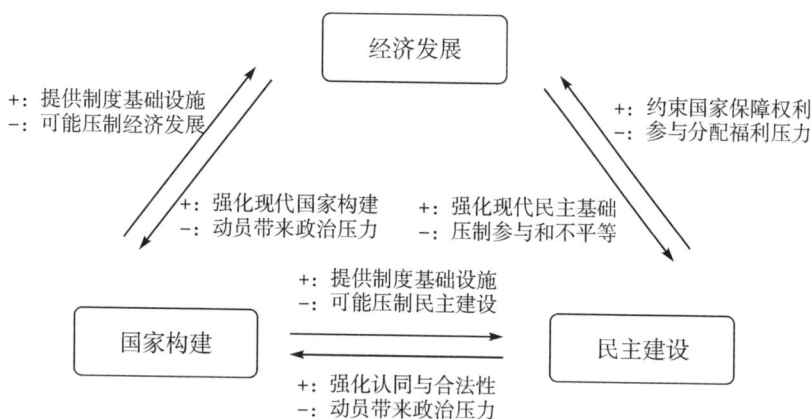

图3.7　政治现代化三要素之间的互相影响

常无法依靠民主本身来解决内部的冲突与暴力问题、政治整合问题、国家认同问题等。[①]即便是一个边界相对明确的政治共同体，不完成基本的国家构建，要想让民主有效运转起来，基本上也是无法想象的。民主意味着要建立一套鼓励普通民众政治参与的机制。但如果是在一个非常落后的社会，普通人的生活半径、交易半径和信息半径都很小，要想进行全国性的政治动员，其难度可想而知。所以，一个合理的推论是，要想构建稳定有效的民主政体，无论在国家层面还是经济层面，都需要一定的前提条件。当然，如果民主建设能够推进，也会对国家构建与经济发展产生一系列重要的影响。但学术界在这个问题上的具体观点并不一致。无论是民主建设对于国家构建的影响，还是对经济发展的影响，学术界的观点都是互相冲突

---

① 胡安·J.林茨、阿尔弗莱德·斯泰潘，《民主转型与巩固的问题：南欧、南美和后共产主义的欧洲》，孙龙等译，杭州：浙江人民出版社，2008年，第16—39页。

的，既有人主张正面效应，也有人主张负面效应。[1]

所以，政治现代化三要素之间的影响不仅是互相的和双向的，而且其实际效应既可能是正面的，又可能是负面的。为了简化相关讨论，图3.7列出了这种影响的主要机制。总之，国家构建从积极方面来说既可能为经济发展与民主建设提供制度基础设施，从消极方面来说又可能压制经济发展和民主建设；经济发展既可能强化现代国家构建和现代民主基础，又可能由于政治动员的增加而给国家构建带来政治压力，还可能由于需要压制参与和存在经济不平等而不利于民主建设；民主建设既可能通过强化政治认同与合法性而有利于国家构建，通过约束国家和保障公民权利而有利于经济发展，又可能由于政治动员的增加而给国家构建带来政治压力，还可能由于政治参与推动的再分配压力和福利政策而妨碍经济发展。所以，政治现代化的三要素之间其实都具有某种"双刃剑"效应。

政治现代化的跨国比较研究

这里要基于政治现代化"铁三角"的分析框架，来对英国兴起之后全球范围内的政治现代化做一个宏观考察。既然本章的分析框架关注的是国家构建、经济发展与民主建设三要素，这里要衡量的关键指标也是这三个要素。具体而言，本章用脆弱国家指数来衡量国家构建，用人均GDP来衡量经济发展，用《经济学人》智库的民主指数来衡量民主建设。考虑到本书关心的主要是非西方传统大国的政治命运，所以，本书这项研究暂不考虑规模较小的国家，而主

---

[1] 关于民主或民主化的不同政治经济社会效应，参见：包刚升，《民主的逻辑》，北京：社会科学文献出版社，2018年，第245—296页。

表3.7　政治现代化的三要素及其衡量标准

政治现代化要素	衡量标准及相关说明
国家构建	在脆弱国家指数评价中，至少达到可持续（sustainable）或稳定（stable）两个等级
经济发展	在世界银行人均GDP统计数据中，至少达到20000美元的标准，但不包括高收入的石油国家
民主建设	在《经济学人》智库的民主指数中，至少达到6分，即民主政体的基准分数

资料来源：本表涉及的三项内容，分别参见：（1）和平基金会的脆弱国家指数评级，参见：https://fragilestatesindex.org/；（2）世界银行的人均GDP数据，参见：https://data.worldbank.org/indicator/NY.GDP.PCAP.CD；（3）《经济学人》智库的民主指数，参见：https://www.eiu.com/n/campaigns/democracy-index-2022/?utm_source=google&utm_medium=paid-search&utm_campaign=democracy-index-2022&gclid=EAIaIQobChMIrbHDzKeP_wIVOTKtBh1YcA8cEAAYASAAEgJpS_D_BwE（2022年评级）。

要关注人口规模至少达到500万的国家。在经济发展方面，考虑到许多石油国家尽管人均GDP很高，但其实际的经济发展水平并没有那么高，所以，这里也排除了公认的高收入石油国家。这样就能确定符合政治现代化标准的国家筛选标准，参见表3.7。

基于上述衡量标准，再加上至少达到500万的人口规模（目前为122个国家），这里整理了一份达到政治现代化标准的人口规模较大国家名单，参见表3.8。该表显示，目前全球范围内实现政治现代化的较大规模国家总共是25个。从地区分布来看，这些国家主要分布在欧洲、北美洲和大洋洲，这些地区的国家数量为21个，比例为84%。这一地理范围符合一般意义上的西方国家或西方世界的范围。在这一地区之外的国家仅有4个——日本、韩国、以色列和新加坡，比例仅为16%，都分布在亚洲。在这25个国家中，人口规模为3000万以上的国家是9个，即美国、日本、德国、英国、法国、意大利、

表3.8　人口规模500万以上的政治现代化国家

地区	国家	数量
欧洲	德国*、英国*、法国*、意大利*、西班牙*、荷兰、比利时、捷克、希腊、葡萄牙、瑞典、奥地利、瑞士、丹麦、芬兰、斯洛伐克、挪威、爱尔兰	18
北美洲	美国*、加拿大*	2
大洋洲	澳大利亚	1
亚洲	日本*、韩国*、以色列、新加坡	4
合计		25

资料来源：各国人口数据，参见美国中央情报局（CIA）网站：https://www.cia.gov/the-world-factbook/field/population/。其中，"*"为人口规模3000万以上的大国家。

韩国、西班牙、加拿大，其中7个属于西方国家，只有2个属于非西方国家。

上表呈现的是全球范围内政治现代化国家的分布情况。事实上，成功实现政治现代化的国家并不多。在该表中，本书关注的非西方传统大国——俄罗斯、土耳其、伊朗、埃及与印度——都没有名列其中，即它们尚未成为政治现代化国家，所以，这些国家也无法作为已经完成政治现代化的国家样本来进行研究。考虑到这项研究的分析框架，在9个已经完成政治现代化的3000万以上人口国家中，本书选取一个西方国家（德国）和一个非西方国家（日本）作为政治现代化的案例进行研究。

尽管德国与日本差异很大，它们在全球地理格局中身处不同的区域，一个是西方国家而另一个是东方国家，有着完全不同的前现代历史与传统，但它们都是在英国兴起的历史背景下开始探索自身现代化道路的，而且相对来说它们都属于较大规模的国家。普鲁士-

表3.9　1802年普鲁士-德国、日本跟其他主要国家的人口规模

单位:万人

国家	德国	日本	英国	法国	美国	前苏联地区	印度	中国
人口	2490.5	3100	2122.6	3124.6	998	5476.5	20900	38100

资料来源：安格斯·麦迪森，《世界经济千年史》，伍晓鹰等译，北京：北京大学出版社，2003年，第238页，表B-10。

德国无疑是近代以来西欧最重要的国家之一，跟英国和法国同为西欧强国。今天的德国GDP名列欧洲第一、全球第三，人口在整个欧洲（假如把俄罗斯算在其中）位居第二。至于日本，尽管跟中国相比，日本是一个疆域和人口规模都较小的国家，但在全球范围内，日本都可以算得上一个名副其实的大国。日本不仅今天已人口过亿，GDP位居全球第四，而且其人口规模早在19世纪早期就已经达到3000万以上。1820年普鲁士-德国与日本跟其他主要国家相比的人口规模，参见表3.9。

到今天为止，德国与日本无疑是政治现代化的成功案例。但是，两国都经历了无比痛苦和曲折的政治发展道路，特别是它们都经历国家的重建，军国主义的崛起，重大战争的失败，现代民主共和政体的试验、挫败与重建等。因此，德国与日本作为较大规模的国家在政治现代化道路上所经历的一切，不仅会给一般的后发展国家提供重要的启示，也会给本书关注的非西方传统大国的后续政治发展提供重要的借鉴。

跟日本最大的不同是，普鲁士-德国本身就身处西欧-中欧的核心区域，离英国、法国这样的西欧主要国家距离都很近，按今天的交通路线测算，从柏林到巴黎和伦敦均只有1000—1100公里的路程，

表3.10　西欧五国人均工业化水平的比较：1750—1860 年

（1860年英国工业化水平=100）

国家	1750 年	1800 年	1830 年	1860 年	年增长率 （1830—1860 年）
英国	28	30	39	100	3.2%
比利时	14	16	22	44	2.3%
荷兰	—	14	14	17	0.6%
法国	14	14	19	31	1.6%
德国	13	13	14	23	1.7%

资料来源：理查德·H.蒂利、米夏埃尔·科普西迪斯，《从旧制度到工业国：从18世纪到1914年的德国工业化史》，王浩强译，上海：格致出版社、上海人民出版社，2023 年，第125 页，表5.7a。

大致仅相当于上海到天津的距离。无论从文明意义上，还是从宗教意义上，普鲁士-德国都算得上是欧洲-基督教文明的核心区域。所以，自英国从18世纪晚期开始启动工业革命以后，包括普鲁士-德国在内的西欧诸国无时无刻不受到这种经济与技术革命的影响。但即便如此，如同法国一般，当时普鲁士-德国的经济、技术与工业化水平还是要显著地落后于英国，参见表3.10。相比于非西方传统大国，工业革命的发生与英国的兴起同样也给普鲁士-德国带来了很大的外部压力与挑战。尽管普鲁士-德国有其自身政治演化的逻辑，但倘若以更宏大的史观来理解该国的政治变迁，那么毋庸置疑，它也处在英国兴起之后所塑造的新的欧洲与世界格局之中。普鲁士-德国此后的政治演化，时时刻刻都受着这种新的欧洲与世界格局的影响。

如果以18世纪晚期作为新的历史起点，那么当时跟英国相比的后发展国家普鲁士同样面临着政治现代化的三个任务，即国家构建、经济发展与民主建设。普鲁士也是通过逐步完成这三项任务来实现充分的政治现代化的。当然，整个政治变迁的过程相当漫长。实际上，德国到了20世纪中叶——如果考虑到两德统一，甚至到了20世纪90年代——才实现了完整意义上的政治现代化。如果回到19世纪中期，德国其实也处在英国兴起之后的某种政治危机之中。如果考察20世纪30—40年代希特勒统治时期的德国，那么也可以认为当时的德国尚处在现代政治转型的困境之中。但最终，德国在第二次世界大战战败后，借助外部力量实现了政治的突破，实现了完整意义上的政治现代化。那么，普鲁士-德国是如何从一个封建制松散联盟的基础上起步，在内部与外部的压力之下，经过一系列复杂的政治变迁，最终实现政治现代化的呢？普鲁士-德国这一政治现代化的案例又有着怎样的启示呢？

对18世纪晚期的普鲁士-德国来说，首要的挑战来自国家建构。当时的英国和法国基本上已经完成从欧洲中世纪的封建主义体制向近现代民族国家的转型。但是，对普鲁士-德国来说，这一过程尚在进行之中，而且前景难料。今天德国的国家基础与地理疆域，是其邦国普鲁士1871年所创建的德意志第二帝国奠定的，而普鲁士的政治起点不过是15世纪霍亨索伦家族在勃兰登堡所拥有的规模较小的产业。那时，后来成为普鲁士和德意志帝国缔造者的霍亨索伦家族不过是勃兰登堡的封建领主。后来，经过一系列有为君主——特别是"大选帝侯"腓特烈·威廉、腓特烈大帝、腓特烈·威廉二世等——的政治努力，霍亨索伦家族逐渐控制了疆域广大的领土，到18世纪末已经成为德意志帝国范围内实力最强大的邦国。

然而，随后到来的拿破仑战争以及1806年普鲁士起初的战败，让普鲁士面临着前所未有的重大危机。正是在这种重大危机面前，在1797—1840年在位的腓特烈·威廉三世领导下，普鲁士从19世纪初开始不得不实施了一系列立法、政府、军事和教育领域的改革。

在所有这些改革中，最重要的是施泰因和哈登堡主导推行的农奴制、政府、行政、市政与财政改革，沙恩霍斯特负责的军事改革，洪堡倡导的教育改革等。所有这些改革在军事系统、官僚体系与财政体制等方面极大地推进了普鲁士的国家构建，提升了普鲁士作为一个王国的政治力量，为普鲁士后来统一整个德意志奠定了重要的基础。此外，普鲁士的另一个重要举动是 1828 年创建了普鲁士关税同盟，1836 年升级为普鲁士-德意志关税同盟，至 1869 年则扩展到了后来德意志帝国范围内的绝大部分邦国。普鲁士的这一做法可谓一箭双雕，既减少德意志各邦国发展经济和实现市场一体化的阻力，又强化了各邦国之间的政治整合与身份认同，最终为德意志的国家构建做了重要的准备。1862 年，在威廉一世的支持下，兼具雄心和才干的俾斯麦出任普鲁士首相，推行"铁血政策"，以三场主要的对外战争，即 1864 年的普丹战争、1866 年的普奥战争、1870—1871 年的普法战争，排除了外部阻力，最终完成了德意志的统一。

18—19 世纪普鲁士统一德国的过程，基本上是一个封建等级制的邦国联盟逐渐通过政治整合完成国家构建的过程。这一过程尽管细节相当复杂，本书也无法一一讨论，但大体上仍然遵循几个关键的逻辑。首先，普鲁士和德意志时刻处在欧洲地缘政治与军事竞争的重压之下。这种压力，起初直接表现为周围强国——特别是法国——的军事竞争，后来又表现为英国首先启动工业革命所带来的政治经济压力。而普鲁士-德意志则必须对这种压力做出反应，唯有相当的回应能力才能维系自身的政治生存。其次，普鲁士主导的国家构建过程，直接表现为军事系统、官僚系统与财政税收系统的建设。这是任何国家构建都需要具备的要件，是具有普遍性的政治发展过程。再次，武力与战争在普鲁士推进德意志国家构建过程中扮演了关键角色。假如不是俾斯麦主政期间所赢得的一系列战争，或者说假如普鲁士不能赢得在此期间的所有关键战争，那么德意志的政治命运将会被彻底改写。总之，德国19世纪后半叶的国家构建进程也符合查尔斯·蒂利所论述的欧洲近现代民族构建的一般逻辑，即理性统治者是如何在政治与军事竞争格局下，基于国家制造战争与战争塑造国家的逻辑，推进军事系统、官僚系统与财政税收系统建设的。

就当时德意志的政治状况而言，至少在逻辑上，国家构建的推进在很大程度上是经济发展与现代政体建设的前提。但就真实的历史过程而言，普鲁士-德意志的国家构建跟经济发展、现代政体建设又有同步推进的特点。即便如此，国家构建仍然是更具优先级的事项。关于经济发展，学术界的一般观点是，英国与荷兰早在18世纪已经领先于西欧诸国，但英国经济优势的完全确立则跟率先启动工业革命有关。这样，至少在西欧地区，"英国关键工业技术的知识迅速传播。……集中化和机械化纺纱作业的棉纺作坊、瓦特式蒸汽机的使用、焦炭冶铁，甚至蒸汽驱动的铁路，这些新技术在英国诞生之后，不到十年就出现在了欧洲大陆（和德国）"[1]。这种模式给当时的普鲁士带来了两个效应：一是使得普鲁士明确感知到自身在经济与技术上的落后，由此催生了落后的焦虑和"追赶"的意识；二是使得普鲁士可以通过模仿和学习，利用亚历山大·格申克龙意义上的"后发展优势"（late-development advantage），能够在把制度与政策做对的条件下实现较快的经济发展。

跟非西方传统大国相比，普鲁士-德意志不仅在空间上离工业革

---

① 理查德·H.蒂利、米夏埃尔·科普西迪斯，《从旧制度到工业国：从18世纪到1914年的德国工业化史》，王浩强译，上海：格致出版社、上海人民出版社，2023年，第124页。

命的发源地英国较近，而且在观念上更容易接受英国当时的主流经济思想，特别是以亚当·斯密为代表的古典自由主义学说与政策。斯密既强调专业化与分工的重要性，又强调"看不见的手"的作用，总体上主张自由放任的国内经济政策与自由贸易的国际经济政策。这种思想影响了普鲁士的政治经济精英们，但他们并未完全照搬斯密的经济学说。总的来说，到19世纪中期，普鲁士政府一方面放松对国内经济关键领域的控制，一个经典案例就是煤矿开采的自由化与放松管制；另一方面则在需要巨额资金的战略性领域投入政府资金，以政府和市场相结合的方式推动经济发展，其中最重要的领域就是铁路投资。此外，普鲁士政府不仅推进德意志范围内的关税同盟建设，而且开始降低关税，主张自由贸易政策。这样，从19世纪中叶开始，德国大型工业公司的数量开始急剧增长，铁路里程数量也开始急剧攀升。这种经济政策的结果是，不仅普鲁士-德意志开始在纺织、日用品制造领域逐渐缩小跟英国的差距，而且由于巨额投资的推动，加上早年德国基础教育普及的触发，普鲁士-德意志在当时的许多新兴领域——特别是钢铁、化工、工程等——实现了对英国的赶超，做到了后来居上，参见表3.11。

总体上，从19世纪中叶到第一次世界大战之前，普鲁士-德意志的经济发展取得了巨大的成功。考虑到1820年普鲁士-德意志跟英国之间的经济、技术与工业差距，考虑到当时普鲁士-德意志相对于英国其实是一个后发展国家，这种成就是令人惊叹的。有人或许乐意将其归因于后发优势，但问题是，绝大多数的后发展国家——包括非西方传统大国——都无法在这种意义上发挥它们的后发优势。普鲁士-德意志在19世纪后半叶所创造的追赶奇迹，恐怕主要归因于两大根本原因。其一，普鲁士-德意志身处欧陆中心地带，面临着巨大的地缘政治与军事竞争压力。18—19世纪普鲁士所面临的一系列重

表3.11　1907年左右德国/英国各主要产业劳动生产率的比较

（英国=100）

工业部门	德国/英国	工业部门	德国/英国
通用化工品	126.6	纺织品和服装	82.3
焦炭	98.9	酿酒	90.5
化学制品及相关产品	113.9	烟草	28.3
钢铁	137.8	糖	47.3
有色金属	157.9	食品、饮料和烟草	66.9
机动车	89.7	水泥	108.1
金属与工程	139.2	其他制造业	108.1
棉	85.6	制造业总计	105.0
丝绸	74.9	采矿	78.7
皮革	67.8	全行业	101.8

资料来源：理查德·H.蒂利、米夏埃尔·科普西迪斯，《从旧制度到工业国：从18世纪到1914年的德国工业化史》，王浩强译，上海：格致出版社、上海人民出版社，2023年，第224页。

大危机，实际上是"生存还是毁灭"的政治选择。普鲁士唯有尽快实现经济、工业和军事技术上的重大飞跃，才能在强邻环伺的地缘政治环境中生存下去。考虑到普鲁士国土面积和战略纵深都比较有限，这种局面就会变得更加紧迫。其二，普鲁士－德意志是欧洲文明与基督教文明的重要国家，其历史传统、宗教类型、社会模式、文化观念、科学精神跟包括英国在内的其他西欧国家高度接近。实际上，作为第一个现代化国家的英国，其制度模式和工业革命，也是在这一欧洲－基督教文明的基础上生长出来的。所以，当英国启动工业革命并获得显著的领先优势时，普鲁士－德意志要在政治系统、经济系统和观念系统上模仿与学习英国的经验，跟非西方传统大国相比，阻力要小得多。这样，前者提供了足够的动力与压力，后者提供了足够的能力与可能，由此普鲁士采取了一系列有利于快速经济发展和技术进步的制度与政策。

问题是，在国际上，随着普鲁士–德意志经济力量的提升，德国跟包括英国在内的国家间的经济竞争问题愈发凸显了；在国内，随着精英集团政治参与程度的提高，主张保护主义的政治力量也开始崛起。德国政治经济精英的观念开始从亚当·斯密式的自由主义转向了弗里德里希·李斯特式的经济民族主义。至于随之而来的德国与英国之间在经济、地缘政治与全球权力上的激烈竞争，以及后来第一次世界大战的爆发，则是本书后面要讨论的问题。

跟经济发展相比，普鲁士–德意志的政体变革与民主建设更是一条充满坎坷的路。普鲁士的前身可以被视为一个较为典型的封建主义邦国。到18世纪上半叶腓特烈大帝时期，普鲁士已经从一个封建主义邦国逐步转型为一个绝对君主制（absolutist monarchy）的国家。这一政治演化的路径恰好不同于英国的立宪君主制道路。①然而，无论如何，普鲁士的绝对君主制绝不等同于一般意义上的君主专制（tyranny），而是要受到许多约束条件的影响。到了19世纪，主要的约束条件既包括了来自社会层面的权利觉醒与政治反抗，又包括了普鲁士为了顺利完成德意志的统一需要恰当地处理跟其他30多个邦国之间的关系。这样，普鲁士就逐渐发生了向立宪主义政体和民主政体的转向。早在1820年，普鲁士的立法中就出现了这样的条款，即君主的新增贷款需要经过尚未成立的"三级会议"的批准。1848

---

① 布莱恩·唐宁，《军事革命与政治变革：近代早期欧洲的民主与专制之起源》，赵信敏译，上海：复旦大学出版社，2015年。

年欧洲革命的直接后果，则是在普鲁士逐步创造了一个基于三级选举制度的议会，该议会能够控制普鲁士政府的年度预算与征税权。

后来德意志帝国成立之时，所依据的是《1871年德意志帝国宪法》。根据这部宪法，德意志帝国既不同于同一时期的英国，又不同于同一时期的奥斯曼帝国与俄罗斯帝国。大致来说，德国所确定的乃是一种半君主立宪制政体。这种政体的基本特点是，一方面，君主仍然是主权者，拥有较大实权，内阁（政府）和军队都需要对君主负责，但君主需要受到宪法、法律与议会的明确约束；另一方面，精英选民选举产生的议会也是主权者，在立法、预算和税收等方面拥有重要权力。所以，这可以被视为一种君主与人民双重主权的政体类型，而这种政体类型存在着君主主权与人民主权（议会）的巨大张力，两者在实际政治运作过程中常常发生冲突。但由于官僚体系与军事系统对君主负责，所以总体上君主居于上风。按照政治现代化的理想路径，如果当时的德意志帝国君主能够逐步让渡主权，并实现去行政化，那么德国最终将实现向英国式的君主立宪制议会政体的转型，但问题是，拥有政治权力的人很少会主动放弃权力。直到第一次世界大战的失败，才促成了德意志政体的剧变。霍亨索伦家族的最后一任君主威廉二世被宣布退位，由此终结了德意志帝国，并开启了德国的魏玛民主时代。1918年德国的政体转型同样昭示着一条法则：许多大国除非遭遇重大危机或战争失败，否则就倾向于维持现状，而非倾向于启动变革与转型。

1919年颁布的《魏玛宪法》堪称当时世界上最民主的宪法之一，但魏玛共和国并非稳定而有效的民主政体。就背景条件而言，当时的德国内部缺少民主共和体制的历史传统与社会基础，且社会革命浪潮风起云涌，外部则处在凡尔赛体系的赔款与重压之下，无法成为一个国际体系中的正常国家。随着时间的推移，一方面，魏玛共和国的阶级分歧、意识形态分歧、外交政策分歧等逐渐撕裂了整个社会，激进民族主义政治力量开始崛起；另一方面，魏玛民主政体半总统制、纯粹比例代表制的组合难以塑造一个稳定而有效的政府，魏玛民主逐渐成了一种无力统治的民主。这一切最终催生了阿道夫·希特勒的上台和德意志第三帝国的诞生。①学术界把第三帝国视为20世纪极权主义政体的典型，这也是德国历史上最黑暗的一页。

如果要在此时书写德国政治史，那么德国就会被视为一个陷入现代转型困境的国家。最终，第二次世界大战的战败以及以美国为首的西方国家对联邦德国的占领，成为再造德国民主的政治契机。此后，联邦德国走上了稳定的民主道路。1990年的两德合并，不仅意味着德国国家构建的最终完成，而且意味着德国终于实现了完整的民主转型与巩固。所以，如果以"铁三角"的分析框架来理解德国的政治现代化，那么德国实际上到了二战结束之后的20世纪下半叶才实现完整意义上的政治现代化。

综上所述，19世纪以来德意志的政体变迁与民主建设是一个相当复杂的理论问题。就内部来说，德意志的民主发展大体上是政治权力从君主向政治精英让渡，而后精英集团向普通民众让渡的过程。君主的衰落和人民的崛起，是这一政治过程的基本特点。就外部来说，欧洲地缘政治格局和全球大国权力消长也扮演着重要角色。外部的国际因素固然曾给德国魏玛共和国带来了巨大的政治压力，甚至使其不堪重负，但两场战争决定性地拖垮了德意志第二帝国，摧毁了德意志第三帝国，并且最终成了20世纪后半叶德国实现民主再造的关键因素。就此而言，理解德国政体变迁与民主建设，同样要基于国内政治与国际政治的双重逻辑。

---

① 包刚升，《民主崩溃的政治学》，北京：商务印书馆，2014年，第149—225页。

就德国这个政治现代化的案例来说，国家构建、经济发展与民主建设之间既有某种先后次序的逻辑，又有某种互相影响的逻辑。德国的历史经验是，国家构建大体上还是有着相当的优先性，民主建设在相当程度上也需要以国家构建和经济发展为前提。所以，德国案例至少部分程度上也符合上文讨论的政治现代化的理想类型。同时，三者之间的关系也是互相影响的。比如，经济发展显然有助于推动德意志的国家构建，以立宪主义和精英参与的方式（广义的民主建设）来约束国家更有助于实施有利于经济发展的制度和政策。而德国实际的政治发展过程则是国内与国外诸种复杂因素互动和博弈的产物。

跟普鲁士–德意志相比，日本是东北亚的一个岛国。今天日本东京与英国伦敦的空中飞行距离约9600公里，如果以18世纪晚期至19世纪早期的航海路线来计算，自英国出发绕过非洲好望角抵达日本，海上里程至少是飞行距离的两倍以上。无论在政治系统、经济系统与观念系统上，日本都是一个迥异于英国与西欧的国家。加上空间距离过于遥远，跟普鲁士或欧陆国家相比，日本更不容易受到英国兴起与工业革命的影响。实际上，到19世纪中叶为止，日本对英国和西方世界还所知甚少。当时的日本，政治上是一个天皇享有名义皇权、幕府将军掌握主要的政治军事实权、地方大名（诸侯）控制地方实权的封建主义模式，经济上是一个以传统农业为主的落后国家，观念上则是一个深受孔子学说和儒家思想影响、文化教育程度很有限的国家。日本当时有限接受的西学被称为"兰学"，是从17世纪开始在日本经商的荷兰人所带来的知识，主要是自然科学、医学、植物学、地理学等方面的西方知识。到了1840年代，中国在鸦片战争中败给英国，震惊日本朝野。此后，中国的《海国图志》等书籍传入日本，也在上层人士与知识分子中产生了相当的影响。

然而，真正在日本引发实质性政治剧变的事件是1853年美国海军准将马修·佩里率领一支西式舰队造访日本，史称"黑船来航"。此后十多年间，日本经历了一系列复杂的重大变化、剧烈冲突与政治创新，最终促成了1868年开始的明治维新运动。这就是现代日本的开端。

到19世纪中叶"黑船来航"之前，日本在政治与制度模式上就有相当的特殊性。它的基本特征包括：一是"万世一系"的天皇是名义上的君主，在日本社会享有相当的声望，但天皇并无实权；二是中央层面的实际政治军事大权掌握在幕府将军手中，从17世纪以来出身于德川幕府的将军以世袭制方式控制着日本政权，由于天皇是名义君主，所以幕府将军必须时刻拥有具有绝对优势地位的军事、行政与财政力量；三是200多位大名控制着地方的军政实权，他们的角色可以类比为欧洲中世纪的封建领主，或者中国唐代后期的节度使。①所以，综合来看，日本的政治与制度模式既不同于当时欧亚大陆上的传统帝国，又不同于当时的欧洲国家。

由于1840年代中国鸦片战争的失败，日本的有识之士意识到一场重大变局与危机可能就在眼前。日本的政治危机，其实也是幕府统治的政治危机。实际上，在"黑船来航"事件之前，18世纪和19世纪早期的日本已经处在内忧外患之中了。19世纪30—40年代，幕府在首席决策人水野忠邦的推动下，进行了一系列行政、财政、农业、土地与税收改革，试图重整日本的制度与道德，但这些改革并非要从根本上再造日本，所以收效甚微。1853年"黑船来航"事件则触发了一场实际的政治危机。以我们今天所知，日本需要的是一

---

① 安德鲁·戈登，《日本的起起落落：从德川幕府到现代》，李朝津译，桂林：广西师范大学出版社，2008年，第9—51页。

场学习西方和面向现代化的政治、经济与观念改革，而幕府应该成为这场改革的主动担纲者。但实际情况是，幕府无力领导日本的现代化运动，结果演变为一场地方实力派在尊王旗号下的倒幕运动。倒幕运动的高峰是1868—1869年间的"戊辰战争"，日本的幕府体制宣告终结，明治维新开始了。

此后，如果从1868年开始计算，经历将近一个世纪的政治经济变革，日本才终于完成了政治现代化。这个过程同样离不开国家构建、经济发展与民主建设这三要素。首先，就国家构建而言，19世纪中叶的日本是一个封建等级制国家，需要完成向现代民族国家的转型。明治维新很大程度上就是为了解决现代日本的国家构建问题。这方面，日本当时的主要问题有三个：一是没有解决中央权力的法理归属问题，即天皇与幕府的权力之争；二是中央政府无法完成全国范围内的政治整合与武力一体化；三是日本缺少一套韦伯式的现代官僚体制。事后来看，日本在现代国家构建方面的速度与成效是令人惊叹的，他们大致上只用了一代人左右的时间就基本完成了现代国家构建。当然，日本的优势不仅在于它是一个不跟任何主要国家接壤的岛国，具有地理空间上的封闭性特点，还在于它98%以上的人口是同一个民族，即大和民族，因此也没有许多传统大国或部落社会复杂的族群关系问题。但即便如此，日本的现代国家构建过程绝非一帆风顺。

日本的天皇制度源远流长，属于名副其实的"万世一系"，但天皇自12—13世纪以来就较少掌握实权。在主张改革的地方实力派大名的支持下，"尊王攘夷"运动兴起，最终推翻了幕府统治，实现了王政复古。这样，天皇就成了日本真正的君主与手握实权的政治领袖，并在地方实力派政治家的协助下开始以一种政治统一的姿态来治理国家。1868年日历3月14日（即公历4月6日），日本明治天皇颁布《五条御誓文》这一新国策。这一文件确立了五条新的国家原则：

一、广兴会议，万机决于公论；

二、上下一心，大展经纶；

三、公卿与武家同心，以至于庶民，须使各遂其志，人心不倦；

四、破旧来之陋习，立基于天地之公道；

五、求知识于世界，大振皇基。[1]

不久，明治政府又颁布了《政体书》，规定政治权力归于太政官，成为后来日本内阁制的前身。随后，日本明治政权推进了一系列行政管理、警察治安、财政税收、征兵军事领域的改革，包括完善以太政官为核心的中央官僚体制建设，接受各藩"奉还版籍"与实施"废藩置县"，取消武士世袭俸禄，实行征兵制度与建立中央职业军队，采用货币税制与土地税率改革等。这样，到1890年正式实施《大日本帝国宪法》，日本已经基本完成了现代民族国家的构建。

其次，就经济发展而言，1870年左右的日本跟其他大部分后发展国家并无多大差异，但明治维新使得日本走上了新的经济发展道路，尽管中间充满了曲折，日本最终还是实现了较快的经济增长。关于日本人均GDP与其他主要国家的比较，参见表3.12。该表显示，1820年日本的人均GDP大体跟俄罗斯（表中是前苏联数据）、中国相当，但仅相当于英国的40%左右。从1870年左右开始，日本迈入经

---

[1] W. G. 比斯利，《明治政治制度》，载于：马里乌斯·B. 詹森主编，《剑桥日本史（第5卷）：19世纪》，王翔译，杭州：浙江大学出版社，2014年，第574页。

表3.12　日本与主要国家人均GDP的历史比较：1820—1998 年

（1990 年国际元）

国家	1820年	1870年	1913年	1950年	1973年	1998年
英国	1707	3191	4921	6907	12022	18714
法国	1230	1876	3485	5270	13123	19558
德国	1058	1821	3648	3881	11966	17799
美国	1257	2445	5301	9561	16689	27331
前苏联	689	943	1488	2834	6058	3893
日本	669	737	1387	1926	11439	20413
中国	600	530	552	439	839	3117
印度	533	533	673	619	853	1746

资料来源：安格斯·麦迪森，《世界经济千年史》，伍晓鹰等译，北京：北京大学出版社，2003 年，第 262 页，表 B-21。

济增长的轨道。这样，到第一次世界大战之前的 1913 年，日本人均GDP 已经达到了 1387 国际元，相当于在 1870 年 737 国际元的基础上接近实现了翻番。尽管此时的日本跟英国、美国的发展差距仍然较大，但日本经济已经实现了第一轮经济起飞和初步的工业化。第二次世界大战之后，日本又启动了第二轮经济起飞，创造了新的经济奇迹，终于在 1970 年代达到了大部分西欧国家的人均 GDP 水平。

那么，日本是如何实现经济起飞和工业化的呢？大致上可以总结为努力学习和模仿西方国家，把制度与政策搞对，同时鼓励与依靠企业家和民众的创造力。努力向西方国家学习，是日本明治维新的基本共识与国民心态。其中的重大事件是 1871 年明治政府派出了规模盛大的由主要政治家之一仓岩具视率领的日本使团赴欧美 15 国进行长期考察。除了外交上的努力，此次考察的主要目标就是了解和研究西方经济繁荣与国家成功的秘密。活跃在同一时期的思想家福泽谕吉明确主张日本是虚弱和落后的，还不是文明国家，出路是"脱亚入欧"。他主张无论是技术、制度还是观念，都应该向欧洲看齐，应该以欧洲的标准为日本的标准。应该说，努力学习和模仿西方国家的观念，是日本实现经济起飞与工业革命的重要背景。

对日本政府来说，要想实现"富国强兵"，就必须要"殖产兴业"。日本政府当时的一个正确做法是完善各种有利于经济发展的制度、机构、基础设施与政策。日本于1870年成立了工部省，该机构致力于推动从国外引进新技术，从而推动国内制造业。日本政府从1869年开始陆续从欧洲引入电报线路、公共电话局、邮局系统等，并开始筹资建设日本的首条铁路系统。后来，日本还模仿西方国家创建了货币制度与银行体系。这些做法，为日本的经济起飞和工业革命奠定了基础。但日本政府起初也采取了许多不恰当的政策，特别是大规模地投资官营企业。这一点常常被学术界误解。其实际结果是，不仅没有达到推动日本经济快速发展与工业化的目的，而且还因为效率低下和亏损严重导致了政府的巨额债务负担。[1]1881年新任大藏卿（相当于财政部部长）松方正义主政以后，日本政府这方面的基本政策才转向了财政保守主义、货币稳定化与经济自由主义。一个著名的例子是，日本明治维新后的十年内总共仅有三家纺织厂，总产量仅为100万磅纱，关键是这三家纺织厂全部为官营企业。政策调整以后，日本私营纺织业开始井喷式发展，到19世纪末总产量已

---

[1] 西德尼·E. 克劳科尔，《19世纪的经济变化》，载于：马里乌斯·B. 詹森主编，《剑桥日本史（第5卷）：19世纪》，王翔译，杭州：浙江大学出版社，2014年，第557—567页。

经超过2.5亿磅纱。①到了后来，日本政府在许多产业部门实行"私营公助"的政策。

正是在这种政策的鼓励下，日本私人企业家阶层开始兴起，私人企业部门从纺织、丝绸等轻工业部门开始起步，逐步发展到采矿、造船、钢铁金属、机械、化工等重工业部门，以及银行、铁路等服务业部门。到1880年代，日本已然是一个常常能听到机器轰鸣声的、正在快速工业化的后发展国家。1874—1912年，日本的制造业产值从6.86亿日元发展到了33.58亿日元，在不到40年时间里增长了3.9倍。其中，钢铁和机械制造几乎是从无到有，分别增长了27倍和63倍。②绝大部分是私人企业家开创的产业和事业，三井、三菱、住友和安田等财阀开始兴起，成为日本经济的代表性力量。

正是在正确的发展理念、合理的制度与政策以及企业家精神的推动下，日本经济从明治维新发展到1930年代，已经实现了初步的工业化，成为整个亚洲最发达的国家。无论是人均GDP，还是工业能力与技术水平，1930年代的日本已经遥遥领先于中国、印度等亚洲大国。从经济数据上看，1885—1913年，日本国民生产总值（GNP）年均增速高达7%，1920—1940年年均增速为5%，第一次世界大战期间（1914—1918）的年均增速竟然高达22%。从产业上看，丝织业、棉织业、钢铁业、矿业、铁路、机器制造、造船业等制造业以及银行、保险、海运等服务业，都出现了快速的增长。③这不仅提高了日本的经济总量，也提高了日本的技术水平。可以想象的是，

---

① 詹姆斯·L.麦克莱恩，《日本史（1600—2000）：从德川幕府到平成时代》，王翔等译，海口：海南出版社，2014年，第215页。

② 同上，第209页。

③ 中村宗悦，《第三章 从松方通货紧缩到第一次世界大战》，载于：浜野洁等，《日本经济史：1600—2015》，彭曦等译，南京：南京大学出版社，2018年，第89—143页。

这客观上也有助于大大提高日本的军事技术与战争能力。

再次，就民主建设而言，日本明治维新之前的封建主义框架似乎为后来日本的政体演化与民主建设提供了一个有利的背景。原因之一是，天皇长期以来都是日本的虚位元首，这是非常罕见的制度安排与惯例。原因之二是，地方大名跟幕府将军相当程度上是一种分权与分治的结构。这一点比较接近欧洲中世纪封君与封臣之间的权力关系。所以，在幕府统治被主张改革的地方实力派人物推翻以后，日本在明治维新过程中就顺势确立了一个二元制君主立宪制的政治框架，其标志性文本就是上文提到的1890年的《大日本帝国宪法》。这部宪法的基本制度特征是：

第一，天皇拥有极大的政治权力，天皇"为国之元首，总揽统治权""行使立法权""执行法律""任免文武官吏""统率海陆军"。（第4、5、9、10和11条）尽管如此，宪法同时规定天皇"行使立法权"应该"以帝国议会之协赞"，"执行法律"应该由国务大臣"辅弼"，同时还"不得以命令更变法律"。（第5、9和55条）此外，关于臣民权利义务的15个条款也构成对天皇及政府权力的约束。（第18—32条）

第二，"帝国议会，以贵族院、众议院两院，构成之"，众议院是帝国议会的主要立法机构，"众议院，以选举法所定，以公选之议员，组织之"，帝国议会为实际的立法机构，"凡一切法律，均须帝国议会之协赞"。（第33、35和37条）这里所涉及的选举法，1890—1925年经过几次变更，起初只有很少的国民拥有选举权，但总体趋势是公民选举资格的逐步放开。

第三，宪法没有明确规定国务大臣拥有行政权，但规定"国务各大臣，辅弼天皇，负其责任"。（第55条）通常认为，这一宪法条款意味着国务大臣拥有相应的行政权。宪法关于军队、战争与和平的条款规定较少，这方面的权力都属于天皇。（第11、12和13条）此外，宪法还规定设立枢密顾问及枢密院，他们"应天皇之咨询，审议重要国务"。（第56条）①

以1890年这个时间点来看，日本这部宪法在西方世界以外的后发展国家中独树一帜。从基本条款来看，这部宪法已经接近当时英国君主立宪制的政府模式。但两者之间还是存在着重要的差异。最大的不同之处在于，《大日本帝国宪法》是一部君主主权（天皇）与国民主权（议会）并立的双重主权二元制宪法。倘若议会与天皇意见相左，就可能引发两者的结构性冲突。由于政府和军队由天皇统辖且对天皇负责，这种双重主权结构还可能引发政府与议会、军队与议会间的结构性冲突。

从这部宪法确立到20世纪20年代，日本大体上经历了民主化程度不断提高的过程。1890年，日本人口中大约只有1.5%的人拥有帝国议会议员的选举权，属于少数人的精英民主模式。到1925年，日本制定的《普通选举法》规定，25岁以上成年男子均拥有选举众议员的投票权，这意味着成年男性国民的普选权。此时的日本，已经成为西方世界以外民主程度最高的国家。但是，到了1930年代，特别是以1936年的"二二六"兵变为标志，内忧外患之下的日本选择了军部主导的军国主义道路，民主体制随之发生严重衰退。这种政治趋势，要等到日本第二次世界大战的战败以及在美国监督下的国家再造，才得以被真正的扭转。

从1890年代至1930年代，主要是三对政治力量的关系左右了日

---

① 枢密顾问与枢密院是明治宪法规定的职位与机构，法律上被视为天皇的"咨询""审议"机构，实际上是日本政治元老们的议事、决策机构，但并不拥有立法权。枢密院在藩阀政治时代影响更大，后逐渐式微，到1947年被废止。此处的相关论述，参见：包刚升，《宪法的政治后果：近代德国与日本的比较研究》，未刊发工作论文，2015年。

本的政体变迁与民主建设。首先是政治元老及其代表的天皇与新兴议员、政党以及议会之间的关系。日本当时用"元老"来称谓那些在倒幕运动与明治维新中功勋卓著、大都来自萨摩和长州的政治家，一般是指伊藤博文、黑田清隆、山县有朋、松方正义、井上馨、西乡从道、大山岩、西园寺公望、桂太郎等人。其中多位政治家受命于天皇出任首相，组成内阁，领导政府与治理国家。然而，随着议会选举的反复进行，进入20世纪以后，新兴议员和政党的力量开始崛起，主要政党立宪政友会开始变得举足轻重。1918年9月29日，天皇被迫任命立宪政友会党魁原敬出任首相，这代表着日本政党内阁的兴起。此后一直到整个1920年代，日本多数时候维系了众议院多数派政党组阁的情形。议会与政党力量的逐步加强，意味着日本二元制君主立宪制政体中民主因素的显著增加。

其次是政治精英与普通国民之间的关系。实际上，早在明治维新时期，日本知识界与民间就兴起了自由民权运动，其思想源头是西学的传入与民众观念的重大改变。特别是，从明治天皇末期开始，新的底层反抗与民权运动变得风起云涌。由于日本1912—1926年在位的是大正天皇，所以，这一时期前后的民权运动被称为"大正民主运动"。这一运动的两个侧面，一是以佃农和工人为主的普通民众迫于生活压力而参与的纠纷、罢工和骚乱，特别是到1920年代其数量就变得相当之大；①二是以城市市民为主的争取政治权利的运动和骚乱，比如仅仅1905—1918年之间，东京就发生过9次较大规模的骚动，其政治诉求包括反对日俄协定、反对增税、要求成立立宪政

---

① 詹姆斯·L.麦克莱恩，《日本史（1600—2000）：从德川幕府到平成时代》，王翔等译，海口：海南出版社，2014年，第341—352页。

府、要求普选等。①这意味着仅有少数人拥有投票权的精英民主制在不断地遭受民众抗争与政治权利运动的挑战。这一时期最重要的政治成果是，日本通过选举改革不断地扩大普通国民的选举权。到1925年《普通选举法》颁布，日本就实现了25岁以上成年男子的普选权。对当时的一个亚洲国家来说，这已经是民主建设的巨大成就。

再次是文官政府与军队、军官集团之间的关系。从明治维新到二战，日本军队与军官集团的地位既受到《大日本帝国宪法》的影响，又受到日本对外关系与战争的左右。上文曾简要分析，天皇既非绝对君主制下的实权君主，又非立宪君主下的虚位君主，而是介于两者之间。天皇早期跟元老集团分享文官政府的统治权，后来则跟议会分享文官政府的统治权。这种制度模式有一个重大问题，就是军队名义上需要对天皇负责，不需要对内阁和议会负责，但天皇又非真正意义上的实权政治领袖，这使得军队与军官集团有可能脱离天皇或政府的政治控制，从而作为一种政治力量具有了相当的政治自主性（autonomy）。②此时，倘若日本处在较为紧张的外部关系乃至战争之中，倘若日本在武力上面临着生死存亡的选择，那么，军部力量就有可能急剧上升，甚至成为日本政治体系中最具支配性的力量。这其实就是日本军方在政治上快速崛起的基本逻辑。实际上，从1890年代到1930年代早期，日本先后经历了1894—1895年中日甲午战争、1904—1905年日俄战争、1910年出兵占领朝鲜、1914年开始的第一次世界大战、1931年出兵侵略中国东北等。尽管这些战争大部分是日本作为主动一方发起的，并给东亚国家与人民带来了巨

①　安德鲁·戈登，《日本的起起落落：从德川幕府到现代》，李朝津译，桂林：广西师范大学出版社，2008年，第159—165页。

②　关于军队的文官控制，参见亨廷顿1957年的一项研究：塞缪尔·亨廷顿，《军人与国家：军政关系的理论与政治》，李晟译，北京：中国政法大学出版社，2017年。

大的灾难，但客观的政治后果是，日本从1894年开始就处在持续而巨大的军事竞争压力之下，这就需要军部在政治体系中扮演更重要的角色。1932年和1934年，均曾出任海军大臣、拥有海军大将军衔的斋藤实、冈田启介先后出任日本内阁首相。这意味着自1918年开创的政党内阁制度已告终结，日本政治实权已经从国会多数党手中转移到了日本军部与军官集团手中。1936年"二二六"兵变的发生及其后续的政治清算，则意味着日本大正民主体制的彻底溃败。由此，日本蜕变为军部主导的法西斯主义政体。1937年以后，日本内阁中就仅有1—2位国会议员了。①

此后，一直到第二次世界大战战败，日本才在美军占领下开始了去军事化和新的民主化。新的《日本国宪法》于1946年颁布、1947年实施，首次确立天皇作为虚位立宪君主的议会民主制原则，日本才重新走上了民主转型道路，并实现了民主巩固。

就政治现代化的背景来看，日本显然不同于位于西方的普鲁士-德国，但日本的整个现代化过程也是从西方人触发的政治危机开始的。此后，以封建等级制国家、农业经济、幕府统治制度作为起点的日本，开始了在国家构建、经济发展与民主建设上的尝试与探索。总体而言，东西方碰撞所导致的政治危机，沿海狭长国土所带来的紧迫感，加上天皇—幕府将军—地方大名的分权复合结构，使得日本更有可能对这场重大的危机做出恰当的反应。从倒幕运动到明治维新，日本进行了一场轰轰烈烈的国家再造运动，为国家构建、经济发展与民主建设奠定了基础。此后，日本不同的政治力量在既有制度框架下的博弈，以及日本面临的诸种国内外约束条件，左右了

---

① 安德鲁·戈登，《日本的起起落落：从德川幕府到现代》，李朝津译，桂林：广西师范大学出版社，2008年，第241—248页。

此后日本政治发展的道路。日本发动的一系列战争，既给其他国家与人民带来了深重的苦难，又影响了日本国内的政治模式与政体变迁。直到二战后的国家再造与重建，日本才重新确立去军事化的议会制民主政体，并在1950—1970年代实现了第二轮经济起飞。由此，日本才实现了充分的政治现代化。

如今，德国和日本自然都是已经充分完成政治现代化的国家，它们的案例提供了几个主要的启示：一是政治现代化是可能的，二是政治现代化需要遵循特定的逻辑，三是许多国家的政治现代化都会经历一个艰难与曲折的过程。实际上，对于非西方传统大国来说，它们的政治现代化过程大概率上不会比德国和日本这两个国家更为容易。

历史的逻辑与未来的可能性

关于如何理解政治现代化，本书提出了一个新的分析框架，其核心是国家构建、经济发展和民主建设这一政治现代化的"铁三角"。这个"铁三角"中三要素的各自表现、互相作用与发展次序等都会影响一个国家政治现代化的进程与成就。当然，任何国家的政治现代化——不管是一般后发展国家，还是非西方传统大国——都需要正视英国兴起之后国内与国际的约束条件，同时会受制于国内政治与国际政治的双重影响。这是政治现代化的逻辑问题。上文不仅讨论了逻辑问题，还讨论了政治现代化的许多经验问题，就是如何基于全球视野来理解真实世界中的政治现代化。从全球范围的历史经验来看，政治现代化对后发展国家来说当然是可能的，但许多国家的政治现代化都是一个曲折与艰难的过程。总的来说，后发展国家的政治现代化成就与问题并存：一方面，许多国家已经在政治现代化的不同维度上取得了相当的进展；另一方面，还有许多国家尚处于政治现代化的困境之中——特别是在"脆弱国家三角"地区，这些国家在政治现代化上的挑战就显得尤为突出。所以，对大部分后发展国家来说，政治现代化仍然是一个尚未完成的旅程。实际上，正如本书第二章讨论的，非西方传统大国的政治现代化进程同样面临着许多挑战。

如今站在新的历史起点上，理解未来的政治现代化大体上离不开三组重要的关系。首先是普遍性与特殊性的关系。对不同的国家来说，政治现代化既有普遍性问题，又有特殊性问题。这里的普遍性问题，按照本书的分析框架，任何国家的政治现代化大体上都离不开三要素或"铁三角"，即国家构建、经济发展与民主建设。这里的特殊性问题是指，不同国家政治现代化的实际路径往往是不一样的。迄今为止，不同后发展国家的国家构建、经济发展与民主建设之间的发展次序各不相同，由此也导致了政治现代化的迥异模式。当然，尚不清楚的是，这些迥异的政治现代化模式，其政治成就并无高低优劣之分，还是其中存在某种合乎逻辑的最优模型与路径？前者更代表着对政治发展的特殊性理解，而后者更代表着对政治发展的普遍性观点。这个问题还有待进一步的考察。

其次是结构因素与能动因素的关系。结构与能动，是社会科学研究中一对常见的重要概念。对任何一个国家来说，政治现代化既有结构的问题，又有能动的问题。这里的结构因素，是指一个国家面临的基础性社会条件与组织因素等，往往是一种较为稳定的约束条件与制度因素。比如，一个国家面临的地缘政治格局、族群宗教结构、经济发展状况、跟主要国家的历史恩怨等，都是结构性因素。这种结构性因素构成了一国政治现代化的情境条件。政治现代化的进展与成败，在很大程度上是这些情境条件决定的。但除了结构因素，能动因素也非常重要。这里的能动因素，是指政治行为者（包括政治领袖、精英、政党、军队等）在政治现代化过程中发挥的关键性作用。比如，同样一个国家，在一届政府之下没有显著的经济增长，但在另一届政府之下却实现了非常好的经济增长，很有可能是后一届政府采取了正确的做法。再比如，有的国家原先经济发展得很好，后来出现了经济的停滞，除了结构性条件和外部变量的变化，很可能是政治领导层不再坚持正确的内外政策。所以，政治现代化的未来仍将在很大程度上取决于精英选择这一关键的能动因素。

再次是理想与现实的关系。自从英国和西方兴起之后，后发展国家的理想是能够走上较为顺畅的政治发展之路，能够在国家构建、经济发展与民主建设上取得快速的进展，并最终能够在较短时间里实现政治现代化。但这仅仅是一种理想或一种希望，常常不是现实。政治现实既取决于政治现代化的起点条件，比如它可能是一个传统帝国、一个部落社会，还是一个殖民地，又取决于政治精英在此过程中展开的复杂政治博弈。如果说历史起点决定了一个国家政治现代化的最初约束条件，那么政治博弈则决定了国家走什么样的政治发展道路的问题，而这又最终会决定它在政治现代化上能够实现何种成就，是否能够达成政治现代化的目标。所以，真正的现实挑战在于，无论是后发展国家的历史起点，还是决定国家方向的关键政治博弈，都不可能根据理想条件来设定或展开。

上述三组重要关系，即普遍性与特殊性的关系、结构因素与能动因素的关系、理想与现实的关系，同样适用于对非西方传统大国政治现代化的分析。非西方传统大国在发展路径和模式上同样面临着普遍性与特殊性之间的张力。基于本书第二章的分析，跟一般的后发展国家相比，非西方传统大国更有可能强调特殊性，原因不仅在于传统大国有着深厚的历史、制度与文化积淀，而且还在于特殊性更容易凝聚传统大国的认同与凸显它们在国际体系中的独特地位。然而，这种对于特殊性的执着，是否更有利于这些传统大国实现政治现代化呢？这就是一个极具挑战性的问题。但至少到目前为止的历史经验并不支持这一点。非西方传统大国的政治现代化同样还受制于结构因素与能动因素的双重影响。假定结构因素是这些传统大国短期内难以改变的约束条件，那么它们政治现代化的实际路径与进展则在很大程度上取决于政治领导层和政治精英们的信念、行为与博弈。就此而言，政治精英同样是传统大国选择何种政治现代化路径与模式的关键因素。此外，对非西方传统大国来说，它们也不太可能按照理想路径来实现政治现代化，而只能基于历史演化的路径依赖来走自己的政治现代化道路。这条道路常常不会如希望中那般平稳顺滑，而常常是蜿蜒曲折的。这才是传统大国的真实政治演化过程。

第四章

崛起：新兴大国的和平与战争

欧洲有一套基本利益，同我们几乎没有什么关系。因此欧洲必定经常忙于争执，其起因实际上与我们的利害无关。因此，在我们这方面通过人为的纽带把自己卷入欧洲政治的是是非非，与欧洲进行结盟或冲突，都是不明智的。

——乔治·华盛顿

统帅部是从大局来说的——今日的日美关系犹如病人一样，已经到了该决定是否动手术的紧要关头。如不动手术，这样拖下去，将有越来越衰弱的危险。如果动手术，虽然也有很大的风险，但并非没有得救的希望。我想目前这种情形，已经到了该大胆决定是不是动手术的阶段。统帅部始终希望外交谈判取得成功，但在不成功的情况下，认为应该大胆地实行手术。在这个意义上，我们赞成这个议案。

——1941年9月6日天皇御前会议记录

　　本书主要关注的是大国的政治命运。大国只要在部分程度上完成现代转型，实现人均收入的显著提高与经济、技术、军事实力的较大提升，考虑到大国的规模与体量，就更容易实现作为整体意义上的大国崛起。这种崛起至少是作为区域性大国的崛起，也可能是作为全球性大国的崛起。这种大国崛起的现象很可能会改变原先世界格局中的权力结构与势力平衡，也有可能因此激起原先主要大国的剧烈反应。从历史经验来看，大国崛起的结果往往差异很大，一种可能的结果是实现和平崛起，另一种可能的结果是引发剧烈的冲突乃至战争。

　　为什么有些大国实现了和平崛起，而有些大国在崛起过程中却引发了剧烈的冲突乃至战争？到底是哪些因素导致了大国崛起之后的政治分化？这就是本章试图回答的主要问题。这既是一个重要的理论问题，关系到如何解释崛起大国的和平与战争之间的分化，又是一个重要的实践问题，关系到许多新兴大国应该如何更好地把握自己的政治命运。

　　由于21世纪以来中国作为一个大国的快速崛起以及中美之间的复杂国际关系，新兴崛起大国是否必然会跟原先的支配性大国发生剧烈的冲突乃至战争，这个问题成了最近几年国内外学术界的热点。哈佛大学教授格雷厄姆·艾利森的研究推动了"修昔底德陷阱"这一概念的广泛传播。"修昔底德陷阱"甚至成了许多人理解新兴崛起大国与原先主导大国关系的主流范式。这一理论总体上强调新兴崛起大国挑战原先主导大国的必然性，以及两者由此发生战争的可能性。[1]实际上，早在2000年，政治学者戴尔·科普兰在《大战的起源》一书中就已经基于动态平衡理论论述了这一原理。[2]当然，事实上，并非所有的新兴崛起大国都会跟原先主导大国发生战争。比如，人类近现代史上一次最重要的从英国到美国之间的大国权力转移，就是以和平方式实现的。因此，现有主流研究不足以很好解释新兴大国崛起之后或和或战的命运分化。

笔者试图在对典型案例经验的研究基础上，提出一个综合几个关键因素的分析框架来解释新兴大国崛起之后或和或战的命运分化——本书称其为"蛛网理论"（Spider Web Theory）。本章分为五个部分。第一部分是问题的提出，并对"修昔底德陷阱"的相关理论进行评述；第二部分是基于对案例与历史的归纳研究，提出一个新的分析框架；第三部分是对少数关键案例的比较历史分析，包括美国、德国、日本与苏联的大国崛起分析；第四部分是从个案研究到理论总结，提炼"蛛网理论"的主要观点与理论发现；第五部分是本章的总结，并讨论这项研究对后续新兴大国的政治启示。

---

[1] 格雷厄姆·艾利森，《注定一战：中美能避免修昔底德陷阱吗?》，陈定定、傅强译，上海：上海人民出版社，2019年。

[2] 戴尔·科普兰，《大战的起源》，黄福武、张立改译，北京：社会科学文献出版社，2017年。

大国崛起与"修昔底德陷阱"

　　随着中国在21世纪的快速崛起，特别是2018年中美贸易摩擦以来，中美关系变得日益复杂和微妙。于是，一个问题随之产生了：中美之间是否会发生剧烈的冲突乃至战争？这是最近几年国内外学术界关注的热点。这一具体问题的背后是一个更普遍的理论问题：由于世界格局中的权力竞争，新兴崛起大国是否必然会跟原先主导大国发生冲突乃至战争？过去几年，国际学术界对这个问题的主流讨论是围绕"修昔底德陷阱"这一概念展开的。修昔底德是2000多年前的古希腊历史学家，系古典名著《伯罗奔尼撒战争史》的作者。而使得"修昔底德陷阱"名声大噪的是哈佛大学肯尼迪政府学院创始院长格雷厄姆·艾利森，他于2017年出版的《注定一战：中美能避免修昔底德陷阱吗?》让这一概念大行其道。

　　在该书中，艾利森引用了修昔底德的一个论断："使战争不可避免的真正原因是雅典势力的增长以及因此而引起的斯巴达的恐惧。"①在公元前5世纪古希腊诸城邦的国际格局中，斯巴达是国土面积最大、也是实力最强大的主导性城邦国家，雅典则是面积同样较大的新兴城邦国家。这样，它们都堪称公元前5世纪古希腊的大国。艾利森认为，在修昔底德看来，正是新兴大国雅典的崛起，亦即

---

　　① 格雷厄姆·艾利森，《注定一战：中美能避免修昔底德陷阱吗?》，陈定定、傅强译，上海：上海人民出版社，2019年，第5页。修昔底德的原文是希腊文，这个表述自然有不同译法，其中一个国内主流译本的译法是："雅典势力的日益增长，由此而引起拉栖代梦人的恐惧，使战争成为不可避免的了。"这里的拉栖代梦人，大致上可以理解为斯巴达人。参见：修昔底德，《伯罗奔尼撒战争史》（上下册），徐松岩译注，上海：上海人民出版社，2017年，第73页。

"势力的增长"，引发了原先主导大国斯巴达对于国际权力格局将发生不利变化的"恐惧"，由此导致了公元前431—前404年之间两大城邦国家及其联盟之间的战争，史称"伯罗奔尼撒战争"。

实际上，早在艾利森的著作之前，国际政治学界早有学者用类似的理论与逻辑解释新兴崛起大国与原先主导大国之间可能的战争。在2000年出版的《大战的起源》中，美国政治学者戴尔·科普兰就认为，一个新兴大国崛起之后，会在国际体系中挑战原先的主导大国，两者之间可能会发生战争。就时机而言，这种战争最有可能发生在原先主导大国在实力上即将被新兴大国超越但仍然处于领先或略微领先的时刻。科普兰将这一理论称为动态差异理论（dynamic differentials theory）。

艾利森的研究与科普兰的研究既有理论上的逻辑，又有经验证据的支持。在理论前提上，他们同样预设大国之间对于国际体系中的政治权力存在着激烈的竞争。这一点符合许多现实主义思想家的理论基调。比如，德国社会学家马克斯·韦伯就认为，政治在本质上是关乎生存的，尤其是民族国家在竞争中的生存，生存的前提是民族国家具有维护生存的"权力"。[①]由此看来，大国对于政治权力的持续争夺，乃是国际体系的基本特征之一。美国攻击性现实主义理论家约翰·米尔斯海默认为，由于国际社会无政府状态，每个国家都拥有进攻性军事能力，不同国家的政治意图不可知，生存为国家的首要原则，以及国家通常是理性行为者，可以推导出常常难以避免的"大国政治的悲剧"，其核心逻辑在于安全困境驱动军事竞

---

① 马克斯·韦伯，《民族国家与经济政策》，甘阳译，北京：生活·读书·新知三联书店，1997年。

赛，最终更容易导致大国之间的政治冲突乃至战争。①以这种逻辑推论，新兴大国当然很容易跟原先主导大国发生冲突乃至战争。

在经验证据上，艾利森主要借助于简单的历史统计，其统计范围包括从地理大发现开始到21世纪初。在他所统计的16次主要大国之间你追我赶的锦标赛中，有12次导致了战争，仅有4次没有导致战争，导致战争的比例高达四分之三。②科普兰则主要对一战的起源、二战的起源、冷战起源、柏林危机与古巴导弹危机做了细致深入的案例研究，同时对从伯罗奔尼撒战争到拿破仑战争的七场大战做了梳理，同样论证了新兴崛起大国容易跟原先主导大国发生战争的逻辑。③

然而，自"修昔底德陷阱"这一概念兴起之后，国内外学术界对其批评与质疑的声音从未间断。哈佛大学政治学教授约瑟夫·奈指出，艾利森恐怕误解了伯罗奔尼撒战争的真实起因，因为这场战争主要并非起因于崛起的雅典挑战了斯巴达的权力。④在北京大学教授钱乘旦看来，"伯罗奔尼撒战争之所以爆发，其根本原因是历史学家们所说的'雅典帝国主义'，即雅典试图控制整个希腊，为此不惜动用武力"，并非艾利森意义上的"修昔底德陷阱"。⑤古典学者晏绍

---

① 约翰·米尔斯海默，《大国政治的悲剧（修订版）》，王义桅、唐小松译，上海：上海人民出版社，2021年。

② 格雷厄姆·艾利森，《注定一战：中美能避免修昔底德陷阱吗?》，陈定定、傅强译，上海：上海人民出版社，2019年，第68—85页。

③ 戴尔·科普兰，《大战的起源》，黄福武、张立改译，北京：社会科学文献出版社，2017年。

④ 约瑟夫·奈的观点，参见：Joseph S. Nye, "The Kindleberger Trap," Belfer Center of Science and International Affairs, 9 January 2017, https://www.belfercenter.org/publication/kindle-berger-trap。

⑤ 钱乘旦，《"修昔底德陷阱"的历史真相是什么?》，载于《北京日报·理论周刊》，2016年9月5日，第014版。

祥则认为，艾利森对修昔底德的文本存在曲解与误读。伯罗奔尼撒战争的起因，并非广为流传的修昔底德所谓的"雅典的崛起"和"斯巴达的恐惧"，而是斯巴达作为"一个内部社会结构与政治制度存在诸多弱点的霸主"，担心雅典成为一个"破坏既定秩序的新生力量"。在斯巴达看来，它自身是寡头政体，雅典则是民主政体，雅典的兴起以及民主政体的兴盛有可能威胁采用寡头政体的斯巴达的国内政治秩序。换言之，斯巴达对国内政治秩序竞争的担忧或恐惧，才是导致伯罗奔尼撒战争的更重要原因。[①]还有许多学者认为，"修昔底德陷阱"的理论预设、历史情境与处置国际危机的方式方法，跟今天的中美关系都有很大的不同，因而用这一理论来解读中美关系会导致严重的误读。[②]

进一步说，即便"修昔底德陷阱"的概念及其逻辑有其合理性，但仅凭这一概念还是无法解决一个关键问题：为什么有的新兴大国崛起之后导致了跟原先主导大国之间的战争，而有的新兴大国能实现和平崛起？在艾利森的统计清单中，在历史上16次大国锦标赛中，有4次并没有导致战争，分别是：16—17世纪西班牙与葡萄牙的竞

[①] 在晏绍祥看来，伯罗奔尼撒战争的起因，并非广为流传的修昔底德所谓的"雅典的崛起"和"斯巴达的恐惧"，而是斯巴达作为"一个内部社会结构与政治制度存在诸多弱点的霸主"担心雅典成为一个"破坏既定秩序的新生力量"。这是因为当时的斯巴达是寡头政体，而雅典则是民主政体。在斯巴达看来，它自身是寡头政体，而对手雅典则是民主政体，雅典兴起之后有可能会威胁到斯巴达国内的寡头政体这样一种国内政治秩序。换言之，斯巴达对国内政治秩序竞争的担忧或恐惧，而非国际秩序权力竞争的担忧或恐惧，是导致战争的更主要原因。由此，在晏绍祥看来，所谓的"修昔底德陷阱"，或许只是斯巴达与雅典国内政治秩序的竞争在国际政治领域的映射，而并非主要由国际权力竞争本身所驱动的冲突。参见：晏绍祥，《雅典的崛起与斯巴达的"恐惧"：论"修昔底德陷阱"》，载于《历史研究》，2017年第6期，第109—125页。

[②] 相关观点，参见：James Palmer, "Oh God, Not the Peloponnesian War Again," *Foreign Policy*, 28 July 2020, https://foreignpolicy.com/2020/07/28/oh-god-not-the-peloponnesian-war-again/。

争，19世纪晚期到20世纪早期美国与英国的竞争，二战后苏联与美国的竞争，以及重新统一后的德国在欧洲与英法之间的竞争。当然，艾利森并不认为，新兴大国与守成大国之间的冲突是不可避免的。但他并没有从理论上系统地解释上述关键问题，即新兴大国崛起之后或和或战的命运分化。

如果我们主要聚焦19—20世纪的历史，就会发现新兴大国崛起的案例其实并不多。但就在这为数不多的大国崛起案例中，仍然可以看到新兴大国崛起之后政治命运的分化。比如，最为显著的案例是，美国在19世纪晚期到20世纪早期的崛起，并没有导致跟19世纪的全球主导国家英国之间的严重冲突或战争。[①]英美两国之间甚至发展出了一种比较特殊的外交关系，即所谓英美特殊关系论。[②]再比如，尽管德国19世纪晚期到20世纪上半叶的崛起导致了战争，甚至是两场世界大战，但二战之后，德国的再次崛起就没有导致跟欧洲主导国家英法或全球主导国家美国之间的冲突或是战争。日本这方面的情形跟德国有些类似。又比如，苏联20世纪上半叶之后的崛起，并没有导致跟全球主导者美国之间的战争，但两者长期处于冷战状态。在学理上，究竟如何界定冷战的政治性质，以及确定冷战跟战争、和平之间的关系，确实是一个重要的问题。有人将冷战视为二战之后的一个长和平时期，原因则归结于两极体制相对于多极体制的稳定性以及美苏外交策略上的克制性。[③]但也有人认为，冷战并非

[①] Kori Schake, *Safe Passage: The Transition from British to American Hegemony*, Cambridge: Harvard University Press, 2017.

[②] John Dumbrell, "The US-UK 'Special Relationship' in a World Twice Transformed," *Cambridge Review of International Affairs*, Vol. 17, No. 3（2004），pp. 437-450.

[③] 约翰·刘易斯·加迪斯，《长和平：冷战史考察》，潘亚玲译，上海：上海人民出版社，2019年。

是一种常规的或相对稳定的和平状态，而是存在着一触即发的风险。特别是，考虑到朝鲜战争、古巴导弹危机等重大事件，冷战显然不同于一种常规的国际秩序或国与国之间的和平状态。[1]

但无论怎样，这些讨论都呈现出，尽管19—20世纪新兴大国崛起的案例并不多，但它们却有着相当大的差异性：有的大国崛起导致了战争，有的大国崛起却能维系和平。这里的种种差异，当然是"修昔底德陷阱"这一单一理论无法很好解释的。本章就是要为解释这些问题提供一个分析框架，并给后来的新兴大国提供理论与经验的启示。

大国崛起背后的世界格局与关键因素

要想理解新兴大国崛起之后跟原先主导大国之间的互动与博弈，首先就要理解国际关系与大国政治关系的基本情境。不同于国内政治，国际体系或世界格局的一个基本特点是无政府状态。[2]这意味着并没有一个全球性的世界政府来统一提供世界范围内的安全、法律与秩序。当然，这不是说，这个世界就没有安全、法律与秩序，但目前国际体系意义上的安全、法律与秩序是靠着不同主权国家之间的彼此合作、国际机构的互相协调以及主要大国的支持协助才得以实现的。而国际秩序跟国内秩序的根本差异在于，在国际秩序上并无一个与整个国际体系相对应的世界政府或全球政府。即便是联合

---

[1] 更强调冲突视角的冷战史著作，参见：John Lamberton Harper, *The Cold War*, Oxford: Oxford University Press, 2011。

[2] 米尔斯海默的论述常常把国际关系视为一种无政府状态，参见：约翰·米尔斯海默，《大国政治的悲剧（修订版）》，王义桅、唐小松译，上海：上海人民出版社，2021年。

国，也仍然是一个国际组织，不是一个超国家的全球政府。

新兴崛起大国跟原先主导大国之间的关系符合大国之间的博弈模型。大国博弈的基本特点是政治行为者的数量极少，所以一方策略的改变很可能会引起另一方策略的改变。用产业经济学术语来说，每个大国就像是寡头竞争市场中的大企业，它们不是价格接受者，而是价格制定者。在完全市场竞争的理想状态之下，每个企业都是价格接受者，而一旦处于寡头竞争模型，特别是双寡头模型之下，则每个企业都变成了价格制定者。一个企业的价格政策，一定会影响对手企业的价格政策，使其不得不做出反应。大国博弈也是这样的特点，一个大国的策略改变会快速影响到另一个大国的策略。[①]这意味着，在大国博弈模型之下，一个大国的每一步都需要非常小心，都有可能引发一系列的连锁反应。

面对无政府状态之下的大国博弈，需要进一步了解的三个关键概念是威胁感知（perception of threat）、安全困境（security dilemma）与冲突螺旋（conflict spiral）。国际关系中的威胁感知，是一个国家对他国或者外部世界可能的威胁或潜在威胁的一种感受与认知，这其实源于人类自我保全的本能或者生存需要。一个人深夜在寂静的山路上行走，通常会产生相当程度的不安全感。这就是威胁感知在人类个体身上的呈现。在国际体系中，一个大国产生别的大国可能会对自身造成威胁的感知，这其实是正常的。在国际体系的无政府状态下，没有谁是确定的安全保证人，一个国家出于政治生存的本能，就会产生威胁感知。再加上国与国之间的信息不对称，这种情形可

---

① 关于大国博弈的研究，参见：Timothy W. Crawford, *The Power to Divide: Wedge Strategies in Great Power Competition*, Cornell: Cornell University Press, 2021。

能还会加剧。①比如，一种常见的情形是，如果一个大国在军工技术上实现了某种重大突破，另一个大国的不安全感往往就会大幅攀升。

跟威胁感知密不可分的一个问题是安全困境。一种典型的情形是，在信息不对称条件下，一个大国可能倾向于通过增加军费开支和军备采购来提高自身维护国家安全的能力。但问题是，当一个大国这么做的时候，其他大国恐怕也不得不采取类似的扩张军备战略。当主要大国都采取类似的扩张军备战略时，就会发生军备竞赛，结果很可能是彼此之间变得更加不安全。在这种情形下，一个大国起初的做法仅仅是为了自保，目的在于相比其他主要国家能够获得军事优势。但这种实际的或想象的军事优势，一定会让其他大国产生不安全感，导致它们只有同样选择扩充军备，才能维持彼此之间的实力平衡。这种你追我赶的军备竞赛，甚至会导致一触即发的冲突，这就是安全困境的典型。②

在这种安全困境下，如果两个大国之间发生擦枪走火，就有可能滑向冲突螺旋。冲突螺旋是指，潜在对抗的双方，或者由于信息不对称，或者由于策略需要，当面对起初并不严重的冲突时，采取决不退让甚至激进的对抗性策略，结果导致两国之间的冲突持续不断升级的情形。③这种从小冲突变成大冲突、从小危机变成大危机的情形，在国际政治中并不罕见。

在上文的讨论中，信息不对称也扮演着重要角色。在大国政治

① Raymond Cohen, "Threat Perception in International Crisis," *Political Science Quarterly*, Vol. 93, No. 1 (Spring 1978), pp. 93-107.

② Charles L. Glaser, "The Security Dilemma Revisited," *World Politics*, Vol. 50, No.1: Special Issue (Oct. 1997), pp. 171-201.

③ Edward J. Lawler, Rebecca S. Ford and Mary A. Blegen, "Coercive Capability in Conflict: A Test of Bilateral Deterrence Versus Conflict Spiral Theory," *Social Psychology Quarterly*, Vol. 51, No.2 (Jun. 1988), pp. 93-107.

博弈中，信息不对称主要是指，一个大国既很难准确把握其他大国的战略意图，又很难准确了解其他大国的军事与技术实力，还很难准确掌握其他大国在国家竞争与军事技术上的实际策略。由于这种信息不对称，一个大国的理性选择就是提升自身在竞争、军备、技术上的能力。但这种做法很容易激起其他大国的类似反应。

在大国政治博弈中，政治表演有时也扮演着重要角色。在国内政治与国际政治中，政治表演有着相当复杂的意涵和后果。有时，政治表演可以降低国际关系中爆发冲突的可能性。比如，在高风险的国际危机时刻，一个大国的政治家对内高调主张强硬路线，对外实则经由秘密外交跟别国沟通和平解决方案。这种情形下的"高调主张强硬路线"其实就是一种政治表演，这种政治表演一方面有助于提升政治家的国内政治合法性与认同，另一方面有助于适当提高国际秘密谈判中的筹码。如果这样的政治危机最终得以解决，那么这种政治表演可能就是有益的，或者至少是无害的。但问题的另一面是，一个大国的政治表演有可能引发其他大国的误判。当一国以政治表演方式高调主张强硬路线时，其他大国可能会采取类似的强硬做法，甚至更强硬的做法。这样，在信息不对称条件下的政治表演，经由战略误判的机制，就可能导致国际关系中的错觉，从而增加大国之间爆发冲突的可能性。①

综合上述讨论，对于理解新兴崛起大国与原先主导国家之间的国际关系来说，无政府状态、信息不对称、大国博弈、威胁感知、安全困境、冲突螺旋、政治表演、战略误判等都是非常重要的概念，而这里的每个概念背后都有一套复杂的政治逻辑。当然，这些概念

---

① 罗伯特·杰维斯，《国际政治中的知觉与错误知觉》，秦亚青译，上海：上海人民出版社，2015年。

主要是基于现实主义国际政治理论衍生出来的，更强调国与国之间、大国与大国之间有可能走向冲突乃至战争的逻辑。实际上，国与国之间、大国与大国之间既有可能发生冲突，又有可能维持长期的和平。这些讨论构成了我们理解新兴崛起大国与原先主导国家之间国际关系的背景知识。

考虑到近现代史上大国崛起的案例并不多，这项研究采用对少数案例进行定性比较研究的方法，并在此基础上进行经验性的归纳总结。从19世纪到现在，大国崛起的案例主要包括了英国、法国、德国、美国、俄罗斯、日本与中国等国，目前的印度也常被视为一个正在崛起的新兴大国。[①]在这些案例中，涉及新兴大国对于原先主导大国的竞争或赶超，较具代表性的案例主要是四个：一是在19世纪晚期到20世纪早期英国主导的国际体系中美国的崛起，这是一次令人印象深刻的和平崛起，即美国并没有跟英国发生剧烈冲突或战争；二是德国19世纪晚期到20世纪上半叶的崛起，结果是导致了跟当时主导国家英国之间的战争；三是日本19世纪末与20世纪上半叶的崛起，导致了与当时主导国家美国和英国的战争；四是20世纪中后期苏联在美国主导的国际体系中的崛起，结果并没有导致跟国际体系主导者美国之间的热战，却导致了两国之间长期的冷战。实际上，德国和日本在20世纪下半叶又实现了第二次崛起，并且是和平崛起，但由于两国的这次和平崛起都是在美国军事占领和政治监护下的崛起，所以，本书没有将其视为典型案例来研究。由于中国以及可能还有印度是正在崛起中的新兴大国，本章也不把中国、印度作为主要案例来进行研究。表4.1总结了美、德、日、苏联（俄罗斯）

---

① 关于1500年以来大国兴衰的案例，参见：保罗·肯尼迪，《大国的兴衰：1500—2000年的经济变革与军事冲突》（上下册），王保存等译，北京：中信出版社，2013年。

表4.1　19—20世纪主要大国崛起及其政治命运的分化

新兴崛起大国	原先主导大国	结果
美国	英国	和平崛起
德国	英国	战争
日本	美国、英国	战争
苏联（俄罗斯）	美国	冷战

四个国家的崛起及其政治命运的分化。

　　上表显示，四个新兴大国的崛起导致了显著的结果差异。有些大国能够实现和平崛起，比如美国；有些大国的崛起却导致了战争，比如德国与日本；有些大国的崛起导致了冷战，比如苏联。本章关注的理论问题，是新兴大国崛起之后和平还是战争的命运分化。在技术上，本章试图通过考察上述四个国家崛起的相似性与差异性，来揭示大国崛起之后政治命运的不同。就研究方法而言，社会科学研究主要是"用经验证据解释变异"。[①]由于这是一项仅涉及少数案例的研究，所以较为适合的研究方法是定性的案例比较研究。实际的做法是对四个国家崛起的案例进行历史情境与主要政治过程的分析，提炼出若干重要的关键因素，然后进行比较分析与归纳总结，进而发掘大国崛起及其命运分化背后的政治逻辑。

　　关于一般意义上的国与国之间的战争，学术界已经提出了很多解释变量，几乎覆盖我们能够想到的所有变量。有一项研究认为，解释国与国之间战争的理论包括了均势理论、权力转移理论、政治

---

　　① 陈慧荣，《民主研究的科学精神——评〈民主崩溃的政治学〉》，载于：钟杨主编，《实证社会科学（第一卷）》，上海：上海交通大学出版社，2016年，第105—111页。

联盟理论、经济帝国主义、军国主义、进攻性支配、军事教条、无意性战争（即没有明显意图或目标的战争）、错误知觉理论等。[①]肯尼思·华尔兹则从人类行为、国家内部机构与国际无政府状态三个层次理解战争的基本原因。[②]还有的研究强调了理性选择的重要性，欲望、激情、理性和恐惧等心理因素是如何影响战争发生的等。[③]约翰·米尔斯海默则主要关注大国政治以及大国与大国之间可能的冲突和战争。在他看来，当国际体系处于实质性无政府状态时，大国与大国之间的冲突和战争只是一个概率问题。[④]正如上文提到的，戴尔·科普兰与格雷厄姆·艾利森则更关注新兴大国崛起与原先主导大国之间何种条件下更有可能发生冲突。他们的观点尽管并不相同，但他们都认为，随着新兴国家的崛起，原先主导大国会产生深刻的政治焦虑，故而有可能在两者之间引发战争。[⑤]所有这些理论都为我们理解大国崛起之后的命运分化提供了某种洞见，但它们通常都不能很好地解释不同新兴崛起大国之间政治命运的差异。

笔者认为，大国崛起之后的命运分化是一个涉及多个关键因素的复杂问题，单因素的解释模式固然简洁，却不是一种恰当的理论

---

① 理查德·内德·勒博，《国家为何而战？过去与未来的战争动机》，陈定定等译，上海：上海人民出版社，2014年，第11—15页。

② 肯尼思·华尔兹，《人、国家与战争：一种理论分析》，信强译，上海：上海人民出版社，2012年。

③ 相关研究，分别参见：斯蒂芬·范·埃弗拉，《战争的原因：权力与冲突的根源》，何曜译，上海：上海人民出版社，2014年；理查德·内德·勒博，《国家为何而战？过去与未来的战争动机》，陈定定等译，上海：上海人民出版社，2014年。

④ 约翰·米尔斯海默，《大国政治的悲剧（修订版）》，王义桅、唐小松译，上海：上海人民出版社，2021年。

⑤ 戴尔·科普兰，《大战的起源》，黄福武、张立改译，北京：社会科学文献出版社，2017年；格雷厄姆·艾利森，《注定一战：中美能避免修昔底德陷阱吗？》，陈定定、傅强译，上海：上海人民出版社，2019年。

路径。所以，这项研究考虑采用多因素的解释框架，而非单因素的解释框架。进一步说，考虑到任何一场主要战争的决策过程——比如日本对美国发动太平洋战争或者美苏古巴导弹危机处置——的不确定性，新兴崛起大国是否跟原先主导大国爆发战争其实是一个概率问题。当结果已然发生，事实当然是确定的。但是，当结果尚未显现时，可能出现何种结果却是一个概率问题。因此，这项研究的解释从研究方法上讲，不是决定论的（determinism），而是概率论的（probabilistic）。基于上述讨论，这项研究试图回答的具体问题变成了：哪些关键因素及其组合在较大概率上更容易引发一个新兴崛起大国与原先主导大国之间的战争？

基于新兴大国崛起的逻辑过程，基于不同新兴大国与原先主导大国之间冲突的历史分析，笔者提炼出五个左右新兴崛起大国政治命运分化的关键因素，分别是背景条件（历史地理条件）、崛起模式、权力竞争方式、政治制度模式与对外政策。本章的理论猜想是，正是新兴崛起大国在这五个关键因素上的差异及其组合决定了崛起过程中或和或战的命运。具体而言，这五个关键因素是指：

第一个关键因素是新兴大国崛起的历史地理条件。这里的历史地理条件，主要指新兴大国崛起之时所面对的地缘政治结构与历史情境。地缘政治结构，往往决定了一个国家的政治与军事压力大小。比如，孤悬海外的岛国面对的地缘政治压力，往往要比强邻环伺的大陆国家小得多。这里的历史情境包含了诸多含义，甚至还包括了许多难以精确识别的因素。但这里主要强调的是新兴大国跟其他主要大国的历史关系，究竟是长期较为和平的历史关系，还是近期剧烈冲突乃至相互交战的历史关系，对新兴大国来说是两种完全不同的历史情境。一个可能的理论猜想是，那些地缘政治压力较小、历史情境较友好的新兴大国在崛起过程中更有可能维持和平；反之，则更容易走向冲突与战争。

第二个关键因素是新兴大国的崛起模式。一个新兴大国的具体崛起过程往往是复杂多样的，但总结起来，不外乎几种不同的崛起模式。一种是以经济崛起为主，一种是以军事崛起为主，还有一种是两者的结合。一个可能的理论猜想是，凡是以经济崛起为主的新兴大国往往更有机会维系跟其他主要大国的和平关系，凡是以军事崛起为主的新兴大国更容易走向冲突与战争。

第三个关键因素是新兴崛起大国的权力竞争方式。新兴大国崛起之后都会在某种程度上跟原先主导大国或其他大国形成竞争关系，而主要差别在于它们的竞争领域和竞争方式是不同的。这往往又跟当时的国际体系与世界格局有关。比如，如果当时的世界格局是全球主要强国瓜分殖民地与势力范围的竞赛，那么新兴大国崛起过程中更有可能跟其他主要大国发生政治与军事对抗。当然，如果当时的格局是全球化条件下的自由贸易与经济竞争，那么新兴大国跟其他主要大国发生政治与军事对抗的可能性就较低。一个可能的理论猜想是，如果是政治、军事、领土上的竞争，就容易演变为对抗性的竞争格局，新兴大国就更有可能卷入跟其他大国之间的冲突与战争；反之，如果是经济、技术上的竞争，就是非对抗性的竞争格局，新兴大国就不太容易卷入跟其他大国之间的冲突与战争。

第四个关键因素是新兴崛起大国的政治制度模式。其实，重要的不是新兴崛起大国本身的政治制度模式，而是新兴大国的政治制度模式和意识形态跟原先主导大国之间的差异程度。一个可能的理论猜想是，当新兴崛起大国与原先主导大国的政治制度模式和意识形态较为接近时，两者不太容易卷入冲突与战争；反之，当两者严重对立时，就更有可能卷入冲突与战争。

第五个关键因素是新兴崛起大国的对外政策。新兴大国在崛起

表4.2　大国崛起过程中的五个关键因素分析

关键因素	类型区分与政治光谱		
	和平导向　◄───── 中间状态 ─────►		战争导向
历史地理条件	地缘政治压力小、长期和平		地缘政治压力大、近期战争
崛起方式	经济崛起为主	经济崛起与军事崛起并重	军事崛起为主
权力竞争方式	非对抗性竞争（经济与技术）		对抗性竞争（政治、领土与军事）
政治制度模式	相似性很高	较低差异性	差异性很高
对外政策	合作策略	非对抗策略	对抗策略

过程中采用何种对外政策，往往是直接影响其国际关系（包括跟其他主要大国之间关系）的首要因素。新兴崛起大国的对外政策大体上有几种可能性：一是最温和的合作策略（cooperation），二是中间的非对抗性策略（non-confrontation），三是最激进的对抗策略（confrontation）。考虑到其他主要大国会根据新兴崛起大国对外政策的差异而做出相应的反应，所以，一个可能的理论猜想是，如果新兴崛起大国采取合作策略，那么它跟其他主要大国发生冲突与战争的可能性就较低；反之，如果采取对抗策略，那么卷入冲突与战争的可能性就较高。

　　总之，关于大国崛起过程中五个关键因素的分析及总结，参见表4.2。这项研究的预设是，对一个新兴大国来说，其崛起过程中有较多因素符合上表右侧的相关特征时，那么它更有可能跟其他主要大国发生冲突与战争；反之，如果有较多因素符合上表左侧的相关特征时，那么它更不可能卷入跟其他大国的冲突与战争。问题是，这里的理论猜想是否符合真实的历史经验呢？这就需要对大国崛起的不同案例进行深入研究。

新兴崛起大国命运分化的比较研究

本章接下来要对四个国家的崛起案例进行比较历史研究，重点考察历史地理条件、崛起模式、权力竞争方式、政治制度模式与对外政策这五个关键因素在其中扮演的不同角色。需要说明的是，这部分内容不是事无巨细的历史研究，而是对这五个关键因素在不同案例中的表现及其影响的分析与讨论。当然，对任何历史研究来说，细节都是重要的，但本章仅仅关注那些对和或战的结果产生重大影响的细节。

（一）美国的和平崛起

美国崛起于19世纪晚期至20世纪上半叶，并逐渐取代英国成为国际体系中的主要支配者。这也是人类近现代国际政治史上最重大的事件之一。美国的崛起及其对英国全球领导地位的取代，至少在英美两国之间是以和平方式完成的，这也是美国崛起案例的重要特征。①那么，如何理解历史地理条件、崛起模式、权力竞争方式、政治制度模式、对外政策在美国崛起过程中扮演的角色呢？

首先，美国崛起之前的历史地理条件不同于很多后来的新兴大国，特别是美国的地缘政治结构。美国位于北美大陆，主要邻国是加拿大和墨西哥。相对于美国，加拿大长期以来都是一个人口规模很小的国家，墨西哥当时则是一个经济落后的后发展国家。在美国崛起的时代，世界政治权力的中心主要在欧洲。对欧洲主要大国来说，美国基本上是一个孤悬海外、位于"北美大陆岛"的新兴国家。

---

① Kori Schake, *Safe Passage: The Transition from British to American Hegemony*, Cambridge: Harvard University Press, 2017.

跟德国、法国这样的欧洲主要大国相比，美国地缘政治结构上的有利条件是更不容易与其他主要国家发生冲突或战争。

尽管如此，美国历史上也跟欧洲主要大国发生过战争，主要是美国跟英国之间的1776—1783年美国独立战争和1812—1815年英美战争，后者又被视为第二次美国独立战争。独立战争以美国的胜利告终，英美战争则以和谈结束。此后，尽管美国与英国之间仍然有诸种分歧与冲突，包括英国一度考虑在美国南北战争期间通过支持与承认南方政府来削弱美国，但总的趋势是，由于英美两国贸易关系日趋密切，加上英美两国在语言、宗教、制度与观念上的相似性，以及英美民间社会彼此亲善，英国不再跟美国发生剧烈冲突与战争。后来，两者甚至还发展出了温斯顿·丘吉尔所谓的"英美特殊关系"。[1]当美国1917年决定以英国盟友身份参加第一次世界大战时，英美之间至少已经维持了一个世纪的和平。

当然，美国在崛起过程中确实也跟欧洲国家如西班牙发生过战争，即1898年的美西战争。美西战争的起因，是美国为了捍卫自己在古巴和加勒比海地区的权势与影响力，并随后发展到跟西班牙在西太平洋和菲律宾争夺主导权。战争以美国获胜告终。尽管西班牙曾是欧洲主要强国、地理大发现时代的老牌帝国主义国家，但到1898年时已沦为欧洲二流国家。1898年前后，西班牙的经济总量仅为英国、法国、德国的两到三成。在全球殖民体系中，西班牙的殖民地与势力范围也已经被欧洲其他主要大国瓜分得所剩无几。一部流行的历史书这样讨论因美西战争而受到瞩目的西班牙："西班牙在

<hr />

① 关于英美特殊关系，参见：Iestyn Adams, *Brothers Across the Ocean: British Foreign Policy and the Origins of the Anglo American "Special Relationship" 1900-1905*, London: I. B. Tauris, 2005; John Charmley, *Churchill's Grand Alliance-The Anglo-American Special Relationship 1940-1957*, New York: Harcourt Brace & Company, 1995。

19世纪大部分时候都沉寂得无迹可寻，在19世纪90年代又作为一个被动而衰落的大国突然重新露面。"①因此，1898年的美西战争，大致上可以被视为美国跟一个西欧弱国的战争，而非跟欧洲主要大国之间的战争。

所以，总的来说，美国的历史地理条件更有利于它作为一个新兴大国的和平崛起。因为它不仅面对的地缘政治压力较小，而且在19世纪晚期和20世纪早期的崛起之前长期跟英国、法国、德国等欧洲主要大国处于和平状态。

其次，尽管美国19世纪晚期尚未卷入过欧洲的重大政治纷争，但它基本上已完成经济上的崛起。按照经济史学者安格斯·麦迪森的估算，美国GDP1820年仅为英国的三分之一左右，1870年上升到英国的98%，已经超越法国、德国，成为西方世界的第二大经济体，1913年和1950年则分别上升到英国的230%和419%，成为遥遥领先于英、德、法的全球第一大经济体。表4.3的数据显示，19世纪晚期到20世纪早期，特别是从1870年到1913年，正是美国在经济上完成超越、实现大国崛起的关键时期。

按上述数据推算，美国实际上到1870年代后期已经成为西方世界第一大经济体，但此时的美国既不拥有显赫的军事力量，也没有在国际事务中扮演主要大国的角色。在国际体系中，美国当时的军事实力与政治影响力还完全不能跟英国、法国、德国、俄罗斯相比。一个最为直接的证据是，直到1890年，美国的海军在国际上还是无足轻重的。美国退役海军上校阿尔弗雷德·马汉在1890年出版的名著《海权论》——实际英文书名是《海权对历史的影响：1660—

---

① A. G. 霍普金斯，《美利坚帝国：一部全球史》，薛雍乐译，北京：民主与建设出版社，2021年，第321页。

表4.3　美国与欧洲主要国家GDP的比较：1820—1950年

单位：百万1990年国际元

国家	1820年	1870年	1913年	1950年
英国	36232	100179	224618	347850
法国	38434	72100	144489	220492
德国	26349	71429	237332	265354
美国	12548	98374	517383	1455916

资料来源：安格斯·麦迪森，《世界经济千年史》，伍晓鹰等译，北京：北京大学出版社，2003年，第178页，表A1-b。

1783》——中认为："我国现在还没有一支力量得当的海军。"在马汉看来，强大的海军对于维护美国的商业利益与国家利益至关重要，但美国当时的海军不足以进行任何一场主要的海战。[①]马汉固然主张美国应该大力发展海军与扩张军事权力，但他的著述也提供了一个明确的信息，即1890年的美国海军与军事力量与其经济地位是完全不相称的。

表4.4显示了1880—1914年各主要大国的战舰吨位数——这其实是衡量海军基本实力的最主要指标。该表显示，19世纪的最后20年中，美国的战舰吨位数仅为最强海军国家英国的四分之一到三分之

---

① 马汉关于海权论的著作，参见：Alfred T. Mahan, *The Influence of Sea Power upon History, 1660-1783*, Boston: Little, Brown and Co, 1890. 在该书中，马汉认为，美国到1890年，还没有一支足够强大的海上军事力量，所以美国必须发展海军。而且马汉还特别强调，美国要维护自己全球的商业利益，因为美国是一个全球的商业大国，所以必须要发展强大的海上军事力量。对美国来说，海权非常重要。马汉在这本书中有两个重要的政策主张，一是美国必须拥有强大的海军，二是美国应该与当时的海上第一军事强国英国建立联合或合作的关系，而不是挑战英国。

表4.4　1880—1914年各大国的战舰吨位

单位:万吨

国家	1880年	1890年	1900年	1910年	1914年
英国	65	67.9	106.5	217.4	271.4
法国	27.1	31.9	49.9	72.5	90
俄国	20	18	38.3	40.1	67.9
美国	16.9	24	33.3	82.4	98.5
意大利	10	24.2	24.5	32.7	49.8
德国	8.8	19	28.5	96.4	130.5
奥匈帝国	6	6.6	8.7	21	37.2
日本	15	41	18.7	49.6	70

资料来源:保罗·肯尼迪,《大国的兴衰:1500—2000年的经济变革与军事冲突》(上册),王保存等译,北京:中信出版社,2013年,第212页,表20。

一,其排名甚至还在法国、俄国之后,在全球海军国家中大体只能排名第四。但就经济规模而言,到1900年,美国的GDP不仅已经超过英国和法国,而且很可能已经接近英国的2倍和法国的3倍。通过对比美国与英国、法国的GDP即经济总量和海军实力,就可以发现美国在这一时期更符合经济崛起模式,而非军事崛起模式。

表4.5则呈现了1880—1914年美国跟其他主要强国的陆海军人数规模的比较。实际上,到1880年,美国已经是主要强国中的第一经济大国,但它在主要强国中长期维持最低的陆海军规模。1880年,美国陆海军人数规模仅为3.4万人,仅相当于俄罗斯、德国、英国的4.3%、8.0%和9.3%。即便到了第一次世界大战爆发的1914年,美国陆海军人数规模已经达到16.4万人,也仅为俄罗斯、德国、英国的

表4.5　美国与各主要强国的陆海军人数规模：1880—1914年

单位：万人

国家	1880年	1890年	1900年	1910年	1914年
俄罗斯	79.1	67.7	116.2	128.5	135.2
法国	54.3	54.2	71.5	76.9	91.0
德国	42.6	50.4	52.4	69.4	89.1
英国	36.7	42.0	62.4	57.1	53.2
奥匈帝国	24.6	34.6	38.5	42.5	44.4
意大利	21.6	28.4	25.5	32.2	34.5
日本	7.1	8.4	23.4	27.1	30.6
美国	3.4	3.9	9.6	12.7	16.4

资料来源：保罗·肯尼迪，《大国的兴衰：1500—2000年的经济变革与军事冲突》（上册），王保存等译，北京：中信出版社，2013年，第211—212页，表19。

12.1%、18.4%和30.8%。如果考虑到美国这一时期相对于其他主要强国的人口总量和经济总量，这一比例可以说是出乎意料的低。这也充分证明了美国在19世纪晚期到20世纪早期的崛起，只是经济的崛起。

　　当然，可能富有争议的是，美国在崛起过程中并非完全排斥军事手段的应用。一个重要的事实是，美国在北美大陆西进运动和开疆拓土过程中，曾经于1846—1848年跟墨西哥之间发生过美墨战争，并以武力手段最终获取了包括加利福尼亚和得克萨斯在内的广大土地。另一个重要的事实是上文提到过的1898年美西战争，被视为美国跟西班牙在加勒比海和西太平洋地区的军事争霸。但综合来看，笔者还是认为，美国在崛起过程中对于军事手段的应用至多是辅助性的，特别是考虑到美国 19 世纪晚期在军事力量与经济力量之间的悬殊差距，更说明美国是经济崛起主导型的大国崛起模式。当然，毋庸讳言的是，海军上校阿尔弗雷德·赛耶·马汉所著的《海权论》出版之后，以西奥多·罗斯福总统为代表的政治家开始重视美国的海军建设与海洋权力，并使得美国的海军力量实现了快速而显著的提升。但无论怎样，正如上文讨论的，美国在相当长时期内都是一个战舰吨位与海陆军规模与其经济地位完全不相称的国家。[①]

再次，美国在崛起过程中跟其他主要大国的权力竞争方式也具有相当的特殊性。简而言之，美国在崛起过程中并没有积极介入国际政治与军事事务，故而不容易在政治与军事领域跟英国、法国等欧洲主要强国发生直接的竞争与对抗。这又与美国历史上比较浓厚的孤立主义传统有关，这种传统可以一直追溯到开国总统乔治·华盛顿。在 1796 年的告别演说中，华盛顿这样讨论美国的外交政策及与欧洲的关系：

> 欧洲有一套基本利益，同我们几乎没有什么关系。因此欧洲必定经常忙于争执，其起因实际上与我们的利害无关。因此，在我们这方面通过人为的纽带把自己卷入欧洲政治的是是非非，与欧洲进行结盟或冲突，都是不明智的。[②]

所以，华盛顿给美国留下的外交政策基调，是不要卷入欧洲的

---

① Alfred T. Mahan, *The Influence of Sea Power upon History, 1660-1783*, Boston: Little, Brown and Co, 1890.

② 乔治·华盛顿著，约翰·罗德哈梅尔选编，《华盛顿文集》，吴承义等译，沈阳：辽宁教育出版社，2005 年，第 794—805 页。

冲突，更不要卷入欧洲的战争，要远离欧洲的各种纷争。用今天的话语来说，美国的首要任务是把自己的事情搞好、把自己的国家发展好。既然早期美国奉行的是孤立主义路线，当然就不应该过多参与世界格局中的权力争夺了。这种传统对美国的早期国家定位与对外政策产生了深远的影响。[1]

但随着局势的发展，拉丁美洲出现了许多新生共和国，同时欧洲主要强国依然希望插手美洲事务。1823年，美国总统詹姆斯·门罗在国会发表国情咨文，提出了后来被称为"门罗主义"的外交政策新主张。一般认为，门罗主义主张：第一，欧洲各国不能再以任何美洲国家为殖民地；第二，在外交政策上，美国仅在本身利益受损的前提下介入欧洲事务；第三，美国视欧洲国家任何殖民美洲的企图为对美国国家安全之威胁。[2]实际上，门罗主义可以被视为一种划分势力范围的主张，即承诺美国不介入欧洲事务，但亦要求欧洲主要强国不要介入美洲事务。总的来看，这是一条兼具防御主义和孤立主义的外交路线，也表明美国无意在美洲以外的全球事务中跟其他主要国家展开政治与军事的竞争或对抗。

即便到了19世纪晚期，美国事实上已经成为西方世界经济总量第一的大国，孤立主义和门罗主义还在相当程度上左右着美国的国际战略与外交政策。如果说当时全球政治权力角逐的主要舞台是欧洲的话，那么无论是华盛顿的孤立主义政策，还是门罗主义政策，都主张美国即便是一个崛起中的大国，也要对欧洲事务保持一种不干预的态度和立场。所以，直到19世纪末20世纪初，美国跟当时的

---

[1] 关于美国孤立主义的研究，参见：Charles A. Kupchan, *Isolationism: A History of America's Efforts to Shield Itself from the World*, Oxford: Oxford University Press, 2020。

[2] 关于门罗主义及其现代理解，参见：Denneth M. Modeste, *The Monroe Doctrine in a Contemporary Perspective*, London: Routledge, 2020。

欧洲主要大国不容易因为政治或军事领域的权力竞争而引发剧烈的冲突乃至战争。

复次，在美国崛起过程中，英国是国际体系中居于主导地位的全球支配者，而美国无论在政治制度模式还是意识形态上跟英国几乎都是同源同构的。这是美国作为一个新兴崛起大国在政治制度模式上的基本特征。原因当然不言自明，因为美国就是英国的衍生国，不仅英国移民在美国社会占据着主导地位，而且美国还在很大程度上吸收了英国的政治传统，继承了英国的观念体系。

从1787年建国制宪时刻开始，美国的政治制度模式就跟英国非常相似，同样以立宪主义、法治、精英民主、责任政府与代议制度为基本特征。两国后来又逐渐普及了公民选举权。所以，到了19世纪晚期、20世纪早期，两国基本上都是今天意义上的自由民主政体。在意识形态与主流观念上，美国与英国同样主张个人自由、公民权利、有限政府与法治国家等。尽管美国的总统制、联邦制、成文宪法等属于新的政治发明，在具体形式上不同于英国，但两国的政治制度模式与主流意识形态并无本质的区别。

美国与英国之间这种政治制度模式与意识形态上的同构性，使得英国即便担心美国可能会在综合实力与政治影响力上超越英国，但至少无须担心一种新的异质性的政治模式与观念体系的兴起，进而冲击现有的国际体系与英国自身的国内政治秩序。由于这种相似性，即便美国超越了英国，但当时国际体系与世界格局中的政治秩序、游戏规则与基本观念并不会遭受重大的挑战。这使得美国与英国之间关于世界格局中的政治权力之争，仅仅关系到两国的相对地位，而不会影响人们身处其中的政治秩序与生活方式。这就使得英国与美国之间更不容易爆发冲突与战争。

最后，作为一个崛起中的新兴大国，美国在外交政策上基本采用的是非对抗性策略，而不是对抗性策略。上文曾经提到过，美国历史上长期奉行孤立主义的外交政策，只是后来开始关注美洲事务，才开始强调美国在美洲事务上拥有特殊利益。至于欧洲与全球其他地区的政治事务，美国并无实质性的兴趣。从19世纪晚期到第一次世界大战之前，美国跟欧洲国家的主要冲突发生在美国与西班牙之间。应该说，当时的西班牙早已是一个衰落的欧洲国家。比如，在保罗·肯尼迪的流行著作中，西班牙根本不在1815—1885年间"中等强国"的名单上，肯尼迪主要关注的是英国之外的普鲁士、哈布斯堡王朝、法国、俄罗斯与美国。[①]

所以，这一时期美国没有跟全球主导大国英国以及其他欧洲主要强国在外交上采取过强硬或激进的对抗性策略。相对温和的外交政策基调是美国崛起过程的一个重要特征。这方面的两个重要例证，一是，即便美国已经出现了极少数在国际事务上雄心勃勃的政治家，但19世纪晚期的美国国会特别是参议院常常倾向于否决任何激进的军事与扩张计划。基辛格这样说：

> 但美国参议院仍专注于内政，否定所有扩张领土的计划。参议院仅维持小规模陆军（25000人），海军也很弱。直至1890年，美国陆军在世界排名14，次于保加利亚；美国海军也比意大利小，虽然美国的工业力量是意大利的13倍。当时美国不出席国际会议，并被当做二流国家看待。[②]

① 保罗·肯尼迪，《大国的兴衰：1500—2000年的经济变革与军事冲突》（上册），王保存等译，北京：中信出版社，2013年，第164—188页。
② 亨利·基辛格，《大外交》，顾淑馨、林添贵译，海口：海南出版社，2012年，第22页。

二是，尽管马汉主张美国应该建设强大的海军，拥有强大的海洋权力，但他同时主张，应该跟英国这一当时的全球主导者维持友好乃至政治联盟的关系。[1]这也从一个侧面说明美国在外交政策上的基调，即美国无意挑战当时的全球主导者。甚至按照基辛格的说法，"美国几乎是违背本身意愿地成为世界强国"。[2]

总之，美国作为19世纪晚期与20世纪早期崛起的一个新兴大国，在历史地理条件、崛起模式、权力竞争方式、政治制度模式与对外政策等五个关键因素上，均具有许多重要的特征，这些特征综合起来都有利于促成美国的和平崛起，而非引发美国与英国或其他主要大国之间的冲突与战争。

（二）德国从崛起到战争

跟美国的和平崛起相比，德国作为欧洲大陆新兴大国的崛起恰恰是一个从崛起到战争的故事。普鲁士1871年完成了对德意志的统一，随后德意志实现了首次崛起，但不久以后，德国就卷入了于1914—1918年间发生的第一次世界大战。一战失败后，德国并不满意凡尔赛体系给其施加的重压。1933年，阿道夫·希特勒上台，在恢复了德国的工业和军事能力之后，又发动了第二次世界大战。所以，德国的崛起，不只是从崛起到战争的故事，而且是从崛起到两次世界大战的故事。那么，为什么德国会从崛起走向战争呢？这里同样需要考察历史地理条件、崛起模式、权力竞争方式、政治制度模式、对外政策在德国崛起过程中扮演的角色及其影响。

首先，德国作为一个欧洲大陆新兴崛起大国的历史地理条件完

---

[1] 马汉，《海权论》，一兵译，北京：同心出版社，2012年，第231—236页。
[2] 亨利·基辛格，《大外交》，顾淑馨、林添贵译，海口：海南出版社，2012年，第22页。

全不同于美国。就地缘政治条件来说，德国位于欧洲大陆的中西部地带，强邻环伺，属于典型的"四战之地"。拿一战之前的德国来说，东有俄罗斯，西有法国和英国，南有奥匈帝国，北有瑞典等国。德国所处的地理位置使其可能遭受来自各个方向上的政治与军事压力，亦即德国是一个地缘政治压力很大的国家。在欧洲近代历史上，无论是发生于1618—1648年间规模庞大的三十年战争，还是发生于19世纪初的拿破仑战争，后来被称为德意志的这块土地都无法幸免。甚至在拿破仑战争中，普鲁士几乎面临着邦国覆灭的危机。

就历史情境而言，德意志帝国的统一既是最大邦国普鲁士从18世纪到19世纪上半叶努力进行现代国家构建——包括军事、行政、财政方面的改革以及强化中央权威等——的结果，又是普鲁士排除外部力量——主要是丹麦、奥匈帝国和法国——对德意志统一可能进行干预的结果。按照普鲁士首相奥托·冯·俾斯麦的说法，只有铁与血的政策，普鲁士才能完成对德意志的统一。从普鲁士跟外部政治体的关系来说，它正是通过1860年代到1870年代初的三场战争，即普鲁士-丹麦战争、普鲁士-奥匈帝国战争、普鲁士-法国战争，才最终完成德意志国家统一的。

所有这些不仅表明普鲁士-德国地缘政治压力巨大，而且在德意志统一过程中就经历了跟三个邻国之间的战争。其中，当时的法国和奥匈帝国都是欧洲大陆的主要国家。历史经验表明，战争往往是有记忆的。比如在普法关系中，如果把1870—1871年普法战争中法国的失败作为起点，那么1914—1918年第一次世界大战中法国的胜利恰好是法国对普法战争的复仇。如果把历史再往前推，普法战争又可以被视为普鲁士对法国皇帝拿破仑征服普鲁士的一次反击。所以，总的来说，德国在崛起过程中面临着较为复杂的地缘政治结构与历史情境。这种历史地理条件对德意志作为一个欧洲大陆新兴大国的崛起是较为不利的因素。

其次，普鲁士-德国的崛起模式也不同于美国，一方面普鲁士-德国在19世纪晚期与20世纪早期的崛起固然是经济崛起，但同时也是军事崛起。综合来看，德国的崛起是经济崛起与军事崛起并重的模式。

从经济与技术上讲，19世纪中期与后期是普鲁士与德意志工业化的快速推进时期。跟英国的工业革命相比，德国的工业革命更具有后发的、政府指导的特点。这一时期，德国经济总量快速飙升，跟英国差距缩小，到1913年已经跟英国大致相当，甚至略微超越英国——当然，这也是由于德国的人口较英国为多，德国在人均意义上仍然落后于英国，大致相当于英国人均GDP的四分之三。就一般的工业化水平而言，1860年，德国尚不及英国的四分之一，但到20世纪20—30年代，德国已经达到英国的八成以上，表4.6展示了德国与欧洲主要强国尤其是英国之间工业化水平的长期历史变迁。进一步说，就总的工业潜力而言，到第一次世界大战爆发前的1913年，德国已经超过英国，参见表4.7。

到20世纪早期，德国甚至在许多关键工业产品——先是煤炭、生铁、硫酸（较具代表性的化工产品），后来是钢铁、电力、化工产品——上已经接近英国或者超越了英国。表4.8显示了1870—1938年德国与英国在少数关键工业产品上的数量变化。总体而言，1870年，德国在许多关键工业产品上的产量尚不及英国的四分之一，甚至是十分之一。但是，到第一次世界大战爆发前的1913年，德国在大量关键工业产品上的产量已经超越英国。比如，德国的钢铁产量已经接近英国两倍，电力产量甚至是英国的三倍以上，化工产品产量也是英国的两倍以上。由此可见，在欧洲政治格局中，德意志作为新兴大国崛起的重要方面是经济的崛起。

表4.6　德国与欧洲主要强国的人均工业化水平：1860—1938年

（英国1900=100）

国家	1860年	1880年	1900年	1913年	1928年	1938年
德国	15	25	52	85	101	128
英国	64	87	100	115	122	157
法国	20	28	39	59	82	73
俄罗斯	8	10	15	20	—	—
欧洲	17	23	33	45	76	94

资料来源：转引自斯蒂芬·布劳德伯利、凯文·H.奥罗克编著，《剑桥欧洲经济史：1870年至今》，张敏、孔尚会译，北京：中国人民大学出版社，2021年，第87页，表3.6；斯蒂芬·布劳德伯利、凯文·H.奥罗克编著，《剑桥欧洲经济史：1870年至今》，张敏、孔尚会译，北京：中国人民大学出版社，2021年，第268—269页，表9.5。本表有删节。

表4.7　德国与世界主要强国相对的总的工业潜力：1880—1938年

（以1900年的英国为100）

国家	1880年	1900年	1913年	1928年	1938年
英国	73.3	100	127.2	135	181
美国	46.9	127.8	298.1	533	528
德国	27.4	71.2	137.7	158	214
法国	25.1	36.8	57.3	82	74
俄罗斯	24.5	47.5	76.6	72	152
奥匈帝国	14	25.6	40.7	—	—
意大利	8.1	13.6	22.5	37	46
日本	7.6	13	25.1	45	88

资料来源：保罗·肯尼迪，《大国的兴衰：1500—2000年的经济变革与军事冲突》（上册），王保存等译，北京：中信出版社，2013年，第209页，表17。

表4.8　德国与英国主要工业产品的产量比较：1870—1938年

	1870年	1880年	1890年	1900年	1913年	1920年	1929年	1938年
煤炭（百万公吨）								
德国	26	47	70	109	190*	140.8	177	186.2
英国	112	149	185	229	292.0	233.1	262	230.6
生铁（千吨）								
德国	1261	2468	4100	7550	16761			
英国	6059	7873	8031	9104	10425			
硫酸（千吨）								
德国	43	130	420	703	1727			
英国	590	900	870	1010	1082			
钢铁（千吨）								
德国					14.3	9.3	18.4	22.7
英国					7.8	9.2	9.8	10.6
电力（兆千瓦时）								
德国					8.0	15	30.7	55.3
英国					2.5	8.5	17.0	33.8
化工（占世界比例%）								
德国					24.0	16.0	17.6	21.9
英国					11.0	10.2	9.3	8.6

资料来源：斯蒂芬·布劳德伯利、凯文·H.奥罗克编著，《剑桥欧洲经济史（第二卷）：1870年至今》，张敏、孔尚会译，北京：中国人民大学出版社，2021年，第92—94、275—276页，表3.7与表9.6。表格数据略有删减。表格中带"*"的数据，原表3.7和原表9.6有出入，可能是统计口径的问题，这里采用原表3.7的数据。

　　然而，毋庸讳言的是，德意志的崛起同时也是显而易见的军事崛起。正如上文提到的，德意志的统一是普鲁士经由三场战争才得以完成的。如果说德意志的统一是德意志崛起的前奏，那么，德意志的崛起本身就是建立在军事崛起的基础上的。对于关注德国史的朋友来说，这几乎就是常识。在1871年德意志帝国统一之后，德国政府继续强化国防预算，扩张军队规模，提高军事技术与综合实力。就国防预算而言，从数据上看，德国1870年的总额尚不及英国的一半，仅仅20年之后的1890年就跟英国相差无几，而在第一次世界大战开战的1914年达到了英国的144%，参见表4.9。这一数据快速飙升的背后是更大规模的军队、更多的坦克、更高级的火炮与更多的战舰。

　　这意味着，德国的崛起并不仅仅是经济崛起，而且是军事崛起，实际上是经济与军事崛起的组合模式。德国这种伴随着军事崛起的大国崛起，甚至是以军事崛起作为前提的大国崛起，往往意味着该国在后续的发展过程中更难维系和平，更容易导致跟其他主要国家的冲突乃至战争。

　　再次，就权力竞争方式而言，德国的关注点既是经济与技术领域的，又是政治、军事与全球权力领域的。德国要实现作为一个新兴大国的崛起，在英国率先启动工业革命的背景下，首先要提升自身的经济与技术实力。这意味着，德国与欧洲主要大国一定会发生经济与技术领域的竞争。正如上文部分数据展示的，德国在这方面对英国进行了有效的模仿与追赶，甚至实现了部分的赶超。上文已经讨论了经济总量、人均工业化水平、关键工业产品产量等重要数据，而更能反映一个国家技术水平的指标则是劳动生产率。一个国家在一个部门的劳动生产率较高，往往意味着该国在该领域具有相当的技术优势。表4.10呈现了1907年左右德国与英国在关键产业部

表4.9　欧洲各主要强国国防费用概算：1870—1914年

单位：百万英镑

国家	1870年	1880年	1890年	1900年	1910年	1914年
德国	10.8	20.4	28.8	41	64	110.8
奥匈帝国	8.2	13.2	12.8	13.6	17.4	36.4
法国	22	31.4	37.4	42.4	52.4	57.4
英国	23.4	25.2	31.4	116	68	76.8
意大利	7.8	10	14.8	14.6	24.4	28.2
俄罗斯	22	29.6	29	40.8	63.4	88.2

资料来源：A. J. P. 泰勒，《争夺欧洲霸权的斗争：1848—1918》，沈苏儒译，北京：商务印书馆，2021年，第13页，表四。

门上的劳动生产率比较。该表显示，1907年德国的劳动生产率或技术水平已经跟英国并驾齐驱，甚至已经略微超越英国，其全行业劳动生产率达到了英国的101.8%。更重要的是，英国在大部分轻工业上领先于德国，而德国在大部分重化工业上领先于英国。比如，德国在有色金属、金属与工程、钢铁、通用化工品、化学制品、水泥等行业普遍地领先于英国，唯有机动车当时这一重要的高技术行业的劳动生产率落后于英国，但也达到了英国的九成左右，差距并不显著。由此可见，德国作为一个起初的模仿者和追赶者，到20世纪初，已经在诸多关键技术部门的生产率和技术水平上达到乃至超过了英国，成了欧洲经济与技术最发达的国家。

但由于德国面临的地缘政治压力，加上德国崛起之时整个欧洲的政治氛围，德国跟欧洲主要大国在政治与军事领域的竞争几乎是无可避免的。这种竞争主要表现在两个方面：一是军事力量的竞争，包括陆海军的规模、军事装备实力以及前沿军事技术；二是全球殖

表4.10　德国与英国劳动生产率的比较：1907年左右（英国=100）

工业部门	德国/英国	工业部门	德国/英国
通用化工品	126.6	纺织品和服装	82.3
焦炭	98.9	酿酒	90.5
化学制品及相关产品	113.9	烟草	28.3
钢铁	137.8	糖	47.3
有色金属	157.9	食品、饮料和烟草	66.9
机动车	89.7	水泥	108.1
金属与工程	139.2	其他制造业	108.1
棉	85.6	制造业总计	105.0
丝绸	74.9	采矿	78.7
皮革	67.8	全行业	101.8

资料来源：理查德·H.蒂利、米夏埃尔·科普西迪斯，《从旧制度到工业国：从18世纪到1914年的德国工业化史》，王浩强译，上海：格致出版社、上海人民出版社，2023年，第224页，表12.2。

民地与势力范围的争夺。就前者而言，从德国统一到第一次世界大战，欧洲主要国家几乎都卷入了某种程度的军备竞赛。实际上，表4.9就以国防预算形式呈现了欧洲主要大国1870—1914年间的军事竞争。该表数据显示，英、法、德、俄四国的国防预算在1870—1914年间均有大幅增长，其中英国和俄罗斯的增幅在3—4倍之间，德国的增幅则在11倍左右。考虑到1914年第一次世界大战已然开始的特殊性，即便只统计到1910年，德国在1870—1910年的40年间，国防预算也增加了6倍之多，同样远超同一时期英、法、俄三国的增幅。可见，相比其他欧洲大国，德国这一时期在军事力量的扩张上用力最多。

此外，德国作为新兴大国崛起的过程，恰恰是欧洲主要强国的全球殖民时代，其中最具代表性的国家就是英国。当德国完成统一、实现崛起时，它放眼望去，全球很多落后地区都已经被英国、法国、荷兰、比利时等国瓜分了。那么，德国该怎么办呢？主要就有两种方法：第一种是开拓那些还没有被欧洲强国殖民的地理空间，但此时有价值的地理空间已经所剩不多；第二种是夺取那些已经被别的欧洲强国占领的殖民地，但如果德国考虑用第二种方式占领殖民地，就会引发德国与其他主要大国的激烈竞争，其前景更有可能是冲突与战争。德国此时面对的这种欧洲与全球权力的竞争格局，并非是它能够主动选择的，而是特定时代背景下的产物。

实际上，一部研究第一次世界大战的权威著作认为，到了19世纪末20世纪初，欧洲主要强国的普遍信念是，拥有数量可观的殖民地本身就是强国的基本特点：

> 尤其是在19世纪的最后20年里，几乎所有的政府都以不同程度的热情深信，用一位法国政治家的话来说，"要保持为一个大国或变为一个大国，你就必须殖民"。或者用1914年一战爆发时担任英国首相的赫伯特·阿斯奎斯的话来说，殖民扩张是"一个国家活力的正常、必要、不可避免和明白无误的象征，就像人体成长的对应过程一样"。
>
> 攫取新殖民地的每一项行动都有复杂而又各不相同的原因；……对殖民地的占有产生了其自身的推动力，因而保卫殖民地的边界或者把竞争者排除在尚未被殖民的土地之外逐渐被

视为与攫取殖民地同样重要的事情。[①]

　　这两段话明白无误地揭示出那个时代的两条基本法则：第一，强国与殖民之间的强烈正相关，这不仅是实践上的，而且是信念上的；第二，不同强国会由于殖民地而产生自然而然的竞争关系。实际上，俾斯麦并未试图要把统一后的德意志帝国变成一个殖民大国，但在他倒台之后，德国对殖民地的兴趣日益增长，甚至成为其"世界政策"的一部分。[②]这样，德国后续的外交政策或殖民政策就很难不跟其他欧洲强国发生冲突。

　　由此可见，德国与欧洲主要大国在世界格局中的权力竞争方式绝不仅仅是经济和技术的，而且是政治与军事的，特别是还涉及全球殖民地与势力范围划分这一非常实际的问题。这种权力竞争方式更有可能引发德国与欧洲主要大国之间的冲突乃至战争。

　　复次，德国的政治制度模式从19世纪晚期到20世纪30—40年代，历经了三个不同时期，即德意志第二帝国时期（1871—1918年）、魏玛共和国时期（1919—1933年）、德意志第三帝国时期（1933—1945年）。德国从崛起到第一次世界大战，实行的是第三章讨论过的二元制君主立宪制。这种政体的主要特点是，它是一种半威权、半民主的政体类型。一方面，德意志皇帝仍然大权在握，拥有相当的政治实权，内阁与军队通常都要向德意志皇帝负责，但皇帝亦需尊重宪法与法律；另一方面，部分选民已经拥有选举权，议会政治与政党政治已经开始发展，人民主权原则之上选出的议会拥

① 詹姆斯·乔尔、戈登·马特尔，《第一次世界大战的起源》（第三版），薛洲堂译，北京：商务印书馆，2021年，第302页。
② 同上，第307页。

有政府财政预算的审批权。表面上看，德国政治制度模式跟当时的英国政治制度模式具有一定的相似性，但两者还是存在着显著的差异。英国是标准的虚位元首的君主立宪制模式，政治实权掌握在议会与内阁，而德国则是一种半君主立宪制政体，不仅皇帝掌握着相当的政治实权，而且内阁和军队都听命于君主而非议会。就此而言，德国跟英国之间的政治制度模式还是存在着显著的差异。这是德国在崛起过程中跟英国等欧洲主要大国之间爆发战争的重要制度因素。

在魏玛共和国时期，德国的宪法与政治制度模式跟当时的英国和美国差异很小。这也是德国魏玛时期尽管承受着巨额赔款的重压，但基本上跟英美等西方主要大国维持着和平局面的重要原因。实际上，德国在1919—1933年，即魏玛共和国时期，由于《凡尔赛和约》强加于战败国的一系列约束与赔偿条款，跟以法国为代表的战胜国之间一直处在不同程度的斗争乃至冲突状态，但由于魏玛共和国是完全民主政体，所以它不会由于宪法与政治制度模式的原因而跟其他西方主要大国产生重大政治冲突。

然而，到了1930年代早期，由于经济大萧条的冲击，加上魏玛共和国已经无力实现有效统治，阿道夫·希特勒及其纳粹党得以窃取政权，通过行政政变促成了魏玛共和政体的崩溃，进而塑造了第三帝国的法西斯极权主义政治制度模式。[①]在这种条件下，除了希特勒的扩军备战与政治意图，法西斯极权主义政体在德国的兴起本身就成了德国更难实现和平崛起的关键因素，原因在于英美担心德国的重新崛起不仅意味着对英美全球政治权力的挑战，而且还意味着对全球性的国际政治秩序和国内政治秩序的重大威胁。所以，在其他条件相同的前提下，德国从魏玛共和政体走向法西斯极权政体是

---

① 包刚升，《民主崩溃的政治学》，北京：商务印书馆，2014年，第149—225页。

左右德国再次跟其他主要大国发生战争的重要制度变量。实际上，德国内政从魏玛共和国走向第三帝国，随后就导致了跟欧洲其他国家之间的战争。这恰恰为论证"民主和平论"提供了一个非常有效的案例。如果没有希特勒和第三帝国，德国大概率不会再次发动跟欧美其他国家之间的第二次世界大战。几乎所有关于第二次世界大战起源的研究都在不同程度上认为，德国的民主崩溃与希特勒掌权是德国再次走向战争的政体性原因。[1]

最后，从1871年到1945年的将近四分之三个世纪中，德国对外政策大体上经历了从相对温和到激进化，然后是一战之后的再次相对温和到再次激进化的几个不同时期。众所周知，普鲁士是经由三场战争才统一德意志的。就此而言，1871年德意志帝国成立之前，俾斯麦掌控的外交政策是较为激进的。在这一时期，俾斯麦外交政策的主要目标是相当清晰的，即如何服务于德意志的统一。所以，该时期的普鲁士与其周边国家——特别是丹麦、奥匈帝国和法国——处在潜在的冲突乃至敌对状态。

德意志帝国成立以后，1871—1890年间经验老到的俾斯麦首相继续掌控着德意志第二帝国的对外政策。正如上文提到的，尽管在统一德意志的普丹战争、普奥战争、普法战争时期，俾斯麦为了国家统一而奉行更为激进和强硬的对外政策，但在德意志帝国实现统一以后，俾斯麦总体上秉承了更理性、温和、务实、平衡的对外政策——后世称之为现实主义（realpolitik）外交政策。这种政策要求俾斯麦从德意志在欧洲的实际利益出发来决定其外交政策与具体立

---

① 相关研究可以参见：Josh Brooman, *Roads to War: The Origins of the Second World War, 1929-41*, London: Longman, 1990; Ruth Henig, *The Origins of the Second World War, 1933-1941*, Second Edition, London: Routledge, 2005。

场。总体上，德意志这一时期的对外政策是合作策略或非对抗性政策。对俾斯麦来说，统一以后的德国已经毋庸置疑地获得欧洲强国的地位，维持这种地位和欧洲均势是令人满意的。同时，俾斯麦至少在其执政的最后几年之前都认为，维持强大的陆军足以保证德国在欧洲大陆的安全，而对发展强大的海军和占领海外殖民地并没有表现出多大兴趣。一部有名的史学专著甚至这样说："俾斯麦的外交政策在最初的20年内，并不具有帝国主义特性，甚至可以说，具有反帝国主义的性质。"①这种做法为德国赢得了20年的和平，也为德国赢得了一个经济与技术的快速发展时期。本节上面关于德国这一时期经济、工业化和技术进步数据的讨论已经充分证明这一点。在这一时期，德国在经济与技术上取得了长足的进展，德国跟当时的主要领先国家英国的相对差距也在不断缩小。

然而，倘若将俾斯麦视为一位和平主义者，那也是一种误读。由于威廉二世时期德国显而易见的激进化的外交政策，后世普遍强调俾斯麦与威廉二世之间的重大差异。这当然是有道理的，但德国的外交与军事政策，从俾斯麦时代到威廉二世时代，是既有断裂又有沿袭的。不能将俾斯麦视为一个温和的和平主义者，实际上他无非更加审时度势而已。换个角度看，俾斯麦时代已经播下了后来德国外交与军事政策激进化的种子。首要的原因，乃是俾斯麦本身就是以武力在欧洲大陆解决普鲁士与德意志领土边界和国家地位的典范。即便在1871—1890年间，德意志在俾斯麦领导下也是继续快速扩大军队与国防预算的规模。这一点无须赘述，可参见前面的表4.9。其次的原因，还在于俾斯麦执政的最后时期已经在海外殖民地政策

---

① 关于这一观点以及俾斯麦这一时期的外交政策，参见：埃米尔·路德维希，《德国人：一个民族的双重历史》，杨成绪、潘琪译，上海：文汇出版社，2019年，第343页。

上显露锋芒，甚至由此埋下了跟殖民大国英国冲突的伏笔。从当时的德国民意和俾斯麦的政治意图来看，创建德意志海外殖民帝国已经变成了一件富有诱惑力的事情。再次的原因，则是俾斯麦晚期的外交生涯致力于推动更早的"三皇联盟"（德意志、奥匈帝国、俄罗斯三个君主国的联盟）和后来的"三国联盟"（德意志、奥匈帝国、意大利三国的联盟）。俾斯麦筹建与别国的政治联盟，固然是出于德意志安全与外交利益的考虑，但从结果上看，这为后来德国走向第一次世界大战做了欧洲国际体系上的准备。[①]即便如此，仍然可以说，俾斯麦最后20年的德国外交政策总体上仍然是理性、务实与温和的，德国甚至多次跟英国讨论过英德联盟的可能性。所以，此时德国大体上奉行的仍然是非对抗性的外交政策。

　　然而，随着德国经济、技术与军事实力的进一步提升，特别是1890年威廉二世解除俾斯麦首相职务、亲自主政以后，德国的对外政策就日益激进化了。特别是到了1897年，德国开始启动"世界政策"。这一政策的基本倾向是，德国应该寻找"太阳下的一席之地"，以便建立一个与其工业实力相当的殖民帝国，并采取积极主动的姿态跟其他西方强国竞争。这一外交政策的重大调整，使得德国跟英国在经济领域、海外殖民地以及包括海军在内的军备竞赛三个领域的竞争变得愈发激烈。在威廉二世亲政时期，德国对英国的外交政策变得越来越具有对抗性。有一份史料说，威廉二世所倚重的负责海军的高级官员阿尔弗雷德·冯·蒂尔皮茨1897年6月首次觐见德皇时，就阐述了这样的观点：

---

　　① 保罗·M.肯尼迪，《英德对抗的兴起，1860—1914》，王萍等译，北京：商务印书馆，2022年，第222—243页。

> 对于德国而言，目前最危险的敌人是英国。为了对抗这个敌人，我们最迫切地需要相当数量的海军力量，以作为一种政治实力因素……我们所要建设的舰队，必须能在赫尔果兰和泰晤士河之间展现最大的军事潜能……要想在军事上与英国为敌，我们需要的战列舰数量多多益善。①

这段话包括了两个明确的含义：一是把英国视为敌人或敌国，二是主张扩军备战，特别是需要大规模的扩充海军力量。然而，到19世纪末为止，德国在海军实力上还远不是英国的对手，所以德国的实际做法是较为审慎的。但德国挑战英国的战略意图已经非常明显。奥匈帝国驻柏林大使小拉斯洛·瑟杰尼-马里奇在写给奥匈帝国政府领导人的备忘录中这样说：

> 主要德国政治家，尤其是德皇威廉，已经展望着遥远的未来，并努力使已经迅速跻身世界大国之列的德国成为首要强国，据此期待成为英国在这方面的天然继承者。柏林的人士非常清楚，德国目前尚不具备这个能力，且在很长时间内也无法实现这种继承……尽管如此，德国已经开始迅速有力地为其自诩的未来使命做准备。在这方面，德国海军力量的扩张让我总是很担忧……英国目前被德国视为最危险的敌人，至少只要德国的海上力量还不够强大，就必须在各方面慎重对待……但是由于仇英情绪在德国国内普遍占据主导地位，所以让公众舆论相信

---

① 转引自：保罗·M.肯尼迪，《英德对抗的兴起，1860—1914》，王萍等译，北京：商务印书馆，2022年，第293页。

这一点并非易事。[1]

由于英德关系的变化，英国的对德态度也发生了重大转变。到了1901—1902年，越来越多的英国人认为，德国对英国是一种威胁或挑战。当然，从结构上看，英国是当时国际体系的主导者与影响力无处不在的殖民帝国，拥有最强大的海军力量与综合国力。尽管这一切在德国看来并非天然正当，但这毕竟是既成事实。所以，英国人追求的不过是维持其在国际体系中的既有权力与主导地位。而德国一旦把目标设定为成为世界大国——按理说，这也无可厚非——就意味着需要挑战英国当时的既有地位与国际格局的现状。一位德国军官在1908年明确地指出：

> 每每想到世界上存在一个强国能够消灭其他任何国家的海军，从而将任何可疑的国家都赶出海上，就让人心生不安……只有当我们的舰队足够强大，能够阻止任何封锁，到那时我们才能自由地呼吸，才能说我们的海上力量能满足我们的需要了。[2]

这位军官的言论在当时的德国绝非特例，而是一种较为主流的认知。由此可见，德国有一种强烈的试图挑战英国海洋霸权的企图心。按照历史学家保罗·肯尼迪的看法，英德冲突和一战主要起源于德国对于英国既有地位的挑战。换言之，德国后来完全走向了对

---

[1] 转引自：保罗·M.肯尼迪，《英德对抗的兴起，1860—1914》，王萍等译，北京：商务印书馆，2022年，第314页。

[2] 同上，第550页。

英的对抗性外交政策。他这样写道：

> 有关责任的问题……直接的答案是，责任主要在德国一方。
> 如果德国的领导人没有那么坚决地在1897年之后改变海上均势，
> 并且在萨拉热窝事件之后不向西发起进攻（这场进攻将会更加
> 确定无疑地改变军事平衡），那么英德间的冲突原本是很可能避
> 免的。①

当然，保罗·肯尼迪也承认，英国的全球主导地位以及幅员辽阔的海外殖民地并非天然正当。随着德国的崛起，德国挑战英国——无论在经济方面、殖民地方面、海军实力方面还是世界权力方面——几乎都是一件无可避免的事情。如果考虑到这些因素，关于责任的讨论无疑要复杂得多。但是，如果把19世纪后期和20世纪早期的世界格局视为既定的现状，那么德国作为挑战者以及后来走向对抗性的外交政策无疑是促成英德冲突和第一次世界大战爆发的更为直接的原因。总体上，德国在这一时期已经跟英国构成了全面的权力竞争关系。从根本上看，德国的世界政策本身就有强烈的政治意图，要挑战或颠覆英国在国际体系中的主导地位。就此而言，这一时期德国已经走向了跟全球支配性大国英国之间的对抗性外交政策。

在第一次世界大战遭遇严重失败以后，德国进入了魏玛共和国时期，同时在对外政策上变得更加温和与务实。当然，这首先是因为它是第一次世界大战的战败国，这使得其无论在实力还是在道义

---

① 保罗·M.肯尼迪，《英德对抗的兴起，1860—1914》，王萍等译，北京：商务印书馆，2022年，第615页。

上都处于劣势地位；其次是因为战后以英、法为代表的协约国在武力上处于优势地位，并将《凡尔赛和约》强加于德国，这种局面迫使魏玛共和国的政治家们不得不以理性、务实、妥协的姿态来对待其他主要国家。当然，即便战争失败了，德国国内仍然存在一种强烈的呼声，要求以更强硬的姿态、更民族主义的政策来对待其他试图欺凌和羞辱德国的国家。

第一次世界大战结束以后，德国面临的主要外交问题是领土与边界、裁军与军事监管以及战争赔款问题。其中给德国施加最大压力的是邻国法国。法国不仅是一战中直接损失最为惨重的国家，而且还由于普法战争而跟德国有着复杂的历史仇怨。总的来说，领土、裁军与赔款这三个问题都是政治难题。以英法为代表的协约国固然可以凭借战胜国的优势地位，但同时不得不考虑德国的实际承受能力，否则协约国单方面的条款对德国来说就是不可执行的。德国国内总体上分成两派：理性务实派寻求跟协约国的妥协，并设法争取能够争取到的有利条件；右翼民族主义者则把任何条约和妥协都视为对德意志民族的羞辱，是德意志民族需要摆脱的负担与重压。

在魏玛共和国的大部分时间里，特别是在1929年大萧条来临之前，以曾任总理和外交部部长的古斯塔夫·施特雷泽曼为代表的魏玛主流政治家在各种内外政治的重压之下，总体上秉承理性、务实、温和、非对抗的外交政策。其中最具代表性的事件是，巴黎和会要将协约国主导的《凡尔赛和约》强加于德国。1919年4月14日，他们邀请德国"只是来接受和平条件，而不是同战胜国进行谈判"。在整个签约过程中，大部分德国和谈代表一度启程回国表示抗议，但德国国民议会最终还是以237票对138票通过了在和约上签字的决定，并要求反对派议员不得以此来攻击执政团队和支持签字的议员。原因是显而易见的，有政治家表示：

他们虽然也严厉谴责这个条约，但如拒绝接受，后果将严重得多。协约国的军队无疑会进驻德国，它们的封锁会使德国人民面临饿死的危险。这不仅会引起最严重的动乱和布尔什维克化的危险，而且也会使德国分崩离析。①

这样，作为战败国的德国尽管承受着割地、赔款与裁军的重压，甚至丧失了600万人口和13%的领土，但至少迎来了和平，避免了跟协约国重新开战和国家面临彻底崩溃的风险。②此后，魏玛政府还以较为理性、务实的温和态度处置了法国和比利时占领鲁尔区的严重政治危机。

从1924年开始，以古斯塔夫·施特雷泽曼为代表的魏玛政治家继续推动德国以正常国家身份重返国际社会，并最终于1925年签署了奠定此后数年欧洲和平与稳定基础的《洛迦诺协定》。该协定是1925年10月5—16日德国、法国、比利时、意大利等欧洲多国在瑞士洛迦诺商议的七项协议，此后英国也加入该协议。《洛迦诺协定》规定，德国、法国、比利时保证互不侵犯，英国与意大利则为此作保：如果前三国任何一国攻击另一国，所有其他签署国有责任保护遭到攻击的对象。尽管德国在东部领土边界上跟波兰、捷克斯洛伐克存有争议，但几方均同意将任何领土纷争转交到仲裁法庭或是由国际联盟主导的常设国际法院审理裁决。③正是由于《洛迦诺协定》，

---

① 埃里希·艾克，《魏玛共和国史（上卷）：从帝制崩溃到兴登堡当选（1918—1925）》，高年生、高荣生译，北京：商务印书馆，2021年，第113页。

② 同上，第90—146页。

③ E. H. 卡尔，《两次世界大战之间的国际关系：1919—1939》，徐蓝译，北京：商务印书馆，2010年，第74—77页。

德国得以以正常国家身份在 1926 年成为国际联盟第六个常任理事国，随后 1930 年 6 月盟军完全撤出了德国西部的莱茵兰地区。

1919—1933 年，魏玛共和国的对外政策总体上走向了温和化，主要表现包括不再追求扩军备战，基本接受国际和约与赔款要求，寻求以理性务实的外交磋商机制来解决问题，积极谋求重新以正常国家身份回到国际社会。所以，德国这一时期的外交政策总体上是合作性而非对抗性的。

如果不是魏玛共和国的民主崩溃和阿道夫·希特勒的上台，德国 1933 年之后的外交政策恐怕不会发生如此巨大的转向。就此而言，一个国家的内政或政体跟该国的外交政策之间存在相当重要的关联。[1]1933 年，希特勒凭借德国国会第一大党的政治实力成为德国总理。此后，他很快在德国实行了纳粹化的政策，到 1933 年中，除了纳粹党之外的所有政党和党派组织都被迫解散了。1934 年 8 月兴登堡总统去世之后，希特勒又以压倒性绝对多数票当选为德国总统，同时继续兼任总理职务。德国由此从魏玛共和政体彻底转向了纳粹体制，史称"第三帝国"。

随后，德国的对外政策就逐渐发生了重大变化。起初，德国策略地跟波兰、英国、苏联等签署某种看起来有意推动长期和平的协议，但希特勒这样做无非是为了赢得更多时间和战略上的有利地位。随后，第三帝国采取的做法包括拒不履行国际协议，实行扩军备战政策。从 1938 年 3 月开始，希特勒开始陆续对邻国发动合并或入侵行动，包括 3 月吞并奥地利，9 月吞并捷克斯洛伐克以德意志人为主

---

[1] 关于魏玛民主的崩溃，参见：包刚升，《民主崩溃的政治学》，北京：商务印书馆，2014 年，第 149—225 页。

体的苏台德地区，1939年3月占领捷克地区，9月入侵波兰。这标志着第二次世界大战在欧洲正式爆发。在第二次世界大战期间，德国直接入侵的欧洲主要国家还包括法国、苏联，进行持续轰炸的欧洲主要国家包括英国。①实际上，希特勒领导的德意志第三帝国的对外政策，这里无须进行详细的讨论。德国跟欧洲主要大国之间实行的不是一般意义上的对抗性外交政策，而是入侵与战争政策。如果说第三帝国早期，德国在希特勒体制下实现了经济快速复苏和作为战败国的重新崛起，那么，从这种崛起到新的战争，德国仅仅用了几年时间。跟第一次世界大战的溯源相比，德国更加确定无疑是第二次世界大战欧洲战场的主要发动者与责任国。

由于和平与战争涉及的乃是国家与国家之间的关系，所以，对外政策在其中其实扮演着最为直接的角色，或者说，一个国家的对外政策直接决定着该国与其他主要国家之间的国际关系。更多选择合作，还是更多选择对抗，往往直接影响着一个国家的政治命运。在这种选择的关头，该国政治领导层与精英阶层的信念、行动和决断又是最为直接的决定性因素。德国从崛起到战争的历史，为理解对外政策的重要性提供了一个有效的案例。

总之，在从崛起走向战争的过程中，德国的历史地理条件、崛起模式、权力竞争方式、政治制度模式、对外政策都扮演了非常重要的角色。德国这几个关键变量的特质及其组合决定了该国在崛起过程中最终走向战争的命运。

（三）日本从崛起到战争

跟德国相类似，日本从19世纪晚期到20世纪上半叶的崛起也导

---

① 关于德意志第三帝国的政治史，参见：克劳斯·P. 费舍尔，《纳粹德国：一部新的历史》，佘江涛译，南京：译林出版社，2016年。

致了战争。实际上，早在1894年、1904年，日本就发生了跟中国、俄罗斯的战争，并获得了胜利。在一战中，日本参与程度较低，且站在了协约国一方，因而成了战胜国。到了1930年代，日本开始发动大规模的侵华战争，随后还入侵东亚、东南亚多国，并在1941年对美国发动了太平洋战争。所以，日本也算得上是从崛起到战争的典型案例。那么，日本为什么会走上从崛起到战争的道路呢？在本章的分析框架中，笔者试图回答历史地理条件、崛起模式、权力竞争方式、政治制度模式、对外政策究竟对日本的政治命运产生了何种影响。

首先，日本崛起过程中的历史地理条件既不同于美国，又不同于德国。就地理条件本身来说，应该说日本还是较为有利的。日本是一个岛国，处在前现代社会全球主要文明之一——中华文明——的边缘地带。由于日本如同英国一样孤悬海外，不跟任何主要国家在陆地上接壤，所以其地缘政治压力相对于德国来说就要小很多。当然，日本尽管是一个岛国，但跟三个国家在领土上较为接近，分别是中国、历史上的朝鲜以及俄罗斯。从日本本土出发，到朝鲜半岛的釜山、今天归属俄罗斯的符拉迪沃斯托克（即海参崴）、中国上海的距离，都只有从200公里到800余公里不等。

尽管身为岛国，日本很早就有征服大陆的政治梦想。早在16世纪末，丰臣秀吉统一日本之后，曾经两次入侵朝鲜，并试图以朝鲜为跳板征服中国，但均以失败告终。然而，丰臣秀吉这一"必图朝鲜、窥视中华"的西进东亚大陆的扩张政策，深刻影响了日本后世的政治家们。到了幕府统治的末期，以佐藤信渊为代表的思想家提出了征服中国、挺进东南亚的具体方案，并深刻影响了明治一代的政治家。"黑船来航"事件之后，日本民族产生了深刻的空间焦虑。明治维新之后，由于近代工业化推进，日本开始产生了能源与矿产资源方面的大量需求。起初，日本的能源与资源尚能自给，但日本毕竟是一个资源匮乏的岛国，工业革命之后如何获得稳定的能源与资源供给，对日本来说就成了一个严肃的问题。而能源和资源又是附着于土地或领土之上的。到了1930—1940年代，日本的能源和资源已经形成显著的外部依赖。在这种格局之下，一种最坏的可能性是，一旦与别国处于冲突或战争状态，资源和能源供应线被切断，那么日本很容易陷入全面的能源与资源危机。

日本崛起过程中面对的19世纪与20世纪之交的国际体系，跟20世纪后半叶以来的国际体系有着很大的不同——那还是一个欧洲主要大国推行殖民主义、在全球其他地区瓜分殖民地与势力范围的时代。在那样的背景下，通过武力征服占有别国领土，还是当时国际体系下的一种"正常现象"。在日本完成明治维新和基本近代化之后，放眼全球，世界上似乎主要就是两类国家：要么是全球性或区域性强国，要么是殖民地或半殖民地。事实上，到了20世纪初，整个亚洲尚未被欧洲主要强国殖民的国家主要就是中国、日本、泰国和朝鲜。在这种格局之下，日本的愿望自然是要成为强国，而非殖民地或半殖民地国家。

因此，日本的政治目标就是要在东亚地区获得更多的领土，或所谓的"生存空间"。此种政策又被称为"大陆政策"，其核心是吞并朝鲜、中国等周边国家。这样，既可以解决日本的资源和空间焦虑，又可以实现日本成为强国的梦想。特别是，在赢得1894—1895年中日甲午战争和1904—1905年日俄战争的胜利后，日本开始进一步自我膨胀。因此，日本作为一个新兴大国在东亚的崛起，既有特定地缘政治结构下的空间焦虑与压力，又受到跟邻国中国、俄罗斯等冲突关系的影响。这正是日本在崛起过程中的历史地理条件。

其次，如同德国，日本的崛起是经济崛起与军事崛起的双重模式。日本在明治维新后的经济崛起，基本上是一个传统国家经由改革和模仿实现快速工业化与近代化的故事。本书第三章曾经讨论过日本在19世纪晚期和20世纪早期是如何实现经济发展的，表3.12还呈现了日本与主要国家人均GDP的历史比较。总之，在1868年明治维新到一战前的1913年的数十年间，日本已经完成了初步的工业化，其发展水平尽管还显著落后于英国这样的世界领先国家，但已经成为亚洲经济与技术水平最高的国家。第三章也已经提到，日本的丝织业、棉织业、钢铁业、矿业、铁路、机器制造、造船业等现代制造业以及银行、保险、海运等现代服务业在当时都已经获得了很大的发展。这既提高了日本的经济实力与技术水平，又提高了日本的军事技术与战争能力。

　　显而易见的是，日本的崛起不仅是经济崛起，而且也是军事崛起，这一模式跟普鲁士-德国的崛起是非常相似的。从明治维新到一战之间，日本经历了东亚的三场战争，即1894—1895年的中日甲午战争、1904—1905年的日俄战争以及1910年出兵吞并朝鲜。日本由此奠定了东亚军事强国的地位。实际上，本章前面的表4.4和表4.5分别呈现了1880—1914年间日本与各主要强国海军战舰吨位数、陆海军人数规模的比较。表4.5显示，尽管到1914年，日本陆海军的人数规模尚不及英国、法国、德国、俄罗斯等西方军事强国，但1880—1914年，日本军力规模扩充速度是最快的，从7.1万人扩充到30.6万人，增长了3.3倍。而西方军事强国同一时期普遍没有超过2倍。跟美国的陆海军人数规模相比，日本军力增长更是显得十分突出。1914年，美国作为当时的全球第一经济强国，陆海军人数规模为16.4万人，仅为日本的一半左右。这也足以显示，跟美国的经济崛起相比，日本是经济崛起与军事崛起的双重模式。表4.4显示，1914年的日本海军战舰吨位数尽管远不及英国、德国，但已经接近法国，甚至已经超越俄国。

军队建制的完善和军力扩充是日本这一时期的重要特点。当时较具代表性的人物是山县有朋，他曾任陆军参谋总长、元帅陆军大将以及内阁总理大臣、枢密院议长等关键职务。山县有朋执掌日本陆军期间，以全新和系统的方式发展了日本陆军，对日本陆军在军制、军纪、规模、装备、后勤等方面进行了全面再造，不仅使得日本陆军变得非常强大，成为亚洲首屈一指的陆军，而且使得日本陆军在政治上更具独立性和行动力，这意味着军方更容易脱离政治控制。所有这些都对日本后续的政治发展产生了根本性影响。

综合来看，到第一次世界大战之前，日本不仅实现了从明治维新开始的要成为工业化国家的梦想，而且还在相当程度上向世界宣告了它还是一个军事大国，至少是亚洲当之无愧的第一军事强国。所以，日本的崛起是经济崛起与军事崛起的结合。

再次，日本的崛起离不开经济与技术实力的提升，所以必然会导致日本跟主要大国之间的经济竞争。这是所有新兴崛起大国的共性。实际上，前面的表3.12和表4.7都说明了日本跟西方主要大国之间在经济发展水平、总的工业潜力尽管存在差距，但差距有不断缩小的趋势。比如，以表4.7所列的总的工业潜力而论，日本1880年的数据仅为英国的十分之一左右，但到1938年已经增长至英国的48.6%，并且超越了法国和意大利。这表明日本在亚洲范围内已经是无可置疑的经济、工业与技术强国。

与此同时，日本作为一个新兴大国的崛起，还意味着军事上的崛起，而当时恰恰又是欧洲强国全球殖民的时代。上文曾提及，1900年前后，亚洲除了中国、日本、泰国、朝鲜四国，几乎都已经沦为西方强国的殖民地。此时，崛起过程中的日本已经确立了"大陆政策"的基本方针，在亚洲范围内实行某种"帝国主义"政策已经成为日本朝野的共识。在这种意识形态和政策主张的影响下，日本接下来势必首先寻求在东亚地区的势力范围和领土扩张。①这就会使得日本在东亚国际体系中发生跟西方主要强国的政治与军事竞争。这种政治与军事竞争甚至不排除演变为直接的领土争夺与武力冲突。

这种潜在的争夺和冲突的典型事例就是发生在中日甲午战争之后的"三国干涉还辽事件"。该事件的背景是，日本赢得甲午战争的胜利，不仅试图让清政府割让台湾岛等，还试图侵占辽东半岛。结果，日本试图侵占辽东半岛的做法，被俄罗斯、德国、法国视为对其他西方强国势力范围的威胁。1895年4月23日，上述三国政府向日本政府发出了以下外交函件："今日本国割占辽东，既有危害清帝国之京畿之虞，也让朝鲜国之独立有名无实，有碍维持远东之和平，故今劝谕贵国确认放弃占领辽东半岛。"三国要求日本向清政府归还辽东半岛，否则三国将派出海军舰队前往该地区。日本在这种巨大压力之下，试图寻求英国政府的支持，但英国亦奉劝日本接受三国政府的"劝谕"。5月5日，日本政府不得不宣布放弃对辽东半岛的占领。这一事件可以算得上日本跟欧洲主要强国在东亚领土和势力范围上的直接冲突。

此后不久，日本跟俄罗斯之间爆发日俄战争，主要原因就在于对中国"满洲"（即中国东北）地区的势力范围争夺。俄罗斯尽管不是当时经济与技术领先的国家，但在东方国家眼中被视为领土广大、人口众多、军队规模首屈一指的欧洲大国。日俄战争的爆发，说明

① 入江昭，《迈向强国地位的日本》，载于：马里乌斯·B.詹森主编，《剑桥日本史（第5卷）：19世纪》，王翔译，杭州：浙江大学出版社，2014年，第699—713页。

崛起中的日本已经不惮于在政治和军事上挑战欧洲大国。①日俄战争
的胜利，更是进一步激发了日本征服中国东北地区、整个中国以及
东亚地区的野心。这样，日俄战争之后，西方主要强国已经把日本
视为东亚和亚洲的主要政治博弈者之一。早在1902年，英国出于战
略平衡的需要，就已经跟日本签订《英日同盟条约》。这一方面意味
着日本作为主要强国的地位得到了正式承认，另一方面意味着日本
已经走到了亚洲国际体系中大国竞争与博弈的前沿。这都说明日本
已经卷入跟领土和势力范围有关的政治争夺与军事冲突。

　　本章开头认为，国家与国家之间的权力竞争，可以区分为以经
济竞争为主的非对抗性竞争和以政治、军事、领土竞争为主的对抗
性竞争。这样，至少到20世纪初为止，日本已经开启了跟西方主要
大国的对抗性竞争模式。

　　复次，日本明治维新之后所形成的政治制度模式跟当时的全球
主导者英国、美国还是存在着显著的差异。尽管明治维新试图建立
一种现代的君主立宪政体，但实际上，1890年《大日本帝国宪法》
真正确立的是一种类似于德国的二元制君主立宪制。这部宪法其实
跟1871年《德意志帝国宪法》具有相当的同构性，其基本特点是：
一方面，作为君主的天皇掌握着相当的政治实权，内阁和军队效忠
天皇，对天皇负责，但天皇同时要尊重宪法和法律；另一方面，少
数选民选举产生议员组成议会，对立法、预算等拥有重要的决定权。
从1890年宪法实施到1920年代，日本继续推进民主化。在当时，沿
袭"自由民权运动"传统的民主派是日本政坛的重要力量。由于一
系列的政治改革，历史学家将这一时期的日本政治变迁称为"大正

---

　　① 关于日俄战争，参见：和田春树，《日俄战争：起源和开战》，易爱华、张剑译，北京：生活·读书·新知三联书店，2018年。

民主运动"。1925年日本新实施的选举法规定，25岁以上日本成年男性公民拥有选举权。这样，日本就成了当时亚洲最民主的国家。[①]

但与此同时，日本军方和高级军官集团的政治势力在不断上升。实际上，在上文讨论的二元制宪法框架中，军队只需要效忠和服从天皇，而无须听命于文官政府，即内阁，但天皇又非完全意义上的实权元首，由此，日本军队实际上获得了很大的独立性。历史地看，日本军方从明治维新到1930年代，在东亚周边国家的用兵问题上，时常自行其是，而不以内阁与外交部门的决定或政策为基准。1894—1910年日本在东亚地区的三场胜仗，使得日本军方不仅在政治上具有相当的独立性，角色举足轻重，而且还因此在日本政界与社会享有极高的声望。日本军队与军人也认为自身有着捍卫天皇、保卫国家的天职。

到了1930年代，日本军方总的来说越来越不满于内阁与文官政府的作为，亦不满于日本民主社会的政治纷乱局面。1936年2月26日，由于皇道派与统制派之争，"二二六"军事政变爆发了。这场政变的结果是，大正民主运动期间积累的政治成果和民选文官政府的体制基本上被推翻了，日本走向了军部统治的政体。或者说，日本由此从一种原先较为民主的政体转型为一种军国主义的威权统治。[②]这样，日本就发展出了一种跟当时的世界主要强国英国、美国完全不同的政体模式。从"二二六"军事政变到1937年7月全面侵华的战争爆发不过一年多时间，再到主动进攻美国的珍珠港事件也不过五年多时间。可以作为参照的是，德国也是在魏玛共和国民主崩溃、

---

① 升味准之辅，《日本政治史（第三册）：政党的凋落　总力战体制》，董果良、郭洪茂译，北京：商务印书馆，1997年，第544—639页。

② 同上，第736—757页。

转向第三帝国体制后，才开始加速扩军备战、成为第二次世界大战策源地的。尽管国内政治中的政体模式类型与国际政治中的对外战争之间的关系是一个复杂的理论问题，但日本从"二二六"军事政变到对外政策的激进化，又为"民主和平论"提供了一个有效的例证。①

最后，在崛起过程中，日本的对外政策逐渐从较为温和的立场转向了一种非常激进的对抗性策略。实际上，日本近代化的早期在对外政策上是比较低调的。原因在于，"黑船来航"之后，日本自认为相比于西方是较为落后的国家，是需要通过向西方学习而走向现代化的国家。具体表现是，政治上，日本政府派出仓岩具视使团考察欧美国家，兴起向西方学习的高潮；思想上，以福泽谕吉为代表的维新西化派思想家甚至公开主张"脱亚入欧"论。②既然要脱亚入欧，自然要低头向西方国家学习，跟西方国家维持良好的外交关系。

然而，随着明治维新的完成，日本工业化和军事现代化的推进，日本在对外政策上变得越来越激进了。这首先是由于日本面对的地缘政治环境及其在东亚的战略意图引发的。扩大在东亚大陆的势力范围，甚至寻求征服东亚大陆上的邻国，逐渐成了日本的既定国策，亦即要成为一个西进东亚大陆的"帝国主义"国家。从1890年代到1910年代的甲午战争、日俄战争和占领朝鲜，既是日本这种基本国策的体现，又在相当程度上鼓励了日本继续寻求征服的信心和意志。这不仅意味着此时的日本已经跟或曾经跟中国、朝鲜和俄罗斯处于战争状态，而且势必会跟在东亚和亚洲拥有战略利益、势力范围的

① 关于民主和平论，参见：Bruce Russett, *Grasping the Democratic Peace: Principles for a Post-Cold War World*, Princeton: Princeton University Press, 1993; Håvard Hegre, "Democracy and Armed Conflict," *Journal of Peace Research*, Vol. 51, No. 2（2014），pp. 159–172。
② 福泽谕吉，《文明论概略》，北京编译社译，北京：商务印书馆，1998年。

西方主要大国发生对抗与冲突。当日本为这一切做好准备时，就说明它已经考虑要对西方主要大国采取对抗性的外交政策，甚至必要时不惮于主动挑起战争。

1930年代以后，特别是1936年"二二六"军事政变之后，日本在东亚、东南亚和太平洋地区的对外政策日趋激进化，其中最重大的事件包括1931年出兵中国东北、1937年发动全面侵华战争、1940年开始入侵法属印度支那（即中南半岛）和东南亚地区。所以，日本这一时期奉行的是非常激进的对抗性外交政策，甚至发动战争本身就是日本的对外政策。

日本这种对抗性外交政策在主动对美发动太平洋战争的时刻达到了高潮。实际上，1941年12月7日，日本舰队经过千里迢迢地长途航行，突袭美国太平洋舰队基地珍珠港并大获成功，成为世界战争史上的经典战例。但战术上的成功，无法掩盖日本主动挑起对美战争的战略拙劣。实际上，在1941年，无论是国土面积、人口规模、经济总量、钢铁产量、工业技术能力等，日本都不是美国的对手。按照现有的估算数据，当时日本的GDP总量、工业产能与钢铁产量大概都只有不到美国的七分之一。日本以这样的悬殊实力主动挑起跟美国之间的战争，恰恰是日本对外政策激进化乃至已经完全丧失理智的典型事例。[①]

问题是，日本究竟是如何做出主动挑起太平洋战争的决策的呢？按照史料，在1941年9月举行的天皇御前会议上，天皇对此是有所质疑和担忧的。但日本军方的说辞，最后说服了天皇同意军方提出

[①] 关于日本发动太平洋战争的研究，参见：阿尔文·D.库克斯，《第七章　太平洋战争》，载于：彼得·杜斯主编，三谷太一郎等著，《剑桥日本史（第6卷）：20世纪》，王翔译，杭州：浙江大学出版社，2020年，第267—327页。

的这一重大决策。有人这样记录这次御前会议：

> 陛下问杉山参谋总长："一旦日美发生战争，陆军确信用多少时间能够解决？"总长回答说："若仅在南洋方面，估计3个月左右就可解决。"
>
> 陛下进而又对总长说："你是中国事变爆发当时的陆相，我记得那个时候，你作为陆相曾说过：'事变用1个月左右就可解决'，但现已历时4年之久，不是还没有解决吗？"总长惶恐了，絮絮叨叨地辩解说，因为中国土地辽阔，不能按预定计划作战。
>
> 这时，陛下对总长厉声说道："如果说中国土地辽阔，那太平洋不是更广阔吗？怎么有把握说3个月解决呢？"总长只是低下头无言以对。
>
> 这时，军令部总长抛来了救生艇，说："统帅部是从大局来说的，今日的日美关系犹如病人一样，已经到了该决定是否动手术的紧要关头。如不动手术，这样拖下去，将有越来越衰弱的危险。如果动手术，虽然也有很大的风险，但并非没有得救的希望。我想目前这种情形，已经到了该大胆决定是不是动手术的阶段。统帅部始终希望外交谈判取得成功，但在不成功的情况下，认为应该大胆地实行手术。在这个意义上，我们赞成这个议案。"（《奔向和平的努力》）①

这个会议的核心内容是，日本军部主张跟美国作战，主动挑起太平洋战争，但天皇担心军部方案脱离实际。此种情况下，军令部

---

① 转引自：升味准之辅，《日本政治史（第三册）：政党的凋落 总力战体制》，董果良、郭洪茂译，北京：商务印书馆，1997年，第793—794页。

总长通过把日美关系比喻为重病患者说服了天皇，理由是对日本来说，动手术或许还有希望，否则绝无希望。笔者将这种在政治场域的说理方式称为"文学治国论"，即用修辞、打比方来思考重大问题并据此作出重大决策。显然，"文学治国论"不同于"逻辑治国论"，后者更依赖于对事实的分析与推演进而得出更可靠的结论。日本以不足美国七分之一的经济与工业力量，却主动发起太平洋战争，可见日本对外政策的激进化或丧失理智已经发展到了何种程度。

总之，跟德国相类似的是，日本的历史地理条件、崛起模式、权力竞争方式、政治制度模式、对外政策也推动了日本从崛起走向了战争。

（四）苏联的崛起与冷战

在20世纪的中间半个世纪——大致上是1925—1975年，苏联的崛起也是国际政治体系中的一个重要现象。从经济总量和军事力量两个方面来看，苏联的崛起都称得上一个新兴大国崛起的典型案例，它甚至一度在军事与空间技术上可以挑战当时的全球主导大国美国。苏联的崛起并没有引发与美国之间的战争，但是却导致了两国与两个阵营之间长时间的冷战。在国家间政治关系的光谱上，冷战大体上是一种处于热战与和平之间的中间状态。这意味着苏联的崛起，既不同于美国取代英国的和平崛起，又不同于导致战争的德日崛起，而是处在两者之间的状态。那么，如何理解苏联的崛起呢？按照既定的分析框架，本章接下来主要讨论历史地理条件、崛起模式、权力竞争方式、政治制度模式、对外政策等五个关键因素在苏联这一案例中的实际情形。

首先，苏联的历史地理条件具有相当的特殊性，它几乎不同于任何其他主要大国。苏联的前身是俄罗斯帝国，1917年爆发十月革命后，1922年苏维埃俄国联合白俄罗斯、乌克兰、外高加索成立苏联。此后，苏联的地盘继续扩展，位于东欧、中亚地区的更多加盟共和国加入苏联，并在二战期间把波罗的海三国并入苏联版图。这样，到二战期间，苏联就形成了总共包括15个加盟共和国在内、面积达2240万平方公里的超大规模国家。回顾这段历史，就会发现，苏联版图扩张的过程本身就是它崛起的一个重要方面。

苏联的历史地理条件有着两个最重要的特征：第一，苏俄与苏联都是横跨欧亚大陆、疆域辽阔的国家，占据着欧洲东部和亚洲北部的广大地区。就地缘政治而言，对整个欧洲来说，苏联占据了东欧的战略要地。按照历史地理学家哈尔福德·麦金德的观点，俄罗斯占据的东欧及其附近地区则是欧亚大陆这个"世界岛"的枢纽地区。谁能控制这一地区，谁就能控制欧亚大陆。[1]苏联的地缘政治位置和疆域规模，注定了它跟包括德国在内的欧洲中部与东部国家会发生密切的政治互动。从地理上看，苏联实现崛起成为一个新兴大国之后，东欧注定就会成为苏联的潜在势力范围，以及它跟其他全球主要政治力量之间的关键竞争区域或战略缓冲地带。

第二，随着二战的进展，苏联不仅成功抵御了德国的进攻，而且开始进行大规模的反攻，到了1945年二战结束时，它已经占领了德国东部以及东欧的广大地区。尽管1945年美国、英国、苏联三国签署的《雅尔塔协定》确定了二战之后世界秩序的基本框架与政治原则，但苏联实际上占领着德国东部与东欧的广大地区，并在政治上控制了该地区。这也是后来冷战时期欧洲被划分为东西两个阵营的历史地理基础。苏联在东欧的势力范围可以被视为二战的遗产。苏联在东欧的政治影响力，既是它的地理位置、国家规模与综合实力决定的，又是第二次世界大战中它在欧洲战场扮演的角色决

---

① 哈·麦金德，《历史的地理枢纽》，林尔蔚、陈江译，北京：商务印书馆，2009年。

定的。

　　苏联的这一历史地理条件也决定了它跟欧洲主要国家的冲突很可能发生在东欧地区。即便它后来主要是跟美国进行全球战略竞争，苏联所领导的社会主义阵营和华沙条约组织，跟美国所领导的资本主义阵营和北大西洋公约组织的政治对峙，也把东欧视为前沿阵地。

　　其次，苏联的崛起方式大体上是经济崛起与军事崛起的组合，而并非单纯经济崛起的模式。工业革命之后，任何大国崛起都首先必须依赖经济与工业的崛起。实际上，苏联在二战之前就以相当特殊的方式——计划经济模式——推进了工业化。这也为苏联后来在军事上抵御德国进攻提供了工业与技术基础。关于苏联这一时期工业化成就大小的评价，其实是充满争议的。一方面，苏联用很短的时间就从农业国发展成了工业国，建立了相对齐全的工业体系，在主要工业产品的产量上实现了数倍的增长，苏联的经济总量和人均国民收入得到显著的提高。表4.11显示，1928—1940年，苏联钢铁、煤炭和电能的产量分别实现了4—5倍的增长，战斗机和坦克的产量则分别增长了12倍和17.6倍。另一方面，同一时期，苏联的棉布、粮食产量增长有限，畜产品按卢布价格计算竟然还出现了负增长。实际上，这体现了斯大林工业化路线的特点，即以牺牲农业和消费为代价，优先考虑建立完整的工业体系，通过发展武器装备制造来提升苏联的国防能力，在经济总量上尽快实现对欧美国家的赶超。正是通过这样的工业化，1940年的苏联在工业总产量和许多关键工业产品产量上已经跃居欧洲第一、世界第二，仅次于美国。当然，需要指出的是，由于特定的发展模式，苏联此时的人均经济发展水平、劳动生产率、技术水平与人均消费水平等，还远远落后于欧美

表4.11　苏联主要产品产量的比较：1928年与1940年

产品种类	每年生产量		增长（倍数）
	1928年	1940年	
坦克(辆)	170	2986	17.6
战斗机(架)	899	10758	12.0
电能(10亿度)	9.7	48.3	5.0
煤(百万吨)	35.5	165.9	4.6
钢(百万吨)	4.3	18.3	4.3
水泥(百万吨)	1.8	5.6	3.1
石油(百万吨)	11.6	31.1	2.7
棉布(百万米)	2119	2715	1.3
粮食收获量(百万吨)	73.3	95.5	1.3
畜产品(百万卢布)	7136	5937	0.83

资料来源：左凤荣、沈志华，《俄国现代化的曲折历程》(上)，北京：社会科学文献出版社，2012年，第97页，表4。

主要国家。[1]

　　二战结束以后，苏联的经济又得到了较大程度的恢复与发展。尽管受到计划经济体制的严重束缚，但起点较低加上战后经济恢复，苏联的GDP还是出现了较大幅度的提升。基于英国经济史学家安格斯·麦迪森的数据，1950—1973年，尽管苏联的经济增速低于日本和德国这两个二战后的超级经济明星，但显著高于英国的经济增长率，参见表4.12。根据该统计数据，苏联到1973年继续稳定地保持

　　[1] 左凤荣、沈志华，《俄国现代化的曲折历程》(上)，北京：社会科学文献出版社，2012年，第55—106页。

表4.12 苏联与其他主要国家GDP的比较

单位：百万1990年国际元

国家	1913年	1950年	1973年
英国	224618	347850	675941
法国	144489	220492	683965
德国	237332	265354	944755
美国	517383	1455916	3536622
日本	71653	160966	1242932
前苏联	232351	510243	1513070

资料来源：安格斯·麦迪森，《世界经济千年史》，伍晓鹰等译，北京：北京大学出版社，2003年，第259页，表B-18。

全球经济总量第二的位置。跟欧洲主要大国相比，1973年苏联的GDP已经超过德国的1.5倍，超过英国、法国的2倍以上。当然，关于苏联经济数据的真实性，以及卢布-美元汇率的统计有效性，学术界一直存有不同观点。从苏联解体之后俄罗斯的经济表现来看，苏联时期的经济数据存在着明显的高估。但无论怎样，1970年代的苏联是一个经济总量超过英国、法国的经济大国，这一点应该争议不大。

苏联在工业、经济与技术崛起的过程中，也实现了军事崛起。这种军事崛起，起初是十月革命后新生的苏维埃政权对于国内政治危机与内战的反应，后来则更主要来自德国的入侵和第二次世界大战的激发。在苏德战争中，苏联一开始处于非常被动的局面，德军长驱直入。直到1943年2月斯大林格勒保卫战的胜利，苏联才扭转了欧洲东部战场的被动局面。随后，苏联进入战略反攻，最终于1945年5月攻入柏林东部地区。在此过程中，苏联军队实际上占领了从苏联边境到德国东部之间东欧国家的许多领土。

　　其实，二战之前，苏联的军力究竟如何，外界很难有效判断。俄罗斯上一次参与的大国战争是第一次世界大战，俄罗斯最终是以割地方式主动退出一战的。即便是在第二次世界大战中，外界也很难准确判断苏联的军事技术、指挥能力与战斗力，但由于德国的最终溃败，苏联在二战结束时就成了仅次于美国的全球第二军事强国。

　　二战结束时，苏联在军事上控制着东欧的许多地区。不久，苏联又在核武器和空间技术上取得了重大进展。1949年，苏联成功引爆了原子弹，随后又持续增加核武器的储备，并在理论上拥有跟美国能够实现互相毁灭的核武器储备。1957年，苏联成功发射了第一颗人造卫星，成为领先于美国的首个发射人造卫星的国家。这意味着苏联在个别空间技术领域已经领先于美国。从军事支出数据上看，1970年，美国国防预算为778亿美元，苏联也高达720亿美元，而英国、法国等均只有数十亿美元。①就此而言，苏联的崛起不仅是经济领域的崛起，同时也是军事领域的崛起。

　　再次，苏联跟20世纪后半叶的全球主导大国美国之间的权力竞争固然也发生在经济与技术领域，但主要还是发生在地缘政治、全球权力与军事技术领域。实际上，二战以后，苏联跟美国在经济与民用技术领域的竞争并不激烈。原因之一是，苏联跟美国在经济水平与民用技术上的差距仍然很大。按照人均GDP计算，苏联的人均GDP仅为美国的36.3%。②由于汇率因素，该数据可能还高估了苏联的实际经济发展水平。按照业内专家的估算，1970年代，在电子计算机、生物技术、新材料、光电子技术四个关键民用高科技领域，

---

① 保罗·肯尼迪，《大国的兴衰：1500—2000年的经济变革与军事冲突》（下册），王保存等译，北京：中信出版社，2013年，第119页。

② 安格斯·麦迪森，《世界经济千年史》，伍晓鹰等译，北京：北京大学出版社，2003年，第262页，表B-21。

苏联跟美国、日本、西欧国家的差距都非常巨大，如电子计算机和生物技术，苏联的发展水平不到美国的六分之一。[①]原因之二是，在冷战体系之下，苏联与美国身处两大阵营，美国常常对苏联实行技术限制和贸易禁运等政策，苏联跟美国之间的贸易规模非常小。这使得两国之间反而不容易产生直接的经济摩擦，或者说两国很难构成直接的经济竞争关系。

所以，苏联跟美国的竞争主要发生在地缘政治、全球权力和军事技术领域。二战结束以后，苏联跟美国争夺的主要势力范围是东欧。由于苏联事实上的军事占领与控制，邻近的东欧国家都成了苏联的政治势力范围，并成了苏联的政治结盟国家。这些东欧国家包括东德、波兰、捷克斯洛伐克、匈牙利、保加利亚、罗马尼亚、阿尔巴尼亚等。到了1950年代中期，以美国为首的北大西洋公约组织和以苏联为首的华沙条约组织已然成形，东欧恰恰是双方的战略争夺与对抗地带。当然，苏联跟美国的战略竞争不只是发生在东欧，还发生在中东、非洲、亚洲等许多地区。一个典型例子就是，美国和苏联在1940年代后期争夺对中国的政治主导权。在中国1940年代后期的内战中，美国主要支持国民党政府，苏联主要支持中国共产党。这也是苏联跟美国争夺全球势力范围的典型事例。

今天所谓的冷战体系，是1947—1991年美国和苏联之间一场全球性的政治和军事对抗，这场对抗影响了整个20世纪后半叶的国际关系。美国通过建立强大的政治军事联盟——主要是北约——以保护欧洲西部和中部的国家免受苏联的威胁，苏联则通过建立社会主义集团——主要是华沙条约组织——来增强其政治与军事实力。这

[①] 左凤荣、沈志华，《俄国现代化的曲折历程》（上），北京：社会科学文献出版社，2012年，第189页，表9。

两个超级大国之间的军事对抗，还涉及全球范围内的许多其他地区。比如，它们以不同方式介入了朝鲜、古巴、越南和阿富汗等国的政治与军事冲突。

冷战期间，美苏竞争的一个焦点是军事技术和军备竞赛。它们都致力于发明和建设数量更多、技术更先进的武器系统，包括核武器、洲际弹道导弹、反导系统、战略轰炸机、潜艇、航母等。双方通过不断地提高武器的能量等级和精确性，试图保持自己的军事优势。这场军备竞赛对于美国和苏联的经济和财政状况都带来了巨大的负担，因为两国都需要花费大量的资源来开发和生产武器系统。上文曾经提到，苏联一度在人造卫星这一空间技术上居于领先地位——这也是苏联当时在高科技领域挑战美国的一个重要信号，从而引发了美国的战略焦虑与恐慌。随后，美国的空间技术发展也获得提速，甚至在1969年完成了登月计划。到了冷战后期，美国开始以星球大战计划进行战略投资和布局，试图获取对苏联的全方位军事优势。苏联试图做出有效应对，但此时的苏联已经陷入整体性的危机。这场对抗最终以1991年苏联的解体而告终。①

苏联挑战美国全球军事地位的一个重要事件，就是发生在1962年的古巴导弹危机。古巴是临近美国的加勒比海岛国，是美洲的社会主义国家。冷战时期，苏联感到自身被美国及其盟友实施了战略包围，特别是美国当时在意大利和土耳其开始部署弹道导弹，就希望通过在古巴部署导弹来增强自己的战略优势，因为这样可以对美国本土造成有效威胁。1962年10月22日，美国总统约翰·肯尼迪发

---

① 关于冷战的研究，参见：约翰·刘易斯·加迪斯，《长和平：冷战史考察》，潘亚玲译，上海：上海人民出版社，2019年；沈志华主编，《冷战国际史二十四讲》，北京：世界知识出版社，2018年。

表电视讲话，宣布发现了苏联在古巴部署导弹的证据，并要求苏联撤回导弹。起初，苏联领导人赫鲁晓夫对此予以否认，并声称苏联只是帮助古巴建设军事防御设施。美国遂威胁要对古巴实施军事打击，而当时苏联的导弹舰队甚至一度逼近了美国的海上封锁线，这就导致了一场一触即发的严重危机。现有的公开资料显示，核打击已经成为当时美苏双方的一个可能选项。经过 1 个月零 4 天的冲突与谈判，最终苏联同意撤回在古巴部署的导弹系统，美国则同意不对古巴进行军事打击，并同意撤回在土耳其部署的导弹系统。一般认为，1962 年的古巴导弹危机是冷战时期美苏之间最接近核战争的时刻。这一重大危机也促使美国和苏联开始重新审视双方的关系。这一重大危机之后，美苏双方的直接军事对抗强度有所降低，在军控和裁军方面的谈判也有明显增加。[①]

复次，苏联跟美国的政治制度模式之间存在着巨大的差异，甚至两者是完全对立的。在政治经济制度方面，苏联实行的是社会主义的党国体制，苏联共产党垄断政权，并采取计划经济模式；美国实行的则是资本主义的多党制模式，政权或执政党由民主选举产生，并采用自由市场经济模式。在社会模式与价值观方面，苏联强调的是平等、集体主义和无阶级社会的理念；美国强调的是个人自由、民主和市场竞争的理念。这些差异导致苏联和美国在政治制度与意识形态上的互相对立。苏联认为美国的资本主义制度是不公平的，只会造成贫富悬殊和社会不公。美国则认为苏联模式是一种事实上的专制，缺乏对自由、民主与人权的尊重，不能发挥人们的潜力与

[①] 关于古巴导弹危机，参见：格雷厄姆·艾利森、菲利普·泽利科，《决策的本质：还原古巴导弹危机的真相》（第二版），王伟光、王云萍译，北京：商务印书馆，2021 年。

创造力。①

美苏外交关系上的一个重要事件，是美国驻苏联外交官乔治·凯南——他后来更多被视为一位国际政治的重要战略思想家——1946年给美国国务院发送的长电报。在这封长电报中，凯南有三个基本判断：一是苏联政治制度与思维模式的特殊性，特别是跟美国模式在政体和意识形态上的对立性；二是苏联的外交政策必定是对抗美国，包括试图摧毁美国在全球范围的利益与声誉；三是对美国来说，唯一正确的外交政策就是对苏遏制（containment）政策。这里将凯南的关键性论述摘录如下：

> 正如斯大林1927年对一个美国工人代表团所表述的："在国际革命继续发展的过程中，将会出现两个世界规模的中心：一个是社会主义中心，吸引着所有倾向于发展社会主义的国家；一个是资本主义中心，集结着那些希望走资本主义道路的国家。这两个中心之间为了争夺世界经济主导权的斗争将会决定世界范围内资本主义和共产主义的命运。"……
>
> 概括起来，我们所面对的是这样一个政治力量，它坚信与美国的妥协根本不可能，坚信为了苏联权力的安全必须破坏我们的社会的内部和谐，必须消灭我们赖以生存的传统生活方式，必须摧毁我们国家在国际上的权威。……此外，这个政治对手还拥有一架能够在其他国家发挥影响力的经过精心制作的庞大的组织机器，这部机器具有惊人的灵活性和持久性，操纵这部机器的人，

---

① 关于苏联模式特别是斯大林模式的研究，参见：罗·亚·麦德维杰夫，《让历史来审判：斯大林主义的起源及其后果（上下册）》，赵询、林英译，北京：人民出版社，1983年。

他们采用地下方式的技巧和经验是史无前例的。……然而，如何面对这样一个对手和力量，无疑已成为我们外交上从未经历的最大挑战，恐怕也将是我们未来所面临的最大挑战。①

今天很难准确地判断，在美苏对抗与冷战体系中，谁是始作俑者，但可以肯定的是，在凯南的分析框架中，美苏关系必定会走向对抗，根本原因就在于苏联政治制度、意识形态与思维模式的性质及其跟美国之间的对立。

当然，有学者认为，冷战并不是必然的，而是可以避免的。比如，沈志华主张，美苏对抗与冷战体系主要是经济起源，具有一定的偶然性。②而过去的主流研究则更强调美苏对抗背后的结构性因素及其必然性。从苏联方面看，由于政治制度模式的特点，苏联政治宣传强调美国和西方资本主义国家的弊端，强调苏联社会主义制度的优越性，几乎就是一种必然。苏联认为，美国和西方国家是资本主义的代表，是苏联社会主义制度的对立面，因此，两者至少在政治制度和意识形态上是敌对关系。从美国方面看，美国显然不会赞同苏联的政治体制与统治模式，并将其视为对"西方自由世界"的威胁。美苏之间在政治制度和意识形态上的重大差异乃至对抗，还直接主导了冷战体系中两大阵营之间的全方位对抗和斗争。美苏领导的两大阵营都在试图扩大自身的影响力，努力将自己的政治制度与意识形态推广到全球更多地区。

最后，如何理解苏联的对外政策也是一个重要问题。整个冷战

① 乔治·凯南长电报的原文，参见：https://nsarchive2.gwu.edu/coldwar/documents/episode-1/kennan.htm。

② 沈志华，《经济漩涡：观察冷战发生的新视角》，香港：开明书店，2022年。

时期，苏联总体上呈现出对抗性策略（confrontation）与非对抗策略（non-confrontation）的外交政策组合。就时间线而言，在斯大林时期，苏联采取了更为强硬和对抗性的外交政策，试图通过扩张自己的势力范围来增强国家安全和国际地位。二战之后，特别是在东欧地区，苏联通过实施社会主义制度、扩大领土和政治干涉等手段，试图推进其政治制度模式和意识形态体系的影响力。这也导致了苏联这一时期跟美国和西方国家之间的对抗不断升级。但是，到了赫鲁晓夫和勃列日涅夫时期，苏联采取了更加缓和的和非对抗性的外交政策。特别像对古巴导弹危机的处置，以及在该危机之后跟美国签订裁军和军控协定，苏联在对美关系和外交上展现了一种更具合作性的姿态。

就空间而言，苏联的外交政策在东欧地区表现得更为强硬。东欧地区被苏联视为自身的核心势力范围以及跟西方之间的战略缓冲地带。维持对东欧地区的政治控制与军事存在，是苏联的核心利益。在东欧以外的地区，比如非洲、亚洲和拉丁美洲地区，苏联的外交政策就更为和缓，在对美关系上一般也没有表现出很强的对抗性。比如，上文提到的古巴导弹危机的处置，美苏之间尽管充满了策略性的试探和讨价还价，但总的来说，苏联在赫鲁晓夫领导下选择了妥协，从而避免了这场危机的继续升级。

那么，1947—1991年的美苏冷战究竟是和平还是战争呢？有学者认为，冷战恰恰是一种长和平。当然，也有学者认为，冷战远非和平，甚至是一种一触即发的准战争状态。①但是，美苏之间毕竟没

---

① 加迪斯的《长和平》更多关注冷战的和平视角，参见：约翰·刘易斯·加迪斯，《长和平：冷战史考察》，潘亚玲译，上海：上海人民出版社，2019年；基辛格的《大外交》对这一时期的论述则更注重冲突的视角，参见：亨利·基辛格，《大外交》，顾淑馨、林添贵译，海口：海南出版社，2012年，第417—822页。

有发生实质性的战争。所以，在本书的分析中，冷战被视为一种战争与和平之间的状态。冷战既非战争，亦非一种较为稳定的和平状态。即便没有战争，美苏两个大国基本上也处于彼此对抗的状态，在经济、贸易与技术上更是彼此隔离。可见，冷战是一种和平与战争的中间状态。

还可以进一步问：为什么苏联和美国之间没有导致战争呢？如果把美国视为一个全球主导者，把苏联视为一个崛起的大国，从苏联角度看，一个最重要的原因恐怕在于它在对外政策上较为克制。苏联除了在东欧这个核心势力范围上比较强硬，在其他地区与其他议题上的对美政策和外交策略总体上趋于克制——特别是到了赫鲁晓夫和勃列日涅夫时期。苏联既非美国的主动挑衅者，亦未在很多重大的地缘、战略与军事问题上跟美国持有完全对抗性的政策。总的来说，苏联在冷战时期的外交政策既包含着对抗性元素，又包含着非对抗性元素，是两者的调适与组合。[①]倘若与一战前德国、二战时期日本外交政策的对抗性和激进化相比，苏联二战后的外交政策无疑要克制得多。

总之，苏联在崛起过程中，跟美国既未保持传统意义上的和平，又未发生真正意义上的战争，而是走向了冷战，很大程度上也是由苏联的历史地理条件、崛起模式、权力竞争方式、政治制度模式、对外政策等诸要素决定的。

[①] 关于苏联外交政策可以参见：尼古拉·梁赞诺夫斯基、马克·斯坦伯格，《俄罗斯史》（第八版），杨烨等译，上海：上海人民出版社，2013年，第507—522、552—560页；叶书宗，《勃列日涅夫的十八年》（苏联史 第八卷），北京：人民出版社，2013年，第317—404页。

表4.13　蛛网理论的量分表：五个关键因素的评估与衡量

因素	评估与量分				
	和平导向		中间状态		冲突导向
历史背景	1	2	3	4	5
崛起方式	1	2	3	4	5
权力竞争方式	1	2	3	4	5
政治制度模式	1	2	3	4	5
对外政策	1	2	3	4	5
引发冲突的可能性	很低	较低	中间	较高	很高

从国家案例到一般逻辑："蛛网理论"

上文关于美国、德国、日本、苏联（俄罗斯）等四国案例的讨论，大体上呈现出本章分析框架中五个关键因素的重要性，即历史地理条件、崛起模式、权力竞争方式、政治制度模式与对外政策的差异很大程度上会塑造新兴大国崛起之后的政治命运。鉴于本章分析框架的特点，这里将五个关键因素做成蛛网图，并以蛛网图来分析新兴崛起大国的差异性。

这里首先要确定蛛网图中五个关键因素的衡量方式，参见表4.13。在该表中，五个关键因素的主要差异在于，它们更可能是和平导向的，还是冲突导向的，或是某种中间状态？当一个关键因素是和平导向的，表4.13就给予一个较低分值，反之则给予一个较高分值。在这五个关键因素中，制度模式这一指标主要考察的是新兴崛起大国跟全球主导大国之间的相似性或差异性。相似性越高，越有可能是和平导向的，而差异性越大，越有可能是冲突导向的。一个

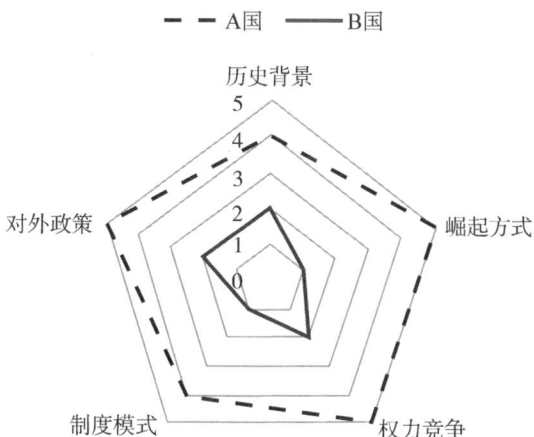

图4.1　蛛网图：影响新兴大国命运分化的关键因素

新兴崛起大国在这些关键因素上的分值越低，就意味着它越不可能跟主导大国走向冲突或战争，反之则越有可能走向冲突或战争。

　　基于上述讨论，这里根据五个关键因素制作了蛛网图，参见图4.1。这就构成了本书用于解释新兴崛起大国命运分化的"蛛网理论模型"。这张蛛网图，其实就是上述五个关键因素的不同衡量及其组合。在该图中，笔者假设了两个新兴大国A国和B国。总体上，A国在这五个关键因素上的赋值高，B国的赋值低。这意味着，新兴大国A国在崛起过程中更容易导致与其他主要大国的战争，新兴大国B国更容易维持和平。在视觉上，凡是五个关键因素——历史背景、崛起方式、权力竞争、制度模式、对外政策——构成的组合中，覆盖面积较小的新兴大国在崛起过程中更不容易导致冲突和战争，反之则更容易导致冲突和战争。显然，在图4.1中，A国要比B国更容易导致跟当时全球主导国家之间的冲突和战争。

　　基于上述讨论，这里要用蛛网理论对美国、德国、日本和苏联（俄罗斯）四国崛起案例做一个评估和总结。这就要对每一个国家崛起过程中在五个关键因素上的表现给予一个赋值，而最大的难题就在于如何给予较为可信的赋值。比如，德意志第二帝国1914年挑起第一次世界大战，其主要对手国包括当时的全球主导国家英国，这跟日本1941年对美国发动太平洋战争，两者同为激进的、对抗性的外交政策——这一点应该是没有疑问的。但考虑到1914年德英之间的实力对比与1941年日美之间的实力对比，有理由认为，1941年日本的外交政策较1914年德国的外交政策更为激进。因此，在对外政策这一关键因素上，1941年的日本要比1914年的德国的分值更高。再比如，就制度模式而言，1941年的日本与1950年代的苏联跟美国的制度模式均有较大差异，但相对而言，日本固然是军国主义、威权主义、总体战的政治经济模式，但它毕竟不是反资本主义和反西方模式的，而苏联跟日本相比，跟美国制度模式的对立程度或对抗性要更高。所以，在制度模式这一关键因素上，苏联要比日本的得分高。

但无论怎样，这项研究无法给出五个关键变量赋值的客观指标，而至多是基于历史情境分析的专家评级与主观判断。因此，这里容易遭到诟病的地方在于，构成这一分析框架的关键因素缺少客观的衡量指标。问题是，如果一定要用某种客观指标来进行严格的量化衡量，可能又会导致新的问题。常见的问题包括，许多重大差异恐怕难以找到某个客观指标来加以衡量，而许多可以客观衡量的指标又存在显著的以偏概全问题。因此，本书采用的基于历史情境分析的专家评级方式，是一种远非完美但可以接受的方式。

正是基于上述考虑，这里要给四国崛起过程中的五个关键因素进行评级或赋值。需要反复说明的是，在更好的研究方法被开发出来之前，本项研究的赋值是主观性的，即这些赋值主要依赖于笔者结合案例具体情形所做的主观判断。这种主观判断的标准，还很难形成一套严密的指标化体系。故而，这种方法必定会存有争议。但是，就目前具有可操行性的研究方法而言，笔者尚不能找到一个更准确同时更可信的赋值方法。在这项研究中，笔者结合四国具体情形，给予四国在五个关键指标上的不同赋值，参见表4.14。根据表4.14的赋值，这项研究还生成了相应的蛛网图，参见图4.2。

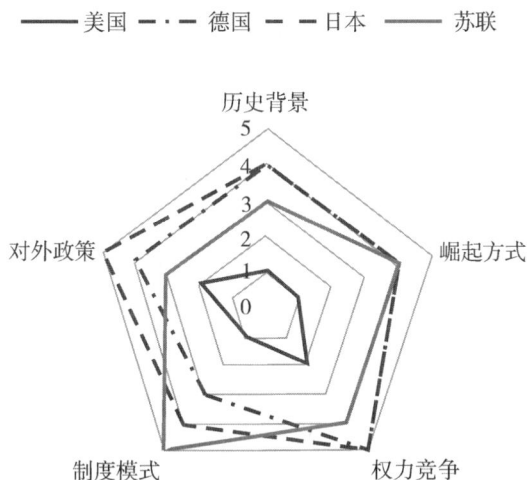

图4.2　蛛网理论框架中崛起大国的命运分化

由此可见，一个新兴崛起国家在蛛网图中五个关键变量赋值构成的面积越大，它越有可能在崛起的过程中跟主导大国之间发生战争；反之，面积越小，就越不可能在崛起过程中跟主导大国之间发生战争。这里需要再次提醒的是，本研究是概率论的而非决定论的，即一个新兴崛起国家跟全球主导大国之间是否会发生战争是一个概率事件，任何分析框架或模型都只能估算两者之间发生战争的可能性大小，而无法做出是否必然会发生战争的决定论式论断。

表4.14　主要关键变量的赋值：19世纪以来的大国崛起案例

变量	美国	德国	日本	苏联
历史背景	★	★★★★	★★★★	★★★
崛起方式	★	★★★★	★★★★	★★★★
权力竞争	★★	★★★★★	★★★★★	★★★★
制度模式	★	★★★	★★★★	★★★★★
对外政策	★★	★★★★	★★★★★	★★★
崛起结果	和平崛起	战争	战争	冷战

说明：星的数量代表了赋值，1颗星对应的是1分赋值。考虑到不同国家在不同时间维度上的差异性，该表衡量的时间范围主要是：美国，以19世纪晚期到第一次世界大战前为主；德国，以19世纪晚期到第一次世界大战之前为主，当然，实际上从第一次世界大战结束到第二次世界大战之前，德国又经历了有差异但类似的政治发展过程；日本，以19世纪末到第二次世界大战之前为主；苏联，以第二次世界大战结束到1980年代为主。根据本章第二节表4.2的关键因素分析，结合第三节"新兴崛起大国命运分化的比较研究"，这里给美国的五大关键变量分别赋予历史背景1颗星（地缘政治压力小、跟欧洲主要大国没有战争）、崛起方式1颗星（以经济崛起为主）、权力竞争2颗星（跟主要大国英国是经济与技术的非对抗性竞争）、制度模式1颗星（共和政体，跟主要大国英国有着相似的政治制度模式）、对外政策2颗星（主要是非对抗性策略）；给一战前德国的五大关键变量分别赋予历史背景4颗星（地缘政治压力大、发生包括跟法国在内的三场战争）、崛起方式4颗星（经济崛起与军事崛起并重，军事崛起居于显著地位）、权力竞争5颗星（跟包括英国在内的主要大国的政治、领土与军事竞争）、制度模式3颗星（半君主立宪政体，跟主要大国英国政治制度模式存在相当的差异性）、对外政策4颗星（跟包括主要大国英国在内的对抗性策略，但一战前英德实力差距不大）；给二战前日本的五大关键变量分别赋予历史背景4颗星（发生跟包括俄国、中国在内的三场战争）、崛起方式4颗星（经济崛起与军事崛起并重，军事崛起居于显著地位）、权力竞争5颗星（全面入侵中国与东亚，跟包括美国在内的主要大国的政治、领土与军事竞争）、制度模式4颗星（政变后的军国主义威权政体，跟主要大国美国政治制度模式差异性高）、对外政策5颗星（跟包括主要大国美国在内的对抗性策略，且二战前日美实力差距巨大）；给二战后、解体前苏联的五大关键变量分别赋予历史背景3颗星（跟主要大国美国曾经是二战盟友，东欧

地区的地缘政治对抗）、崛起方式4颗星（经济崛起与军事崛起并重，特别是东欧地区的军事控制）、权力竞争4颗星（跟包括美国在内的西方国家之间经济、技术、政治、军事的全面竞争，但并未跟美国进行领土竞争）、制度模式5颗星（跟主要大国美国政治制度模式差异性很高，完全对立）、对外政策3颗星（主要是东欧地区的对抗性政策和许多其他地区的非对抗性策略的组合）。需要说明的是，德国案例如果评估一战后到二战前的德国，则部分衡量指标还会有所变化。这里不再赘述。

和平与战争：我们从历史中学到什么？

基于上述经验分析，这里再对这一分析框架的理论逻辑做进一步的提炼。新兴大国崛起之后政治命运分化的逻辑到底是什么？这项研究提出用蛛网理论来对新兴大国的五个关键因素做考察，给予评估、比较与赋值，并据此在概率意义上判断新兴大国崛起之后或和或战的命运分化。在理论上，这项研究对目前流行的"修昔底德陷阱"理论做了重要的修正。在"修昔底德陷阱"的分析框架中，大国与大国的权力竞争是决定性因素。在蛛网理论的分析框架中，大国与大国之间的权力竞争仍然是重要因素，但不是唯一的主要因素，更不是决定性因素。

笔者的观点是，新兴大国崛起之后是否会跟主导大国发生战争是一个概率事件，任何可信的社会科学理论都只能判断这种战争发生的可能性高低，而无法做断然性的精确估算。在蛛网理论中，引发战争的概率很大程度上是由这个新兴崛起国家在五个关键因素上的表现以及组合决定的。笔者将这项研究总结为解释新兴崛起大国政治命运分化的蛛网理论。这里再对蛛网理论涉及的五个关键要素做一个扼要的总结。

首先，在这一分析框架中，新兴大国的历史地理条件扮演着重要角色。这里主要是指新兴大国崛起过程中的地缘政治结构与历史情境。一个国家很难超越它的地理环境。过去，墨西哥的一句谚语说："墨西哥的悲剧就在于离美国太近，而离上帝太远。"这里的缘由，当然跟美国历史上通过战争侵蚀和吞并墨西哥的土地有关。在2014年和2022年的两场政治危机中，乌克兰人估计也会有类似的感慨："乌克兰的悲剧就在于离俄罗斯太近。"实际上，许多国家都是"地理的囚徒"（prisoners of geography）。[①]就本章议题而言，冲突型的地缘政治结构更容易引发一个新兴崛起国家跟其他主要国家或主导国家之间的冲突乃至战争。

类似地，一个国家也很难超越它的历史。实际上，前面的经验研究发现，一个新兴大国历史上跟其他主要大国的关系尤为重要。特别是，如果一个新兴大国在崛起之前并不遥远的过去跟其他主要国家发生过重大战争，那么它能够实现和平崛起的概率就低，崛起过程中引发战争的可能性就比较大；反之，如果一个新兴大国在崛起之前的很长时间里都维持着跟其他主要大国的和平关系，那么该国和平崛起的可能性就比较大。

为了便于理解本书对于大国崛起或和平或战争的分析框架，这里总结出几条简明易懂的法则。第一条法则是，凡因历史或地理原因近期跟主要大国发生过战争的新兴崛起大国，在崛起过程中更有可能跟主要大国发生战争。

需要说明的是，从经验来看，战争往往是战争的原因，旧的战争往往容易引发新的战争。如果一个国家历史上有很多战争，特别是跟主要大国的战争，那么它在崛起过程中更容易引发新的战争。这既是因为国与国之间关系的许多结构性条件（包括潜在的冲突诱

---

① Tim Marshall, *Prisoners of Geography: Ten Maps That Explain Everything About the World*, New York: Scribner, 2016.

发因素）并无根本性改变，又是因为战争还会带来民族情感与政治记忆上的重大创伤，这种情感与心理机制会产生后续的政治影响。比如，德国为什么要跟英法打第二次世界大战？一个重要的原因就是德国输掉了一战，承受着巨额赔款与民族屈辱的压力，所以德国要复仇，要找回原本骄傲的德意志民族的荣光。从这个角度来讲，考察崛起中的新兴大国历史上跟主要大国之间或和或战的历史关系是非常重要的。战争的情感创伤和心理记忆，往往超出生活在和平时期的人们的想象，这种创伤和记忆常常难以在短时间内抹去。

其次，新兴大国的崛起方式至关重要。一般来说，大国崛起的直接表现，就是GDP或经济总量的增加。伴随着经济总量的增加，该国在国际体系中拥有的影响力也会与日俱增，但这往往只是经济增长的外溢效应。从逻辑上说，大国崛起主要有三种方式：一是经济主导型崛起，二是军事主导型崛起，三是经济主导型与军事主导型崛起的组合。工业革命之后，一个国家无法单纯凭借政治和军事方式完成崛起，必须要以某种经济和技术进步做支撑，然后才可以同时辅之以军事和政治方式来完成崛起。所以，19—20世纪的历史实际上呈现了两种主要的崛起模式：一种是经济和技术的崛起，其军事方面主要是防御性的；另一种则是军事与经济技术并重的崛起，甚至军事崛起是其更突出的特征。历史经验是，前者更可能导致和平崛起，而后者更容易导致战争。

第二条法则是，凡是以军事方式完成崛起的新兴大国更容易跟主要大国发生战争。

再次，新兴崛起大国的权力竞争方式也非常重要。在绝对意义上，任何新兴大国的崛起都会改变目前国际体系中的权力格局，会削弱传统主导大国的权力。但是，在相对意义上，随着新兴大国的崛起，国际体系中的权力竞争方式与大国关系模式是不一样的。那么，到底是什么决定了这种差异呢？如果权力竞争主要发生在经济等非零和博弈领域，那么新兴崛起大国更不容易跟其他主要大国发生冲突或战争；反之，如果权力竞争主要发生在领土或军事等零和博弈领域，那么就更容易发生冲突或战争。

国家与国家之间的经济竞争，往往是比较温和的权力竞争，甚至有可能是竞合模式——既竞争又合作的模式，而国家与国家之间在地理或战略空间的竞争往往是比较激烈的，容易导向军事主导的方式，更有可能演变为国家与国家之间的冲突或战争。

第三条法则是，凡是在地理或战略空间跟主要大国存在权力竞争的新兴崛起大国，更容易跟主要大国发生战争。

复次，新兴崛起大国的制度模式及其跟主导大国之间的差异程度同样是一个关键变量。在《伯罗奔尼撒战争史》中，修昔底德强调雅典和斯巴达之间政治制度模式上的重大差异。政治制度模式涉及政体、关键制度安排、意识形态、基本价值观等。在基本制度上，政体的两个基本问题，一是谁掌握政治权力，二是如何行使政治权力。政治制度模式不仅关系到国际体系当中不同制度模式国家影响力的消长，而且关系到不同国家国内社会政治秩序与生活方式的选择。所以，政治制度模式不只是国际政治问题，或者大国权力高低的问题，也是国内政治问题，或者国内政治秩序与生活方式的问题。

从政治制度模式来讲，如果新兴崛起大国跟主导国家在制度模式和意识形态上存在着尖锐对立，就更容易走向冲突或者战争；反之，如果新兴崛起大国跟主导国家在制度模式和意识形态上具有相似性，就不太容易走向冲突或者战争。实际上，美国崛起并没有导致英美之间的剧烈冲突或战争，一个最重要的原因，就是英美在制度模式和意识形态上的相似性。德意志第三帝国的崛起引发英国的严重担忧，苏联的崛起引发美国的严重担忧，原因都在于它们之间在政治制度模式和意识形态上的严重对立。

第四条法则是，凡是跟主要大国在政治制度模式与意识形态上存在严重对立的新兴崛起大国，更容易跟主要大国发生战争。

最后，新兴崛起大国的对外政策是最能影响和平或战争的直接因素。即便其他条件相同，一个新兴崛起国家仍然可能在对外政策上采用不同的选择。假定前面的四个重要变量都一样，新兴崛起大国的对外政策还是会产生最直接的影响。总体上，新兴崛起大国存在三种对外政策的选择：第一种是对抗政策，第二种是非对抗政策，第三种是合作政策。显然，第一种对外政策更容易引发冲突或战争，第三种对外政策更容易让新兴大国实现和平崛起。尤其是在少数博弈者参与的大国博弈模型中，每个大国的对外政策或策略都很重要。一个大国不同的对外政策或策略，都有可能引发其他主要大国的不同策略反应。

第五条法则是，凡是采取激进或对抗性的对外政策的新兴崛起大国，更容易跟主要大国发生战争。

当然，对任何一个新兴崛起大国来说，从崛起到或和平或战争的命运都是一个复杂的历史政治过程，每个真实案例中的影响因素往往很难用任何单一分析框架来穷尽。本书的分析框架把历史地理条件、崛起方式、权力竞争方式、政治制度模式、对外政策视为导致新兴大国命运分化的五个关键因素。但这并不意味着其他因素或变量不重要。

实际上，在不同国家崛起的案例中，仍然可以发现其他的重要因素在起作用，比如政治联盟。从历史经验来看，两个势均力敌的政治联盟之间更容易发生战争。①所以，对一个新兴崛起大国来说，如果它要想维持和平，它的政治盟友并不是越多越好，也不是越强越好。当这个新兴大国加入一个势力较强的政治联盟，甚至让它认为能够借助这一政治联盟来挑战原先的主导大国时，反而更容易引发战争。

再比如，另一个重要变量是20世纪后半叶才出现的，那就是核威慑或核平衡的因素。核武器的出现，在相当程度上改变了大国与大国之间的战争条件。假设主要大国之间拥有互相毁灭的能力，或者至少它们相信都拥有彼此毁灭的能力，那么大国之间跟战争有关的技术条件就被彻底改变了。美苏之间维持着长时间的冷战，而没有爆发热战，是否跟它们之间的核平衡有关？这恐怕是一个重要的因素。②当然，俄乌冲突爆发之后，国际社会近期的一个关注点是，随着新的技术手段的出现，美国相对于俄罗斯是否已经拥有单方面的核优势呢？由于这个问题非常技术化，笔者实际上无力评判这一论断的可信程度。但从美国与俄罗斯在计算机、互联网、移动通信、人工智能领域的技术差距来看，核平衡威慑的消失并非是一件不能想象的事情。

上述讨论给我们呈现了影响新兴大国崛起之后政治命运分化的其他变量与因素的重要性，但蛛网理论提供的分析框架，关注新兴大国的历史地理条件、崛起方式、权力竞争方式、政治制度模式、对外政策等五个关键变量，仍然是非常重要的。借助这一分析框架，

---

① 有研究认为，势均力敌的政治联盟的形成跟第一次世界大战之间就有着很强的相关性，参见：George Frost Kennan, *The Fateful Alliance: France, Russia, and the Coming of the First World War*, New York: Pantheon Books, 1984。

② 关于冷战体系与核平衡，参见：A. J. C. Edwards, *Nuclear Weapons, the Balance of Terror, the Quest for Peace*, London: Palgrave Macmillan, 1986。

就能够在相当程度上评估一个新兴大国在崛起过程中是否容易跟其他主要大国发生战争。

本书主要关注的是非西方传统大国。这些国家具有地理疆域和人口总量较大的特点，所以，一旦这些国家实现崛起，就很容易改变国际体系中的既有权力格局。实际上，中国作为其中一个非西方传统大国在21世纪初的崛起，已经引起了整个世界的广泛关注。如今，俄罗斯和印度都是具有全球影响力的国家，土耳其、伊朗、埃及等国也被视为区域性大国或重要国家。无论哪个国家实现崛起，都有可能给区域性或全球性的权力格局带来重要的影响。

所以，本章研究的主题对这些非西方传统大国来说，显得尤为重要。问题是，这项研究可以为非西方传统大国——特别是正在崛起或有可能崛起的非西方传统大国——提供何种启示呢？换言之，我们能从过去大国崛起的历史经验中学到什么呢？历史学界的一种悲观论调认为："我们能从历史中学到的唯一东西，就是我们不能从历史中学到任何东西。"这种论调尽管悲观，但并非全然无理。因为真实的历史经验就是历史经常会重复。尽管人类在历史上已经犯了各种各样的严重错误，然而，等若干年以后，新的政治力量崛起，新的决策窗口出现，处在关键位置上的人面临类似的情景时，可能还是做了类似的错误选择，并同样导致了灾难性的后果。这样的历史故事，如今还在重复着。

即便如此，这也并不意味着我们应该放弃从历史中总结必要的经验。一个首要的政治经验，就是维系和平的极端重要性。一个崛起中的新兴大国，一旦跟主导国家发生战争，那么这种崛起过程大概率上就会被中止，甚至还会面临比中断崛起更可怕的政治灾难。从历史经验来看，一个新兴大国实行和平崛起是有可能的，和平崛起对新兴大国来说也更为有利。所以，对21世纪的新兴大国来说，主观上的和平愿望与客观上寻求和平的政治努力，就非常重要。原因之一，这是一个越来越互相依赖的时代，全球化已经使得各国在经济、贸易、硬件技术、软件平台、供应链、资源等方面紧密地互嵌在一起，没有一个国家可以脱离别的主要国家或者全球关键经济技术网络而达到较高的发展水平。

原因之二，历史经验是，新兴崛起大国一旦无法维系和平，一旦卷入战争，就存在相当程度的战败可能性。新兴崛起大国如果与原先的全球主导大国开战，其战败的可能性要远大于50%——至于精确的胜负概率则难以有效评估。德国与日本从崛起到战败的历史经验是前车之鉴。

原因之三，新兴崛起大国即便还没有卷入战争，但一旦考虑战争的可能性，或者开始备战，那么就会导致两个严重结果：一是全球主导大国有可能会采取对等思维，即同样开始考虑备战，甚至在它认为必要时采取先发制人的策略；二是跨国公司与国内资本看到备战信号，就有可能压缩在该国的投资，甚至会导致资本的撤离风潮——从资本避险情绪来考虑，这是完全可以理解的。这就有可能导致新兴崛起大国的正常经济发展过程被中断。因此，无论从哪个角度看，对新兴崛起大国来说，确立坚定和平信念和努力维系长期和平，是其长治久安、持续繁荣的基本保证。

如果蛛网理论的论述是可信的，除了维系和平的极端重要性，未来的新兴崛起大国还可以获得哪些具体的政治启示呢？

第一，新兴崛起大国应该审慎对待自身的历史地理条件。众所周知，一个国家的地理条件与地缘政治格局难以改变，过去已然发生的历史不可改变。但历史经验是，即便面对同样的地理条件与地缘政治格局，新兴大国也应学会善用政治方式解决问题，至少不要主动升级冲突，争取把握以和平方式应对地缘政治压力与危机的主动权。

进一步说，已然发生的历史固然不可改变，但历史影响今天的方式，不仅在于历史本身是什么，还在于我们今天对历史的诠释与解读。即便是同样的历史，经由不同的解读，也会产生不同的政治效应。特别是，对于那些历史上曾经饱受国与国之间的战争蹂躏、被别国入侵或打败的新兴崛起大国来说，摆脱受害者心理，弱化激进民族主义的情感与记忆，显得尤为重要。

第二，新兴崛起大国应该审慎对待自身的崛起模式与崛起策略。一般而言，新兴大国以经济和技术崛起为主的模式，不容易遭到其他主要大国的阻遏与对抗。特别是在二战后相对和平的世界格局中，主要立足于经济和技术崛起的发展模式，甚至还容易发展出跟其他主要大国之间互利和互赖的关系模式。

当然，不可否认的是，今天的国家仍然处在民族国家体系之中。对大部分国家来说，以适当的军事力量来保卫自身的基本安全、领土与主权，是一种很正常的做法。即便如此，新兴崛起大国应当在军事上做到审慎克制，应该明确以自卫为主的军事战略与发展方向，避免激发跟周边国家或其他主要大国之间的军事竞争与军备竞赛，进而避免陷入可能的安全困境。一旦新兴崛起大国被其他主要大国认为正在采取进攻性而非防御性的军事战略与政策，就容易激发其他主要大国的相似做法，结果令人堪忧，发生战争的概率就会大大提高。

第三，跟崛起模式密切相关的是，新兴崛起大国应该审慎处理自身跟主导大国权力竞争的领域与方式。通常，在经济与技术领域，只要遵守恪守规则、坚持互利原则，国与国之间就可以展开自由竞争。这种自由竞争一方面可能是互利的——这一点有许多理论和经验做支撑，另一方面确实也可能导致局部的赢家与输家的关系——

这一点也不能否认。但就基本面而言，只要新兴崛起大国在恪守规则和互利互惠基础上展开经济与技术领域的竞争，即便其他主要大国面临相对份额和利益的减损，通常也不会选择激进的非经济、非技术手段来进行反击。但是，一旦涉及领土等地理空间和军事等战略空间的竞争，就需十万分的谨慎，因为这种竞争容易引发国与国之间的激烈冲突乃至战争。

固然，对任何一个国家来说，用一切可能的手段来努力捍卫基本的安全、领土、利益与主权，都是常见的政治准则。这一点对于新兴崛起大国自然也不例外。但是，即便捍卫国家利益和主权是必要的，仍然需要尊重其他主要国家对他们自身国家利益和主权的捍卫，尽可能避免跟其他主要大国在地理空间与战略空间中发生激烈的对抗与冲突；否则，战争的风险就会急剧上升。此外，新兴大国崛起过程中往往还伴随着国内民族主义思潮的兴起。因此，新兴崛起大国在国内需要处理好可能的激进民族主义带来的政治压力，在国际上需要有效管控好跟其他主要大国之间的竞争关系，特别要防止地理空间或战略空间上的竞争走向失控的局面。

第四，新兴崛起大国应该正视自身的政治制度模式、意识形态与价值观念跟主导大国之间的异同。如果新兴崛起大国跟原先主导大国在政治制度模式上的相似性较高，则两者发生重大冲突或战争的可能性会大大降低。实际上，美国崛起并没有引发英美关系的严重危机，最主要的原因恐怕就在于美国跟英国之间在政治制度模式、意识形态和价值观念上的相似性。

但更常见的情形是，不同国家之间的政治制度模式可能或多或少存在着差异。由于历史路径依赖或现实政治博弈的原因，各国都有可能选择与众不同的政治道路与制度模式。问题是，如果新兴崛起大国跟主导大国之间在政治制度模式上差异较大甚至完全处于对立状态，前者又该怎么办呢？应该说，这样的新兴崛起国家需要非常审慎。原因之一，新兴崛起大国能否凭借一种完全不同的制度模式实现持续进步，达致人类目前经济、技术与生产率的可能性边缘，本身就是一个尚待验证的问题；原因之二，在一个高度全球化和密切互赖的时代，一种异质性的制度模式的崛起，很可能会引发其他主要大国的焦虑和担忧。

务实地说，新兴崛起大国相信特定的制度模式更适合自己的发展，这是一回事；而要想把这种制度模式推广至全世界，或者试图以自身的制度模式取代其他主要大国的制度模式，这是另一回事。如果新兴崛起大国试图这样做，就可能会刺激原先的主导大国，甚至引起对方在政治上的激烈反应。主导大国会认为，新兴大国的挑战不仅是国际关系意义上的，而且是国内秩序意义上的。由此，原先主导大国有可能会采取一定的经济、政治、科技乃至军事手段来阻遏新兴大国的继续崛起，因为这种崛起会被视为对主导大国制度模式、意识形态与价值观念的一种直接威胁。对于新兴崛起大国来说，即便实现了一定程度的大国崛起，通常在各方面也还是落后于原先的主导大国，在这种条件下，一旦激起主导大国的敌视与对抗，失去政治互信，就会导致非常严重的政治经济后果。所以，对制度模式异质性较高的新兴崛起大国来说，如何维持跟原先主导大国之间的基本政治互信，是一个极端重要的政治问题。

第五，新兴崛起大国应该审慎考虑自身的对外政策与外交策略，应该秉承合作政策或至少是非对抗政策。一旦新兴崛起大国跟原先主导大国采取对抗性政策，该国面临的国际政治风险就会急剧上升。实际上，一个国家究竟采取何种对外政策，从根本上说取决于它对自身与世界关系的基本看法。新兴崛起大国的外交政策涉及三个互相关联的问题：它希望自身作为一个什么样的国家跟一个什么样的世界以一种什么样的方式相处。这才是对外政策背后的关键问题。对新兴崛起大国来说，只有这个问题想清楚了，才能讨论具体的对外政策或外交策略问题。

从已有历史经验来看，更多寻求合作而非对抗，采取理性务实、合作导向的对外政策，是新兴崛起大国减少外部冲突风险的有效做法。反过来说，无论是过度的自我膨胀，还是激进的民族主义思潮，都会给新兴崛起大国在对外政策上带来极大的风险。新兴大国崛起注定会在部分程度上改变世界权力格局，就此而言，这种现象本身就会引发现有国际体系中的紧张关系。但是，新兴崛起大国能否以合作的姿态而非对抗的状态来展现自身在国际体系和世界格局中的角色，能否以合作的姿态而非对抗的姿态来处理跟其他主要大国之间的分歧，是非常重要的战略选择。以合作的姿态来处理对外政策和国际事务，应该成为新兴崛起大国坚定的政治哲学，否则，政治冲突乃至战争风险就会急剧增加。

历史地看，任何新兴大国的崛起都绝非易事。既然新兴崛起大国注定会改变现有的世界权力格局，那么对原先的主要大国来说，恐怕没有人会乐意看到这种局面。在现实主义的国际政治理论中，就更是如此。所以，任何新兴大国的崛起都会遭遇许多困难与挑战，甚至面临严重的挫败。这可能是历史的常态。但退一步讲，如果国际体系中的主要大国能够以理想主义的姿态来看待新兴大国的崛起，即把新兴大国的崛起视为一种相互有利的政治现象，并采取积极姿态来接纳新兴大国成为国际格局中的重要成员，当然是新兴崛起大国乐见其成的局面。

问题是，新兴崛起大国如果信奉这种理想主义，其自身就不应该主要以现实主义的姿态来对待其他主要大国。因为一旦其他主要大国意识到潜在的威胁，理想主义的姿态和政策发生逆转，就会出现对新兴崛起大国更为不利的外部环境。当新兴崛起大国普遍地不信任其他主要大国时，外部环境往往会变得更加艰难。原因其实很简单，我们只需要问：你不信任别国，别国会信任你吗？所以，一旦新兴崛起大国以现实主义来对待其他主要大国，并被它们洞察之后，其他主要大国就会以现实主义的姿态和策略来作为回应。这样一来，新兴大国就更难实现真正的崛起。新兴崛起大国与原先主导大国倘若以现实主义对现实主义，那么它们之间爆发冲突或战争的风险就会变得很大。

　　总之，新兴大国持续崛起绝非必然，这种崛起可能会因为各种原因而被中断——既有内部的原因，又有外部的原因。特别是，新兴崛起大国的政治领导层应该具有良好的结构性思维——他们既需要懂得历史的经验，又需要懂得现有国际体系的逻辑；既需要具有相当的政治善意，又需要具有足够的战略审慎。惟有如此，才能为新兴大国的崛起增加助力，减少阻力。要知道，政治领导层手中掌握的不只是他们自己的政治权力，还有整个国家的命运。

第五章

领先：如何成为全球领导者？

人们在不断交往中养成某些得到共同遵守的行为模式，而这种模式又为一个群体带来了范围不断扩大的有益影响，它可以使完全素不相识的人为了各自的目标而形成相互合作。

——弗里德里希·冯·哈耶克

同罗马治下的和平一样,英国治下的和平与美国治下的和平确保了一种相对和平和安全的国际体系;大英帝国和美国创造和确保了自由国际经济秩序的规则。

——罗伯特·吉尔平

　　对许多传统大国或后发展大国来说，如果能够完成现代转型，实现在国际体系中的重新崛起，那么更高远的目标可能是成为全球领导者。①传统大国渴望成为领先国家，甚至成为全球领导者，这种抱负完全可以理解。历史上，许多传统大国本来就是欧亚大陆某个时期的领先者与领导者。在目前由民族国家构成的国际体系中，考虑到这些国家的历史地位，这也是一种合理的抱负。

　　问题是，一个国家要成为全球领先者或领导者，就是要超越别的国家，这种想法本身就具有相当浓厚的民族主义色彩。从逻辑上说，如果一个国家与其他主要发达国家的发展水平相当，一般来说，它只能成为表现最佳的国家之一，而无法成为全球领先者。即便这样的国家叠加了地理疆域与人口总量的规模优势，或许在综合国力上超越了其他主要发达国家，但要想成为真正的全球领导者，难度依然相当之大。这是因为真正意义上的全球领导者非常罕见。一般

---

　　① 本章的一个早期简要论文版本曾刊发于《复旦国际关系评论》，我过去指导的学生、复旦大学国务学院王志鹏博士为原文的第二作者，参见：包刚升、王志鹏，《全球领导者的三要素：从历史看未来》，载于《复旦国际关系评论》第27辑，2021年，第79—98页。笔者在此对原文进行了大幅修订与扩充。

来说，如果在既有的经济、技术与军事轨道中竞争，不同国家之间由于模仿和扩散效应，主要发达国家往往在经济发展水平与技术能力上相差无几，这就意味着没有哪个国家能够成为真正的全球领导者。就此而言，真正的全球领先者往往是人类社会出现经济与技术的重大创新或范式转型时，才更有可能出现。

实际上，工业革命以来，能够真正称之为全球领导者的，主要就是19世纪的英国和20世纪上半叶以来的美国。当然，有观点认为，美国如今作为全球领导者正在遭遇许多新的挑战，甚至其地位已经发生动摇。[①]本章需要关注和讨论的主要问题是：到底何谓全球领导者？全球领导者的基本特征与逻辑到底是什么？为什么英国和美国能够成为过去的全球领导者？美国能否延续目前全球领导者的地位？是否还有其他潜在的新兴大国能成为新的全球领导者？进一步说，本书所关注的非西方传统大国是否有机会成为新的全球领导者？

国际体系中的全球领导者

讨论19世纪以来的全球领导者，自然离不开现代意义上的国际体系。现代国际体系是由民族国家组成的一个集合体，其基本单位是民族国家。[②]笔者把近现代以来的国际体系大致上划分为三个阶段

---

① 关于美国是否衰落的不同观点，参见：Geir Lundestad, *The Rise and Decline of the American "Empire": Power and its Limits in Comparative Perspective*, Oxford: Oxford University Press, 2012; Robert J. Lieber, *Power and Willpower in the American Future: Why the United States Is Not Destined to Decline*, Cambridge: Cambridge University Press, 2012。

② 民族国家的严格定义是由单一民族构建的国家，但目前的许多习惯用法是把联合国成员国普遍地称为民族国家。

的演化。第一个阶段是1648年之前，这是前主权国家体系时期。对1648年之前的欧洲来说，封建体制与帝国体系具有支配性影响，当时尚未形成后来的主权国家观念，政治体之间的武力冲突与战争相当频繁。

第二个阶段是1648—1945年，这是从主权国家体系兴起到二战之间的现代国际关系形成之前的时期。以1648年《威斯特伐利亚和约》的签署为标志，欧洲结束了长达三十年的宗教战争，并确立了以主权国家为基础的欧洲国际体系。此后，主权国家逐渐成了国际体系的基本组成单位，但尊重主权概念的形成与发展又经历了一个复杂的演化过程。特别是，主权国家观念起初主要在欧洲或西方国家之间，而后才逐渐扩展到了后发展世界。1648—1945年，主要国家之间不时发生的大规模冲突与战争仍然是这一时期国际体系的基本特征，其间最大规模的战争包括拿破仑战争、第一次世界大战和第二次世界大战，小规模的战争更是不计其数。在此期间，工业革命于18世纪晚期到19世纪早期在英国首先发生，而后扩散到西欧和北美，英国和西方世界由此逐渐形成了对整个世界的支配性优势。

第三个阶段是1945年至今，这是第二次世界大战之后现代国际关系的形塑期，其实就是美国主导的、以联合国框架为基础的现代国际体系兴起的时期。这一国际体系尽管经历了冷战和后冷战两个阶段，但其主要特征有两点：一是美国对国际规则与国际秩序的支配性影响，主权国家的观念与制度得到了强化，以联合国安理会为代表的国际冲突与安全协调机制开始兴起，许多全球性和区域性的国际组织开始涌现，主要大国之间的武力冲突与战争总体上得到了有效的管控等；二是有助于推动全球化的大量国际规则与机构得以形成和建立，包括金融、贸易、司法等领域的规则与合作机制开始兴起，比如货币领域的布雷顿森林体系，贸易领域的关贸总协定以及后来的世界贸易组织，金融与国际发展领域的世界银行和国际货币基金组织，许多区域性的自由贸易区等，加上飞机的普及与集装箱的发明，全球化在二战后得到了前所未有的实质性推进。[1]

除了国际体系的阶段性演进，理解近现代国际关系的另一个视角是全球化的不断深化。罗比·罗伯特森用全球化的浪潮来描述 19 世纪晚期以来的全球化进程。他认为，从 19 世纪以来全球化已经经历了三波浪潮与一次回潮。第一波全球化发生在 1870—1914 年，1914—1945 年发生了全球化的第一次严重衰退，1945—1980 年是第二波全球化浪潮，1980 年以后则是第三波全球化浪潮。跟发达国家参与为主的第二波全球化浪潮相比，第三波全球化浪潮的主要特征是大量发展中国家普遍地卷入了全球化进程。[2]具体来说，罗伯特森用三个指标来评估全球化浪潮的进与退，分别是外国资本存量占发展中国家 GDP 的比重、商品出口占全球 GDP 的比重以及进入美国的移民人数，分别代表对外直接投资、国际贸易与人口的跨国流动。

2016 年的一项研究评估了 1870 年以来全球化在三个关键方面的进展，包括商品流动、资本流动与人口流动，见图 5.1。总体上，这项研究的结论跟罗伯特森关于三波全球化浪潮的观点是相似的。从 19 世纪晚期至今，全球化的经济与技术逻辑较为稳定地推动了全球化的深化，但当出现金融危机与大国冲突时，全球化就会受阻。1914—1945 年，两次世界大战加一次世界经济大萧条，是人类近现代史上第一次全球化的退潮时期。所以，全球化的基本逻辑是，只

---

[1] 关于国际关系的历史变迁，参见：刘德斌主编，《国际关系史》（第二版），北京：高等教育出版社，2018 年。

[2] Robert Thomas Robertson, *The Three Waves of Globalization: a History of a Developing Global Consciousness*, London: Zed Books, 2002.

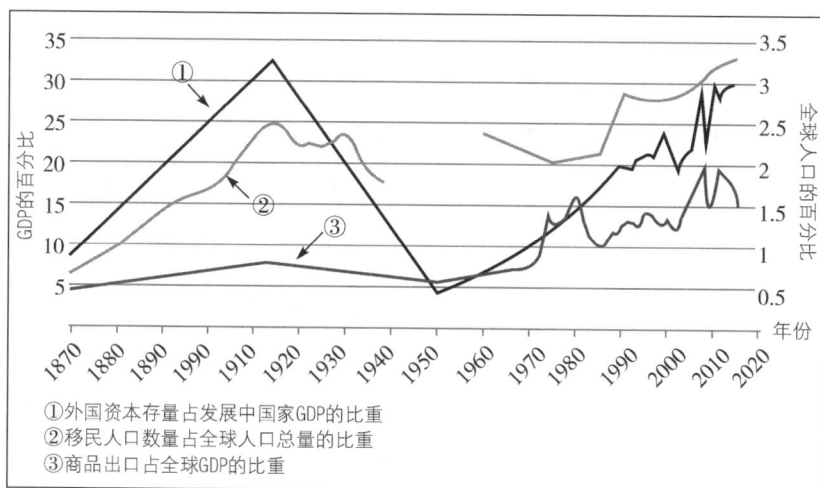

图5.1　1870年以来全球化的三次浪潮

资料来源：Laurence Chandy and Brina Seidel, "Is Globalization's Second Wave about to Break?（Report）," Oct. 4, 2016, figure 1, 参见：https：// www.brookings.edu / research/is-globalizations-second-wave-about-to-break/。

要不发生金融与经济危机以及主要大国之间的冲突与战争，全球化的持续深化就是人类社会演化的普遍趋势。

从19世纪到21世纪，全球化不断深化条件下的国际体系有三个基本属性，即经济属性、政治属性与体系属性。首先，现代国际体系的经济属性是指，一方面国与国之间存在着领先与落后、发达与不发达的差异，另一方面国与国之间存在着彼此依赖程度越来越高的贸易、投资与劳务合作关系。其次，现代国际体系的政治属性是指，一方面国与国之间存在着政治模式上的相似性与差异性，另一方面国与国之间还存在着世界格局中权力竞争与实力较量，不同国家在世界权力格局中扮演着不同的角色。再次，现代国际体系的体系属性是指，一方面国与国之间都需要恪守某种已经成为共识的国际规则，另一方面国与国之间存在着经济、政治与军事的博弈，大部分国家都试图以此来实现自身的目标。

本章所讨论的全球领导者，就是以现代国际体系为背景的，是指现代国际体系与世界格局中居于领先和支配地位的大国。作为概念的全球领导者，本身就是世界各国在与"他者"的比较或对比中产生的观念。[1]全球领导者应该是这样一个国家，"其实力可以与所有对手的综合实力较量"，"通常也图谋实现某种国际统一和团结"，并"在全世界拥有广泛利益"。[2]这意味着，全球领导者掌握着国际社会中最强有力的话语权，在政治、经济和文化等各个领域具有显著的领先者优势，且其优势地位得到全球大部分主要国家的承认。简而言之，全球领导者应该具备两个主要特点：一是，该国在经济、技术与军事上处于显著的领先地位；二是，该国在国际体系中具有最强的综合国力与全球政治影响力。

从概念上看，全球领导者容易跟"大国""霸权"等概念互相混淆。显然，全球领导者不同于国际体系中一般意义上的"大国"。[3]大国，通常是指在国际体系与世界格局中拥有较强实力和较大影响力的少数国家。全球领导者当然是国际体系中的大国，但大国却未必是全球领导者。实际上，只有极少数大国能成为全球领导者。在大国之上，还有超级大国（superpower）的概念。在二战后的国际体系中，一般称美国和苏联为超级大国。冷战结束以后，美国就成了唯一的超级大国。今天，有学者与媒体又将中国视为排名美国之后

---

① 兹比格涅夫·布热津斯基，《战略远见：美国与全球权力危机》，洪漫等译，北京：新华出版社，2012年，第4页。

② 马丁·怀特等，《权力政治》，宋爱群译，北京：世界知识出版社，2004年，第10、11、27页。

③ 关于国际体系中大国的研究，参见：保罗·肯尼迪，《大国的兴衰：1500—2000年的经济变革与军事冲突》（上下册），王保存等译，北京：中信出版社，2013年。

的另一个新兴超级大国。但无论是大国还是超级大国，其主要的衡量指标是综合实力与影响力，而不是领先程度。在冷战时期，美国既是超级大国，又是全球领导者，苏联尽管是超级大国，却不是全球领导者。实际上，即便冷战时期的苏联在军事力量上已经超过英、法、德这三个欧洲主要国家，但就实际的经济、技术和收入水平而言，苏联跟这三国差距还是比较大的。比如，1990年，苏联的人均GDP都不到英、法、德三国平均值的一半。[①]所以，"大国"乃至"超级大国"跟全球领导者的概念还是存在着显著的差异，不属于同一类型的概念。

进一步说，全球领导者也不同于国际体系中的霸权或霸权国家。中文词汇霸权本身就是一个容易误导人的概念。霸权的英文是hegemony，大体是指，在国际体系与世界格局中，一个国家在政治、经济和军事上对其他国家处于支配性地位。在英文语境中，这种支配性地位本身并没有褒贬之分，它突出的是支配权和主导权，基本上是一个中性概念。而霸权的"霸"在中文语境中具有相当的负面含义，一般是指一方借助权势与实力处于欺凌他人的地位，或者可以凭借强制力而将自身的意志强加于他人。这是同一概念在不同语境中的重大差异。

更学术地说，在国际政治理论中，霸权通常是指"在整体上，控制国际体系的领导权"，强大到有"权力根据自身的利益，塑造国际政治的规则"，或者能够对"国际体系中的大部分"事务行使政治—军事的"支配"。[②]在世界格局中，非霸权的主要大国往往对这

---

① 安格斯·麦迪森，《世界经济千年史》，伍晓鹰等译，北京：北京大学出版社，2003年，第179页。

② 西蒙·赖克、理查德·内德·勒博，《告别霸权！——全球体系中的权力与影响力》，陈锴译，上海：上海人民出版社，2017年，第2页。

种霸权或支配并无好感。但也有研究认为，霸权的存在或许有利于国际体系的稳定，这就是著名的"霸权稳定论"。罗伯特·吉尔平说："同罗马治下的和平一样，英国治下的和平与美国治下的和平确保了一种相对和平和安全的国际体系；大英帝国和美国创造和确保了自由国际经济秩序的规则。"[①]言下之意，英美霸权有利于提供一种和平与自由的国际秩序。按照罗伯特·基欧汉和查尔斯·金德尔伯格的观点，世界政治中的某种特定秩序，往往是某个霸权国家创建的，而且需要霸权国家的持续存在才能维持。[②]无论怎样，霸权强调的主要还是一个国家在国际体系中的支配性与主导性。本章定义的全球领导者或全球领导国家无疑应该是一个霸权国家，但它不只是一个霸权国家。唯有在经济与技术上处于显著领先地位的霸权国家，才有可能成为全球领导者。

因此，本章定义的全球领导者应该是在经济与技术上处于显著领先地位并在国际体系与世界格局中拥有支配性权力的国家。这一定义既是总量概念，又是人均概念；既是自身实力意义上的，又是相比于其他主要大国的全球影响力与权力意义上的。按照这一概念，全球领导者首先要拥有显著的领先地位。问题是，一个国家如何才能拥有显著的领先地位呢？根据上文的分析，如果在同等条件下，一个国家即便能达到主要发达国家的较高标准，它也很难显著地超越其他主要发达国家。在这种条件下，如果这个国家碰巧是地理疆

---

① Robert Gilpin, *War and Change in World Politics*, Cambridge: Cambridge University Press, 1981, p. 144.

② 罗伯特·基欧汉，《霸权之后：世界政治经济中的合作与纷争》（增订版），苏长和等译，上海：上海人民出版社，2011年；查尔斯·P.金德尔伯格、罗伯特·Z.阿利伯，《疯狂、惊恐和崩溃：金融危机史》（第五版），朱隽等译，北京：中国金融出版社，2011年。

域和人口规模较大的国家，它有可能在综合实力上占据上风，但它仍然很难成为一个在经济与技术上拥有显著领先优势的国家。所以，但凡能够在经济与技术上获得显著领先优势的国家，一定是借助了较为系统的创新。只有大规模的创新，才能成就真正意义上的领先者。比如，近现代国际体系中的第一个全球领导者英国，依靠的就是工业革命及其引发的一系列创新。

对全球领导者的讨论，通常还需要考虑时间和空间这两个维度。在时间上，本章讨论的是19世纪以来的全球领导者，因为全球化者诞生于全球化取得根本性进展的时代；在空间上，全球领导者是指全球范围的领导者，即全球领导者的优势地位需横贯整个国际体系。据此，到目前为止，世界近现代史上出现过的全球领导者主要是指19世纪的英国和20世纪上半叶以来的美国。在同一时期，尽管全球范围内还涌现了不少区域性强国或大国，比如法国、德国、俄罗斯和日本等，但这些国家的领先优势与全球影响力还无法与19世纪的英国、20世纪上半叶以来的美国相提并论。

既然英国和美国是近现代全球领导者的两个主要案例，那么本章对全球领导者的分析主要就依赖于对这两个国家的案例研究。这项研究首先关心的是，这两个全球领导者究竟是如何兴起的？作为全球领导者，它们究竟应该具备哪些要素？通过分析英国和美国成为全球领导者的历史经验，本章试图厘清全球领导者这一政治现象背后的政治逻辑。本章接下来的国家案例分析，主要关注三个维度：一是经济与技术维度，二是政治经济模式维度，三是国际规则与国际体系维度。

国家案例研究：19世纪的英国

本书主要关注的是非西方传统大国的政治命运。即便是对19世纪以来全球领导者的研究，目的也在于给非西方传统大国提供某种借鉴。在这项研究中，英国始终占据着非常特殊的地位，因为英国是工业革命的发源地，是世界上第一个现代化国家，也是现代世界的形态与规则的主要塑造者。所以，本书对非西方传统大国政治命运的讨论，其实是从英国和西方世界的兴起开始的。在本章的分析框架中，英国也是近现代的第一个全球领导者，它在整个19世纪基本上扮演着国际体系与世界格局主要支配者的角色。

在18世纪晚期英国爆发工业革命之前，无论是从地理版图还是从人口规模来看，相比同时期的大清王朝、俄罗斯帝国、奥斯曼帝国等，英国看起来都不太可能成为一个即将执全球政治权力之牛耳的国家。但出乎意料的是，经由工业革命，英国从18世纪晚期到19世纪早期实现了快速的崛起。在随后的一个世纪中，这个处在西欧边缘的岛国竟然成了国际体系中最强有力的主导者与支配者。

按照保罗·肯尼迪的观点，19世纪中期的英国已经成为显而易见的霸权国家。他这样写道：

在1760—1830年，英国占"欧洲工业产量增长的2/3"，它在世界制造业生产中的份额从1.9%一跃而为9.5%；在以后的30年中，英国工业的扩大又使这个数字上升到19.9%，尽管新技术扩散到了其他西方国家。在1860年前后，相对地说，英国可能达到了极盛时期，它生产了全世界铁的53%、煤和褐煤的50%，并且差一点儿消费了全球原棉产量的一半。"联合王国的人口占全世界人口的 2%，占欧洲人口的 10%，却似乎具有相当于全世界潜力 40%—60% 的现代工业能力。"在 1860 年，它消费的现代能源（煤、褐煤、石油）是美国或普鲁士/德意志的 5 倍，法国的 6 倍，俄国的 155 倍。它单独占有全世界商业的 1/5，但是却占有制成品贸易的 2/5。全世界 1/3 以上的商船飘扬着英国国旗，而且所占的比率正在日益增加。①

这段文字的关键信息是，到 1860 年左右，英国拥有全世界工业能力的一半左右，同时拥有钢铁和煤炭产量的一半左右。这意味着，此时美国、普鲁士、法国、俄罗斯等主要国家的全部工业生产能力与基础工业品的总和，尚不及英国这第一个工业化国家。凭借工业、技术、军事与商业领域的巨大优势，英国在 19 世纪也经历了大规模的对外扩张。到 19 世纪末，英国已经成为"亘古未有的最大帝国，拥有 1200 万平方英里（超过 3100 万平方公里——本书作者注）的土地和占世界 1/4 的人口"。②显然，在整个 19 世纪，世界上没有哪个国家能在经济与技术的领先程度上以及国际体系的影响力上跟英国一较高低。

问题是，英国究竟是如何成为全球领导者的？究竟是哪些因素对英国成为全球领导者起着决定性的作用？实际上，本书第一章专门讨论过"英国与西方的兴起及其性质"，并将英国和西方兴起的驱动因素归结为一种完全不同于欧亚大陆传统帝国的政治系统、经济系统与观念系统。英国为什么能兴起并成为第一个工业化和现代化

---

① 保罗·肯尼迪，《大国的兴衰：1500—2000 年的经济变革与军事冲突》（上册），王保存等译，北京：中信出版社，2013 年，第 156 页。

② 同上，第 235 页。

国家，跟英国为什么能成为19世纪的全球领导者，是两个既不同又互相关联的问题。前者主要关注的是国内层次的因素，后者既关注国内层次的因素，又关注国际层次的因素，还关注两者的互动。综合来看，英国作为全球领导者，既离不开它在经济与技术上的领先优势，又离不开它在政治经济模式上的诸种特质，还离不开它对国际规则与国际秩序的形塑。

英国全球领导者地位的确立，首先在于它在经济与技术上的巨大领先优势，而这种领先优势来自于它率先启动和完成了工业革命，实现了从农业社会向工业社会的突破。这种革命与突破，是人类经济与技术发展史上的里程碑。在工业革命发生之前，人类已经在农业社会的模式和轨道上演化了上万年时间。如果同样在农业社会的模式和轨道上竞争，英国以十分有限的疆域和人口规模，根本不可能跟欧亚大陆上的传统帝国进行有效的竞争，而英国恰恰以率先启动工业革命方式在人类历史上引入了一场重大的创新。至于英国能够率先启动工业革命的原因，本书第一章已经进行过深入讨论，这里不再赘述。但英国率先启动工业革命的结果是显而易见的，即它成了全球的第一个工业化国家和现代化国家。

到19世纪中叶，英国在经济发展、工业能力与技术水平上已经遥遥领先于西方世界的其他主要国家，更不用说欧亚大陆的非西方传统帝国了。经济史学家戴维·兰德斯的论述呈现了当时英国显著的领先优势：

> 英格兰的工业革命改变了世界以及民族和国家彼此之间的关系。由于力量的原因，如果不是由于财富的原因，政治经济的目标和任务受到改变。于是，世界分作了一个领先者和一大批极不相同的追赶者。对于欧洲"追随者国家"中最快的国家

来说，大约花了一个多世纪的时间才追赶上。……

　　当英国业已经历了两代人的经济成长和工业发展的时候，欧洲的第一批效仿国家才开始起步（自1815年开始）。①

　　兰德斯的这些论述有三个核心观点：一是英国由于工业革命的率先启动而拥有了显著的领先优势，二是世界分化为了英国这个领先者和许许多多的追赶者，三是即便其他欧美国家——作为追赶者——要想追赶英国都需要花费很长的时间。这让工业革命之后的西方百年史，成了一部西方其他主要国家追赶英国的历史。

　　实际上，在成为全球领导者之前，英国的经济总量与人均水平均早已领先于其他欧洲主要国家。这也意味着英国的工业能力与技术水平早已处于优势地位。本书第一章就讨论过英国跟主要国家在1500—1913年间的人均GDP比较，具体数据参见表1.6。这里还增加了英国跟主要国家在1500—1913年间的GDP总量比较，参见表5.1。根据这两个表格的数据，1500年，英国跟法国和今天德国地区（当时尚属神圣罗马帝国）的人均GDP相差无几，但由于人口原因，英国GDP总量仅为法国的25.8%和德国的34.7%。在英国率先启动工业革命之后，到1820年，英国人均GDP已分别为法国和德国的1.39倍和1.61倍，GDP总量则与法国相差无几，为德国的1.38倍。至1870年，英国人均GDP已达到法国和德国的1.7倍左右，英国GDP总量已超越法国和德国近40%。这些数据都说明英国在19世纪中叶前后半个世纪中，相对于欧洲主要国家在人均发展水平与经济总量上具有显著的优势。当时的英国已经是国际体系中当之无愧的经济领先国家。

---

　　① 戴维·S.兰德斯，《国富国穷》，门洪华等译，北京：新华出版社，2001年，第323、361页。

表 5.1 英国与欧洲主要国家的 GDP 总量：1500—1913 年

单位：百万 1990 国际元

国家	1500	1600	1700	1820	1870	1913
法国	10912	15559	21180	38434	72100	144489
德国	8112	12432	13410	26349	71429	237332
英国	2815	6007	10709	36232	100719	224618
美国	800	600	527	12548	98374	517383
前苏联地区	8475	11447	16222	37710	83646	232351

资料来源：安格斯·麦迪森，《世界经济千年史》，伍晓鹰等译，北京：北京大学出版社，2003年，第259页，表B-18。

在19世纪，衡量一个国家经济发展与技术水平的重要指标是该国的工业化程度以及关键工业产品的产量。如果以1860年英国的人均工业化水平作为基准（即分值为100），那么同一年份的法国、德国和俄罗斯的分值分别仅为31、23和13，而英国早在1800年就达到了30。1860年，整个欧洲的平均人均工业化水平仅为英国的27%，世界的平均人均工业化水平仅为英国的11%。[①]钢铁和煤炭是第一次工业革命的关键工业产品，也是衡量一个国家技术水平和军事技术能力的重要指标。1860年，英国的煤炭产量是8132.7万吨，占整个欧洲煤炭产量的67.6%，分别为法国和德国的约9.8倍和4.9倍。[②]1860—1861年，英国生铁产量占整个欧洲产量的59.5%，分别为法国

[①] 斯蒂芬·布劳德伯利、凯文·H.奥罗克编著，《剑桥欧洲经济史（第一卷）：1700—1870年》，张敏、孔尚会译，北京：中国人民大学出版社，2021年，第220—221页。

[②] 同上，第222页。

和德国的约4.3倍和7.3倍。[①]所有这些数据都表明，英国在1860年前后大致占据着整个欧洲主要工业产品生产能力的六成左右。所以，当时的英国在工业与技术上都是全球的遥遥领先者。

英国在经济上的领先优势还体现在其航运能力、全球境外投资水平等方面。工业革命后，远洋贸易逐渐成为全球贸易最重要的形式，航运成为全球贸易最重要的载体。本书第一章曾经讨论过英国的船舶航运能力及其与世界总量的比较，可以参见表1.5。有研究说："整个19世纪，远洋货船的所有权和注册地，都高度地集中在英国。英国商船要占到世界总吨位的32%—45%。"[②]就具体数据而言，1820年，英国船舶运载力合计为2448千吨，占世界总运载力的41.6%。1900年，英国轮船运载力和船舶总运载力都约为全球的32.2%。如今，对外直接投资（简称FDI）往往是衡量一个国家综合国力的重要指标，而英国实际上就是现代世界FDI的开创者。在1914年，即第一次世界大战开始之时，英国境外投资的现价总值就已经达到183亿美元，约占当时全球境外投资总额的41.8%，参见表5.2。

工业革命时代的英国产生了一系列重要的工业发明与技术突破，比如一系列的棉纺织机器、蒸汽机、蒸汽机车、蒸汽轮船等，所有这些都让英国引领了18世纪晚期到19世纪上半叶的发明与创新潮流。表5.3显示，英国不仅是蒸汽机的首创者，而且在1760—1870年间在固定式蒸汽机装机容量方面遥遥领先于法国、普鲁士和美国。比如，英国1800年就达到了35千马力，法国、普鲁士、美国直到1840年才分别仅为33、7和40千马力，而此时的英国已经达到200千

① 斯蒂芬·布劳德伯利、凯文·H.奥罗克编著，《剑桥欧洲经济史（第一卷）：1700—1870年》，张敏、孔尚会译，北京：中国人民大学出版社，2021年，第232—233页。
② 贡德·弗兰克，《19世纪大转型》，罗伯特·A.德内马克编，吴延民译，北京：中信出版集团，2019年，第274页。

表5.2　1914年境外投资的现价总值

单位：百万美元(当期汇率)

国家	欧洲	西海岸国家	拉丁美洲	亚洲	非洲	合计
英国	1129	8254	3682	2873	2373	18311
法国	5250	386	1158	830	1023	8647
德国	2979	1000	905	238	476	5598
美国	709	900	1649	246	13	3514
其他	3377	632	996	1913	779	7700
合计	13444	11173	8390	6100	4664	43770

资料来源：安格斯·麦迪森，《世界经济千年史》，伍晓鹰等译，北京：北京大学出版社，2003年，第91页，表2-26a。

马力。如果说先进的蒸汽机技术和机制工具使欧洲拥有决定性的经济和军事优势，那么作为工业革命先行者的英国，正是这一优势的最大拥有者。这一优势也成为英国在19世纪能够战胜欧亚大陆上的许多传统帝国与王国的主要原因。

所以，在19世纪特别是19世纪中叶前后，英国相比其他西方主要国家在经济、工业、技术与军事领域的领先优势是毋庸置疑的。而这些领先优势主要来自英国的技术革命与创新。英国不仅是第一个率先启动和完成工业革命的国家，而且持续地在工业与生产领域实现了一系列的技术革命与创新。具体而言，从18世纪晚期到19世纪早期，英国的技术革命和创新覆盖了机械领域（纺织业等）、动力领域（蒸汽机等）、交通领域（机车与轮船等）、通信领域（电报等）、军事领域（枪炮与战舰等）。这些技术革命与创新在人类历史上都是史无前例的。为什么英国能够成为工业革命的创新者与领先者？这又要回到本书第一章对于英国政治系统、经济系统与观念系统的分析，这里就

表5.3 英国与欧美其他主要国家固定式蒸汽机装机容量：1760—1870年

单位：千马力

国家	1760年	1800年	1840年	1870年
英国	5	35	200	2060
法国		5	33	336
普鲁士			7	391
比利时			25	176
美国		0	40	1491

资料来源：罗伯特·艾伦，《近代英国工业革命揭秘：放眼全球的深度透视》，毛立坤译，杭州：浙江大学出版社，2012年，第275页，表7.2。

不再赘述了。

其次，英国全球领导者地位的确立还在于它极具创造性地发展出了一种全新的政治经济模式，并逐步将其扩散至全球，先是影响了欧洲和北美，然后影响了整个世界。英国从18世纪晚期到19世纪早期所形塑的这种政治经济模式，不仅具有相当的领先性与独特性，还具有相当的可扩展性。在20世纪著名思想家弗里德里希·冯·哈耶克的分析框架中，英国的这种政治经济模式被视为一种人类合作的扩展秩序（extended order of human cooperation）。

人类合作的扩展秩序或可扩展的人类合作秩序，是哈耶克宏观政治社会理论的一个重要概念。在他最后的著作《致命的自负》的开篇，哈耶克就这样说："本书所要论证的是，我们的文明，不管是它的起源还是它的维持，都取决于这样一件事情，它的准确表述，就是人类合作的扩展秩序。"①而这种扩展秩序，并不是人类有意设计的结果，乃是一个自发的产物。在人类的历史演进中，这种扩展秩序其实是非同寻常的，其生成的"主要原因就在于一些逐渐演化出来的人类行为规则，特别是有关私有财产、诚信、契约、交换、贸易、竞争、获得和私生活的规则"。②实际上，这种不断扩展的人类合作秩序，最好不过地把三个要素有效整合在一起：其一，在利益上，它最符合理性个体追求利益的人性法则，进而塑造一整套有效的激励结构，使得人类获得永不枯竭的进步动力；其二，在信息上，它能最大限度地利用每个人身上的知识——这是一种最有效的机制，能够让每个人从他们所不认识的人的知识中获益；其三，在生产上，它能最好地借助分工和专业化的机制，实现生产和技术效率的最大化。

进一步说，按照哈耶克的说法，这种不断扩展的人类合作秩序成为可能，需要三个基本条件，即"产权、自由与公正"。③换言之，这就需要一个立宪主义和法治的政治框架，需要赋予公民以充分的基本权利，以及需要一整套保护财产、权利和契约有效性的制度安排。尽管这些制度要素可能部分地在人类历史上曾经出现过，但就总体而言，17世纪的英国社会才具备了所有这些关键制度要素。由此，一种全新的人类合作的扩展秩序就在工业革命之前的英国社会成为了可能。这种新的扩展秩序不仅在利益、信息和生产上更具有优势，而且还使得身处其中的人们获得极强的"对未知世界的适应

---

① F.A.哈耶克，《致命的自负》，冯克利等译，北京：中国社会科学出版社，2000年，第1页。此处直接引用的译文，根据原著略有调整。原著参见：F. A. Hayek, *The Fatal Conceit: The Errors of Socialism*, Chicago: University of Chicago Press, 2011。

② 同上，第8页。此处直接引用的译文，根据原著略有调整。

③ 同上，第39页。

能力"。①此外，这种扩展秩序是"人们在不断交往中养成某些得到共同遵守的行为模式，而这种模式又为一个群体带来了范围不断扩大的有益影响，它可以使完全素不相识的人为了各自的目标而形成相互合作"。②由此，人类合作秩序与网络的规模，在此种秩序的引导之下，还会越来越大。而随着这种规模的扩大，人类合作的效率还会不断提高。这种扩展秩序就形成了一个正向反馈机制：一方面，它本身是一种有效率的人类合作秩序；另一方面，随着合作规模的扩大，人们还容易获得合作的规模经济效应。

就横向比较与国际体系而言，英国这种不断扩展的人类合作秩序有三个特点：第一，它自身是一种更有效率或文明程度更高的政治经济秩序，跟其他主要国家相比具有显著的优势。这种显著的优势，首先是在效率或经济绩效上的。实际上，英国在经济与技术上的显著领先，就是这种政治经济模式效率优势的体现。第二，这种政治经济秩序经由首创国家或先进国家实践与扩散，容易被其他国家或相对落后的地区所学习与模仿，并能有效提升后进模仿者自身的现代化水平。实际上，当英国的政治经济模式崛起、工业革命率先启动以后，法国、美国、普鲁士等国都开始模仿英国的许多做法。第三，当这种政治经济秩序在更大范围内扩散之后，其所辐射的国家或地区可以基于这种政治经济秩序，形成一种更大规模、互为有利的地区性或全球性的合作网络。实际上，英国政治经济模式的一个基本特征，就是试图构建更大规模的全球市场网络。当更多国家模仿英国的政治经济模式并在经济上起飞之后，一个更为庞大的全

①F.A.哈耶克，《致命的自负》，冯克利等译，北京：中国社会科学出版社，2000年，第17页。

②同上，译者的话，第6页。

球性市场网络就逐渐形成了。这样，采用类似模式的国家可以在更大范围内形成一种更大规模同时更有效率的人类合作秩序。

在第一章中，我将英国的兴起理解为一种新的政治系统、经济系统与观念系统的组合，其核心要素包括以立宪主义、议会主权和国家构建为基本特征的政治系统，以产权保护、自由市场和技术创新为基本特征的经济系统，以及以自由观念、人文主义和科学精神为基本特征的观念系统。实际上，英国工业革命时代的政治经济模式不仅是非常领先的，而且也是非常独特的。

在经济上，英国以工业革命为标志，将市场经济、工厂制度和自由贸易结合在一起，开创了一种人类历史上前所未有的、高效率的经济秩序。这种经济秩序的强大之处在于，它不仅给英国带来了经济进步和持久繁荣，还能给学习者和模仿者带来进步和繁荣。当18世纪工业革命逐渐在英国启动后，一系列旧的经济形式与制度、惯例逐步瓦解，规模化生产的大机器工厂逐步取代家庭式的小作坊。随着时间的推移，"资本的集中和大企业的形成"成为最显著的经济特点，"大企业的活动不但不是一种例外的事实，而且还有变成工业的正常形式的倾向"①。与此同时，英国在对外经济关系上也迎来了重商主义的衰落和自由贸易观念的崛起。1846年《谷物法》的废除标志着英国完全放弃了当时盛行的贸易保护政策，致力于在贸易壁垒森严的欧洲大陆上打通自由贸易的途径。此后，"维持这些途径畅通无阻是英国商业外交的一个主要目标"②。英国工业革命启动之后，欧洲其他国家也陆续受到这一英国式新经济模式的影响，它们

————————

① 保尔·芒图，《十八世纪产业革命：英国近代大工业初期的概况》，杨人楩等译，北京：商务印书馆，1983年，第387页。

② 克拉潘，《现代英国经济史（上卷）：早期铁路时代1820—1850年》，姚曾廙译，北京：商务印书馆，2009年，第649页。

同样从中受益，经济得到了快速发展。有研究认为："1800—1900年，欧洲的人均制造业产出增加了3倍；如果把时间范围限定在1800—1913年的话，欧洲的人均制造业产出，则是增长了4倍。"[1]

在政治上，英国是近现代政治文明的开创者，除了必要的现代国家构建，英国还塑造了一种全新的政治秩序。这种政治秩序既不同于古希腊雅典城邦式的直接民主制，又不同于古罗马共和国的政制模式，由此构成了英国对于近现代人类政治文明的原创性贡献。从1215年《大宪章》对于国王权力的限制，到1258年《牛津条约》首创贵族会议，再到1688年光荣革命，英国逐步发展出了一套全新的政治秩序。到了18世纪，英国在政治制度安排上已经将立宪君主和议会主权、政党政治和责任内阁、代议制度和不完全的公民投票权结合在一起，成了后来全球立宪民主政体的榜样与源头。18世纪以后，英国的这种政治秩序不仅影响了隔着英吉利海峡的欧洲大陆国家和隔着大西洋的北美国家，而且还影响了英国在全球的殖民地国家和地区。在20世纪去殖民化的过程中，英国的这套政治模式又被很多获得自治和独立的发展中国家所学习与模仿。当然，从结果上来看，其他国家对于英国政治秩序的学习与模仿，有的相对成功，有的则比较失败。但无论怎样，英国近现代所塑造的政治制度模式是整个人类19—20世纪最具影响力的政治秩序，其制度原型、政治原则与具体设计至今仍然影响着全球范围内的大部分国家。

英国率先启动工业革命和作为第一个现代化国家实现崛起之后，首先是法国、普鲁士等西欧国家和美国等西欧衍生国开始学习与模仿英国的政治经济模式，而后是越来越多的国家开始了寻求现代化

---

[1] 贡德·弗兰克，《19世纪大转型》，罗伯特·A.德内马克编，吴延民译，北京：中信出版集团，2019年，第211页。

的政治经济变革。实际上，本书关注的非西方传统大国在跟英国与西方世界发生碰撞之后，有的国家也开始了部分地学习和模仿英国政治经济模式的改革。回头看，凡是后来较为快速地实现工业化的国家，无论是法国、普鲁士等西欧国家，还是美国、澳大利亚等西欧衍生国，即便发展道路各不相同，但它们都在相当程度上学习和模仿了英国的政治经济模式。不仅如此，在西方世界之外的后发展国家，有的也开始学习和模仿英国并且获得了相当的成功。其中的典型案例就是日本，日本在1868年的明治维新之后，就开始学习和模仿英国与西方的政治经济模式，并在随后不到半个世纪的时间里实现了快速工业化和国家崛起。

当越来越多的国家学习和模仿英国的政治经济模式，普遍地采用市场经济、工厂制度和自由贸易，这些国家都能在国际贸易和国际投资的基础上实现互通有无和彼此合作。特别是，当许多国家在政治上采用立宪主义、法治甚至议会政治的模式时，国与国之间合作的互信程度有了显著的提高，交易成本显著降低。正是在这一背景之下，1870—1913年，人类社会迎来了第一波全球化的浪潮。这一波全球化在贸易、投资和人口流动方面的具体表现，参见图5.1。

总之，英国在近代以来所创造的这种政治经济模式，是一种哈耶克意义上的可扩展的人类合作秩序。英国不仅通过开创一种新的政治经济秩序实现了自身的进步、繁荣与善治，还将这一秩序扩散至邻近地区和全世界。不少国家在实践中发现，如果学习和模仿构建英国式的政治经济秩序，同时以此种秩序为基础来确立不同国家间的交易与合作模式，不仅能够使本国实现进步、繁荣与善治，同时还能构建起国家与国家之间的稳定而有效的全球合作秩序。

就人类政治的演化来看，英国人首创的此种政治经济模式是人类历史上的一项重大制度创新。在英国人首创这种模式之前，人类历史上尚未出现过这种政治经济模式的组合。①

再次，如果说18—19世纪是前现代世界向现代世界的转型时刻，是现代世界及其对应的国际规则和国际秩序诞生的时刻，那么英国无疑是这一现代世界及其规则与秩序的主要创造者。这也是英国作为19世纪全球领导者的重要方面。正如上文讨论的，1648年《威斯特伐利亚和约》签署之后，欧洲迎来了主权国家观念与规则逐渐兴起的时代。加上封建体制的衰落和民族国家的兴起，欧洲逐渐形成了一个以拥有主权的民族国家为基本单位的现代国际体系。但即便如此，从17世纪中叶到19世纪初，欧洲仍然处在一个战争频仍的时期。英国、法国、普鲁士、奥匈帝国、俄罗斯、西班牙等欧洲主要国家之间仍然发生着较高频率的武装冲突和战争。特别是，1803—1815年间的拿破仑战争，更是把欧洲国家间的这种武力冲突和战争推到了另一个高峰。这场战争是1618—1648年三十年战争至第一次世界大战之间欧洲发生的最大规模的战争。战胜国于1814—1815年召开了维也纳会议，确立了拿破仑战争之后欧洲国际体系的基本原则，史称"维也纳体系"。

恰逢此时，英国已经初步完成工业革命，成了人类历史上的第一个工业化国家，拥有最先进的工业技术与军事技术。尽管跟欧洲大陆主要国家相比，英国的陆军规模并不大，但英国拥有世界上最强大的海军和支配性的制海权。由于领先的经济与技术优势以及以海军为主的军事优势，在拿破仑战争以后，英国实际上已经成了欧洲和全球范围内的最强大国家。在欧洲内部，英国的主要战略是维持欧洲的主权国家体系与均势格局。由于英国孤悬海外，这种均势格局与外交战略最有利于英国扮演欧洲国际事务主要协调者的角色。

---

① 包刚升，《抵达：一部政治演化史》，上海：上海三联书店，2023年，第461—568页。

美国前国务卿亨利·基辛格这样写道：

> 18世纪初英国崛起为一个海上强国后，有了把实际存在的均势变成一个体系的可能。英国凭借制海权可以选择卷入欧洲大陆事务的时机和规模，以均势的仲裁人甚至是保证人的身份采取行动，确保欧洲大陆的均势。只要英国对自己的战略需求做出正确的判断，就有能力在欧洲大陆上扶弱抑强，防止任何一国调动欧洲大陆的资源挑战英国的制海权，在欧洲称霸。直到第一次世界大战爆发前，英国始终扮演着均势维护者的角色。①

在这种格局下，欧洲迎来了几乎长达一个世纪的较为和平时期。从1815年维也纳会议到1914年第一次世界大战爆发的这100年左右，又被称为"英国治下的和平"（Pax Britannica）。这一说法其实是对罗马帝国时期"罗马治下的和平"（Pax Romana）的模仿。跟1648—1815年和1914—1945年这两个历史时期相比，1815—1914年是一个欧洲历史上较为特殊的"百年和平"时期。当然，1853—1856年的克里米亚战争或许是一个主要的例外，但这场战争被视为发生在欧洲的边缘地带。卡列维·霍尔斯蒂的研究认为："除了德意志三次较短的建国战争和19世纪中叶俄罗斯、匈牙利和波兰的武装干预之外，自伦敦经巴黎、柏林至维也纳所构成的欧洲中心形成了一个显著的和平区域。在这一百年中间，这一地区的人们仅仅经历了几个月的

---

① 亨利·基辛格，《世界秩序》，胡利平等译，北京：中信出版集团，2015年，第28页。

战争。"①欧洲的这种长久和平在很大程度上可以归因于英国主导的欧洲主要主权国家之间的均势格局。所以，学术界才有了"英国治下的和平"的说法。

英国的国际影响力不仅在于它对欧洲事务的重大影响，而且还在于它对欧洲以外的全球事务的重大影响。实际上，19世纪常常被称为"欧洲的全球殖民世纪"，而英国正是"全球殖民体系"的引领者。"第一次世界大战前夕，欧洲和美国拥有的殖民地人口加起来占世界人口的57%。"②其中，大英帝国统治了全球4亿多人口，占当时世界总人口的23%。1920年，大英帝国控制的土地面积高达3550万平方公里，占世界陆地总面积的24%，是名副其实的"日不落帝国"。当然，英国与西方强国以征服其他国家和地区的方式构建起全球殖民体系，并不符合正义原则。但从结果来看，英国与西方在全球的殖民活动具有双重效应。从消极意义上看，这一过程不仅意味着武力征服和占领，而且还伴随着传播性疾病带来的巨大灾难、武力与战争导致的重大伤亡，甚至还有黑奴贸易和奴隶制带来的深重苦难。这都是无法否认的事实。而从积极意义上看，这一过程也把许多尚未文明开化的地区和传统帝国卷入了工业化和现代化的全球进程。如果不是英国与西方人的到来，部落社会与传统帝国很可能还需要非常长的时间，才能得到工业化与现代化雨露的滋养。③这其实也是德国思想家卡尔·马克思在论述英国在印度殖民时的两种不同

---

① 卡列维·霍尔斯蒂，《和平与战争：1648—1989年的武装冲突与国际秩序》，王浦劬等译，北京：北京大学出版社，2005年，第121—153页。

② 理查德·埃文斯，《竞逐权力（1815—1914）》，胡利平译，北京：中信出版社，2018年，第834页。

③ 弗格森在《帝国》开篇的前言就讨论了大英帝国对世界的利弊，参见：尼尔·弗格森，《帝国》，雨珂译，北京：中信出版社，2012年，第I—XXII页。

观点。①

以殖民主义视角来看，人类历史上的大型帝国几乎都是殖民帝国。从波斯帝国、罗马共和国到蒙古帝国、奥斯曼帝国，它们在兴起与扩张的过程中，都以武力方式征服和占领了疆域辽阔的土地，控制了规模庞大的异族人口。英国近代开始的殖民运动同样具有武力征服和占领的特征，但其殖民活动在其他方面则完全不同于人类历史上的殖民帝国。

综合来看，英国殖民体系具有三个不同于其他殖民帝国的基本特点：第一，由于工业革命的发生，英国在经济、工业、技术等领域遥遥领先于当时的传统帝国与未开化地区。由此，英国和殖民地之间存在着巨大的技术、能力与能量的鸿沟。这种殖民也给后发展地区打开了一道全新的大门，使它们首次获得感受工业革命与现代技术的机会。正是由于这种经济与技术的落差，传统帝国与未开化地区在英国殖民过程中不得不被卷入一个全球性的工业化和现代化进程。

第二，英国在全球殖民过程中，既使用武力征服与军事占领的手段，同时也借助贸易和投资等市场化的手段。实际上，按照英国资本主义的发展规律，它更渴望把疆域广大的传统帝国与未开化地区变成自己的原料来源地和商品市场，这意味着英国通常无法仅仅依靠传统帝国的武力手段来达成自己的目标。因此，英国的殖民模式需要的不是简单的暴力征服，而是要把规模庞大的殖民地人口变成自己的供应商和顾客。

① 关于马克思的两篇文章《不列颠在印度的统治》和《不列颠在印度统治的未来后果》，参见：马克思、恩格斯，《马克思恩格斯选集》（第一卷），中共中央马克思恩格斯列宁斯大林著作编译局编，北京：人民出版社，1995年，第760—773页。

　　第三，英国逐步形成了一种相对来说强制性较低的殖民统治模式。在这种模式之下，英国殖民体系的运作总体上堪称高效，殖民地人口特别是其中的精英阶层自愿遵从度较高。比如，以英国殖民印度为例，当时印度人口为2.4亿，但英国仅仅依靠900名殖民地官员和70000名英国士兵就实现了对整个印度的殖民统治。这不能不说是一种政治奇迹。英国这种先进国家的独特殖民模式，使得许多传统帝国和未开化地区被快速整合进了全新的工业化和现代化过程，并在此过程中创造了一个全新的现代世界。

　　所以，在19世纪，在英国的主导下，一种新的国际规则和国际秩序已然成形。这套国际规则与国际秩序是人类历史上从未出现过的。简而言之，这套国际秩序以英国和欧洲大国为中心，是由作为"中轴"的欧洲国家间均势体系和作为"轮辐"的全球殖民体系所构成的。这一国际规则与国际秩序的形成，既是由于英国因工业革命而在工业、技术与军事领域拥有的巨大优势，又是由于英国因投资和贸易主导的经济模式而更需要在全球范围内构建一个基于自由贸易的国际秩序。前者为英国提供了构建新的国际秩序的资源和能力，后者则提供了构建新的国际秩序的需求与必要性。这使得英国主导的国际秩序不同于此前的任何一种国际秩序，这也意味着大英帝国不同于任何历史上的大型帝国。

　　当然，从20世纪初开始，欧洲大陆均势体系和欧洲全球殖民体系的整体性危机爆发了。随着两大体系的瓦解，英国的全球领导者地位也不可避免地衰落了。就欧洲大陆均势体系而言，由英国主导的这一体系始终面临法国、德国等欧陆强国的挑战。"只有欧洲侧翼的强大海洋国家具备维持欧洲大陆均势的力量，而且只有海洋强国能够通过维持大陆均势来扩大它对海洋的控制。"①这意味着，一旦英国的综合国力不足以维持其在力量上的优势，欧陆国家对海洋的渴望就会促使他们不断地挑战英国的全球霸权。第一次世界大战的爆发，意味着英国原先具有相当掌控力的欧洲均势体系已经瓦解。就全球殖民体系而言，从20世纪开始，特别是第一次世界大战以后，广大的殖民地国家和地区建立现代民族国家的意愿日益强烈，全球范围内的民族解放运动开始呈现日益上升的势头。这些因素再加上两次世界大战的冲击，英国主导的全球殖民体系逐渐趋于瓦解。

如何才能成为全球领导者？英国的历史经验揭示了三个要点：一是要有经济与技术的显著领先优势，这不仅是总量意义上的，更是人均意义上的；二是提供一种更有效率的政治经济模式，特别是一种可扩展的人类合作秩序，其他国家不仅可以模仿，而且经由互相合作可以构建更大的全球合作网络；三是创造一种新的国际规则与国际秩序。实际上，具备这三个维度上的重大创新，一个国家才能成为真正意义上的全球领导者。这就是19世纪的英国给我们提供的政治启示。

国家案例研究：20世纪上半叶以来的美国

从19世纪末开始，世界政治格局中最为重大的事件就是美国的实力与国际地位的持续上升。实际上，当第一次世界大战结束时，美国在各方面都已经是排名全球第一的主要强国，但由于它在战后提供了一套英法所不能接受的较为理想主义的国际政治方案，加上

---

① 周桂银，《欧洲国家体系中的霸权与均势》，西安：陕西师范大学出版社，2004年，第220页。

其孤立主义的政治传统，美国并没有主导一战后国际和约的签订和国际秩序的重建。但是，英法主导下的凡尔赛体系事实上仅仅是"二十年的停战"。到了1939年，第二次世界大战爆发了。等二战结束时，美国已成了无可争议的全球第一强国，并主导了二战后国际秩序的重建。此时的美国既是经济与技术最领先的国家，又是当时国际秩序的主导者与支配者。实际上，美国成了继英国之后的全球领导者。

历史学家保罗·肯尼迪这样描述美国在二战后强大的经济实力、军事力量与国际影响力：

> 世界绝大部分地区被第二次世界大战搞得精疲力竭，或仍为"不发达的殖民地"，而1945年美国实力之强，犹如1815年的英国，只能用"非同一般"来形容。此外，其实力从绝对意义上说，也是史无前例的。……在战争结束时，华盛顿的黄金储备为200亿美元，几乎占世界总量330亿美元的2/3。此外，"世界一半以上的制造业生产量是由美国承担的，美国生产的各种产品占世界总量的1/3"。这使得美国在战争结束时成为世界最大的出口国；就是在数年后，美国产品仍占世界出口总量的1/3。由于美国造船业的急剧膨胀，其船舶总吨位占世界的一半。从经济上说，美国可不受限制地在世界上为所欲为。
>
> 美国的经济实力也表现在其军事实力上。在战争结束时，美国有1250万名现役军人，其中750万人驻在海外。虽然其兵力总数在平时自然要减少（到1948年，美国陆军的人数只有4年前的1/9），但这仅是政治抉择的反映，并不反映美国真实的军事潜力。由于美国在战后初期设想自己在海外的作用将是有限的，它认为用其现代化武器来显示自己的力量是更好的选择。

当时美国海军雄踞全球，"独一无二"。其舰队拥有1200艘大型军舰（以数十艘航空母舰而不是战列舰为核心组成作战舰队），实力远远超过英国皇家海军，没有任何国家的海军可与之匹敌。美国航空母舰特混编队和海军陆战队，已充分显示了美国通过海洋向世界各地投送兵力的能力。美国的"制空权"则更为壮观：它的2000多架重型轰炸机曾把希特勒的欧洲炸得稀烂；它的1000架超远程B-29型轰炸机曾使许多日本城市化为灰烬。现在它又有了像B-36型轰炸机那样更为强大的喷气式战略轰炸机。最重要的是，美国垄断着原子弹，可对任何未来的敌人实施像广岛和长崎那样可怕的毁灭性打击。……

鉴于美国所处的非常有利的经济和战略地位，美国的势力在1945年后便向外迅猛发展。……随着传统大国的衰败，美国稳步地填补了它们撤走后所留下的真空。在变成了头号强国后，美国就不会再把自己局限在自己的疆界内，或者自己所处的半球内。毋庸赘述，战争本身是美国势力和影响向外扩张的主要根源。例如，1945年，美国在欧洲驻有69个师，在亚洲太平洋地区驻有26个师，而在美国本土却一个师也没有。……"美国统治下的和平时代"已经到来了。①

这几段文字既强调了美国的硬实力——尤其是美国在经济总量、工业产能和黄金储备，在军队规模、海军战斗力、空军战斗力和核武器以及在海外驻军和国际影响力上的巨大优势，又强调了美国的独特地位是历史形成的，即第二次世界大战的爆发以及美国在击败

---

① 保罗·肯尼迪，《大国的兴衰：1500—2000年的经济变革与军事冲突》（下册），王保存等译，北京：中信出版社，2013年，第91—93页。

德国、日本过程中扮演的主要角色，以及由于战争而形成的事实上的美国在全球驻军的局面。所以，许多文献将美国视为二战后的"霸权国家"，而在本书的分析框架中，此时的美国已经取代英国成为名副其实的全球领导者。

那么，为什么美国能够成为新的全球领导者呢？除了二战这一重大事件的直接影响之外，美国成为全球领导者离不开它自身的经济与技术领先优势、特定的政治经济模式以及它对于国际规则和国际秩序重建的贡献。

首先，如同19世纪的英国，20世纪美国全球领导者地位的确立在于它已经成为经济、技术和科学上全球最领先的国家。20世纪上半叶的美国在经济与技术上的首创性尽管不及19世纪的英国，但作为英国的衍生国，美国不仅充分吸收了英国工业革命的先进成果，而且在19世纪晚期到20世纪早期的第二次工业革命中成为领先者。实际上，这一时期的美国跟英国与欧洲主要大国相比拥有更高的经济增长率。20世纪美国的经济总量与人均GDP表现，参见表5.4和表5.5。

表5.4显示，在GDP总量上，1870年美国跟英国只有2%左右的差距，两国经济规模已经基本相当。这意味着，早在19世纪70—80年代，美国的经济总量已经跟西方世界的第一大经济体并驾齐驱了。到了1913年，美国的GDP已经分别为英国、德国和法国的2.30倍、2.18倍和3.58倍。到了1950年，这三个数据分别扩大至4.19倍、5.49倍和6.60倍。此时，美国的GDP大约是苏联的2.85倍。表5.5显示，1913年，美国人均GDP约为英国、德国和法国的1.08倍、1.45倍和1.52倍。1950年，这三个数据分别扩大至1.38倍、2.46倍和1.81倍。此时，美国的人均GDP大约是苏联的3.37倍。总体上，到20世纪中叶，无论是在经济总量上，还是在人均发展水平上，美国都已跟英国、德国、法国、苏联这些当时的主要强国显著地拉开了差距，成

表 5.4 美国与主要国家的 GDP 总量比较：19—20 世纪

单位：百万 1990 国际元

国家	1820年	1870年	1913年	1950年	1973年	1998年
英国	36232	100179	224618	347850	675941	1108568
法国	38434	72100	144489	220492	683965	1150080
德国	26349	71429	237332	265354	944755	1460069
美国	12548	98374	517383	1455916	3536622	7394598
前苏联	37710	83646	232351	510243	1513070	1132434
日本	20739	25393	71653	160966	1242932	2581576
中国	228600	189740	241344	239903	740048	3873352
印度	111417	134882	204241	222222	494832	1702712

资料来源：安格斯·麦迪森，《世界经济千年史》，伍晓鹰等译，北京：北京大学出版社，2003年，第259页，表 B-18。

为一个经济上遥遥领先的国家。

在技术革命方面，如果说工业革命的光荣属于英国，那么美国就是第二次和第三次工业革命的主要引领者。自19世纪末到20世纪初以来，全球范围内大量的重大技术创新都来自美国。在当时很多的新兴产业领域，比如钢铁、铁路、汽车、化工、食品等，美国都开始处于全球领先地位。美国更完善的发明专利制度以及大量欧洲新移民的输入，为美国的技术创新注入了源源不断的动力。有研究指出："内战后，联邦政府签发的技术专利特许证逐年增多。1880年至1900年间，签发的专利总数每年保持在15000件到25000件。"①20世纪早期以来，电力、家用电器、新型化工、航空航天、计算机、

---

① 丁则民主编，《美国内战与镀金时代：1861—19世纪末》，北京：人民出版社，1990年，第76页。

表5.5　美国与主要国家的人均GDP比较：19—20世纪

单位：1990年国际元

国家	1820年	1870年	1913年	1950年	1973年	1998年
英国	1707	3191	4921	6907	12022	18714
法国	1230	1876	3485	5270	13123	19558
德国	1058	1821	3648	3881	11966	17799
美国	1257	2445	5301	9561	16689	27331
前苏联	689	943	1488	2834	6058	3893
日本	669	737	1387	1926	11439	20413
中国	600	530	552	439	839	3117
印度	533	533	673	619	853	1746

资料来源：安格斯·麦迪森，《世界经济千年史》，伍晓鹰等译，北京：北京大学出版社，2003年，第262页，表B-21。

移动通信、互联网等跟人类科技与产业前沿有关的很多重大技术突破，都首先来自美国发明家和美国公司。一般认为，电力革命与汽车革命是第二次工业革命的标志。无论是第一个可广泛应用的电灯与照明系统，还是第一个发电站与电力系统，都是美国人的发明。尽管汽车是德国人首先发明的，但美国同样是早期开创者，并在1908年率先发明了以生产流水线方式量产汽车之后，就成了全球汽车产业的领导者。至于以计算机为代表的第三次工业革命更是主要起源于美国。从原创性科学技术，到全球领导型计算机公司，再到计算机向互联网、移动通信领域的延伸，美国基本上都扮演了前沿科技与商业运用的领头羊角色。IBM、英特尔、微软、苹果、思科、亚马逊、谷歌、英伟达、特斯拉等数字时代的超级跨国公司则代表了美国在这一领域的显著领先优势。

随着经济的发展，科学研究对经济与技术水平的影响越来越大。在科学研究方面，自从20世纪早期设立诺贝尔科学奖以来，该奖常常被视为衡量一国科学研究能力的关键指标，而科学研究能力又是衡量一国综合国力的重要指标。总体上，1939年二战爆发以前，诺贝尔科学奖获奖者最多的国家主要是英国、德国和法国，当时美国的获奖者数量并无显著的领先优势。但是，20世纪40年代以后，特别是在二战后，美国诺贝尔科学奖获得者数量开始后来居上，并逐渐遥遥领先于英国、德国和法国，参见图5.2。值得注意的是，截至2010年，在美国工作并获得诺贝尔奖的314名科学家中，有32%是在外国出生的。①这一特点在诺贝尔奖主要获得国家中独树一帜。这证明了美国对于杰出人才的吸引力。进一步说，这种科学研究数据飙升的背后，还有美国大学与科研机构的蓬勃发展。到了20世纪下半叶，以哈佛大学、耶鲁大学、麻省理工学院、斯坦福大学、普林斯顿大学为代表的一大批美国研究型大学开始引领世界科学和学术的发展潮流。

总体上，美国在19世纪70—80年代已经在经济总量上跟英国并驾齐驱了，但在经济发展、技术能力与科研水平上真正领先世界大致要到20世纪40—50年代。此时，美国才完成了从经济总量第一到全球领导者的完整转换。问题是，美国是如何赶超英国进而获得经济、技术与科学的领先地位的？美国这种领先优势的获得，大体上跟三个方面的因素有关。第一，美国对英国进行了成功的学习和模仿。美国尽管是一个多民族的移民国家，但总体上被视为英国在北美的一个衍生国。实际上，美国起初就是英国的殖民地，英国移民

---

① Jon Bruner, "Nobel laureates by country and prize," Flowing Data, October 10, 2011, http://flowingdata.com/2011/10/10/nobel-laureates-by-country-and-prize/.

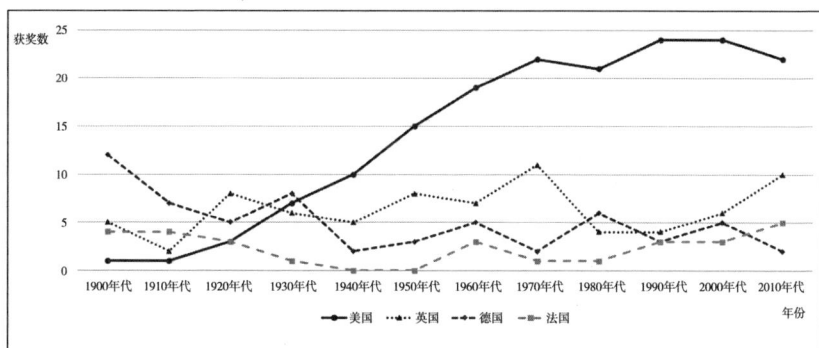

图5.2 西方主要国家诺贝尔科学奖获奖数的变化：1901—2020年

资料来源：《大不列颠百科全书》网站罗列了1901年以来的诺贝尔奖获得者的基本情况，参见：https://www.britannica.com/topic/Nobel-Prize-Winners-by-Year-1856946。本表仅列出了诺贝尔科学奖（化学、物理学、生理学与医学）获奖数的变化，不包括诺贝尔和平奖与文学奖。其中，1910年代是指1911—1920年，以此类推。

及其后裔在很大程度上主导了后来美国的发展进程，这使得美国可以低成本地复制英国工业革命、经济发展与科技进步的经验。第二，美国在英国传统与经验的基础上创造了一种更有效率的政治经济模式。这一点后面还会有所讨论。第三，跟英国相比，美国还得益于更大的地理疆域规模和后来的人口规模。比如，拿人口来说，1820年美国人口仅为998万，不到英国的一半和法国的三分之一；到了1913年，美国人口已经达到9760万，超过英国和法国人口的总和；到了1973年，美国人口已经达到2.12亿，超过英国和法国人口的3.7倍以上。这就使得美国获得了相对于西方其他主要国家的规模经济优势。

其次，美国在模仿英国政治经济模式的基础上还实现了许多创新，形成了一套效率更高的可扩展的人类合作秩序。关于人类合作的扩展秩序，上文的英国案例部分已经做过较为充分的讨论。这方面，美国政治经济模式的基本逻辑跟英国政治经济模式的基本逻辑是相似的，美国模式同样是一种能够充分调动人的利益、信息与生产的扩展秩序。不仅如此，跟英国模式相比，美国模式甚至还做了许多重要的改进，所以能实现更高的效率。

在经济上，19世纪英国工业革命模式的顽疾是标准化程度的不足，生产模式遇到了效率的瓶颈。美国人经过摸索，开创了以泰罗制为代表的企业管理体系和以福特制为代表的生产组织体系，结果是工厂生产效率的大幅提升。特别是，亨利·福特在大规模工厂生产中采用标准化零部件，首次发明了生产流水线，使得T型车的生产和安装流程在效率上提升了数十倍。有一部美国经济史的著作这样说：

> 制造业的主要代表人物之一福特说道："大量生产，就是把动力、准确性、经济性、制度化、连续性和高速度等原理集中地应用在制造一种产品上面……其结果就会有这样一个生产组织：用最低限度的成本，大量地出产用标准材料、人工和设计所造成的有用商品。"大量生产主要是建筑在零件的标准化和机件可以互相配换的原则之上的，这是自从18世纪90年代以来人们所熟知的一种观念，那时，惠特尼应用了这个观念去制作枪炮。除掉机件的互相配换之外，大量生产的发展还有赖于技术的进步与发明，有赖于获得适当的资本和一个大得足以吸收产品的国内市场。大量生产是以大量消费为基础的，而且到了1900年，这样的消费已经有了可能。①

这段文字恰恰讨论了美国经济模式超越英国经济模式的重要特

---

① 福克讷，《美国经济史》（下卷），王锟译，北京：商务印书馆，2021年，第55页。

征。在此过程中，以美国钢铁公司、福特汽车公司、通用电气等为代表的美国大型公司开始崛起，美国的经济发展由此进入了一个全新阶段。

在研发与技术创新方面，英国在工业革命时代主要依靠的是科学家和工程师的个人研究，甚至是熟练工匠的经验积累。美国则借鉴了德国西门子公司首创的企业实验室的做法，开始在大型企业中普遍设立企业实验室或研发中心，比如，托马斯·爱迪生创立的通用电气、阿尔弗雷德·斯隆管理下的通用汽车，都设立了大规模的企业实验室或研究与开发中心。当研发成为大型企业的常规工作时，工业创新和技术发明的速度就大大加快了。再加上此时美国已经兴起的研究型大学在基础科学研究上的不断进步，大学基础研究叠加企业研发中心的模式，使得持续的科学创新与技术进步成了常态。特别是，当第三次工业革命到来以后，美国在计算机领域的技术创新更是以前所未有的速度得到了发展。比如，英特尔公司长期以来都是计算机芯片研发的全球领导者。这家巨型公司通过持续不断的技术与产品研发，推动的不仅是公司产品的升级迭代，更是人类在芯片领域知识边疆的不断拓展。

此外，美国还率先实行了反垄断法，创造了比英国更多样化的金融市场与证券市场。比如，美国20世纪70年代以来兴起的一个重要金融创新，就是风险投资与上市公司制度的有效结合。对于拥有新想法与新技术的企业家来说，风险投资可以提供早期资本的支持；对于拥有资本的投资人来说，风险投资可以提供一种分散投资风险和可能实现高回报的投资路径。两者的结合，就使得创新型技术更容易获得资本支持，从而大大提高了科技突破与产品创新的速度。上市公司制度又使得早期风险资本拥有一种便捷有效的退出机制。这就在金融与投资领域构造了一个有利于科技创新的良性循环系统。

如今，包括中国在内的很多国家都在大规模地学习与模仿美国的风险投资制度，并从中受益。①

在政治上，美国不仅沿袭了英国的立宪主义、法治和代议制传统，而且也产生了很多创新。1787年，美国制定了现代世界的首部成文宪法。这部宪法既首创了总统制这一政府形式，又首创了联邦制这一央地关系的新模式。前者恰好适应了美国没有国王这一历史现实，后者为美国后来的开疆拓土与西进运动提供了非常有利的制度基础。现代世界的一大政治潮流是民主化。美国在民主化方面也走在了英国和欧洲主要国家的前面。1789年，美国举行了首次总统选举，成了当时世界上唯一一个由选民通过选举人团制度选举国家元首的国家。到了19世纪30年代末，英国拥有投票权的成年男性公民比例还不到10%，而美国拥有投票权的白人男性成年公民已经超过50%。按照美国政治学家塞缪尔·亨廷顿的标准，当时的美国已经可以被称为世界上第一个民主国家。此后，美国不仅陆续让包括女性在内的所有成年公民拥有投票权，而且陆续赋予了黑人和其他获得公民身份的外来移民——不论他们的种族、肤色、宗教信仰与来源地——平等的公民权和投票权。亨廷顿认为，自1828年到20世纪末，人类经历了三波民主化浪潮，美国正是第一波民主化浪潮的主要开创者，并与英国一道成了人类民主革命的引领者。从这个视角来看，19—20世纪后来许多国家的民主转型和政体变迁，其实也是英美政治体制在全球范围内的扩散。②

总体上，起初作为深受英国传统影响的衍生国，美国既继承又

---

① 傅军，《国富之道：国家治理体系现代化的实证研究（第2版）》，北京：北京大学出版社，2014年，第311—357页。

② 塞缪尔·P.亨廷顿，《第三波：20世纪后期的民主化浪潮》，欧阳景根译，北京：中国人民大学出版社，2013年，第1—28页。

发展了"不断扩展的人类合作秩序"。首要的是，美国在经济、技术的效率和绩效方面已经超越英国，成为名副其实的全球领先者。这既是因为美国在生产模式上的创新，也是因为美国实现了研究型大学与服务社会的有效结合并开创了系统的公司研发模式，还是因为其一系列新的法律与金融制度。第二，美国模式同样易于被后发展国家学习和模仿，特别是在标准化量化生产、公司研发、研究型大学等方面的做法。比如，二战之后，日本和亚洲四小龙就从学习美国中获益颇丰。第三，与英国模式相类似的是，美国的市场经济模式与自由贸易理念相结合，鼓励和推动全球范围内的更大合作网络。自由贸易加上大规模的市场网络，有助于进一步分工和专业化，进而使得生产率的提高和持续的创新成为可能。不仅美国从自身的这种模式中受益，而且跟美国合作的国家也成为程度不等的受益者。

再次，美国在一战和二战后，都试图基于新的政治理念来重塑国与国之间的政治关系，构建由美国主导的新的国际规则与国际秩序。但这种努力起初并没有成功，直到二战结束美国成为当之无愧的最强大国家，美国才完成了以新的国际规则重塑世界格局的任务。早在第一次世界大战结束以后，美国总统伍德罗·威尔逊就试图以他首创的、代表美国提出的"十四点原则"来重构当时的国际秩序。这十四点原则包括：无秘密外交、航海自由、消除国际贸易障碍、限制军备、平等对待殖民地人民、恢复波兰独立性、成立国际联盟以维持世界和平等。[1]但是，当时两个主要的战胜国英国和法国并不认同美国所提出的新的国际规则。它们主张德国作为战败国必须接受惩罚和支付战争赔款，并以此原则主导了巴黎和会。所以，尽管

---

[1] 亨利·基辛格，《大外交》，顾淑馨、林添贵译，海口：海南出版社，2012年，第217—246页。

一战后形成的凡尔赛体系部分吸收了威尔逊总统提出的"十四点原则",但总体上仍然是一个实用主义版本的欧洲战后和平方案。跟先前的维也纳体系相比,凡尔赛体系是一种新的国际秩序,但仍不是对此前国际关系准则的根本性突破,英法这两个传统欧洲大国在此过程中仍然扮演着主导者的角色。[①]

当时的德国宪法学家卡尔·施米特敏锐地意识到,1919年的巴黎和会是一个标志性的事件,此前都是欧洲决定世界的秩序,此后变成了世界决定欧洲的秩序。施米特这里所谓的"世界",当然首先强调的就是美国的影响力。[②]由美国首倡建立的国际联盟,更是"人类经过一场空前的'大战'之后建立的第一个由主权国家组成的常设国际组织,是20世纪国际政治的重大发展"。[③]虽然美国提出的国联方案并没有成功,但为30多年之后的联合国方案提供了预演。这也是美国作为一个新兴的、潜在的全球领导型大国在构建全新国际秩序方面所作的第一次重大努力。

二战以后,美国终于在国际体系中开始扮演起全球领导者的角色,并超越英国过去建构的国际秩序,逐步建立了由美国主导的新的国际秩序。美国在二战后国际政治秩序构建上的一个重要贡献,是倡议成立联合国及联合国安理会等组织。当然,联合国及其相关机制仅仅是战后整体国际新秩序的一部分。按照基辛格的说法,美

---

① 关于巴黎和会与凡尔赛体系的研究,参见:玛格丽特·麦克米伦,《缔造和平:1919巴黎和会及其开启的战后世界》,邓峰译,北京:中信出版社,2018年;E. H. 卡尔,《两次世界大战之间的国际关系:1919—1939》,徐蓝译,北京:商务印书馆,2010年,第74—77页。

② 卡尔·施米特,《大地的法》,刘毅、张陈果译,上海:上海人民出版社,2017年,第208—306页。

③ 徐蓝,《国际联盟与第一次世界大战后的国际秩序》,载于《中国社会科学》,2015年第7期,第187页。

国希望按照"集体安全、民族自决以及非殖民化的原则塑造国际环境"，并在此基础上塑造一种不同于19世纪国家间关系的国际新秩序。①正是基于这样的原则，战后世界各国的国家边境趋于稳定，各国的独立自主和民族自决成为通行的规则，殖民地国家的去殖民化逐步得以实现。这也使得美国主导的战后国际秩序显然不同于英国过去主导的国际秩序。在军事上，美国主导的国际政治秩序还有赖于北大西洋公约组织等政治军事组织。北约是美国在二战后为了军事和意识形态上对抗和防范苏联而建立的，其后逐步发展成熟，成为美国全球力量的重要基础。冷战结束后，北约不仅没有解散，而且还经历了战略目标与活动范围都由欧洲转向全球的调整。总体上，北约如今依然是支撑着美国全球领导者地位的重要政治军事组织。

在国际经济与金融秩序上，美国于1944年倡议并创建了布雷顿森林体系，成为战后国际货币、贸易与经济秩序的基础。其中，《联合国货币金融协议最后决议书》第7条就规定："各缔约国应尽可能快地就减少国际贸易壁垒、增进国际贸易互惠关系达成一致。"②正是在这一原则的基础上，美国主导下的国际经济秩序同样延续了英国倡导的自由贸易精神。"自由贸易成为美国着力变革的世界经济秩序的核心内容。一方面，美国竭力向世界推行自由贸易，打开世界市场，以满足自己庞大的经济体对扩张的世界贸易的需求；另一方面，美国在政治上借联合国维持战时建立的盟国间统一与联合的局

① 亨利·基辛格，《基辛格：美国的全球战略》，胡利平等译，海口：海南出版社，2009年，第226页。
② 《布雷顿森林协定》由《联合国货币金融协议最后决议书》和《国际货币基金组织协定》《国际复兴开发银行协定》两个附件构成。此处引文，参见：Department of State, The United States of America, *Proceedings and Documents of the United Nations Monetary and Financial Conference, Bretton Woods, New Hampshire, July 1–22, 1944*, Vol. I, Washington D.C.: U.S. Government Printing Office, 1948, p. 941。

面，使自由贸易能推行于最广阔的空间。"①由此，从关税与贸易总协定到世界贸易组织，一系列新的国际经济规则和国际经贸组织得以出现，以国际贸易、国际投资、人口流动为代表的全球化运动获得前所未有的深入发展。

正是由于美国的超强影响力，国际政治学家约瑟夫·奈将二战后的世界格局视为"美国世纪"。②美国作为全球领导者，开创了一种不同于19世纪的国际新秩序，并以这种新的国际秩序维持着自身的全球领导者地位。当然，这并不意味着美国主导的这一国际新秩序不会遇到挑战。实际上，这一国际新秩序是围绕美国的全球霸权而展开的，是基于美国在经济、政治和军事上的压倒性优势而建立的，美国自身的综合国力和比较优势对于这一国际秩序的稳定性至关重要。但美国的"霸权地位"并非完全不可撼动。实际上，这一国际秩序自建立之日起就面临来自苏联、欧洲、日本等国际行为者的挑战。特别是在冷战时期，美国主导的这一国际秩序同苏联领导的社会主义阵营进行了长期的博弈。冷战结束以后，随着欧盟的成立、俄罗斯的再次复兴以及以中国为代表的大量新兴国家的崛起，美国作为全球领导者的地位以及美国主导的这一战后国际秩序又经历着严峻的考验。但无论怎样，美国主导的这一国际体系目前仍然基本维持着稳定。客观地说，这一国际体系对战后世界的相对和平也发挥了重要作用。战后主要大国之间没有发生直接的面对面的战争，全球经济、政治和文化互动得到了前所未有的加强，人类的全球化水平达到了前所未有的高度。这或许就是"罗马治下的和平"

---

① 张士伟，《美国与世界经济秩序的变革（1916—1955）》，武汉：武汉大学出版社，2015年，第210页。

② 约瑟夫·奈，《美国世纪结束了吗?》，邵杜罔译，北京：北京联合出版公司，2016年，第18页。

的美国版本，即"美国治下的和平"。

　　讨论至此，这里仍然要问：美国在国际规则与国际秩序方面到底提供了什么？如果说英国主导的国际秩序是以欧洲对世界的殖民体系和欧洲内部的均势体系为基础的——当然还包括资本主义的全球网络和自由贸易机制，那么美国主导的国际秩序则是以主权的民族国家体系和国际组织、区域政治军事联盟提供基本安全与和平为基础的——当然还包括更深化的资本主义全球网络和自由贸易机制。具体而言，美国在20世纪以来的国际规则与国际秩序方面的开创性贡献主要在于三个方面。首要的是，美国支持殖民地人民获得民族自决权，这在根本上改变了两次世界大战之后的世界面貌，以民族国家为基础的国际体系才正式成形。要知道，二战结束时，全球国家的数量仅有数十个。第二，美国倡导——特别是从理想主义的美国总统伍德罗·威尔逊首倡成立国际联盟开始——成立常设性的国际组织和稳定性的国际协商机制来避免、管控国与国之间的武力冲突与战争。当然，二战之后国与国之间的战争并未消失，但跟此前相比，数量和规模还是大大下降了。第三，美国在二战结束后开创了一种全新的对待战败国家的国际政治新范式。特别是对德国和日本这两个国家，美国不仅没有沿袭人类长期以来要求战败方提供赔偿的做法，而且还帮助这两个国家实施了战后政治改造和经济重建，并将它们作为正常国家纳入战后国际体系，还将它们发展成了自己的政治盟友。[1]以今天的眼光来看，这似乎顺理成章，但在当时，这是一种打破一切常规的开创性做法。就此而言，美国不仅在战后国际体系塑造中扮演着决定性的角色，在创建新的国际规则与国际秩

---

　　[1] 亨利·基辛格，《世界秩序》，胡利平等译，北京：中信出版集团，2015年，第305—360页。

序上进行了很多重大的创新。

总的来说，二战之后，美国开创了一种美国主导的、基于联合国框架的自由主义国际秩序。这一秩序总体上支配了过去四分之三个世纪的世界格局。当然，美国主导的自由主义国际秩序也面临着许多挑战，包括如何处理跟政治制度模式和意识形态迥异于美国的国家之间的关系，如何应对反对基督教主导地位的其他宗教及其极端势力的反弹，如何处置地缘政治危机——特别是与其他大国有关的地缘政治危机，如何面对不断深入的全球化与政治上全球分裂的结构性张力等，这些挑战仍然是这一国际秩序的软肋。[①]所有这些挑战或许又给国际规则和国际秩序的变革提供了新的驱动力量。

全球领导者的"三板斧"

由于现代世界的全球领导者样本非常少，实际上就是19世纪的英国和20世纪上半叶以来的美国两个案例，所以采用归纳法来总结全球领导者背后的政治经济逻辑是恰当的。但归纳法始终存在着逻辑上可能的缺憾，因为归纳法只是对既有事实和经验的提炼总结，而关注哪些事实和经验始终是一个难以有效判断的问题。相比而言，演绎法则强调从公理和预设条件出发，基于逻辑来进行推导，进而得出我们想要的结论。这意味着演绎法的分析常常更为严密。笔者这里考虑先用归纳法对英美两个全球领导者的历史经验进行简要总结，然后再基于演绎法讨论全球领导者的一般逻辑，进而将造就全

---

① 关于自由主义国际秩序的研究，参见：G. John Ikenberry, *Liberal Leviathan: The Origins, Crisis, and Transformation of the American World Order*, Princeton: Princeton University Press, 2011; Georg Sørensen, A *Liberal World Order in Crisis: Choosing between Imposition and Restraint*, New York: Cornell University Press, 2011。

球领导者的政治经济逻辑一般化。

根据对英国和美国历史经验的梳理，一个国家要想成为全球领导者需要具备三个关键要素：首先是要成为经济与技术上最领先的国家，其次是要创造一种可扩展的人类合作秩序，最后是要贡献新的国际秩序与国际规则。这是19世纪的全球领导者英国和20世纪的全球领导者美国所具备的三大基本要素。从已有的历史经验来看，尽管这里的三个关键要素角色不一、作用不等，但要想成为全球领导者，都需要具备这三个关键要素。本书将其称为全球领导者的"三板斧"。

成为全球领导者的第一个要素，是要成为经济与技术最领先的国家。这里的领先不是总量的概念，而是人均的概念；甚至不只是一般的人均经济发展水平概念，而是一个国家需要在技术、创新与科学能力方面达到最高水准，即领先于全球其他主要发达国家。唯有在经济、技术、科学、创新以及军事上都拥有显著的领先优势，一个国家才能成为真正的全球领导者。这里既涉及经济水平、军事力量等可以指标化的硬实力，又涉及哈佛大学教授约瑟夫·奈所重视的软实力。奈认为："在评估当前的国际权力时，技术、教育和经济发展等因素变得更为重要，而地理、人口和原材料变得越来越不重要。"①

总体上，英美两国在其巅峰时刻都拥有最强大的经济实力、领先的科技水平和创新能力，以及具有压倒性优势的军事能力。比如，19世纪以来，国家军事实力的一个重要表现是海军和制海权。英美两国先后都是可以控制全球主要航道制海权的国家。有一项研究认

---

① 约瑟夫·S.奈，《硬权力与软权力》，门洪华译，北京：北京大学出版社，2005年，第115页。

为："当（英美）两国的竞争者都还大多是陆地国家并依赖它们维持航道通畅时，英美强大的海军控制了海洋并主导了贸易航线。"[1]

成为全球领导者的第二个要素，是要创造一种新的可扩展的人类合作秩序。在全球化时代，这种可扩展的人类合作秩序也应该是全球性的。简单地说，这种可扩展的人类合作秩序，不仅是指一个最领先国家能够充分发挥这一合作秩序的优势，而且要能够将这一合作秩序在地区层次与全球范围内推而广之，吸引其他国家加入并共享这一合作秩序带来的价值。正如上文讨论的，这一可扩展的人类合作秩序的要点在于：首先，它是当时全球领导者开创的最有效率的政治经济制度模式；其次，其他国家能够从学习、借鉴和采纳这种政治经济模式中受益，亦即提升它们自身的经济与技术发展水平；再次，采用类似政治经济制度模式与安排的国家和国家之间可以构建起更大规模的合作网络，并使参与者都能从中获益。

在英国和美国之后，各国的经济发展与全球经济总量的扩张，某种程度上是在英国和美国创造的这种全球性的合作秩序中实现的。亨利·基辛格认为，英国和美国创造的这种合作秩序具有强大的全球性扩展能力。他说，"长期来看，想加入全球化进程中的发展中国家除了进行结构调整外别无选择"，"为使自己的国家变得尽可能像美国或欧洲或日本那样就得做出努力"。[2]实际上，中国过去40年左右的发展也得益于英国和美国所开创的这种可扩展的人类合作秩序。从20世纪80年代以来，中国一方面得益于相对和平的国际环境，另一方面也得益于逐步融入全球经济体系的努力。比如，以2001年加

① 罗伯特·卡根，《美国缔造的世界》，刘若楠译，北京：社会科学文献出版社，2013年，第56页。
② 亨利·基辛格，《基辛格：美国的全球战略》，胡利平等译，海口：海南出版社，2009年，第207页。

入世界贸易组织为标志，中国后来10多年间实现了经济总量的更快增长和技术能力的更快提升。

成为全球领导者第三个要素，是要贡献新的国际秩序与国际规则。历史地来看，英国和美国都贡献了新的国际秩序。稳定而有活力的国际秩序，是任何国际体系能够持续发展和全球领导者地位得以维系的关键所在。英国开创了19世纪以欧洲均势体系和全球殖民体系为主要特征的国际秩序。但是，在随后两次世界大战和后发展国家民族独立运动的冲击下，这一国际秩序最终分崩离析了。此后，美国作为新的全球领导者倡导并重构了国际秩序。二战之后，尽管全球体系还处于冷战阴影的笼罩之下，不少地区也爆发过武装冲突与战争，但美国作为全球领导者创建的国际秩序使得人类社会——特别是主要大国之间的关系——维系了基本的和平与稳定。冷战结束以后，美国的全球领导者地位一度又得到了强化。但是，到了21世纪一二十年代，随着俄罗斯地缘政治战略的改变，中国与其他新兴工业化国家实力和地位的相对上升，美国主导的国际秩序正在遭受新一轮的挑战。

德国哲学家伊曼努尔·康德在18世纪所设想的是，未来的人类或许有机会迎来一个"内有自由、外有和平"的"永久和平"时代。但实际上，对今天的世界来说，由于人类在国家、政体、意识形态与文明意义上仍然存在着显著的全球分裂现象，"永久和平"这一人类政治发展的长期愿景还只是一个目标，而不是一种现实。

上述讨论其实是对英美两国作为全球领导者历史经验的归纳与总结。可以说，拥有最领先的经济与技术、创造新的可扩展的人类合作秩序以及贡献新的国际规则与国际秩序，是全球领导者的"三板斧"。但正如上文已经指出的，仅仅采用归纳法是不够的，许多时候只有基于演绎法的分析，才能为正确理解全球领导者提供一般逻辑。

那么，到底什么是全球领导者背后的一般逻辑呢？这就涉及在一个邦国林立、互相竞争的世界中，如何成为全球领导者的普遍理论问题。既然世界格局是由许多国家或民族国家构成的国际体系，国家与国家之间又存在着复杂的竞争关系——这种竞争通常既表现为经济竞争又表现为军事竞争，那么要想成为全球领导者，一个国家就必须在这种竞争中处于显著的优势地位。由此可以推断出，要想成为全球领导者，经济与技术的领先是必需的。工业革命之后，唯有经济与技术的领先，才能造就军事的领先。由于这种领先，从消极意义上说，一个国家可以在国际体系中实现充分的自主，免于外部的干预与入侵；从积极意义上说，一个国家可以在国际体系中赢得充分的经济与军事优势，成为世界格局的主要支配者。

问题是，同为国际体系与世界格局中的国家或政治体，何以能够获得这种显著的经济、技术与军事优势呢？按理说，在一种类似的轨道上竞争，一个国家是很难获得显著的、与众不同的领先优势的。要想获得这种特殊的领先优势，一个国家就要依靠某种不同于其他国家的创新性做法。这种创新性做法，可能来某种外生变量，比如拥有其他国家所不具有的某种资源条件，但更可能是来自一种效率与绩效更高的政治经济模式，抑或一种更加有利于生产率、技术进步和创新的制度安排。如果是后者，其本质是一种更有效率的可扩展的人类合作秩序。从抽象意义上讲，制度优势的本质在于让人与人之间的合作更有效、更有利于创新。随着市场规模与人类合作规模的扩大，这种可扩展的人类合作秩序不仅是国内意义上的，而且是国际意义上的。谁能把更大范围内的国家与政治体整合进同一种人类合作秩序，考虑到资源互补的效率和专业分工的深度，谁就会是更为成功的创新者。

除了经济与技术的领先以及更有效的政治经济模式，全球领导者还需要在国际体系与世界格局中扮演重要的角色。固然，一个国家在既有国际体系中成为最强大的博弈者，本身也是一种重要的国际成就，但这样的国家并没有显著地提升国际体系与世界格局的状况，即它并没有创造国际秩序意义上的增量。在国际维度上，全球领导者并非只是维持国际体系与世界格局的现状，并在其中谋求自身的优越地位，而是致力于提升和改善国际体系与世界格局的现状，使得其他国家能在这种提升和改善中获得净收益。这样的国家才能引领国际体系与世界格局新的发展方向。所以，真正意义上的全球领导者不仅是国际体系中最强大的博弈者，而且是更为优良的国际规则与国际秩序的创造者。实际上，19—20世纪的国际体系演化中，英国所主导的国际秩序和美国后来所主导的国际秩序，相比于此前的模式，可以说都是一种实质性的改进。在这种条件下，全球领导者的实质性地位来自于它们对新的国际秩序的重大贡献。

上述讨论基于演绎逻辑，分析了一个国家何以只有做到了拥有经济与技术的领先优势、创造更有效的政治经济模式以及贡献更好的国际规则与国际秩序，才能成为全球领导者，参见图5.3。这也就是本章强调的全球领导者的"三板斧"。

未来可能的全球领导者？

基于对全球领导者"三板斧"的逻辑讨论，可以进一步问：哪个国家最有可能成为未来的全球领导者呢？或者说，对已经进入21世纪上半叶的人类社会来说，哪个国家有机会在下一轮全球领导者的角逐中胜出呢？

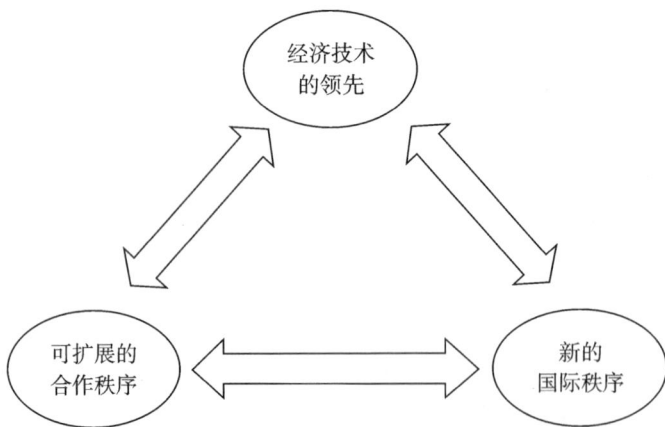

图5.3　全球领导者的"三板斧"

从全球领导者的"三板斧"来看，在短期中，比如，以未来10—20年进行评估，恐怕美国还是最有希望维系其全球领导者地位的国家。无论是在经济与技术的领先性，还是政治经济模式的可扩展性，或是在提供稳定的国际规则与国际秩序方面，目前的美国相比于其他国家仍然最具实力。正如约瑟夫·奈所言，"美国世纪还没有结束"，"美国在军事、经济和软实力资源方面的主导地位，使得美国处在一个异乎寻常的时期——位于全球均势运作和提供全球公共物品的中心"。[①]

当然，无论跟二战之后的20世纪中叶相比，还是跟冷战结束之后的1990年代初相比，美国今天的优势地位已经出现了相对的衰落。比如，1960年美国GDP还占全球GDP的40%，如今这一数据仅为24%左右。相比而言，1960年中国GDP仅占全球GDP的2%左右，2022年这一数据约为16%。这意味着中国GDP按名义价格计算也已

---

①约瑟夫·奈，《美国世纪结束了吗?》，邵杜罔译，北京：北京联合出版公司，2016年，第146页。

经达到美国GDP的三分之二左右。①实际上，冷战结束以后的30多年间，以东亚、东南亚国家为代表的新兴经济体获得了长足的发展，这些都使得美国的相对经济地位出现了下降。所以，从二战结束到现在的四分之三个世纪中，美国确实出现了相对的衰落。

但需要提醒的是，不要因为美国的相对衰落而人为低估美国目前的实力与潜力。这种不宜低估美国的原因是多方面的。第一，迄今为止，美国仍然具有强大和领先的经济、工业、科技与军事力量。无论在计算机、芯片、互联网、人工智能、医学与医疗、航空等领域，还是在航天、空间技术和太空开发等领域，或是在航空母舰、洲际导弹、战斗机等军事技术领域，美国仍然拥有显著领先的优势。第二，相对于别国，尽管美国的领先优势出现了相对的衰落，但目前尚无其他国家可以在实力上挑战美国。中国尽管在GDP总量上已经达到美国的三分之二，但人均GDP仍然只有美国的六分之一到五分之一，中国目前的总量指标是基于庞大的人口规模。至于德国、日本、英国、法国等主要发达国家，它们目前的人均GDP大约是35000—50000美元，跟美国人均GDP70000多美元尚有较大差距。②再考虑到人口规模和科学技术实力，德国、日本、英国、法国等，甚至包括作为整体的欧盟，都还很难跟美国角逐全球领导者的位置。第三，在所有主要发达经济体中，美国仍然是最具创新能力与潜力的国家。这既由于美国拥有以一流研究型大学为代表的基础性科研力量，又由于其拥有大量高科技公司和小型创新型企业，还由于其相对更鼓励研发和创新的市场与金融制度。历史经验是，美国常常

---

① 相关数据与比例，参见：https://www.visualcapitalist.com/u-s-share-of-global-economy-over-time/。

② 世界银行关于人均GDP的网页，参见：https://data.worldbank.org/indicator/NY.GDP.PCAP.CD。

通过创新和新技术革命来抵御它在传统产业领域的相对衰落。[①]

然而，倘若我们以30—50年为限度来评估未来全球领导者的竞争格局，相关的讨论恐怕就要复杂得多。英国经济学家约翰·梅纳德·凯恩斯的名言是："我们在长期中都将死去。"但长期分析无疑是非常必要的。从历史经验来看，全球领导者之间的国家更替，往往是一个相对较长的历史过程，是在50—100年这样的时间周期中逐步完成的。1870年美国GDP总量已经接近英国，但直到数十年后，美国才成为名副其实的全球领导者。如果综合考虑规模因素和发展阶段，全球范围内大约只有美国、欧盟及欧洲主要国家（英国、法国和德国）、中国、日本、印度、俄罗斯、巴西等几个政治体，拥有成为全球领导者的潜在可能性。

如果再把人口规模超大型的国家都加入其中，比如以2022年人口规模达到2亿以上为标准，那么这个名单中会增加印度尼西亚、尼日利亚和巴基斯坦。但考虑到这三个国家的经济发展水平与政治状况，它们在未来30年到50年成为全球领导者的机会是渺茫的。至于本书关注的其他几个非西方传统大国——土耳其、伊朗与埃及，就其经济发展水平与政治状况，它们要想在30年到50年时间里成为全球领导者，也几乎不太可能。

当然，进一步说，并不能完全排除其他规模更小的国家在未来的发展与竞争中成为新的全球领导者。这就好比，假如我们身处1750年的世界，恐怕没有人会认为英国将成为下一个世纪的主宰者。英国这一案例表明，一种全新的技术革命或发展模式有可能在世界

[①] 上文曾经提及，关于美国是否衰落的不同观点，参见：Geir Lundestad, *The Rise and Decline of the American "Empire": Power and its Limits in Comparative Perspective*, Oxford: Oxford University Press, 2012; Robert J. Lieber, *Power and Willpower in the American Future: Why the United States Is Not Destined to Decline*, Cambridge: Cambridge University Press, 2012.

主流文明的边缘地带兴起。如果发生这种情况，即便是规模很小的国家亦不能排除会成为未来的全球领导者。但本书很难把这种特殊个案纳入今天时空条件下的一个可信分析框架。所以，本书亦无法讨论这种边缘地带的小国由于今天完全无法预见的全新技术革命而成为新的全球领导者的特殊情形。

基于上述理由，这里仍然主要考虑美国、欧盟、中国、日本、俄罗斯、印度和巴西这样7个国家或国家联盟，这些国家的面积、人口、人均GDP、GDP总量数据，参见表5.6。考虑到英国的历史地位，再加上英国目前是非欧盟国家，这里也把英国作为参照国家列入该表的最后一行。

要考察哪个国家（或国家联盟）能够成为潜在的全球领导者，还需要对全球领导者的"三板斧"做一个简要的回顾。根据上文的分析，这里将全球领导者的"三板斧"总结为表5.7的理论要点。接下来要做的，是考察表5.6所列的除英国以外的国家或国家联盟跟全球领导者"三板斧"的匹配程度。

表5.6中的国家与政治体大体上可以分为两类。第一梯队美国、欧盟与日本是发达经济体，第二梯队中国、俄罗斯、印度与巴西则是发展中经济体。考虑到这两类国家在发展水平上的显著差异，需要分别加以讨论。

对于第一梯队的国家和政治体来说，他们在经济、技术与制度的发展水平上都达到了目前人类社会的较高程度。总体上，美国、欧盟与日本都是高收入的最发达政治经济体。但相对来说，美国目前要明显高于欧盟与日本的发展水平。问题是，在未来较长时间里，比如到2050年或2080年，谁更有机会成为全球领导者呢？

上文从短期视角分析过美国的相对衰落和长期潜力，结论是美国在短期内仍然是最有机会维持全球领导者地位的国家。问题是，

表5.6　未来潜在全球领导者的国家名单：2022年

国家 或国家联盟	面积 （平方公里）	人口 （百万）	人均GDP （美元）	GDP总量 （亿美元）
美国	9831510	333.3	76329.6	254397.0
欧盟	4254350	447.4	37432.6	167462.2
日本	377974	125.1	33823.6	42321.7
中国	9600053	1420.2	12918.6	183470.5
俄罗斯	17098250	144.2	15270.7	22404.2
印度	2974700	1417.2	2410.9	34166.5
巴西	8515770	215.3	8917.7	19201.0
英国	243610	67.0	46125.3	30890.7

资料来源：数据来自世界银行网站"世界发展指标"，其中，面积数据参见 https://data.worldbank.org.cn/indicator/AG.SRF.TOTL.K2；人口数据参见 https://data.worldbank.org.cn/indicator/SP.POP.TOTL；人均GDP数据参见 https://data.worldbank.org.cn/indicator/NY.GDP.PCAP.CD; GDP总量数据参见 https://data.worldbank.org.cn/indicator/NY.GDP.MKTP.CD。个别数据根据其他资料略有调整。

表5.7　全球领导者的"三板斧"：含义与要点

"三板斧"	含义与要点
经济与技术领先	成为全球范围内经济与技术最领先的国家
可扩展的合作秩序	提供一整套新的可扩展的人类合作秩序
新的国际秩序	贡献一整套新的国际规则与国际秩序

在长期当中，美国是怎样的发展趋势呢？如何在长期中恰当地评估美国呢？这个问题并不容易回答，因为任何预测都是有风险的。正如我们很难在1800年预测英国50年后将成为世界的主导者，甚至很难在1980年预测苏联10年后就将解体和崩溃，今天也很难预测2080

年的美国将成为一个怎样的国家。大体来说，美国的优势在于它的市场规模——它是发达经济体中规模最大的，甚至超过德国、日本、英国与法国的总和，在于它相对年轻和多样化的人口——欧洲主要国家与日本的人口老龄化都非常严重，在于它极具竞争力的教育和大学系统——其按公允评价的顶尖大学数量超过欧洲、日本和中国的总和，还在于它极具创造力的大型高科技公司、创新型企业与支持创新的金融市场。

　　当然，对美国来说，并非全然都是好消息。随着大规模的新增移民，美国社会的族群宗教多元主义色彩愈发突出。哈佛大学教授塞缪尔·亨廷顿甚至担心，美国会成为一个"双权化"的国家——即英语族裔与西班牙语族裔共同主导的局面。亨廷顿认为，美国文明的特质在于其"盎格鲁-新教"的族裔宗教背景，如果这一特质弱化，美国就有可能会走向衰落。[①]随着全球化的推进，美国国内的阶级分歧逐步上升，其直接后果是贫富悬殊的加剧和中产阶级、劳工阶级的生活变得艰难。这有可能会导致两个结果，一是美国政治中阶级极化和阶级冲突的上升，二是许多普通收入群体的反全球化倾向。这又可能会导致美国政治稳定性的下降与开放程度的降低。此外，美国政府债务目前看来也是一个实质性问题，2022年美国政府债务占GDP的比重已经上升至144%，而且这一数据目前还在继续攀升。这已经进入公认的政府公债的较高风险区间。当然，在政府公债方面，欧盟与日本的问题也是类似的。[②]

　　跟美国相比，欧盟与欧洲的特点又有所不同。如何在长期当中

---

① Samuel P. Huntington, *Who Are We? The Challenges to America's National Identity*, New York: Simon & Schuster, 2005.

② 关于美国与其他较发达国家的公债数据，参见：OECD网站 https://data.oecd.org/gga/general-government-debt.htm。

评估欧盟与欧洲的优势与劣势，是非常困难的。欧盟与欧洲的重要优势在于，在科研实力上它目前仅次于美国。这意味着，如果有哪个政治体有机会超越美国，那么欧盟与欧洲的概率还是相对较高的，因为如今它毕竟处在科研实力第二的位置上。无论是诺贝尔科学奖获得者的数量，还是全球百所顶尖大学的数量，欧洲都处在仅次于美国的位置。此外，跟美国相比，欧洲的优势还在于其多样性。从英国到法国，从德国到北欧诸国，欧洲国家不同于单一化的美国，而是在语言、宗教、历史、科学、技术等领域呈现出了相当的丰富性和差异性。人类的历史经验是，当创新的方向并不确定时，多样性往往更有利于重大创新的涌现。

当然，欧盟与欧洲也面临着许多严峻的挑战。欧盟与欧洲在人口结构方面的挑战就很大，一方面是老龄化的速度要比美国更快，另一方面是少数族裔及其宗教的快速崛起。在经济结构与社会政策上，欧洲跟美国相比更注重福利主义安排，但这有可能影响个人激励与企业创新。此外，欧盟与欧洲的政治压力来自政治整合的困难和地缘政治的难题。前者主要包括英国无法与法德齐心协力，以及欧盟内部面临着如何平衡统一性与多样性的难题。后者主要是指以俄乌冲突为代表的欧洲地缘政治危机，这一危机至今仍然在延续。而只要俄罗斯问题得不到最终解决，欧洲在可预见的将来还无法摆脱重大地缘政治危机的威胁。

在非西方国家中，日本是在经济与科技实力上最接近美国的。如果以人类200多年的现代化史作为比较，日本是最早迈入发达国家行列的非西方国家。今天，另外两个发展水平很高的非西方发达国家是韩国与新加坡。在1970—1980年代，随着日本经济的快速崛起，日美差距的缩小，美国甚至一度出现了"日本第一"的声音。[①]这种声音的背后，并不是日本已经超过美国，而是日本跟美国的差距在日趋缩小。但是，后来由于日本经济泡沫的破灭以及美国新经济的启动，日、美之间的差距不仅没有继续缩小，反而拉大了。目前，美国人均GDP大致为日本的两倍。当然，需要提醒的是日元与美元的汇率波动会在很大程度上影响这种差距。那么，如何在长期中评估日本的优势和劣势呢？日本是否具备在长期中超越美国，成为全球领导者的潜力呢？日本能够成为全球最发达国家之一，曾经的全球第二大经济体与如今的全球第三或第四大经济体，一定有其重要的优势，包括日本经济模式的独特性——比如日本跟美国相比更善于控制产品的质量与成本，日本拥有更稳定的长期雇佣关系，日本企业更依赖于长期激励和追求长期目标等，包括日本人口的相对单一性和民族认同的稳固性，包括日本身处东亚这一全球经济高增长地区并扮演东亚经济重要领头羊的角色。

当然，日本也面临着许多重大的结构性问题，包括人口老龄化的加速——其人口结构要比美国更缺少竞争力，包括历史与地缘政治包袱——因为日本历史上曾经侵略过许多东亚和东南亚国家，并且至今尚未实现国家的完全正常化，包括日本人较擅长技术思维但在原创性科学思维上并无优势——结果是日本人擅长改进而弱于原创。

关于第一梯队国家与地区的优势和劣势，本书将其总结为表5.8。美国、欧盟（欧洲）、日本尽管各有优劣，但迄今为止，美国总体上代表了西方文明的最高成就，作为西方文明内部的欧盟与欧洲恐难

①　傅高义，《日本第一：对美国的启示》，谷英等译，上海：上海译文出版社，2016年。

表5.8　美国、欧盟与日本长期发展潜力的比较

国家或国家联盟	相对优势	相对劣势
美国	市场规模,人口结构,科研实力,企业部门创新	族群宗教多元主义兴起,阶级分裂上升
欧盟/欧洲	科研实力仅次于美国,多样化与可能性	人口结构,福利主义,政治整合与地缘政治
日本	日本经济模式,民族认同,东亚高增长区	人口老龄化,历史与地缘政治包袱,科学思维不足

在可预见的将来超越美国;日本尽管是非西方国家,但其基本制度与技术都来自于对西方的学习和模仿,加上其他的结构性约束条件,亦无把握在可预见的未来超越美国。当然,未来总是难以准确预测。特别是,当全新的科学与技术革命到来时,当整个社会的政治经济模式发生范式创新时,如果欧洲或日本是这种新科学技术革命或新范式的发起者,那么就不能排除它们会在新一轮的全球领导者竞争中超越美国。但在可预见的将来,这种可能性还非常之低。

跟第一梯队相比,中国、俄罗斯、印度和巴西等第二梯队国家在发展水平上还存在较大的差距。考虑到中国的特殊性,这里先讨论俄罗斯、印度和巴西这三个国家。它们目前的人均GDP大致仅处于2500—12000美元的范围。如果要成为全球领导者,它们首先要成为全球经济与技术最领先的国家。按照目前最发达国家的发展水平,它们大致上要达到人均GDP60000—70000美元。对它们来说,首先要解决经济与技术领先的问题。问题是,它们如何才能达到这样的经济发展水平呢?这本身就是一个巨大的挑战。在较低水平上,这些国家或许主要可以通过学习和模仿来实现更高的经济发展水平。如果有一天它们能缩小跟最发达国家的差距,那么接下来它们还要考虑如何通过创新来超越最发达国家。需要指出的是,考虑到这些

**表5.9 人均GDP12000美元国家在不同增速条件下赶超人均GDP70000
美元国家在2%增速条件下所需时间**

后发展国家初始年份人均GDP(美元)	后发展国家人均GDP年均增速	发达国家初始年份人均GDP(美元)	发达国家人均GDP年均增速	赶超所需的年数（年）	赶超年份的人均GDP（美元）
12000	8%	70000	2%	30.85	128959
12000	6%	70000	2%	45.84	173538
12000	4%	70000	2%	90.82	422846

说明：该表假定货币汇率不变。如果货币汇率发生有利于后发展国家的变化，则赶超时间还会有相应的缩短。

第二梯队国家跟第一梯队国家之间的差距，考虑到第一梯队国家和美国在可预见的将来仍然会保持一定的经济增长速度，前者即便能够实现持续的高增长，要追上后者也需要较长时间，相关估算参见表5.9的数据。当然，该表没有考虑汇率变化因素。如果后发展国家在赶超发达国家过程中，货币汇率发生有利于后发展国家的大幅调整，则该估算时间数据还会大大缩短。

与之相关的问题是这些国家的政治经济模式。由于它们还不是经济与技术最领先的国家，所以，俄罗斯、印度和巴西还无从证明它们的模式是一种更有效的可扩展的人类合作秩序。要知道，更有效的政治经济模式不是靠想象或宣传，而是要靠实实在在的长期绩效表现。进一步说，由于这些国家还不是最具实力的支配性大国，所以还谈不上为世界提供新的国际规则与国际秩序的问题。即便他们提出了自己所设想的关于国际秩序的新方案，但要想让这种新方案成为现实，它们首先要成为国际体系中经济与技术最领先的国家，这才能使得它们拥有提供新的国际规则与国际秩序的实力。从英国和美国的历史经验来看，无论哪个国家，成为真正的全球领导者还有赖于更根本性的创新。只有重大的科学技术革命与范式创新，才能成就下一代的全球领导者。

更具体地说，表5.6所列的三个第二梯队国家（俄罗斯、印度与巴西）是否有机会成为新的全球领导者呢？这里先来考察俄罗斯。俄罗斯作为大国的主要优势在于其辽阔的地理疆域、蕴藏量巨大的自然资源与能源，以及以核武器和远程导弹系统为主的战略性军事力量。历史上，俄罗斯曾两次战胜欧洲大陆最强大的入侵者——19世纪早期的拿破仑和1940年代的希特勒，主要依靠的是俄罗斯广袤的地理疆域所构成的战略纵深。按照英国地理学家哈尔福德·麦金德的观点，俄罗斯拥有欧亚大陆最有利的区位与地理优势。[1]

与此同时，俄罗斯的短板也十分明显。在经济上，俄罗斯高度依赖能源和资源，而没有发展成为一个有竞争力的工业与技术型国家，其市场部门的创新能力跟欧美、东亚相比毫无竞争力可言。此外，俄罗斯人口已经走向结构上的老龄化和数量的停滞乃至衰退。在政治上，俄罗斯经历了1991年以来的政治转型，但迄今为止并没有取得原本期待的成功。这一方面使得俄罗斯还无法拥有一种能够支持可持续发展的制度模式，另一方面使得俄罗斯难以获得世界上大部分发达经济体的认同。在地缘上，俄罗斯迄今为止仍然身陷俄罗斯帝国梦与苏联解体后地缘政治结构的巨大张力之中。俄罗斯的周边国家不是选择依附于俄罗斯，就是恐惧和反对俄罗斯。这使得俄罗斯的地缘政治环境相当复杂。如今，俄罗斯依然身陷俄乌冲突而难以自拔。尽管现在预测这场冲突的准确结局还为时尚早，但俄罗斯并不会像普京起初期待的那样轻轻松松成为这场冲突的赢家。

---

[1] 哈·麦金德，《历史的地理枢纽》，林尔蔚、陈江译，北京：商务印书馆，2009年。

这又会对俄罗斯未来几十年的命运产生重大而深刻的负面影响。[1]

　　紧随中国之后，印度是最近二三十年非常耀眼的一个发展中国家。如今，印度的经济总量排在美国、中国、德国、日本之后，位列全球第五，已经超越英国和法国。按照目前的经济增速估算，印度有望在不久的将来超越德国和日本成为全球第三大经济体。这是印度的重要优势之一，即1990年代以来的经济高速增长和较为庞大的经济总量。如今，印度已经成为最具活力的主要新兴工业化国家之一。印度的另一个显著优势在于，其人口结构在所有主要大国中是最为年轻的，这意味着还可以持续地为后续经济增长提供人口红利。印度的可能优势还在于深受英国影响的精英阶层、英语教育、法律体系与行政系统。印度还是极少数赢得独立之后较为稳定的后发展民主国家之一。跟其他后发展国家相比，印度所有这些制度与文化特征都更有助于它形成相对稳健的可持续发展基础。

　　当然，印度的劣势也是相当突出的。最为显著的问题是，印度至今仍然是一个经济上非常落后的国家，2022年人均GDP尚只有2400多美元。跟目前的中国、俄罗斯和巴西相比，印度不仅经济发展水平最低，而且人均GDP不到中国和俄罗斯的四分之一。如果不考虑购买力平价因素，印度的人均GDP目前不到美国的4%。这种经济落后必然伴随着教育和文化的落后。另一个显著问题是，印度是一个在族群、宗教与语言方面高度分化的国家，族群与宗教冲突仍是较为常见的现象，由此必然带来现代国家构建和民族构建方面的挑战。最近几年，印度的一个重要政治议题，就是目前的执政党印度人民党主张的印度教民族主义与更包容的自由多元主义之间的冲

---

[1] 关于俄乌冲突及其后续可能性，参见：Keir Giles, *Russia's War on Everybody: And What it Means for You*, London: Bloomsbury Academic, 2023。

突。[1]此外，印度还是一个尚在现代化过程之中的国家。现有研究认为，现代化会带来新的社会分裂与政治冲突。[2]过去有研究认为，现代性意味着政治稳定，现代化往往会孕育政治不稳定。[3]所以，印度只有顺利度过现代化所带来的政治冲击的洗礼，才算克服了现代化本身的危机。

巴西是拉丁美洲最大的国家，就面积与人口等综合因素而言，也是整个美洲仅次于美国的大规模国家。巴西的主要优势在于其广袤的地理疆域以及随之而来的丰富资源和能源。这是德国、英国、法国这样规模较小的国家所不具备的自然条件。此外，在后发展国家中，巴西目前是一个相对稳定的新兴工业民主国家。历史上，巴西曾经经历过精英寡头统治、民主政体与军人独裁的交替，如今则是一个初步实现稳定的民主政治体。尽管巴西的民主政体被认为尚有瑕疵，但与俄罗斯这样的国家相比，巴西无疑拥有更有利于可持续发展的制度安排与政治基础设施。[4]

但巴西也有着许多显著的缺憾。其中之一是，巴西的经济增长常常缺乏连续性，同时还不时伴随着高通胀的风险。巴西历史上也出现过所谓的"经济奇迹"，但它无法像日本、韩国、中国这样实现

---

① 印度教民族主义的讨论，参见：Angana P. Chatterji, Thomas Blom Hansen, and Christophe Jaffrelot, eds., *Majoritarian State: How Hindu Nationalism Is Changing India*, Oxford: Oxford University Press, 2019。

② Seymour Martin Lipset and Stein Rokkan, "Cleavage Structures, Party Systems and Voter Alignments: An Introduction," in Seymour Martin Lipset and Stein Rokkan, eds., *Party Systems and Voter Alignments: Cross-National Perspectives*, New York: Free Press, 1967, pp. 1-64.

③ 塞缪尔·P.亨廷顿，《变化社会中的政治秩序》，王冠华、刘为等译，上海：上海人民出版社，2008年。

④ 巴西的民主尽管还有许多瑕疵，但迄今为止基本维持了民主的稳定性。关于巴西的民主与发展，相关研究参见：Ben Ross Schneider, *New Order and Progress: Development and Democracy in Brazil*, Oxford: Oxford University Press, 2016。

表5.10　俄罗斯、印度与巴西长期发展潜力的比较

国家	相对优势	相对劣势
俄罗斯	疆域辽阔,能源资源丰富,战略性军事力量的优势	经济与创新活力不足,人口结构老化,政治制度模式的不稳定性,地缘政治紧张与冲突
印度	人口结构的优势,处于经济高增长轨道,英国统治的正面遗产,较稳定的民主国家	经济与文化相对落后,族群与宗教多样性高,现代化可能伴随的不稳定性
巴西	疆域辽阔,能源资源丰富,较稳定的民主国家	经济持续增长的乏力,拉美长期不平等社会结构的负面影响

长时间的经济增长，结果就是巴西无法在经济上实现稳定而可持续的进步。[1]另一个缺憾是，巴西也具有许多拉美国家在政治社会问题上的通病，包括相对悬殊的贫富结构、腐败的盛行、时断时续的阶级冲突以及右翼保守与左翼激进的撕裂等。这些都给这个新兴工业民主国家的未来增加了政治上的不确定性。[2]

　　关于第二梯队俄罗斯、印度和巴西三个国家的优势和劣势，本书将其总结为表5.10。尽管这些国家各有优势与劣势，但跟美国这一全球领导者相比，它们的差距还是比较大的。这些国家面临的首要问题，是要实现经济与技术的快速发展。只有当这些国家跟发达国家的经济与技术差距显著缩小之后，才谈得上能否成为全球领导者的问题。

　　在第二梯队中，还有一个非常重要的特殊国家，那就是中国。

---

　　[1] 关于巴西经济，参见：Danilo Rocha Limoeiro, *Economic Growth, Inequality and Crony Capitalism: The Case of Brazil*, London: Routledge, 2020。

　　[2] 巴西历史、政治与社会问题的一般论述，参见：James N Green, Victoria Langland, and Lilia Moritz Schwarcz, eds., *The Brazil Reader: History, Culture, Politics*, Second Edition, Durham: Duke University Press, 2019。

21世纪以来，国际社会瞩目中国的快速崛起。按照哈佛大学教授格雷厄姆·艾利森的说法，这是人类历史上首次有非西方国家基于购买力平价（PPP）的标准在经济总量上超越最大规模的西方国家。换言之，艾利森认为，中国经济总量按PPP估算已经超过美国。①正是因为中国的这种快速崛起，一个可以想象的问题随之而来：中国未来是否会成为新的全球领导者？或者说，在未来30—50年里，中国成为全球领导者的可能性有多大？

从1978年改革开放以后的40年间，中国确实在经济、社会与科技领域取得了举世瞩目的发展成就，甚至已经成为后发展世界快速崛起的典范。2008年全球金融危机以后，由于美国、欧洲等西方发达国家和地区在民主治理方面遭遇的一系列挑战，国际舆论场上兴起了中国是否会引领世界的讨论。②但随着2018年中美经贸摩擦的开启，中美之间的竞争乃至对抗有一种日益加剧的趋势，美国也随之上调了中国对美出口商品的关税，并收紧了对中国的高科技产品出口。由此，国际社会开始猜测，中美之间是否会爆发更为严重的冲突。如果是这样，中国未来的命运将会面临极大的不确定性。

即便抛开这些重大的不确定性，讨论中国是否有机会成为全球领导者还需要考察中国在三个关键要素上的实力与潜力。首要的问题是，中国能否在未来30—50年成为经济与技术上最领先的国家？就目前的经济实力而言，中国的GDP总量已经居世界第二，约占全球GDP的16%。21世纪以来，中国也是对全球经济增长贡献率最高

---

① 格雷厄姆·艾利森，《注定一战：中美能避免修昔底德陷阱吗?》，陈定定、傅强译，上海：上海人民出版社，2019年。

② 有一种观点对中国的持续崛起持有相对非常乐观的态度，参见：马丁·雅克，《当中国统治世界：中国的崛起和西方世界的衰落》，张莉、刘曲译，北京：中信出版社，2010年。

的国家。但正如上文提到的，中国跟美国人均GDP的差距还相当悬殊，仅仅相当于美国的约六分之一至五分之一。中国经济还面临着能否实现可持续的较快增长的挑战。此外，中国经济发展的地区差距悬殊，发展不平衡的矛盾仍然十分突出。概而言之，中国的经济总量已进入世界前列，但人均GDP水平和综合经济实力远未达到世界领先水平。

就技术实力而言，一方面，中国在空间探测、超级计算机、高铁、互联网、移动支付、新能源技术、新能源汽车、工程建筑等领域已达到国际领先水平，产生了一批具有国际竞争力的大型企业。比如，在2022年《财富》世界500强企业排行榜上，中国的上榜企业达145家，已经超过美国的124家。[①]同时，中国的科研能力和科技创新能力也取得了显著的发展。根据世界知识产权组织的年度报告，2022年中国仍然是国际专利体系（《专利合作条约》，简称"PCT"）国际专利申请量最大的来源国，有70015件申请，同比增长0.6%。排在第二至第五位的分别是美国、日本、韩国和德国。这意味着中国的国际专利申请数量已经超过美国，位居世界第一。[②]但专利申请的总量并不代表真正的科研实力。实际上，中国在很多事关核心竞争力的关键领域仍然没有掌握核心技术，具有高端自主创新研发能力的大型企业仍然相对较少，在发动机、芯片等产业链关键环节仍然缺乏竞争力，诺贝尔科学奖得主迄今为止仅有获得生理学或医学奖的屠呦呦一位。相比于英国在19世纪初和美国在20世纪中叶作为全球领导者时所拥有的经济与技术领先优势，中国仍然还

[①] 《财富》（*Fortune*）杂志的2022年世界500强数据，参见：https://fortune.com/ranking/global500/。

[②] 相关报道，参见澎湃新闻的资讯：https://m.thepaper.cn/rss_newsDetail_22111149?from=。

有巨大的进步空间。

其次的问题是，中国是否已经开创或提供了一种新的可扩展的人类合作秩序？在经济方面，国内学术界对中国经济奇迹有着完全不同的解读，有人将其视为充分发挥市场力量的结果，有人认为主要依靠强大政府的作用，还有人将其视为有效市场与有为政府的结合。但无论怎样总结中国经济成就的经验，不同模式之下的理论诠释基本上无法摆脱新古典经济学、凯恩斯主义或发展型国家的理论传统与政策主张。中国过去在经济上的成功，到底是对人类已有现代化经验的成功借鉴，还是已经开创了一种全新的政治经济模式或一种不同以往的可扩展的人类合作秩序呢？不得不承认的是，至少到目前为止，中国的这一经济模式在后发国家尚未呈现出足够的可扩展性。

政治上，中国在过去40年的时间里维持了政治稳定，同时跟其他后发国家相比拥有相对较高的政府效能，国家治理体系和治理能力的现代化程度也有所提高，但中国现有的政治秩序在诸多方面仍面临着诸多挑战。在世界银行公布的"全球治理指数"中，中国在公民表达与问责、法治等多项指标上仍然处于较低水平。[1]综合来看，中国目前的政治秩序还存在着很多结构性的问题，尚不具备足够的可扩展性。或许正如时殷弘教授所言："中国能否真正造就出一套具有较大的国际和跨国适切性和创新性的发展模式？中国能否成为世界强国、特别是能否经久保持为世界强国，将主要由中国能否成功地对付这一挑战来决定。"[2]

---

① 全球治理指数的相关数据，参见世界银行网站：https://info.worldbank.org/governance/wgi/。

② 时殷弘，《中国崛起与世界秩序》，载于《现代国际关系》，2014年第7期，第32—34页。

再次的问题是，中国能否在未来贡献一整套新的国际规则与国际秩序？2010年代以来，中国在外交上出现了一系列重要的新变化。从过去邓小平重点强调"韬光养晦"的国际战略，到如今中国政府提出了"一带一路"倡议、"人类命运共同体"等国际秩序的新蓝图，并以更加"有所作为"的姿态出现在国际舞台上。随着中国经济总量和综合国力的提高与增强，国际社会也出现了要让中国在国际舞台上承担更多责任、发挥更大影响力的呼声。尽管如此，中国在承担更多的国际责任之前，首先需要处理好自己本身在国际事务上的棘手问题。比如，今天的中国仍然面临着比较复杂的周边环境和压力重重的国际环境。一方面，中国同众多周边国家还存在领土纠纷或敏感议题上的争端；另一方面，面对美国的战略博弈，目前中国主要还是在战后美国创建的国际秩序中谋求发展、寻求合作与解决争端，尚不具备建构一套由自身主导的国际秩序的条件。

进一步说，即便中国的国际地位在过去40年里已经有了重大的提高，但中国是否为扮演全球政治大国的角色做好了充分准备呢？笔者曾经这样提醒道：

经济总量不足以塑造全球政治大国。1900年，美国经济总量就已经是西方世界第一，但当时的美国并不具有全球政治领导力。从历史来看，美国的政治领导力不只是打赢两次世界大战，更是确立了战后世界的新秩序。这段时间也是美国在科技、制度和文化价值上的"软实力"获得领先的过程。……

国家间的竞争也是制度安排的竞争，制度安排的有效性取决于能否产生更好的绩效。过去的全球领导者英国和美国都以制度创新见长。那么，中国能否在制度安排的软实力上成为领先者呢？在成为领先者之前，中国又该如何充分吸纳人类已有的制度经验呢？……

对塑造全球领导力来说，文化价值的软实力同样重要。21世纪的全球化程度会越来越高，中国必须处理好普世价值与特殊价值的关系。固然，世界的融合趋势与多样性会长期并存，但迄今为止的全球领导者在塑造普世价值方面都扮演了重要角色。他们要么借鉴吸纳和大力推进已有的普世价值，要么创造出新的普世价值。但无论怎样，忽视普世价值，难以支持全球性的政治领导力。半个世纪以后，未来的全球领导者甚至需要超越民族国家，为新的世界秩序立法。为了未来能担当这种角色，今天的中国又该做什么？[1]

客观地说，中国的快速崛起得益于两个主要原因：一是中国是过去40年间所有大国中经济发展最快的国家；二是中国巨大的人口规模，这会让每一个人均指标的进步产生巨大的乘数效应。正是经济快速发展乘以巨大人口规模，造成了21世纪以来国际社会广泛关注的"中国崛起"现象。但是，中国的这种成就跟一个国家获得全球范围内的全面领先地位还不是一回事。根据英美两国作为全球领导者的历史经验，如果不能获得全面领先地位，就谈不上能否成为全球领导者。实际上，唯有真正领先世界，才能真正领导世界。因此，对今日的中国来说，我们仍然需要反复提醒自己：中国自身的发展要比获取全球地位的期待更重要，中国的战略定力要比实现快速崛起的愿望更重要。

在长期当中，究竟谁会是下一个全球领导者？一个保守的答案

---

① 包刚升，《中国改革的关头：进还是退》，载于《南风窗》，2012年第7期，第28—30页。

是，美国仍然是最具实力的候选国家。原因在于，在经济与技术领先性方面、在可扩展的人类合作秩序的有效性方面、在提供国际规则与国际秩序方面，美国仍然是最具竞争力的国家。当然，不能否认在未来数十年里欧洲、日本、中国与印度可能各有优势，但它们跟美国相比，总体上仍然有相当的差距。未来数十年中，恐怕还没有哪个国家在成为全球领导者方面的可能性要超过美国。需要承认，美国的相对衰落也是事实，但对美国来说，即便走向相对衰落是一个基本趋势，这仍然有可能是一个较长时期的过程。正如奥斯瓦尔德·斯宾格勒早在1918年就预言了"西方的没落"，但在具体讨论西方的没落时，斯宾格勒又认为，这可能是一个长期的过程。他这样说：

> 在这些没落中，古典文化的没落，我们了解得最为清楚和充分；还有一个没落。一个在过程和持久性上完全可以与古典的没落等量齐观的没落，将占据未来一千年中的前几个世纪，但其没落的征兆早已经预示出来，且今日在我们周围可以感觉到——这就是西方的没落。①

当然，从根本上讲，未来还是难以预测。因为重大的范式创新往往是从边缘地带发起的。今天毫不起眼的国家，由于某种机缘，如果未来能够成为一场全新的科学技术革命的发源地，那么这样的国家或许就会成为新的全球领导者。但是，这个问题今天还难以有效讨论。有人甚至认为，这种可能性并不大。这首先是因为如今已

---

① 奥斯瓦尔德·斯宾格勒，《西方的没落》（第一卷·形式与现实），吴琼译，上海：上海三联书店，2006年，第104页。

经充分全球化了，从科学到技术的信息已经变得透明了；其次是因为如今的发展都是以原创性科学和研发为基础的，而科学与研发的资源能力在全球范围内的分布相对稳定。由此推断，未来这种从边缘地带发起的范式创新，可能性大大降低了。当然，谁也无法预见的是，未来真的会完全重复今天的逻辑吗？从历史经验来看，总有许多不确定的、今天还很难预见的因素会影响和改变我们的未来。

进一步说，追求成为全球领先国家，其实也是民族国家思维的产物。一个更长远的思考或许是，人类未来的国际体系终将超越民族国家。如今，经济、贸易、投资与技术的全球化跟国家、政体与文明的全球分裂之间存在着巨大的张力，在长期中，超越民族国家的世界政治模式已经成为未来的需要。尽管这可能是一个相当漫长的历史过程，但如果这一天到来，那么人类政治将迎来超越民族国家的全球政治时代，一种全新的不同于民族国家体系的世界政治体系将会形成。到了那个时候，人类的政治将会获得真正的新生。[①]

---

① 包刚升，《抵达：一部政治演化史》（下），上海：上海三联书店，2023年，第697—715页。

参考文献

中文文献

A.G.霍普金斯,《美利坚帝国:一部全球史》,薛雍乐译,北京:民主与建设出版社,2021年。

A.L.芭莎姆主编,《印度文化史》,闵光沛等译,北京:商务印书馆,1997年。

A.П.齐甘科夫,П.А.齐甘科夫主编,《当代俄罗斯国际关系学》,冯玉军、徐向梅译,北京:北京大学出版社,2008年。

C.E.布莱克,《现代化的动力———一个比较史的研究》,景跃进、张静译,杭州:浙江人民出版社,1989年。

E.H.卡尔,《两次世界大战之间的国际关系:1919—1939》,徐蓝译,北京:商务印书馆,2010年。

F.A.哈耶克:《致命的自负》,冯克利等译,北京:中国社会科学出版社,2000年。

H.弗洛里斯·科恩,《世界的重新创造》,张卜天译,北京:商务印书馆,2020年。

W.W.罗斯托,《经济增长的阶段:非共产党宣言》,郭熙保、王松茂译,北京:中国社会科学出版社,2001年。

阿巴斯·阿马纳特,《伊朗五百年》,冀开运等译,北京:人民日报出版社,2022年。

阿兰·佩雷菲特,《停滞的帝国:两个世界的撞击》,王国卿等译,北京:生活·读书·新知三联书店,1993年。

阿诺德·汤因比,《文明的接触:希腊与土耳其的西方问题》,张文涛译,上海:上海人民出版社,2019年。

阿图尔·科利,《国家引导的发展:全球边缘地区的政治权力与工业化》,朱天飚等译,长春:吉林出版集团,2007年。

埃尔顿·丹尼尔,《伊朗史》,李铁匠译,北京:东方出版中心,2010年。

埃里希·艾克,《魏玛共和国史(上卷):从帝制崩溃到兴登堡当选(1918—1925)》,高年生、高荣生译,北京:商务印书馆,2021年。

埃米尔·路德维希，《德国人：一个民族的双重历史》，杨成绪、潘琪译，上海：文汇出版社，2019年。

安德鲁·戈登，《日本的起起落落：从德川幕府到现代》，李朝津译，桂林：广西师范大学出版社，2008年。

安格斯·麦迪森，《世界经济千年史》，伍晓鹰等译，北京：北京大学出版社，2003年。

奥兰多·菲吉斯，《娜塔莎之舞：俄罗斯文化史》，郭丹杰、曾小楚译，成都：四川人民出版社，2018年。

奥斯瓦尔德·斯宾格勒，《西方的没落》（第一卷·形式与现实），吴琼译，上海：上海三联书店，2006年。

巴林顿·摩尔，《专制与民主的社会起源：现代世界形成过程中的地主和农民》，王茁、顾洁译，上海：上海译文出版社，2012年。

芭芭拉·戴利·梅特卡夫、托马斯·R.梅特卡夫，《剑桥现代印度史》，李亚兰等译，北京：新星出版社，2019年。

包刚升，《抵达：一部政治演化史》，上海：上海三联书店，2023年。

包刚升，《民主崩溃的政治学》，北京：商务印书馆，2014年。

包刚升，《民主的逻辑》，北京：社会科学文献出版社，2018年。

包刚升，《宪法的政治后果：近代德国与日本的比较研究》，未刊发工作论文，2015年。

包刚升，《中国改革的关头：进还是退》，载于《南风窗》，2012年第7期，第28—30页。

包刚升、王志鹏，《全球领导者的三要素：从历史看未来》，载于《复旦国际关系评论》第27辑，2021年，第79—98页。

保尔·芒图，《十八世纪产业革命：英国近代大工业初期的概况》，杨人楩等译，北京：商务印书馆，1983年。

保罗·M.肯尼迪，《英德对抗的兴起，1860—1914》，王萍等译，北京：商务印书馆，2022年。

保罗·肯尼迪，《大国的兴衰：1500—2000年的经济变革与军事冲突》（上下册），王保存等译，北京：中信出版社，2013年。

本尼迪克特·安德森，《想象的共同体：民族主义的起源与散布》，吴叡人译，上海：上海人民出版社，2005年。

彼得·埃文斯、迪特里希·鲁施迈耶、西达·斯考克波编著，《找回国家》，方力维等译，北京：生活·读书·新知三联书店，2009年。

彼得·杜斯主编，三谷太一郎等著，《剑桥日本史（第6卷）：20世纪》，王翔译，杭州：浙江大学出版社，2020年。

卜正民主编，罗威廉著，《最后的中华帝国：大清》，李仁渊、张远译，北京：中信出版社，2016年。

布莱恩·唐宁，《军事革命与政治变革：近代早期欧洲的民主与专制之起源》，赵信敏译，上海：复旦大学出版社，2015年。

查尔斯·P.金德尔伯格、罗伯特·Z.阿利伯，《疯狂、惊恐和崩溃：金融危机史（第五版）》，朱隽等译，北京：中国金融出版社，2011年。

查尔斯·蒂利，《强制、资本和欧洲国家（公元990—1992年）》，魏洪钟译，上海：上海人民出版社，2021年。

陈慧荣，《民主研究的科学精神——评〈民主崩溃的政治学〉》，载于《实证社会科学》，第一卷，2016年，第105—111页。

达龙·阿塞莫格鲁、詹姆士·A.罗宾逊，《政治发展的经济分析：专制和民主的经济起源》，马春文译，上海：上海财经大学出版社，2008年。

达龙·阿西莫格鲁，《现代经济增长导论》，唐志军等译，北京：中信出版社，2019年。

戴尔·科普兰，《大战的起源》，黄福武、张立改译，北京：社会科学文献出版社，2017年。

戴维·E.阿普特，《现代化的政治》，陈尧译，上海：上海人民出版社，2011年。

戴维·N.韦尔，《经济增长（第二版）》，王劲峰译，北京：中国人民大学出版社，2011年。

戴维·S.兰德斯，《国富国穷》，门洪华等译，北京：新华出版社，2001年。

戴维·伊斯顿，《政治生活的系统分析》，王浦劬主译，北京：人民出版社，2012年。

戴维·林德伯格，《西方科学的起源》，张卜天译，北京：商务印书馆，2019年。

道格拉斯·C.诺思，《经济史上的结构和变革》，厉以平译，北京：商务印书馆，1992年。

道格拉斯·C.诺思、约翰·约瑟夫·瓦利斯、巴里·R.温格斯特，《暴力与社会秩序：诠释有文字记载的人类历史的一个概念性框架》，杭行、王亮译，上海：格致出版社、上海三联出版社、上海人民出版社，2013年。

丁则民主编，《美国内战与镀金时代：1867—19世纪末》，北京：人民出版社，1990年。

费正清，《剑桥中国晚清史：1800—1911年》（上卷），中国社会科学院历史研究所编译室译，北京：中国社会科学出版社，1985年。

弗朗西斯·福山，《国家构建：21世纪的国家治理与世界秩序》，郭华译，上海：上海三联书店，2020年。

弗朗西斯·福山，《政治秩序的起源：从前人类时代到法国大革命》，毛俊杰译，桂林：广西师范大学出版社，2014年。

弗朗西斯·福山，《政治秩序与政治衰败：从工业革命到民主全球化》，毛俊杰译，桂林：广西师范大学出版社，2015年。

弗里德里希·奥古斯特·冯·哈耶克：《通往奴役之路（修订版）》，王明毅等译，北京：中国社会科学出版社，2013年。

福克讷，《美国经济史》（下卷），王锟译，北京：商务印书馆，2021年。

福泽谕吉，《文明论概略》，北京编译社译，北京：商务印书馆，1998年。

傅高义，《日本第一：对美国的启示》，谷英等译，上海：上海译文出版社，2016年。

傅军，《国富之道：国家治理体系现代化的实证研究（第2版）》，北京：北京大学出版社，2014年。

格雷厄姆·艾利森，《注定一战：中美能避免修昔底德陷阱吗?》，陈定定、傅强译，上海：上海人民出版社，2019年。

格雷厄姆·艾利森、菲利普·泽利科，《决策的本质：还原古巴导弹危机的真相（第二版）》，王伟光、王云萍译，北京：商务印书馆，2021年。

葛剑雄，《中国人口发展史》，成都：四川人民出版社，2020年。

贡德·弗兰克，《19世纪大转型》，罗伯特·A.德内马克编，吴延民译，北京：中信出版集团，2019年。

贡德·弗兰克，《白银资本：重视经济全球化中的东方》，刘北成译，成都：四川人民出版社，2017年。

哈·麦金德，《历史的地理枢纽》，林尔蔚、陈江译，北京：商务印书馆，2009年。

汉密尔顿、杰伊、麦迪逊，《联邦党人文集》，程逢如等译，北京：商务印书馆，1980年。

汉斯·摩根索著，肯尼斯·汤普森、戴维·克林顿修订，《国家间政治：权力斗争与和平》，徐昕等译，北京：北京大学出版社，2006年。

和田春树，《日俄战争：起源和开战》，易爱华、张剑译，北京：生活·读书·新知三联书店，2018年。

赫伯特·巴特菲尔德，《现代科学的起源》，张卜天译，上海：上海交通大学出版社，2017年。

亨利·基辛格，《大外交》，顾淑馨、林添贵译，海口：海南出版社，2012年。

亨利·基辛格，《基辛格：美国的全球战略》，胡利平等译，海口：海南出版社，2009年。

亨利·基辛格，《世界秩序》，胡利平等译，北京：中信出版集团，2015年。

胡安·J.林茨、阿尔弗莱德·斯泰潘，《民主转型与巩固的问题：南欧、南美和后共产主义的欧洲》，孙龙等译，杭州：浙江人民出版社，2008年。

胡鹏，《政治文化新论》，上海：复旦大学出版社，2020年。

霍昌·纳哈万迪、伊夫·博马提，《伊朗四千年》，安宁译，长沙：湖南文艺出版社，2021年。

霍马·卡图赞，《新月与蔷薇：波斯五千年》，王东辉译，南京：译林出版社，2022年。

加布里埃尔·阿尔蒙德、西德尼·维巴编，《重访公民文化》，李国强译，北京：东方出版社，2014年。

贾瓦哈拉尔·尼赫鲁，《印度的发现》，齐文译，北京：世界知识出版社，1956年。

简·伯班克、弗雷德里克·库珀：《世界帝国史：权力与差异政治》，柴彬译，北京：商务印书馆，2017年。

杰弗里·布莱内，《战争的原因》，时殷弘译，北京：商务印书馆，2011年。

卡尔·波兰尼，《大转型：我们时代的政治与经济起源》，冯钢、刘阳译，杭州：浙江人民出版社，2007年。

卡尔·施米特，《大地的法》，刘毅、张陈果译，上海：上海人民出版社，2017年。

卡列维·霍尔斯蒂，《和平与战争：1648—1989年的武装冲突与国际秩序》，王浦劬等译，北京：北京大学出版社，2005年。

卡罗琳·芬克尔，《奥斯曼帝国：1299—1923》，邓伯宸等译，北京：民主与建设出版社，2019年。

卡洛·M.奇波拉主编，《欧洲经济史（第四卷上册）：工业社会的兴起》，王铁生等译，北京：商务印书馆，1989年，第131页。

卡洛·M.奇拉波主编，《欧洲经济史 第三卷：工业革命》，吴良健等译，北京：商务印书馆，1989年。

克拉潘，《现代英国经济史（上卷）：早期铁路时代 1820—1850 年》，姚曾廙译，北京：商务印书馆，2009年。

克莱顿·罗伯茨、戴维·罗伯茨、道格拉斯·R.比松，《英国史（下册）：1688年—现在》，潘兴明等译，北京：商务印书馆，2013年。

克劳斯·P.费舍尔，《纳粹德国：一部新的历史》，佘江涛译，南京：译林出版社，2016年。

肯尼思·华尔兹，《人、国家与战争：一种理论分析》，信强译，上海：上海人民出版社，2012年。

拉姆齐·缪尔，《帝国之道（第六版）：欧洲扩张400年》，许磊等译，上海：上海人民出版社，2021年。

李鸿章著，国家清史编纂委员会编，《李鸿章全集》（第5卷 奏议），合肥：安徽教育出版社，2008年。

理查德·H.蒂利、米夏埃尔·科普西迪斯，《从旧制度到工业国：从18世纪到1914年的德国工业化史》，王浩强译，上海：格致出版社、上海人民出版社，2023年。

理查德·埃文斯，《竞逐权力：1815—1914》，胡利平译，北京：中信出版社，2018年。

理查德·内德·勒博，《国家为何而战？过去与未来的战争动机》，陈定定等译，上海：上海人民出版社，2014年。

刘德斌主编，《国际关系史》（第二版），北京：高等教育出版社，2018年。

罗·亚·麦德维杰夫，《让历史来审判：斯大林主义的起源及其后果（上下册）》，赵询、林英译，北京：人民出版社，1983年。

罗伯特·J.巴罗、夏威尔·萨拉-伊-马丁，《经济增长》（第二版），夏俊译，上海：格致出版社、上海三联书店、上海人民出版社，2010年。

罗伯特·M.索洛，《经济增长理论：一种解说》（第二版），朱保华译，上海：格致出版社、上海三联书店、上海人民出版社，2015年。

罗伯特·基欧汉，《霸权之后：世界政治经济中的合作与纷争》（增订版），苏长和等译，上海：上海人民出版社，2011年。

罗伯特·杰维斯，《国际政治中的知觉与错误知觉》，秦亚青译，上海：上海人民出版社，2015年。

罗伯特·卡根，《美国缔造的世界》，刘若楠译，北京：社会科学文献出版社，2013年。

罗伯特·斯蒂文思，《纳赛尔传》，王威等译，北京：世界知识出版社，1992年。

罗荣渠，《现代化新论：世界与中国的现代化进程（增订本）》，北京：商务印书馆，2009年。

罗伊·波特，《创造现代世界：英国启蒙运动钩沉》，李源等译，北京：商务印书馆，2022年。

洛克，《政府论（下篇）——论政府的真正起源、范围和目的》，叶启芳、瞿菊农译，北京：商务印书馆，1996年。

马丁·怀特等，《权力政治》，宋爱群译，北京：世界知识出版社，2004年。

马丁·雅克，《当中国统治世界：中国的崛起和西方世界的衰落》，张莉、刘曲译，北京：中信出版社，2010年。

马汉，《海权论》，一兵译，北京：同心出版社，2012年。

马克思、恩格斯，《马克思恩格斯选集》，中共中央马克思恩格斯列宁斯大林著作编译局编译，北京：人民出版社，2012年。

马克斯·韦伯，《经济与社会》（第一卷），阎克文译，上海：上海人民出版社，2019年。

马克斯·韦伯，《民族国家与经济政策》，甘阳译，北京：生活·读书·新知三联书店，1997年。

马里乌斯·B.詹森主编，《剑桥日本史（第5卷）：19世纪》，王翔译，杭州：浙江大学出版社，2014年。

玛格丽特·麦克米伦，《缔造和平：1919巴黎和会及其开启的战后世界》，邓峰译，北京：中信出版社，2018年。

迈克尔·曼，《社会权力的来源》（第一卷），刘北成、李少军译，上海：上海人民出版社，2007年。

曼瑟·奥尔森，《权力与繁荣》，苏长和、嵇飞译，上海：上海人民出版社，2018年。

茅海建，《天朝的崩溃：鸦片战争再研究（修订版）》，北京：生活·读书·新知三联书店，2014年。

孟德斯鸠，《论法的精神》（上），张雁深译，北京：商务印书馆，1961年。

米哈伊尔·谢尔盖耶维奇·戈尔巴乔夫，《苏联的命运：戈尔巴乔夫回忆录》，石国雄、杨正译，南京：译林出版社，2018年。

尼·别尔嘉耶夫，《俄罗斯思想》，雷永生、邱守娟译，北京：生活·读书·新知三联书店，1995年。

尼尔·弗格森，《帝国》，雨珂译，北京：中信出版社，2012年。

尼古拉·梁赞诺夫斯基、马克·斯坦伯格，《俄罗斯史（第八版）》，杨烨等译，上海：上海人民出版社，2013年。

帕特里克·贝尔福，《奥斯曼帝国六百年：土耳其帝国的兴衰》，栾力夫译，北京：中信出版社，2018年。

彭慕兰，《大分流：欧洲、中国及现代世界经济的发展》，史建云译，南京：江苏人民出版社，2003年。

钱乘旦，《"修昔底德陷阱"的历史真相是什么?》，载于《北京日报·理论周刊》，2016年9月5日，第014版。

乔尔·S.米格代尔，《强社会与弱国家：第三世界的国家社会关系及国家能力》，张长东等译，南京：江苏人民出版社，2012年。

乔治·马戛尔尼、约翰·巴罗，《马戛尔尼使团使华观感》，何高济、何毓宁译，北京：商务印书馆，2013年。

乔治·华盛顿著，约翰·罗德哈梅尔选编，《华盛顿文集》，吴承义等译，沈阳：辽宁教育出版社，2005年。

萨米尔·阿明，《人民的春天：阿拉伯革命的未来》，嵇飞译，北京：社会科学文献出版社，2017年。

塞缪尔·P.亨廷顿，《变化社会中的政治秩序》，王冠华、刘为等译，上海：上海人民出版
社，2008年。

塞缪尔·P.亨廷顿，《第三波：20世纪后期的民主化浪潮》，欧阳景根译，北京：中国人民
大学出版社，2013年。

塞缪尔·芬纳，《统治史》，王震、马百亮译，华东师范大学出版社，2014年。

塞缪尔·亨廷顿，《军人与国家：军政关系的理论与政治》，李晟译，北京：中国政法大学
出版社，2017年。

塞缪尔·亨廷顿等著，罗荣渠主编，《现代化：理论与历史经验的再探讨》，上海：上海译
文出版社，1993年。

沈志华，《经济漩涡：观察冷战发生的新视角》，香港：开明书店，2022年。

沈志华主编，《冷战国际史二十四讲》，北京：世界知识出版社，2018年。

升味准之辅，《日本政治史（第三册）：政党的凋落　总力战体制》，董果良、郭洪茂译，
北京：商务印书馆，1997年。

时殷弘，《中国崛起与世界秩序》，载于《现代国际关系》，2014年第7期，第32—34页。

斯蒂芬·布劳德伯利、凯文·H.奥罗克编著，《剑桥欧洲经济史（第一卷）：1700—1870
年》，张敏、孔尚会译，北京：中国人民大学出版社，2021年。

斯蒂芬·范·埃弗拉，《战争的原因：权力与冲突的根源》，何曜译，上海：上海人民出版
社，2014年。

斯塔夫里阿诺斯，《全球分裂：第三世界的历史进程》（上下册），王红生等译，北京：北
京大学出版社，2017年。

特奥托尼奥·多斯桑托斯，《帝国主义与依附》，杨衍永等译，北京：社会科学文献出版
社，2017年。

威廉·布莱克斯通，《英国法释义（第一卷）》，游云庭、缪苗译，上海：上海人民出版
社，2006年。

西达·斯考切波，《国家与社会革命：对法国、俄国和中国的比较分析》，何俊志、王学东
译，上海：上海人民出版社，2015年。

西里尔·E.布莱克编，《比较现代化》，杨豫、陈祖洲译，上海：上海译文出版社，
1996年。

西蒙·赖克、理查德·内德·勒博，《告别霸权！——全球体系中的权力与影响力》，陈锴
译，上海：上海人民出版社，2017年。

希罗多德，《历史：详注修订本》（上下册），徐松岩译注，上海：上海人民出版社，
2018年。

悉纳·阿克辛，《土耳其的崛起（1789年至今）》，吴奇俊、刘春燕译，北京：社会科学文
献出版社，2017年。

修昔底德，《伯罗奔尼撒战争史》（上下册），徐松岩译注，上海：上海人民出版社，
2017年。

徐海燕，《走向全球化的北大西洋公约组织》，载于《当代世界》，2007年第3期，第19—

20页。

徐蓝，《国际联盟与第一次世界大战后的国际秩序》，载于《中国社会科学》，2015年第7期，第187页。

亚当·斯密：《国民财富的性质和原因的研究》，郭大力、王亚南译，北京：商务印书馆，2005年。

亚历山大·格申克龙，《经济落后的历史透视》，张凤林译，北京：商务印书馆，2012年。

晏绍祥，《雅典的崛起与斯巴达的"恐惧"：论"修昔底德陷阱"》，载于《历史研究》，2017年第6期，第109—125页。

叶·普里马科夫，《没有俄罗斯世界会怎样？地缘战略是否会令美俄重现冷战》，李成滋译，北京：中央编译出版社。

叶书宗，《勃列日涅夫的十八年》（苏联史 第八卷），北京：人民出版社，2013年。

伊曼纽尔·沃勒斯坦，《现代世界体系》（四卷本），郭方等译，北京：社会科学文献出版社，2013年。

约翰·F.理查兹，《新编剑桥印度史：莫卧儿帝国》，王立新译，昆明：云南人民出版社，2014年。

约翰·刘易斯·加迪斯，《长和平：冷战史考察》，潘亚玲译，上海：上海人民出版社，2019年。

约翰·米尔斯海默，《大国政治的悲剧（修订版）》，王义桅、唐小松译，上海：上海人民出版社，2021年。

约瑟夫·S.奈，《美国世纪结束了吗?》，邵杜罔译，北京：北京联合出版公司，2016年。

约瑟夫·S.奈，《硬权力与软权力》，门洪华译，北京：北京大学出版社，2005年。

詹姆斯·L.麦克莱恩，《日本史（1600—2000）：从德川幕府到平成时代》，王翔等译，海口：海南出版社，2014年。

詹姆斯·乔尔、戈登·马特尔，《第一次世界大战的起源（第三版）》，薛洲堂译，北京：商务印书馆，2021年。

詹森·汤普森，《埃及史：从原初时代至当下》，郭子林译，北京：商务印书馆，2012年。

张士伟，《美国与世界经济秩序的变革（1916—1955）》，武汉：武汉大学出版社，2015年。

郑天挺主编，《清史》（上册），上海：上海人民出版社，2020年。

浜野洁等，《日本经济史：1600—2015》，彭曦等译，南京：南京大学出版社，2018年。

周桂银，《欧洲国家体系中的霸权与均势》，西安：陕西师范大学出版社，2004年。

朱天飚，《比较政治经济学》，北京：北京大学出版社，2006年。

兹比格涅夫·布热津斯基，《战略远见：美国与全球权力危机》，洪漫等译，北京：新华出版社，2012年。

左凤荣、沈志华，《俄国现代化的曲折历程》，北京：社会科学文献出版社，2012年。

英文文献

A. J. C. Edwards, *Nuclear Weapons, the Balance of Terror, the Quest for Peace*, London: Palgrave

Macmillan, 1986.

Adam Przeworski and Henry Teune, *The Logic of Comparative Social Inquiry*, New York: Wiley-Interscience, 1970.

Adam Przeworski, Michael E. Alvarez, Jose Antonio Cheibub, and Fernando Limongi, *Democracy and Development: Political Institutions and Well-Being in the World, 1950-1990*, Cambridge: Cambridge University Press, 2000.

Alberto Alesina and Enrico Spolaore, *The Size of Nations*, Cambridge: The MIT Press, 2003.

Alethia H. Cook, Jalil Roshandel, *The United States and Iran: Policy Challenges and Opportunities*, London: Palgrave Macmillan, 2009.

Alfred T. Mahan, *The Influence of Sea Power upon History, 1660-1783*, Boston: Little, Brown and Co, 1890.

Andrei P. Tsygankov, *Russia and America: the Asymmetric Rivalry*, Cambridge: Polity Press, 2019.

Angana P. Chatterji, Thomas Blom Hansen, and Christophe Jaffrelot, eds., *Majoritarian State: How Hindu Nationalism Is Changing India*, Oxford: Oxford University Press, 2019.

Anna Secor, "Turkey's Democracy: A Model for the Troubled Middle East?" *Eurasian Geography and Economics*, Vol.52, No. 2 (2011), pp.157-172.

B.N. Ghosh, *Dependency Theory Revisited*, London: Routledge, 2019.

Banu Eligür, *The Mobilization of Political Islam in Turkey*, Cambridge: Cambridge University Press, 2010.

Ben Ross Schneider, *New Order and Progress: Development and Democracy in Brazil*, Oxford: Oxford University Press, 2016.

Bruce Russett, *Grasping the Democratic Peace: Principles for a Post-Cold War World*, Princeton: Princeton University Press, 1993.

C. P. Bhambhri, *Bharatiya Janata Party: Periphery to Centre*, Delhi: Shipra Publications, 2001.

Charles A. Kupchan, *Isolationism: A History of America's Efforts to Shield Itself from the World*, Oxford: Oxford University Press, 2020.

Charles L. Glaser, "The Security Dilemma Revisited," *World Politics*, Vol. 50, No. 1: Special Issue (Oct. 1997), pp. 171-201.

Christian W. Haerpfer, Patrick Bernhagen, Ronald F. Inglehart, and Christian Welzel, *Democratization*, Oxford: Oxford University Press, 2009.

Christophe Jaffrelot and Cynthia Schoch, *Modi's India : Hindu nationalism and the Rise of Ethnic Democracy*, Princeton: Princeton University Press, 2021.

Christopher J. Petherick, *The CIA in Iran: The 1953 Coup & the Origins of the US-Iran Divide*, Washington, D.C.: American Free Press, 2007.

Daniel Lerner, *The Passing of Traditional Society: Modernizing the Middle East*, New York: Free Press, 1958.

Danilo Rocha Limoeiro, *Economic Growth, Inequality and Crony Capitalism: The Case of Brazil*, London: Routledge, 2020.

Denneth M. Modeste, *The Monroe Doctrine in a Contemporary Perspective*, London: Routledge, 2020.

Department of State, The United States of America, *Proceedings and Documents of the United Nations Monetary and Financial Conference, Bretton Woods, New Hampshire, July 1–22, 1944*, Vol. I, Washington D.C.: U.S. Government Printing Office, 1948, p. 941

Donald L. Horowitz, *Ethnic Groups in Conflict*, Second Edition, Oakland: University of California Press, 2001.

Edward J. Lawler, Rebecca S. Ford and Mary A. Blegen, "Coercive Capability in Conflict: A Test of Bilateral Deterrence Versus Conflict Spiral Theory," *Social Psychology Quarterly*, Vol. 51, No. 2 (Jun. 1988), pp. 93–107.

Efraim Karsh and Inari Karsh, *Empires of the Sand: The Struggle for Mastery in the Middle East, 1789–1923*, Cambridge: Harvard University Press, 2001.

Ethan B. Kapstein, "Is Realism Dead? The Domestic Sources of International Politics," *International Organization*, Vol. 49, No. 4 (Autumn 1995), pp. 751–774.

Frances Hagopian, "Political Development, Revisited," *Comparative Political Studies*, Vol. 33, No. 6–7(Sept. 2000), pp. 880–911.

Francis Fukuyama, *The Origins of Political Order*, New York: Farrar Straus and Giroux, 2011.

Frederick Cooper, *Colonialism in Question: Theory, Knowledge, History*, Oakland: University of California Press, 2005.

Frederick Cooper, *Colonialism in Question: Theory, Knowledge, History*, Oakland: University of California Press, 2005.

G. John Ikenberry, *Liberal Leviathan: The Origins, Crisis, and Transformation of the American World Order*, Princeton: Princeton University Press, 2011.

Geir Lundestad, *The Rise and Decline of the American "Empire": Power and its Limits in Comparative Perspective*, Oxford: Oxford University Press, 2012.

Georg Sørensen, *A Liberal World Order in Crisis: Choosing between Imposition and Restraint*, New York: Cornell University Press, 2011.

George Frost Kennan, *The Fateful Alliance: France, Russia, and the Coming of the First World War*, New York: Pantheon Books, 1984.

Gyan Prakash, *After Colonialism: Imperial Histories and Postcolonial Displacements*, Princeton: Princeton University Press, 1995.

Håvard Hegre, "Democracy and Armed Conflict," *Journal of Peace Research*, Vol.51, No.2(2014), pp. 159–172.

Ian Hall, *Modi and the Reinvention of Indian Foreign Policy*, Bristol: Bristol University Press, 2019.

Iestyn Adams, *Brothers Across the Ocean: British Foreign Policy and the Origins of the Anglo American "Special Relationship" 1900–1905*, London: I.B.Tauris, 2005.

James N Green, Victoria Langland, and Lilia Moritz Schwarcz, eds., *The Brazil Reader: History, Culture, Politics*, Second Edition, Durham: Duke University Press, 2019.

John Charmley, *Churchill's Grand Alliance–The Anglo–American Special Relationship 1940–1957*, New York: Harcourt Brace & Company, 1995.

John Dumbrell, "The US-UK 'Special Relationship' in a World Twice Transformed," *Cambridge Review of International Affairs*, Vol. 17, No. 3(2004), pp. 437–450.

John France, *Perilous Glory: The Rise of Western Military Power*, New Haven: Yale University Press, 2013.

John J. Mearsheimer, *The Tragedy of Great Power Politics, Updated edition*, New York: W. W. Norton & Company, 2014.

John Lamberton Harper, *The Cold War*, Oxford: Oxford University Press, 2011.

John Stuart Mill, *A System of Logic, Ratiocinative and Inductive: Being a Connected View of the Principles of Evidence and the Methods of Scientific Investigation*, 8th ed., London: Longmans, Green, 1904.

Jonathan Daly, *How Europe Made the Modern World: Creating the Great Divergence*, London: Bloomsbury, 2019.

Jonathan Daly, *The Rise of Western Power: A Comparative History of Western Civilization*, London: Bloomsbury, 2014.

Josh Brooman, *Roads to War: The Origins of the Second World War, 1929–41*, London: Longman, 1990.

Juan J. Linz and Alfred Stepan, eds., *The Breakdown of Democratic Regimes*, Volumes 1–4, Baltimore: Johns Hopkins University Press, 1978.

Karin von Hippel, *Democracy by Force: US Military Intervention in the Post–Cold War World*, Cambridge: Cambridge University Press, 2000.

Keir Giles, *Russia's War on Everybody: And What it Means for You*, London: Bloomsbury Academic, 2023.

Kori Schake, *Safe Passage:The Transition from British to American Hegemony*, Cambridge: Harvard University Press, 2017.

Lucian W. Pye, "China: Erratic State, Frustrated Society," *Foreign Affairs*, Vol. 69, No. 4 (1990 Fall), pp. 56–74.

M. E. Sarotte, *Not One Inch: America, Russia, and the Making of Post? Cold War Stalemate*, New Haven: Yale University Press, 2021.

M. W. Daly, ed., *The Cambridge History of Egypt, Vol. 2, Modern Egypt, from 1517 to the End of the Twentieth Century*, Cambridge: Cambridge University Press, 1998.

Matthew Arnold and Matthew LeRiche, *South Sudan: From Revolution to Independence*, Oxford: Oxford University Press, 2012.

Metin M. Coşgel, Thomas J. Miceli, and Jared Rubin, "The Political Economy of Mass Printing: Legitimacy and Technological Change in the Ottoman Empire," *Journal of Comparative Economics*, Vol. 40, No. 3 (Aug. 2012), pp. 357–371.

Myron Weiner and Samuel P. Huntington, eds., *Understanding Political Development*, Long Grove:

Waveland Press, 1994.

Nathan J. Brown, "Egypt's Failed Transition," *Journal of Democracy*, Vol. 24, No. 4 (Oct. 2013), pp. 45–58.

Nikki R. Keddie, *An Islamic Response to Imperialism: Political and Religious Writings of Sayyid Jamal ad-Din "al-Afghani"*, Los Angeles: University of California Press, 1968.

Nils Gilman, "Modernization Theory Never Dies," *History of Political Economy*, Vol. 50, No. S1 (Dec. 2018), pp.133–151.

Noah R. Bassil, *The Post-Colonial State and Civil War in Sudan: The Origins of Conflict in Darfur*, London: I.B. Tauris, 2012.

Norman A. Graham, Folke Lindahl, and Timur Kocaoglu, *Making Russia and Turkey Great Again? Putin and Erdoğan in Search of Lost Empires and Autocratic Power*, Lanham: Lexington Books, 2021.

Peter Gourevitch, "The Second Image Reversed: the International Sources of Domestic Politics," *International Organization*, Vol. 32, No. 4 (Autumn 1978), pp. 881–912.

Rajiv Sikri, Challenge and Strategy: *Rethinking India's Foreign Policy*, New Delhi: Sage Publications India, 2009.

Raymond Cohen, "Threat Perception in International Crisis," *Political Science Quarterly*, Vol. 93, No. 1 (Spring 1978), pp. 93–107.

Robert Gilpin, *War and Change in World Politics*, Cambridge: Cambridge University Press, 1981.

Robert J. Lieber, *Power and Willpower in the American Future: Why the United States Is Not Destined to Decline*, Cambridge: Cambridge University Press, 2012.

Robert M. Marsh, "Modernization Theory, Then and Now," *Comparative Sociology*, Vol. 13, No. 3 (Jul. 2014), pp. 261–283.

Robert Thomas Robertson. *The Three Waves of Globalization: a History of a Developing Global Consciousness*, London: Zed Books, 2002.

Ruth Henig, *The Origins of the Second World War, 1933–1941*, Second Edition, London: Routledge, 2005.

Samuel Charap, "The Transformation of US-Russia Relations," *Current History*, Vol. 109, No. 729 (Oct. 2010), pp. 281–287.

Samuel P. Huntington, *Who Are We? The Challenges to America's National Identity*, New York: Simon & Schuster, 2005.

Seymour Martin Lipset and Stein Rokkan, "Cleavage Structures, Party Systems and Voter Alignments: An Introduction," in Seymour Martin Lipset and Stein Rokkan, eds., *Party Systems and Voter Alignments: Cross-National Perspectives*, New York: Free Press, 1967.

Seymour Martin Lipset, "Some Social Requisites of Democracy: Economic Development and Political Legitimacy," *The American Political Science Review*, Vol. 53, No. 1 (Mar. 1959), pp. 69–105.

Shiping Tang, *The Institutional Foundation of Economic Development*, Princeton: Princeton University Press, 2022.

Steven Levitsky and Lucan A. Way, *Competitive Authoritarianism: Hybrid Regimes after the Cold War*, Cambridge: Cambridge University Press, 2010.

Sultan Tepe, "Turkey's AKP: A Model 'Muslim-Democratic' Party?" *Journal of Democracy*, Vol. 16, No. 3 (Jul. 2005), pp. 69–82.

Sumit Ganguly, "India Under Modi: Threats to Pluralism," *Journal of Democracy*, Vol. 30, No. 1 (Jan. 2019), pp. 83–90.

Tim Marshall, *Prisoners of Geography: Ten Maps That Explain Everything About the World*, New York: Scribner, 2016.

Timothy W. Crawford, *The Power to Divide: Wedge Strategies in Great Power Competition*, Cornell: Cornell University Press, 2021.